品牌运营手册

XIAOPANG
MIBU
CLASSROOM

手册

社交新零售品牌起盘攻略

胡欣 著

新华出版社

图书在版编目（CIP）数据

品牌运营手册：社交新零售品牌起盘攻略 / 胡欣
著. --北京：新华出版社，2025.1.
--ISBN 978-7-5166-7613-4

Ⅰ. F713.32-62
中国国家版本馆CIP数据核字第202463D6L5号

品牌运营手册：社交新零售品牌起盘攻略

著者：胡　欣

出版发行：新华出版社有限责任公司

（北京市石景山区京原路8号　　邮编：100040）

印刷：三河市中晟雅豪印务有限公司

成品尺寸：170mm×240mm，1/16　　印张：35　　字数：530千字
版次：2025年1月第1版　　印次：2025年1月第1次印刷
书号：ISBN 978-7-5166-7613-4　　定价：78.00元

微店

视频号小店

抖店

京东旗舰店

请加我的企业微信

小新
新华出版社

微信公众号

喜马拉雅

小红书

淘宝旗舰店

扫码添加专属客服

品牌必读

又是一本新书的开篇序，按照我写书的习惯，开篇序一般会放在最后才写。换句话说，在写开篇序的时候，我其实已经把这本书写完了。所以，相比叫作开篇序，我觉得叫作书籍总结更为妥当。接下来，请允许我简单地对这本书做一个开篇总结。

老规矩，先做个自我介绍，我是本书的作者胡小胖（本名胡欣）。胡小胖是我的笔名，这个名字的由来可能有点随意，仅仅是因为我是一个微胖界人士。大部分品牌方认识我应该不是从书籍开始的，而是从各大自媒体网站和短视频平台，因为我经常会在这些平台中输出一些有价值的干货知识。

在社交新零售行业中，如果有创业者想起盘自己的品牌，但又不知道品牌起盘的路径以及相关规划，第一件要做的事情并不是四处寻找各种服务商来合作，而是首先会找到我，因而行业中会有"品牌起盘，先找胡小胖"的行话。

之所以很多品牌方起盘前会先找到我，是因为我在新零售行业的阅历和资源很丰富，能够给到品牌方诸多有效的建议。这些建议能够让不懂行的品牌方少走很多弯路，能够有效减少品牌方在创业过程中的遇坑概率。作为本书的读者，如果你也想在新零售渠道起盘自己的品牌，欢迎随时找胡小胖聊一聊，也许我能帮到你的地方有很多。

这本书的内容相较于同类品牌运营书籍而言有一个显著的特征，那就是更聚焦于思维层面和代理商运营层面的知识讲解。之所以要这么规划，一来是因为市面上已经有很多关于品牌运营方面的基础知识输出，我再重复写一遍的意义不大；二来是因为我觉得思维层面和代理商运营层面的内容是品牌方亟须掌握的知识，而这两个板块的内容在现有知识体系中很少有人输出。

在我的认知中，一个品牌是否能起盘成功，并不在于品牌方掌握了多少运营知识，而在于品牌方拥有的思维观念，尤其是品牌创始人的思维观念。在品牌运营的不同阶段中，品牌方需要做出一个又一个的决策，每一个决策都会关系到品牌的生死存亡，而影响这些决策的关键因素正是决策者的思维观念。

很多品牌方也许会认为，品牌运营知识的学习就是掌握一些品牌方层面的运营知识即可。但在我看来，这种层面的知识学习远远不够。因为在我的认知中，品牌运营不仅仅是品牌方层面的运营，还包括代理商层面的运营。

正如我常说的，不懂代理商的品牌方是做不好品牌运营的。所以，品牌方不仅要学习传统品牌方层面的运营知识，还要掌握代理商层面的运营知识。只有这样，品牌方才能更好地和代理商一起共筑品牌。

由于书籍篇幅的限制，这本书中有些内容并没有深入拓展，如果品牌方需要了解更多的品牌运营知识，可以找我沟通交流，一起探讨品牌运营的诸多问题，**也可以关注我在公众号"胡小胖聊创业"或"微匠派"中发表的相关文章。**

最后想说的是，这本书的内容字数相对而言还是比较多的，为了让读者更好地阅读完这本书，我特意为此书录制了视频教学版本。如果你觉得阅读文字是一件比较枯燥的事情，也可以选择观看视频，需要视频版本的同学可以私下找我获取。

开篇序　品牌必读

品牌思维篇

01
第一课
品牌起盘常见疑难问题解答

02 第二课
品牌方如何寻找靠谱服务商

第三课

如何做好品牌背书和霸屏营销

04 第四课
品牌运营痛点和本地化布局

05 第五课
品牌营销的商业思维和奥秘

06 第六课
品牌本地赠品引流和锁客策略

07 第七课
品牌整合引流和圈子引流策略

08 第八课
品牌本地化运营常见问题解答

品牌营销篇

第九课
如何运用品牌营销四心法则

10 第十课
如何做好品牌目标人群定位

11 第十一课
如何玩转品牌痛点营销三部曲

14
第十四课
如何有效借鉴电商运营经验

15
第十五课
品牌服务营销和复购裂变机制

品牌思维篇

01 第一课
品牌起盘常见疑难问题解答

　　熟悉我的人都知道，我有一个知识社群，社群里面有各行各业的新零售从业者，其中也包含诸多品牌创始人。这些品牌创始人经常找我聊天，咨询关于新零售品牌起盘的各种问题。作为开篇的第一堂课，我整理了一些品牌起盘常见的问题，并给予了相应的解答。希望这些问题和解答能够帮助更多的新零售创业者了解品牌创业。

1.1　品牌运营常见问题

　　在"大众创业，万众创新"的时代背景下，加之移动互联网的持续发展，让社交新零售创业成了当下比较火的话题。这是一个人人皆创业者的时代，很多创业者都想起盘自己的新零售品牌。但在和这些创业者的聊天中，我发现很多创业者对品牌运营其实并不太懂。在这个板块中，我整理了品牌运营常见问题，希望给想起盘新零售品牌的创业者一些思考。

1.1.1 新零售品牌的起源

老周是一名传统生意人，最近他告诉我，身边有一位朋友前段时间起盘了一个新零售品牌，据说起盘挺顺利的，赚了好几桶金。看到身边人赚到钱了，老周也想起盘一个新零售品牌，但是他对新零售行业不是很懂。于是跑来问我，什么是新零售品牌，相比电商品牌和实体品牌有什么区别？

曾经有人问我，新零售从业者是不是在微信中卖东西的一群人？这么定义新零售其实也没有错，在微信中卖东西的确是新零售的一种表现形式，只不过不太全面。社交新零售，简称新零售，是一种以社交为载体的新的商业业态或商业模式，它是移动互联网的产物。

商业业态是指零售业的经营形态或销售形式，商业业态根据零售载体的不同，可以划分为实体业态、电商业态和新零售业态。实体业态是以实体店作为零售载体，电商业态是以电商平台作为零售载体，新零售业态是以社交平台作为零售载体。

这些不同商业业态又构成了各自的商业模式，实体业态下的商业模式叫实体模式，电商业态下的商业模式叫电商模式，新零售业态下的商业模式叫新零售模式。

平时经常有品牌方会问我，为什么有的品牌方宣称自己是社交新零售品牌，有的品牌方宣称自己是社交电商品牌或私域电商品牌呢？经观察了解，当下有些品牌方为了玩新概念和商业新梗，喜欢把自己的品牌定义成不同的商业模式概念，以此来增加商业噱头和价值溢价。

作为品牌方，我们要清晰地理解这些新概念模式之间的异同点，即这些新概念模式的本质都属于新零售模式，只是叫法不同而已。其实这些不同新概念模式所遵循的商业思维和运营逻辑都是一样的。简单地理解，就是换了个不同颜色的外壳，底层的商业运营逻辑是一模一样的。

新零售品牌的定义

"品牌"是一个商业词汇，简单地理解，是指消费者对产品及产品系列的认知程度。品牌是一个名称或标识，或者是它们的组合，其目的是识别某个销售者或某群销售者的产品，并使之同竞争对手的产品区别开来。这里的产品包括有形的物品或无形的服务，或它们的组合。

商标是品牌的一个组成部分，是品牌的标志和名称，便于消费者记忆识别。作为品牌创业者，当我们想好了品牌的名称和标识后，要及时去申请商标注册，以便获得法律保护拥有其专用权。每个品牌下面都会产生一个或若干数量的产品，我们把这种产品叫品牌产品。

相比实体品牌和电商品牌，新零售品牌最大的区别在于产品销售渠道。在新零售出现之前，产品按照销售渠道可以划分为实体渠道和电商渠道，与之相对应的是实体品牌和电商品牌。实体品牌的销售终端是实体店，电商品牌的销售终端是电商平台。

自从新零售概念诞生后，在产品的销售渠道中，出现了一种专供新零售渠道的品牌产品，这些产品销售者利用移动社交工具从事产品的宣传或交易，我们把这种专供新零售渠道的产品品牌定义为新零售品牌。新零售品牌的销售终端并不需要依赖于实体店或电商平台，而是由销售者在移动社交平台通过社交分享的形式将产品直接送达给消费者。

1.1.2　品牌路径的必然性

老叶是一名海归，回国后便开启了创业之路，但由于种种原因，前几次创业都以失败告终。最近跑来和我说想开启品牌创业，计划起盘一个护肤品牌，但目前纠结于是做电商品牌好，还是做新零售品牌好。于是他问我，电商品牌和新零售品牌创业，哪个更容易起盘成功？

按照产品流通类型来划分，产品渠道可以分为实体渠道、电商渠道和新零售渠道，这些渠道依次对应的是实体品牌、电商品牌和新零售品牌。在这些不同的产品流通渠道中，实体品牌是最难做的，因为实体渠道的品牌布局需要强大的人脉资源和资金实力，一般人是玩不转的。在当下的市场环境下，不要说是起盘一个实体品牌，就是开一家实体店也不见得能轻易盈利。

为什么实体创业现在越来越难了呢？因为互联网及移动互联网的相继到来，使商业模式和人们的生活习惯都发生了翻天覆地的改变，既有经验已经不能为创业者提供足够的参考价值，这就使得实体创业变得更难了。数据调查表明，实体创业的困难主要表现在：缺少创业资金、市场推广困难、缺乏管理经验、技术水平不高和项目论证不够。

在当前大环境下，现在如果还有人想起盘实体品牌，我一般是不建议的。实体渠道的品牌布局已经非常完善，基本被一些入局较早的传统品牌占领了。对于想创业的小资人群，在没有任何经验、人脉和资金积累的前提下，想起盘成功实体品牌还是比较艰难的。

电商品牌创业瓶颈

相比实体品牌和新零售品牌，电商品牌的起盘流程是最简单的，它几乎不需要去层层布局产品渠道，只需要直接入驻电商平台即可。因为电商是去中心化的，品牌方通过电商平台可以直接面对消费者。作为电商品牌创业者，常见的操作是在天猫或京东等电商平台开设品牌旗舰店，剩下的就靠运营博销量。

以淘宝为代表的电商平台经过了多年的发展，玩法已经非常成熟，对经验、团队、资金、产品有了非常高的要求，刚刚入行的创业者很难在激烈的竞争中生存。现在的电商已经不是10年前的电商，电商的创业成本偏高。

虽然开一个品牌旗舰店很简单，但是真正想运营起来并不是那么容易。做过电商的人都知道，没有信誉、没有评价、没有销量，想运营好一家网店是多么艰难。想运营好就需要花钱做各种站内或站外的推广，甚至要每天刷单、刷评价，一不小心被系统查到店铺就会受到降级、下架等处罚。店铺商家依赖平台方的程度过强，生杀予夺全由平台方决定。

对于一个电商品牌的初创者，在激烈的电商竞争中，如果没有一定的资金实力和运营经验，结果往往会以失败而告终。所以，电商品牌创业虽然操作流程比较简单，但想起盘成功还是很难。在我日常遇到的诸多品牌方中，有很多电商渠道的品牌方都在积极寻求转型新零售渠道。

相比实体品牌，新零售品牌是移动互联网时代的新宠儿，新零售渠道是当下品牌创业者的首选渠道。相比电商品牌，新零售品牌的运营没有平台的限制，一切运营决策由自己当家做主。通过与实体品牌和电商品牌的比较分析，我认为新零售品牌创业具有三大优势，分别是加盟成本低、运营成本低和经验成本低。

加盟成本低

新零售品牌（代理模式）和实体品牌有点类似，都有代理层级体系，但最显著的区别在于加盟成本的差异性。在实体品牌中，对于代理商（批发商）层级来说，加盟费少则数万多则数十万甚至上百万；对于零售层级来说，加盟费少则数千多则数万，且零售端必须有实体零售店。这种加盟成本对于小资创业人群而言难以承受，无形中会流失掉很多有意愿加盟品牌的代理商。

而新零售品牌的加盟费相比实体品牌要低很多，很多新零售品牌只需要几百元即可加盟，这种低门槛的加盟成本更容易被小资创业人群所接受。庞大的加盟人群，配合新零售模式中特有的裂变属性，使得新零售品牌起盘的成功率要远大于实体品牌。

运营成本低

相比新零售品牌，电商品牌在运营上要多出很多开支项目。例如，在电商平台开一家品牌旗舰店，需要的费用开支项目包括平台保证金、平台销售抽佣、日常运营费用和平台广告竞价费用等。

这些多出来的开支费用，对于很多初创的电商品牌而言是一种很大的运营负担。由于新零售品牌不依赖于电商平台，上面的这些开支项目在新零售品牌的运营中是不需要的，这些节省出来的资金可以更好地运用在其他开支项目上。

相比电商品牌和实体品牌，新零售品牌的运营成本是三者中最低的。新零售品牌能否起盘成功更多靠的是运营经验，而非绝对性的依赖人脉资源和资金实力。在我接触到的诸多成功起盘的新零售品牌中，有的品牌方当初起盘资金只有十来万。这点钱放在电商品牌或实体品牌，估计连起盘资金的皮毛都不够，更何谈起盘成功。

经验成本低

相比电商和实体行业，新零售行业的运营机构（也叫操盘机构）特别多。虽然电商和实体行业（后面统称传统行业）也有一些运营机构，但是绝对没有新零售行业多，且收费要比新零售行业的运营机构贵很多，起步都要十几万，稍微靠谱一点的都要几十万，很多初创品牌方压根请不起这些运营机构，只能靠自己摸索，大多由于经验不够而导致起盘失败。

而新零售行业由于运营机构较多，机构之间的竞争也随之激烈，加之运营机构服务的灵活性，新零售行业的运营机构要比传统行业的运营机构报价便宜很多，大部分品牌方都能够接受，也都愿意请运营机构协助运营，从而弥补运营经验的不足。

新零售行业不仅是运营机构多，其他品牌服务机构也有很多。从市场供需角度来看，新零售行业品牌服务机构多，说明新零售品牌起盘的体量较大，毕竟新零售市场是移动互联网时代各大品牌争抢的黄金渠道。

新零售品牌服务机构多的最大好处在于，能有效降低新零售品牌方的创业经验成本。以前想起盘一个实体或电商品牌，你必须拥有足够多的创业经验，否则很容易起盘失败。而新零售品牌起盘，品牌方不需要有太多的创业经验，因为每一个品牌服务板块都可以找到相应的服务机构来协助，从而弥补品牌方在某方面的经验不足。

品牌方缺运营经验，可以找操盘机构来协助；缺美工设计和文案人员，可以找图文机构来协助；缺品牌管理系统，可以找软件机构来协助；缺营销宣传，可以找营销机构来协助。总之，品牌方缺什么服务板块，都可以找到对应的服务机构来协助。

由于我的服务商资源相对比较充足，平时也有很多品牌方会找我帮忙对接一些服务商。在协助对接的品牌方中，我遇到过很多品牌创业经验几乎为零的创始人，在不同类型服务商的相互配合下，品牌健康有序地发展着，并没有因创始人经验不足而遇到发展瓶颈。当然，前提是品牌方找的服务商要靠谱。

回到案例中老叶的问题上来，电商品牌和新零售品牌创业，哪个更容易起盘成功？通过上面的讲解，我想答案毋庸置疑，新零售品牌创业相对更容易起盘成功。作为品牌创业者，如果你想起盘自己的品牌，但人脉、资金和经验又不是很充足，那选择新零售品牌创业一定是最好的选择。

渠道融合化浅谈

事实上，在移动互联网时代创立的品牌已经没有所谓纯粹的实体品牌或电商品牌一说，因为无论是实体品牌还是电商品牌，都已经随着时代的进步融入了新零售的基因。例如，新零售品牌从业者开创的一些私域运营玩法，现在实体和电商品牌从业者也都在用。

以前的品牌属性是按照渠道来划分的，但这种划分方法放到现在可能不太合时宜了。随着移动互联网的发展，现在的品牌创业者很少会走单一的渠道。例如，实体品牌会去电商渠道开网店，电商品牌也会去新零售渠道开拓市场，新零售品牌又会去实体渠道布局流量。

所以，我们现在很难准确界定某个品牌的渠道属性，当下的界定方法只能根据品牌首发渠道和渠道倾向来综合划分。例如，A品牌首发渠道是在电商平台开网店，那我们就暂且认为该品牌是电商品牌。但如果A品牌某天又进军了新零售渠道，且新零售渠道营收占比大于电商渠道，那我们又可以认为A品牌是新零售品牌。

移动互联网时代开启了渠道融合化的序幕，"实体拥抱电商，电商进军新零售，新零售回归实体"是渠道融合化的现实写照。可以这么说，如今能生存下来的品牌，渠道属性大多是混合渠道。在我看来，品牌方其实不用纠结是否要进军新零售渠道，是否要做新零售品牌，因为渠道融合化趋势注定会让你走进新零售的世界。

1.1.3　品牌起盘热度分析

小鲁在几年前加盟过某新零售品牌，业绩做得还挺不错的，后来由于远嫁他国等个人原因就没有继续做了。回国后，她原本想继续做老本行，打算自己起盘一款品牌产品，但是直到现在还在纠结。

她的纠结点在于，她觉得新零售行业没有当初那么火爆了，比如谈论新零售的人没有以前多，朋友圈中看不到以前的火热场景。诸多顾虑导致她不确定品牌起盘是否能成功，于是她问我，新零售品牌创业是不是没有以前的热度了？

其实以前也有很多想起盘的品牌方问过我类似的问题。因为深耕新零售行业很多年，每年能接触到的品牌方还是比较多的。在和这些品牌方聊天的过程中，我能够清晰地感知到新零售行业的发展现状和新零售品牌的运营现状。从我个人的角度来看，我每年能接触到的品牌方数量并没有呈现减少趋势，反而是一直保持稳步增长，且大部分服务商的业绩还是挺不错的。当然，也有一些服务商由于诸多原因导致业绩不佳，但基本是由于他们自身运营的问题导致的。

新零售行业有很多的服务商协会或联盟组织，这些组织会经常举办一些交流会，交流行业前沿信息和动态，我自己也经常参加这样的交流会，其中也认识了很多服务商。所以，我不仅能接触到诸多新零售品牌方，还能接触到很多新零售行业的服务商。

从我目前对行业的了解来看，相较于实体或电商行业的服务商，新零售行业的服务商数量比前两者加起来还要多好几倍。一个行业的服务商数量，在某种程度上能间接地衬托出新零售创业的热度。如果新零售创业热度不高，不可能有这么多服务商争先恐后地加入这个行业。

有些人喜欢单纯片面地通过局部现象去分析整体，比如看见某个别新零售品牌或服务商业绩不行，就觉得这个行业不景气。这种思考逻辑显然是有问题的，因为局部的特性不能代表整体，否则会产生以偏概全的错误认知。

一个行业景气与否，不能单纯地看局部个别的案例。事实上，每天都会有品牌起盘失败，每天都会有服务商因业绩不佳而倒闭。不可能一个行业的创业者都是幸运儿，总有少部分创业者会失败，这些少部分行业内创业失败的案例并不能片面地代表这个行业景气与否。我也接触过很多创业失败的品牌方和服务商，他们失败的原因大多是运营不佳。

回到案例上来，之所以小鲁觉得新零售品牌创业没有以前的热度，我认为可能有三个因素：分别是行业圈因素、新鲜感因素和规范化因素。接下来，我简单地解析下这三个因素。

行业圈因素

做过新零售的人都知道，我们会创建或加入各式各样的社群，比如行业群、团队群和学习群等，这些社群成员都有一个共同的属性，那就是都是同一个行业圈子里的人，都从事着与新零售行业有关联的工作。

当我们身在行业社群里面，就会时时刻刻感受到新零售行业的氛围。如果没有圈子氛围，我们可能会慢慢地遗忘自己所从事的行业，存在感会渐渐消失。就像新零售这个行业一样，如果你加入诸多行业社群，你会发现身边处处是新零售从业者；如果你没有加入任何新零售社群，你会发现新零售行业似乎已经消失在这个世界上了。

当你感受不到一个行业的圈子氛围时，你就会潜意识地认为这个行业已经消退了。然而事实并不是这个行业消退了，而是你没有融入这个行业的圈子里面来，没有感受到这个圈子的氛围。所以，一个行业的圈子氛围很重要，我们每个人都需要活在自己的行业圈子里，去感受圈子的氛围，这样我们才能感知到这个行业的热度和自己对行业的热情。

为什么小鲁会觉得新零售行业热度不行了呢？因为她已经脱离行业圈子太久了。据我了解，以前她做代理商的时候，觉得新零售创业有热度，是因为她有很多品牌方建立的社群。她告诉我，品牌方经常会在社群搞培训、做活动，时不时还会组织代理商一起会奖旅游，感觉那个时候的新零售创业热度很强。

由于她后来退出了品牌，这些圈子氛围一下子就消失了。说实在的，如果她现在再重新加盟某品牌，还是会和以前一样，圈子氛围依然十足。但现在她没有加盟任何品牌，自然就感受不到圈子的氛围。我相信，等到她自己的品牌起盘后，她期待的那种曾经的圈子氛围会重新出现在她的世界。

新鲜感因素

新零售行业自诞生到现在已经过去了很多年，我虽然一直在说新零售是移动互联网下的新商业业态，但这种新的概念是通过对比电商和实体商业业态而得来的。移动互联网时代目前还是进行时，说新零售是最新的商业业态或商业模式都不为过。

但新零售对于某些人而言又的确不新了，这里的"新"指的是新鲜感。对于像我这种见证过新零售诞生的人而言，新零售已经不是什么新鲜事情了。我们会发现新零售行业诞生的头几年，总有很多人在茶余饭后谈论新零售创业，总有媒体在报道新零售。

但现在我们会发现，谈论新零售的人少了，就和现在没几个人会谈论电商一样。因为新零售已经和电商一样，没有什么新鲜感了，已经成了人们的日常。

如果现在还有人在谈论新零售，要么是研究新零售行业的人，要么是从事新零售行业的人。简单地理解，现在只有新零售行业圈子里面的人才会谈论新零售。除此之外，不会有闲人在饭后茶余谈论新零售了。所以，小鲁觉得新零售行业没以前热度高，新零售行业的新鲜感缺失是其中原因之一。

但新鲜感的缺失并不影响新零售品牌创业的热度，想品牌创业的人还是会继续创业，只要从事新零售行业的人没有减少就有创业的群众基础。据相关机构调查统计，从事新零售行业的人在与日俱增，新零售创业是当下比较流行的创业方式。

规范化因素

在新零售诞生的头几年，新零售从业者给人最大的印象就是疯狂地发朋友圈或群发广告消息，那个时候新零售品牌运营还处于最初的野蛮生长状态。小鲁就是那个时期接触新零售行业的，所以她对新零售的印象还停留在那个阶段。

如果小鲁是想重温那个野蛮的年代，我只能说抱歉，因为那个野蛮的新零售年代早已经结束了，新零售品牌运营已经进入规范化阶段。现在想成交客户，靠单纯地发点朋友圈已经行不通了，且运营场景也不再局限于朋友圈。甚至可以说，朋友圈已经不是什么重要的运营场景了。

初代新零售从业者之所以喜欢发朋友圈，是因为那时候的运营场景不多，朋友圈是当时少有的重要运营场景之一。所以，那时特别喜欢发朋友圈，甚至发圈一度成了标配行为。而现在的新零售运营和以前就大不相同了，发圈不再是标配。甚至有些新零售从业者，如果你不深度接触，单纯靠朋友圈来感知，是很难辨别出来的。

之所以新零售从业者发圈越来越少，主要原因有两个方面：一来是因为微信对朋友圈的监管逐渐加强，很多广告性质较强的朋友圈内容在发布时会受到一定的限制；二来是因为公众对朋友圈的营销内容已经产生了免疫抗体，朋友圈式运营已经逐渐失效了，很多从业者都在布局新的运营场景。

当下新零售的运营场景呈现多样化趋势，比如社群、本地化、短视频和直播等都是新的运营场景。所以，我们会发现这些年朋友圈里面发圈的人在逐渐减少，但这不代表新零售从业者也在减少或消失，他们只不过是把运营场景转移到了新的阵地。而这些新的运营场景，除非我们去深度接触，否则是没有办法像朋友圈那样直观地感受到。

新零售品牌的运营需要紧跟移动互联网时代的发展步伐，哪里是移动互联网热门的地带，品牌方就要适时地把运营场景转移到那里。多样化和灵活化的运营方式是新零售品牌持续发展和生存的基础。作为像小鲁这样的老从业者，也要学会适应新的运营场景，掌握新的运营玩法。

1.1.4　品牌运营模式选择

老邹是某电商品牌的创始人，最近刚加入我的社群，想学一些新零售品牌运营知识，顺便找我咨询一些问题。老邹告诉我，由于电商品牌目前遇到了增长瓶颈，目前计划起盘一款新产品开拓新零售渠道，但是他不太清楚这款产品用哪种运营模式好。于是他问我，不同的新零售品牌运营模式该怎么选择？

新零售品牌的运营模式如果要详细划分，会有各式各样的模式，我目前知道的就有二十多种运营模式。随着移动互联网的发展，品牌运营模式也会适时地进行演变。但不管怎么演变，都离不开三种基础模式，即品牌代理模式、品牌分销模式和品牌直营模式。

简单地理解，已知的所有品牌运营模式都是在这三种模式的基础上进行演变的。接下来，我简单地讲一讲这三种基础模式的特点，以及品牌方要如何选择这三种基础运营模式。

品牌运营模式浅析

品牌代理模式是新零售品牌最传统的运营模式，也是目前大部分品牌方选择的主流运营模式，是在传统代理模式基础上衍生出来的运营模式。品牌代理模式的叫法有很多，比较常见的叫法还有代理销售模式和团队长模式等。

这种运营模式下的中间商叫品牌代理商。之所以采用代理模式的品牌方比较多，主要原因在于这种运营模式相对比较成熟，品牌方操作起来比较容易，起盘的成功率相较于其他运营模式要大很多。

品牌分销模式是在电商分销和淘宝客模式基础上衍生出来的运营模式，是继品牌代理模式后的第二大主流运营模式。品牌分销模式也被人们叫作"社交电商模式"，这种运营模式下的中间商叫作"品牌分销商"。

由于品牌分销模式现在流行于借助社群来实现运营，往往会通过团购的方式来销售，故而这种模式也经常被人们叫作"社群团购模式"或"社群拼团模式"。分销商就是社群的群主，也叫"社群团长"。

由于品牌分销模式是传统电商衍生出来的模式，品牌方往往需要搭建和传统电商一样的商城平台，我们一般把这种商城平台叫作"品牌分销商城"或"社交电商平台"，也有一些人把它叫作"移动电商平台""社群团购平台"等。

品牌直营模式是在电商品牌直营模式基础上衍生出来的运营模式，常见的品牌直营模式有两种：一种是零售型品牌直营模式，该模式以零售作为直营驱动力；另一种是招商型品牌直营模式，该模式以招商作为直营驱动力。

直营模式的品牌方想把生意做好，需要组建一支强大的直营团队，通过布局信息流持续获取流量，比如短视频和直播引流。在团队成员的相互协作下，品牌方需要做好专业的售前和售后服务，从而实现客户的持续复购和转介绍。这种模式相较于其他两种运营模式而言，操作难度相对较大，故而选择的品牌方也相对较少。

如何选择运营模式

回到案例中老邹的问题上来，只起盘一款产品适合什么品牌运营模式呢？我认为选择品牌代理模式比较适合。很多想试探新零售渠道是否好做的品牌方，为了节省产品生产成本，往往会选择用一两款产品作为起盘产品。如果起盘成功了，后期会慢慢增加产品种类。

新零售品牌的直营模式和电商品牌的直营模式在运营方式上几乎差不多，区别在于前者灵活性更强。传统电商品牌的直营模式比较单一，通常会选择在天猫、京东等第三方电商平台开设品牌旗舰店或直营店，依附性相对较强。而采用直营模式的新零售品牌往往会选择自己搭建品牌商城平台，不依附于第三方电商平台，运营方式相较于传统电商品牌更加的新零售化。

正常情况下，电商品牌想开拓新零售渠道，一般不建议采用品牌直营模式，因为无法有效解决品牌增长瓶颈问题。简单地理解，由于都是直营模式，加之运营方式也差不多，故而品牌方在电商渠道遇到的诸多问题，在新零售渠道估计依然解决不了，除非在新零售渠道换运营模式。

分销商的利润相较于代理商而言要薄一些，所以品牌分销模式不太适合单品销售，否则分销商会没有动力。正常情况下，由于品牌分销模式需要搭建品牌分销商城，一个平台只有一两款产品显然不太合适，给消费者的感知也不会太好。所以，品牌分销模式适合起盘多款产品的品牌方。

对于前期只有少量自有品牌产品，但又想采用品牌分销模式的品牌方，前期可以采购其他品牌产品，从而弥补商城产品不足的窘境。采购模式常见有两种，分别是邀约入驻和自营采购。

邀请入驻模式类似于电商中京东或天猫平台的品牌入驻模式，这种采购模式适合一些有影响力的商城平台。自营采购模式就是品牌方自己去采购一些市场热销的爆款产品，这需要品牌方有较强的产品供应链资源。

有些品牌方可能会想，我自己的品牌商城怎么可以有其他品牌产品呢？对于采用分销模式的品牌方，这里的品牌可以理解为是产品的品牌，也可以理解为是商城平台的品牌。如果理解为后者，那品牌就是一个商城平台，不局限于自有产品。这类似于电商中的天猫和京东品牌，他们属于电商平台，任何品牌产品都可以在平台内销售。

我们常把这种品牌方叫作"平台品牌方"，主要用于区别传统的产品品牌方。在我认识的一些平台品牌方中，有些品牌方完全不生产自有产品，商城平台内的产品全部靠外部采购。对于品牌方而言，平台内产品越丰富，消费者就越有购买欲望，分销商也就越有积极性。所以，采用分销模式的品牌方，要确保商城平台内有足够数量的产品。

关于老邹的问题就解答到这里，上面只是单纯地从产品起盘数量的角度来分析，其实还要结合不同运营模式的优劣势来分析。关于品牌运营模式的优劣势分析，可以去我的公众号中阅读相关内容，里面有更详细的模式讲解，这里就不再重述。

由于新零售品牌存在不同的运营模式，不同模式下的中间商称呼各不相同。所以，为了方便大家理解，后面的课程中，我会统一把品牌的中间商称呼为代理商。大家只要知道有这么回事就行，并不影响阅读理解。

1.1.5 哪些产品适合起盘

老夏是某在线教育平台的创始人，目前教育平台的运营方式走的是传统的 B2C 电商模式，即商家直接面向消费者。老夏在我社群里面认识了一位同行老钟，老钟加入我的社群打算开拓新零售渠道，后来在我的协助下，品牌起盘很顺利。老夏得知此事后，很疑惑地跑来问我，在线教育类的虚拟产品也能起盘新零售渠道吗？

平时有很多创业者都会问我，某某产品是否适合起盘新零售渠道？在大众的认知中，很多人觉得能够在新零售渠道起盘的产品只能是实物产品，比如常见的化妆品或保健品等，其实这是一种错误的认知。事实上，任何产品都可以在新零售渠道起盘，都可以用新零售的运营模式进行运作。

所谓产品，是指被人们使用和消费，并能满足人们某种需求的任何东西，包括有形或无形的物品。像在线教育平台中的课程作为无形的物品也属于产品，只不过是虚拟产品。像我们这种给品牌方提供起盘咨询的服务也属于产品，只不过是服务产品。

理论上来说，只要产品有市场价值，能满足某类人群的需求，它就可以在新零售渠道起盘，通过新零售的运营模式去运作。不同起盘产品的区别，主要在于运营模式的选择和盘子市场的大小。像老夏这类的在线教育平台，可以采用品牌分销模式的玩法去运作，通过招募分销商来实现平台课程的裂变式传播和销售。

线上教育培训类的虚拟产品，我接触到的案例有很多，其中大部分都做得很成功。不仅如此，线下培训机构其实也可以通过新零售的运营模式来运作。除此之外，像一些实体加盟项目也可以用新零售的玩法重新做一遍，比如目前常见的共享门店项目就是用新零售的运营模式来运作的。

据我了解，目前新零售渠道的产品品类很丰富，几乎涵盖了所有实体和电商渠道的产品。我们在实体或电商渠道能看到的产品，在新零售渠道大多已经起盘了。有些在实体或电商渠道不好卖的产品，凭借新零售渠道独有的裂变属性优势，反而变得好卖了。

作为创业者，如果你不知道自己的产品是否能在新零售渠道起盘，或不知道应该选择什么样的新零售运营模式来运作，可以先来咨询我，我可以帮你做一个产品起盘分析和规划，以及分享一些同类产品在新零售渠道起盘成功的案例。

1.1.6　粉丝如何无限变现

小沈是一名抖音网红达人，通过在抖音上拍一些生活搞笑的视频积攒了几十万的粉丝。她目前的困扰在于变现能力很弱，尝试过抖音里面的所有变现功能，比如开直播带货、拍带货视频等，但是变现效果都不行。于是她问我，如何才能将她的粉丝变现？

很多没有深度接触过网红的人，可能会觉得网红达人都能赚很多钱。其实现实并不是这样的，能顺利把粉丝变现的网红其实并不多，大部分网红的收入水平也就混个温饱。

不要说几十万的粉丝了，就连几百万的网红达人都不一定能混得好。像平时经常会有一些百万粉丝的网红达人找我寻求变现路径。所以，大家也不用过于羡慕网红，真正能赚钱的网红只是金字塔顶端的少数人，大部分网红的变现能力其实并不强。

最好的变现方式

类似小沈这样拥有一定粉丝群体的网红，其实变现超级简单，不能变现的原因往往是网红的变现思维仅仅局限于平台内部。如果我们把商业格局放大一些，不局限于平台内部变现，而是仅仅把平台作为变现前端的一个公域流量池来看待，那变现的方法就有很多了。

从我目前接触到的诸多案例来看，网红达人最好的变现方式就是起盘自己的新零售品牌。这种变现方式的路径很简单，那就是让粉丝成为自己的品牌客户或代理商。

当网红把变现的方式仅局限于平台内部时，往往会发现粉丝黏性不会太强，因为粉丝不是你一个人的私域流量，而是属于平台的公域流量。这些粉丝今天可以关注你，明天也可以关注其他网红，也许哪天一不高兴就取关了你，甚至你的账号都有可能被平台封掉。

上面的窘境类似于电商商家受制于电商平台，随着平台的商家越来越多，在平台内变现将越来越难。但如果我们起盘自己的品牌，把粉丝转化成品牌忠实客户或代理商，那粉丝就不仅仅是平台的公域流量，也同时属于品牌的私域流量。要记住，**只有私域流量才能产生黏性和精准变现。**

像我们常见的网红直播带货，粉丝仅仅是购买产品的客户而已，且很多时候由于货源是第三方的，产品质量难以把控，往往会带来难以估计的负面效应。说不定，今天是你的粉丝，明天就变成了维权者。

但如果我们起盘的是自己品牌，产品质量是可控的，更容易获取粉丝对产品的信任。而且粉丝不仅仅是客户，还可以成为品牌代理商，这样有利于粉丝黏性的增强，加速品牌的业绩裂变。要记住，**让粉丝花钱不如让粉丝赚钱来得爽快。**

作为网红达人，平台内变现和平台外变现是两种不同的变现途径，如果你在平台内变现遇阻，那就可以考虑平台外变现。很多网红也许会说，我不懂品牌运营怎么办？很简单，可以先来咨询我，我可以帮你做一个详细的起盘规划，帮你做好选品工作，教你如何一步步地运营自己的品牌。

新零售裂变属性

在日常生活中，我们会发现除了网红达人外，还有很多人也适合起盘新零售品牌。我们曾经帮助过很多电商商家、实体店主、实体批发商和生产厂家等拥有客户资源的人起盘过新零售品牌。虽然这些创业者可能在原有渠道变现遇到瓶颈，但是他们身边有强大的人脉资源，只是他们不知道这些人脉资源该如何去利用。

新零售品牌起盘的驱动力在于，运营模式具有强大的裂变属性。无论是网红直播带货，还是电商商家卖货，都是传统 B2C 直营模式，即商家直接面向消费者。但新零售品牌运营是 B2M2C 模式，它多了一个中间商，即代理商或分销商。

在传统 B2C 模式中，B 和 C 的关系永远都是商家和消费者的关系。但在新零售 B2M2C 模式中，消费者 C 可以转化成中间商 M，中间商 M 又可以触达 N 个消费者 C。这种运营模式具有强大的裂变属性，品牌方可以让这群中间商快速并广泛地将产品信息传递给更多的消费者。

一个案例的启发

我有一位朋友叫小宋，她是一位很普通的家庭主妇，每天负责做家务和接送孩子上学。这样的家庭主妇，我们身边应该到处都是。原本她应该和大部分家庭主妇一样，平凡地度过一生。但我发现她有一个很大的优点，就是人缘特别好，认识很多和她一样的家庭主妇，且都相处得特别好。

也许很多人不觉得小宋有什么特别之处，但我知道，她要是起盘新零售品牌，有很大概率做起来。为了筹集品牌起盘资金，在我的建议下，她先加盟了一家品牌做代理商，然后很快就带着她的一群姐妹把团队做大了。等凑齐了品牌起盘资金后，我给她做了一个详细的起盘规划，并帮她对接了 OEM 厂家等一系列的服务商，品牌现在做得风生水起。

类似上面小宋那样逆袭的案例，我见证过很多。看似平凡无用的人脉资源，只要善于利用，都有可能爆发无穷的威力。作为创业者，如果你身边有一些人脉资源，但又不知道该怎么变现，我觉得可以考虑起盘新零售品牌，将这些人脉资源充分利用起来。

随着新零售品牌创业的火热，今天你不利用这些人脉，明天就会有别的创业者利用这些资源。不要等哪天回过神想起盘新零售品牌时，才发现这些人脉资源早就是别人的代理商了。要记住，**时间和机遇是不会在原地等你的，想创业逆袭必须先发制人。**

1.1.7　老品牌新渠道分析

老陈是某传统品牌的创始人，产品在实体渠道和电商渠道都有销售。随着新零售渠道的日渐火热，目前他也打算把产品拓展到新零售渠道。但他一直纠结新零售渠道是否要继续沿用原有品牌，还是起盘一个新品牌更好。于是他问我，像他这样的传统品牌进军新零售渠道要怎么操作？

新零售行业诞生到现在，大部分稍有影响力的传统品牌（实体或电商渠道）都拓展了新零售渠道。传统品牌进军新零售渠道是否要沿用原有品牌，这是一个具有争议性的话题，行业中分为两个观点派。有些行业人士认为沿用原有品牌比较好，而有些行业人士认为重新起盘一个新品牌比较好。

我的观点倾向于重新起盘一个新品牌比较好，因为这样更有利于品牌长期健康的发展。对于一些影响力较大的传统品牌方，沿用原有品牌有利于在起盘前期借助品牌影响力快速起盘。这个是传统大品牌在起盘前期的优势，毕竟传统大品牌的信任感更强。

但是回过头来看，我们会发现这些沿用原有传统品牌的品牌方在起盘一两年后都不约而同地退出了新零售渠道。这种现象让很多行业人士都很疑惑，明明发展势头非常足，为什么都选择了退出呢？期间各种猜测都有。

后来我问了很多传统品牌方的相关负责人，发现退出的真正原因是新零售渠道的品牌发展已经严重影响了传统渠道的运营，这里的影响因素比较复杂，就不具体拓展。总的来说，新零售渠道发展得越快，传统渠道就会越受影响，以至于品牌方需要在传统渠道和新零售渠道做出二选一的决策。

当然，这个决策很简单，肯定会选择传统渠道，毕竟传统渠道布局已久。据我了解，虽然很多传统品牌表面上选择退出了新零售渠道，但其实大部分退出的品牌方都私下通过启用新品牌重新在新零售渠道起盘，毕竟新零售渠道是真香。

在我看来，传统品牌方起盘新零售渠道的真正优势，其实并不是原有品牌的号召力，而是传统品牌沉淀下来的人脉资源（众多批发商或客户群体）。有了这些庞大的人脉资源，新零售品牌是否沿用传统品牌名称已经变得不那么重要了。

所以，传统品牌拓展新零售渠道，如果不愿意放弃原有渠道，我建议重启一个新品牌起盘新零售渠道。因为传统品牌的既有包袱比较重，同品牌不同渠道的关系处理会比较复杂，处理不好很容易让原有渠道受影响。

1.1.8　品牌线上线下结合

老韩是某化妆品生产工厂的老板，这些年有很多新零售品牌找他工厂做OEM代加工。他发现最近很多同行厂家都自己起盘了新零售品牌，自己也萌发了起盘的想法，但是他纠结于自己年纪大，担心学不会各种线上操作。于是他问我，新零售品牌运营是不是都要在线上操作？

在日常生活中，我见到过很多和老韩有类似观点的创业者，他们觉得新零售品牌运营就是单纯地进行一系列的线上操作。实际上，这是一个认知误区，真正的新零售品牌运营是线上和线下相结合的，也就是我们常说的新零售O2O模式。

所谓新零售O2O模式，是指将线下商业机会与移动互联网的技术结合在一起，让线下商机成为线上交易的前台，同时起到引流和推广的作用。随着新零售融合化和本地化的发展，线上和线下之间的联系将变得愈加紧密，新零售O2O模式被看好会成为移动互联网的下一个掘金点。

从理论上来说，新零售品牌的运营模式没有线上和线下之分，因为无论是线上还是线下都可以运营新零售品牌。例如，我们可以举办线上招商会，也可以举办线下招商会；我们可以给代理商搞线上培训，也可以给代理商搞线下培训；我们可以策划线上引流活动，也可以策划线下引流活动。

所以，把新零售品牌的运营刻意定性为是线上运营或线下运营都是不对的。事实上，无论是线上还是线下，都是新零售品牌在运营过程中需要触达的场景。不同的品牌方会根据自己的需求来安排线上或线下运营场景，哪个场景更有利于现阶段的品牌运营，我们就可以去触达那个运营场景。

例如，以前新零售红利期，引流场景更多的是在线上，因为那时候线上引流很容易，互联网中到处都是流量。但随着这些年线上引流越来越难了，很多品牌方又灵活地把引流场景转移到了线下，也就是我们常说的本地化引流，目的在于实现"线下引流，线上成交"。

所以，新零售品牌的运营是一个系统化的工程，需要线上和线下相结合运营，没有单纯的线上或线下运营一说。移动社交工具的发展，让线上沟通变得更加顺畅了，很多以前需要在线下场景才能做的事情，现在通过微信等移动社交工具在线上也可以完成。

但这并不意味着线下运营场景就不重要了，依然有很多运营场景必须放在线下才能实现既定的运营目标。例如，现在流行的品牌本地化打造（线下地推＋线下整合＋实体布局＋会销培训）就必须在线下场景完成。

1.1.9　品牌运营工作流程

老李一直想起盘一款新零售产品，但由于对品牌运营不太懂，迟迟不敢起盘。其间有想过请操盘机构协助起盘，但又担心自己不懂行被忽悠，故而总徘徊于想起盘和不敢起盘之间。于是他问我，新零售品牌运营需要做哪些事情？

新零售品牌运营是一个系统复杂的工程，需要做的事情有很多。有些对这块不太懂的创业者，可能存在和老李一样的徘徊状态，想起盘又不敢起盘。

在我接触到的诸多品牌方中，大部分品牌创始人在起盘的时候，其实都不太懂品牌运营，甚至很多创始人还是小白水平，但是他们的品牌起盘依然很成功。

我一直有一个观点：**初级创业者只会事事躬亲，什么都想自己包揽，结果累得半死却事事无成；而高级创业者会到处借力，借助别人的优势来帮衬自己，让自己不断壮大。** 作为品牌创始人，没有必要把品牌运营中的每一个环节都搞得那么清楚，也没有必要事事躬亲。你只需要大概地知道品牌运营要做哪些事情就可以了，剩下的具体事情就交给专业的人去做即可。

前面提到过，新零售行业有很多不同服务类型的品牌服务商，品牌创始人要做的就是在品牌运营的不同阶段安排相关的服务商去协助品牌完成相应的运营工作就可以了。在服务商协助运营的过程中，品牌方要根据服务商的要求尽全力做好配合工作。

关于品牌运营需要做哪些事情，这里我简单地从框架上讲解下。品牌运营事项大致可以分为六个板块，分别是设计板块、背书板块、引流板块、活动板块、培训板块和团建板块。

品牌设计板块

设计板块主要分为品牌基础调研、公司结构设计和品牌模式设计。品牌基础调研包括产品调研、用户调研、竞品分析和渠道分析等；公司结构设计包括公司顶层结构和公司股权结构设计等；品牌模式设计包括价格体系、品牌层级、分润机制、返利机制和激励机制设计等。

设计板块是所有运营板块中最重要也是最基础的板块，如果品牌方自己不太懂，千万不要自己瞎琢磨去设计。因为这个板块的设计如果出现偏差，会严重影响品牌运营的轨迹。后期如果想二次纠正，难度会相当大，处理不好还会引起品牌方和代理商之间的矛盾纠纷。

例如，有些品牌方前期舍不得花钱请操盘机构设计模式制度，觉得这是一件很简单的事情，只需要参考一些同品类的竞品就行。结果设计出来的模式制度往往都存在很多漏洞，而这些漏洞在代理商人数不多时往往不容易发现。

等品牌方发现漏洞隐患想修改模式制度的时候，往往又会遭到代理商的抵制，因为模式制度的修改会影响到代理商的利益，从而让品牌方陷入进退两难的窘境。像我经常见到有些品牌方因强行修改模式制度，导致代理商集体维权和跳槽现象的产生。

品牌背书板块

品牌背书就是品牌方借助第三方的信誉来为自己的品牌做信任背书，以此来提高代理商和消费者对品牌的信任度。根据第三方的不同，品牌背书大致分为三个类型，分别是基础类品牌背书、进阶类品牌背书和产品类品牌背书。

基础类品牌背书分为品牌霸屏背书和奖项证书背书；进阶类品牌背书分为明星网红背书和广告宣传背书；产品类品牌背书分为产品承保背书和产品专利背书。具体这些背书项目是什么，后面的课程中都有详细讲解。

品牌背书项目是品牌方必须开展的项目，不需要品牌方自己去操作，直接找相关背书机构合作即可。如果品牌方起盘资金比较紧张，最少也需要做一个品牌霸屏背书。这个钱千万不要省，否则后面的运营板块就会事倍功半。

品牌引流板块

在品牌运营中，引流永远是最重要的板块，因为没有流量，一切都是空谈。引流按照不同的划分标准可以分为私域引流和公域引流，线上引流和线下引流，免费引流和付费引流。

私域引流，就是通过私域流量的资源去引流，比如常见的让现有代理商或客户转介绍就是此类型。公域引流，就是通过公域流量的资源去引流，比如在自媒体平台投放软文等引流方式就是此类型。

线上引流，就是在互联网或移动互联网上去引流，比如常见的微博引流、微信群引流、抖音引流和直播引流等玩法就是此类型。线下引流，就是在线下去引流，比如常见的地推引流、门店引流和沙龙引流等玩法就是此类型。

免费引流，就是通过免费的方式去引流，比如常见的自媒体引流、直播引流等玩法就是此类型。付费引流，就是通过付费的方式去引流，比如常见的百度付费推广、微博粉丝通推广、卫视广告投放等就是此类型。

引流的渠道和玩法有很多，品牌方可以根据自己的需求去探索适合自己的引流方法。我一直认为，在有限的时间内，引流的质量比数量更重要。从目前诸多的引流方法来看，我更倾向于线下引流。只要掌握正确的引流技巧，线下引流来的人群质量会很高，成交率远远高于线上泛流量。后面的课程中，我会介绍一些简单实用的线下引流玩法。

品牌活动板块

活动板块主要分为品牌招商活动和品牌动销活动，这是品牌方需要常态化开展的两大活动。招商的目标人群是代理商，动销的目标人群是消费者。品牌招商活动和动销活动都可以分为线上活动和线下活动，一般线上活动开展的频率要比线下活动多。

品牌招商活动一般分为内招和外招两个阶段，这里的内招和外招是从招商资源的社交关系强弱来划分的。内招要搞定的是私域流量，外招要搞定的是公域流量。品牌招商活动方案有很多，比如从上往下招商策略、从下往上招商策略和换货抵扣现金方案等，具体需要根据品牌方的需求来设计招商方案。

品牌动销活动方案也有很多，比如客户回流策略、产品复购策略、产品有奖活动、晒买家秀策略和客户转代理策略等，这些活动方案可以私下找我沟通交流。在实际的品牌运营中，品牌招商活动和动销活动往往会相互配合开展。在活动开展的过程中，品牌方还要做好社群运营工作。

品牌培训板块

为了让代理商掌握运营知识，更好的招商和零售，品牌方需要在培训板块下足功夫，尽最大努力减少代理商在运营中的知识阻碍。培训板块涉及事项包括品牌商学院搭建、培训讲师的培养和培训课程的开发等。

品牌培训的方式分为线上培训和线下培训，常见的培训类型分为品牌日常培训、品牌招商培训和品牌动销培训。品牌日常培训课程主要涉及代理商在日常运营中需要掌握的一些常识性知识，品牌招商和动销培训一般需要配合招商和动销活动开展。

品牌团建板块

品牌团建分为广义和狭义两个概念：广义的团建是指团队建设，即为了实现团队绩效及产出最大化而进行的一系列结构设计及人员激励等团队优化行为；狭义的团建是指团队活动，即品牌一系列团队活动的统称。

团队建设分为品牌方团队建设和代理商团队建设，团队建设的终极目的是让全体品牌从业者拥有大局意识、团队精神和服务精神。团队建设不是一两天的事情，需要品牌方长期探索和沉淀，是品牌竞争力的体现。

团队活动能够有效提升代理商的活力和凝聚力，品牌方需要每年规划若干次。目前最常见的品牌活动是会奖旅游，比如招商旅游、年会旅游、新品发布旅游等。通过开展会奖旅游，可以传播品牌文化，加强品牌的团队建设。

上面这些板块都是品牌方在运营中需要涉及的事项，有些品牌方也许看完后很蒙，不知道要如何开展。但是没关系，因为这些板块都可以找到相关服务商来协助完成。例如，设计板块、引流板块、活动板块和团队建设可以交给操盘机构，背书板块可以交给背书机构，培训板块可以交给培训机构，团队活动可以交给会旅机构。

所以，看上去很复杂的品牌运营，只要品牌方合理的规划和统筹安排，就能化繁为简。如果品牌创始人担心自己不懂行被服务商忽悠，那就去找一些靠谱的服务商。至于如何才能找到靠谱的服务商，后面的课程中会详细地讲到。当然，前提是你需要有足够的创业资金，以便于和不同类型的服务商合作。

新零售行业的服务商报价并不高，大部分服务商的性价比还是很高的。所以，新零售品牌起盘用不了太多的创业资金，相比电商或实体品牌起盘要低很多。在后面的课程中，我会详细地讲解品牌起盘需要合作的相关服务商，以及服务商的服务内容和相关注意事宜。

1.1.10 品牌起盘成功捷径

小李是某品牌的大团队长，最近由于品牌方调整了产品定价和返利机制等品牌制度，她发现自己利润变少了，心理上很不平衡，于是和品牌方闹了点矛盾。她目前有打算带着团队另起炉灶起盘自己品牌的想法，但由于没有品牌起盘的经验，迟迟又不敢付诸实践。于是她问我，品牌起盘有没有什么成功捷径可走？

所谓大团队长，一般多指品牌的顶层代理商，且团队成员数量比较多。在我的从业经历中，我见到过很多由于和品牌方闹矛盾而选择自立门户的大团队长。正常情况下，大团队长和品牌方闹矛盾的原因，大多是因为品牌方调整相关制度影响到了代理商的利益。

为什么品牌方会在后期调整品牌相关制度呢？原因很简单，大多是因为起盘初期制定的相关品牌制度不合理，比如价格体系和返利机制等。这些不合理的制度，在起盘初期可能不太容易发现，即使发现了，品牌方一般也不会太重视。

但随着品牌代理商的逐渐增加，这些不被重视的小问题就会越来越凸显，如果不及时修改相关制度，可能会影响到品牌方的利益。但问题是，很多品牌方修改制度后，虽然改善了品牌方的利益，但往往会影响到代理商的利益。如果双方矛盾得不到妥善解决，品牌方有可能会面临代理商的流失窘境。

所以，我强烈建议品牌方在起盘的时候不要照葫芦画瓢似的瞎琢磨，你如果不懂品牌运营，就老老实实地找一个懂行的操盘机构帮你设计相关品牌制度，这样才能确保你的品牌制度一开始就是完善的，才能有效避免后期因修改制度造成的一系列问题。

回到小李的问题上来，品牌起盘有没有成功捷径可走呢？在品牌运营上，没有任何捷径可走。品牌运营就那么些事情，该怎么运营就怎么运营，少走一步都不行。虽然品牌运营没有捷径可走，但想让品牌起盘成功的进度加速还是有捷径可走的，这个捷径就是我们要树立正确的品牌创业观念。

这是一个思想层面的意识问题，有些品牌方可能不以为然，觉得起盘成功与否主要靠硬实力。在我看来，创业资金、人脉和资源等硬实力固然重要，但思维观念上的软实力对于品牌方而言更重要。

尤其是品牌创始人，如果你在创业上的某些思维观念不过关，即使你有硬实力，也未必能起盘成功。我是一个活久见的人，我看到过很多硬实力不错的品牌方，由于创始人某些思维观念不行，品牌起盘照样失败。要记住，**打败你的不是对手，颠覆你的不是同行，甩掉你的不是时代，而是你传统的**

思维和落后的观念。

有些品牌方也许会好奇，哪些思维观念对品牌起盘这么重要呢？这里我简单地分享三个我认为比较重要的思维观念，希望能给即将起盘品牌的创业者一些感悟和思考。也许现在有些人会觉得不以为然，但我相信等你哪天起盘遇到了瓶颈或起盘失败了，再回过头来想一想我讲的，也许就会回味无穷。

该花的钱不要省

很多起盘失败的品牌方都普遍有一个共同点，那就是缺乏付费意识。在很多初创品牌创始人的观念中，他们觉得品牌起盘是一件很简单的事情，只要把产品生产出来，然后就可以开始躺赚了。甚至有些创始人沉醉在自己的产品功效中，觉得自己的产品非常棒，一旦起盘定有诸多代理商想加盟。

在这些创始人的思维观念中，他们觉得品牌运营中唯一需要付费的就是产品生产费用，剩下应该没有什么费用。但等他们真正开始起盘后，往往会发现需要付费的地方其实还有很多。在心理预期不一致的情况下，有些创始人就舍不得花钱。舍不得花钱的原因主要有两种：第一种是创始人格局很小，俗称小气鬼，不愿意花钱；第二种是起盘资金真的很紧张，拿不出多余的钱。

前面的内容中，我讲解了品牌运营需要做的诸多事项，对于一个初创品牌方而言，很多运营板块是没有办法独立完成的，需要品牌方去找一些相关的服务机构协助完成。有些品牌方觉得花钱请第三方机构协助是在浪费钱，其实这是一个错误的认知。

事实恰恰相反，请专业的机构做专业的事情，是最节省资金的一种方式，尤其是在品牌起盘阶段。想靠自己去摸索或通过招聘员工来弥补品牌相关职能缺失的做法，是最浪费时间和资金的方式。这本时间成本的账，是那些经历过失败的品牌方留下来的深刻总结。

在我认识的诸多品牌方中，有一类品牌方在付费意识上会不自觉陷入死循环状态。这些品牌方心里清楚某个项目的重要性，也愿意付费来完成，但是他们愿意付费的时间不是现在，而是等将来赚到了钱再来付费完成。

例如，有些品牌方不懂品牌方运营，他们也觉得需要找个操盘机构来协助；有些品牌方心里很清楚，品牌做招商活动前需要先做个品牌霸屏背书。但奇怪的是，虽然他们意识到了某件事情的重要性，但他们现在不会去马上付费做这件事，而是打算等先赚到钱后再去付费做。

我很难理解这些品牌方的思考逻辑。你明明不懂品牌运营，又不去找操盘机构协助；你明明知道品牌霸屏对招商业绩提升的重要性，又不去找霸屏机构做品牌霸屏。请问，你要如何赚钱？你还有赚到钱的机会吗？

事实是，在这种逻辑思维下，品牌方根本就没有机会赚到钱，除非等天上掉钱。正确的思维逻辑应该是，先找操盘机构协助，先做了品牌霸屏，你才能赚到钱。所以，**有些事情不是等你赚到了钱再去做，而是做了才能赚到钱，你不做永远没有机会赚到钱。**

在舍不得花钱的品牌方中，有些品牌方是真的起盘资金很紧张，紧张到已经没有多余的资金去做付费项目了。很显然，这些品牌方低估了品牌起盘所需的创业资金，对于还没有起盘的品牌方，一定要引以为戒。

如果品牌方本身创业资金不够，我建议不要轻易地起盘品牌，可以先去加盟一个品牌，等赚到了钱再来起盘品牌也不迟。相比起盘自己的品牌，做一个品牌代理商相对要轻松一些。我虽然鼓励创业者起盘品牌，但前提是创业者必须拥有最基础的创业资金，如果连创业资金都不够，后面将很难维持品牌的正常运营。

选择靠谱服务商

平时经常有一些品牌方找我咨询问题，说自己的品牌现在遇到了某某运营瓶颈，希望我能给到一些建议。说实在的，我能给到的建议是有限的，都是一些理论性或框架性的建议。这些建议虽然能给到品牌方一些思维上的拓展，但是依然不能够帮品牌方解决眼前实际遇到的问题。

想真正地解决品牌方遇到的问题，需要品牌方去找相关的服务机构合作。但有些品牌方由于之前找过服务商合作，结果由于服务商不靠谱被坑了，既浪费了时间又浪费了钱。

所谓"一朝被蛇咬，十年怕井绳"，这些被坑过的品牌方往往不敢轻易再找服务商合作。但问题是你不找服务商合作，自己又无法独立解决问题，慢慢会陷入一个死循环。如果品牌方不想办法解决这个死循环，只能坐等失败了。所以，这些品牌方一定要想办法去化解自己的心结。

品牌方找服务商合作本身没有错，错的是你找错了服务商。你不能因为之前找错了服务商，就觉得整个行业的服务商都不行。事实上，这个行业还是有很多靠谱的服务商，只不过你没遇到而已。

所以，当品牌方遇到相关运营问题的时候，就要找一家能解决相关问题的服务商合作。例如，运营不行可以去找操盘机构，背书不行可以去找背书机构，培训不行可以去找培训机构，哪个板块不足就去找对应的服务商。

新零售行业的服务商类型很齐全，几乎涵盖了品牌运营所需的全服务链。所以，品牌服务商不难找，难就难在是否能找到靠谱的服务商。如果品牌方担心找不到靠谱的服务商，也可以随时来找我，我会力所能及地帮忙对接一些靠谱的服务商。

创业心态要摆正

在和诸多品牌方的聊天中，我最不喜欢品牌方两种创业心态，分别是"还没准备好"和"先试一试"。凡是有这两种创业心态的创业者，大多后期都起盘品牌失败了。在我的创业观中，我觉得品牌创业者需要全身心地投入事业中，需要有破釜沉舟的勇气，做任何决策需要果断，不要犹豫徘徊。

我认识一个创业者，总是和我说想起盘品牌，但一直纠结迟疑不敢起盘，总觉得当下还不是起盘品牌的最佳时机。不是说自己创业资金还不够，就是人脉资源不够。其实他的创业资金和人脉资源要比大多数品牌创业者优越很多。所以，他所谓的不是最佳时机只是借口，根本原因在于他没有勇气起盘，害怕失败，心里没底气。

经常有品牌方会问我，什么时机起盘品牌最合适？我的答案是，当下起盘品牌就是最合适的时机。因为每天都有很多竞品在起盘，每天都会有身边的人脉资源被竞品挖走。你每晚一天起盘，你起盘失败的概率就会多一分。**创业不可能等万事俱备后才开始，那一天到来时，一切都晚了。**

还有一些创业者由于害怕失败，起盘品牌的时候总是抱着试一试的态度。我一般建议这些创业者就不要起盘品牌了，因为试一试的结局大多是失败。逻辑很简单，拥有试一试心态的创业者一般都不会全身心地投入创业的过程中，遇到问题总是想着靠自己解决，很少会愿意花钱请服务商协助解决。一旦遇到自己解决不了的问题，就会觉得品牌起盘不好做，于是便选择退出。

在如今的市场环境中，一个全身心投入的品牌创业者都不敢说能百分百起盘成功，更何况一个只是想试一试的创业者。试一试的心态决定了创业者在品牌运营中会做出很多犹豫退缩的决策，这将大大提高做出错误决策的概率。这种创业者能成功是侥幸，失败是命中注定。

所以，我建议想起盘品牌的创业者，不要有试一试的心态，要做就全力以赴，所有的决策都要建立在加速品牌起盘成功的基础上。在这种决策导向下，当品牌遇到瓶颈或困难的时候，创业者才会积极地寻求解决问题的方法，而不是犹豫退缩选择放弃。

1.2 品牌合规常见问题

老岳是一个传统生意人，最近也打算起盘自己的新零售品牌。他告诉我，时不时会看到一些新零售品牌因违规被罚的报道。为此，老岳内心百感交集，担心自己的品牌将来因违规也被罚。于是他问我，怎么做才能让品牌合规运营？

很多想起盘的品牌方都问过和老岳类似的问题。看到一些品牌因种种违规被罚，也有着和老岳类似的担心。但大多数品牌方在和我聊完后，基本也就释怀了，都开开心心地起盘品牌去了。

1.2.1 品牌合规认知浅析

据我了解，品牌方之所以被相关部门处罚，大多是因为产品、模式和税务存在相关的违规问题。这种因上述问题被罚的现象，其实在实体或电商行业也屡见不鲜，网上一搜一大堆，几乎每天都在发生。所以，这些相关品牌被罚的新闻报道，我们完全没有必要过度解读和脑补。

据相关机构调查统计，目前新零售行业的品牌数量要远大于实体和电商行业的品牌数量。如果按照被罚的比例来看，新零售品牌因违规被罚的数量要远比实体和电商品牌被罚的数量少。恰恰是因为新零售品牌被罚的数量太少了，才会出现冒出少数几例被罚案例，就让安逸太久的新零售品牌方产生了杞人忧天的紧张感。

从过往行业的发展历史和新零售行业的热度来看，以后类似的新零售品牌因违规被罚的事件应该会呈现常态化，相关被罚报道应该也会经常看到。那时候，我想大部分品牌方应该不会再对这些被罚信息感到紧张了，渐渐地会和实体、电商品牌方一样，达到了一个习以为常的心态。

作为创业者，当我们看到或听到类似某品牌被罚的负面报道时，不用过于杞人忧天，而是需要静下心来理性地分析和思考。我们要搞清楚某品牌被罚的原因是什么，然后根据被罚的原因去有针对性地优化自己的品牌和产品，避免重蹈覆辙，从而做到合规合法的运营。

如果是产品问题，我们就要以此为鉴，优化自己的品牌产品；如果是模式问题，我们就要回炉重塑，优化自己的品牌模式；如果是税务问题，我们就要自检自查，做到依法纳税。当我们把品牌可能存在的违规问题都优化解决了，便可以安心地运营品牌。

1.2.2　品牌产品合规解析

据相关媒体报道，L公司销售经营的某品牌平衡水因虚假宣传行为，被当地市场监督管理局罚款110万元，引起了行业热议。据国家企业信用信息公示系统显示，L公司经营的某品牌平衡水，宣称"经权威机构检验测试，证明对于新冠病毒有明显抑制效果""每瓶浓缩1.5亿酵母精粹，慢慢活性酵母，酵醒你的少女肌"以及具有"防癌、抗衰、抗病毒"等功效。

经当地市场监督管理局调查，L公司所销售的商品并不具备上述功能，销售状况也与宣传不符，其公司承认上述宣传内容并不属实，且无法提供相关依据。依据《中华人民共和国反不正当竞争法》第二十条第一款规定，市场监督管理局对L公司予以罚款110万元。

随着新零售行业的高速发展，一些行业弊端也逐渐暴露，其中最典型的问题就是产品合规问题。最近几年，新零售品牌因产品合规问题被罚的事件也时有发生。从以往被罚的案例来看，产品合规问题主要体现在产品质量和产品宣传上，这里简单地做一个分析。

产品质量合规建议

在新零售诞生初期，曾经出现过一些质量低劣的"三无"产品，但随着国家相关部门对产品质量监管力度的加强，现在新零售市场的产品质量有着很大的改善。可以说，绝大部分新零售品牌产品都是有质量保障的。

在我认识的诸多品牌方中，很多品牌创始人对产品质量其实都非常关注。据我了解，大部分品牌方的产品都是采用 OEM 代加工方式，而 OEM 工厂的生产水平参差不齐，品牌方如果不懂行，很容易遇到一些生产质量不达标的工厂。

所以，品牌方在选择 OEM 工厂的时候，需要多方考察，选择靠谱的工厂。为了把控产品质量，我建议品牌方在产品生产出来后，一定要对产品进行相关的质量检测。

产品宣传合规建议

说实在的，产品质量只要品牌方多加注意，一般不会出什么问题。产品真正会出问题的点在于产品宣传，主要表现在产品虚假宣传，尤其是做化妆品和保健品的品牌方在功效宣传上尤为突出。像案例中的品牌方就是因为宣称产品具有"防癌、抗衰、抗病毒"的虚假功效而受到相应处罚。

当然，产品虚假宣传是一个通病，不仅是新零售行业，实体和电商行业也有类似的现象。但新零售作为一种商业新业态，任何现象都会被人们过分关注。所以，新零售品牌在产品宣传中更应该加倍谨慎。为了避免犯错误，我建议品牌方要多去阅读下《电子商务法》《广告法》和《反不正当竞争法》

中关于对产品宣传的相关条例。

品牌方在经营过程中采取一些营销宣传手段无可厚非，但在宣传的过程中应该遵循科学、真实准确的要求。每一个品牌方都要守住商业道德底线，这样才能实现营销创新的良性循环，才谈得上品牌的长远发展。

1.2.3　品牌模式合规解析

对于很多想起盘的品牌方来说，他们最关注的信息应该是新零售品牌模式是否合规。在我看来，新零售品牌模式是否合规取决于具体的模式设计，模式设计符合相关法律法规就是合规的，不符合相关法律法规就是违规的。我也问了很多相关权威人士，包括行业专家、政府部门和法律人士，得到的答案是一致的。

轻模式重运营路线

很多品牌方找我咨询起盘事项的时候，经常会问有没有什么好的创新模式，或有没有什么新模式能够加速起盘进度。这是很多品牌方都关心的问题，这些品牌方寄希望于通过模式创新来实现盈利。其实我对这种想法是不太认可的，这里我简单地讲一讲我对模式创新的看法。

新零售行业经过了这么多年的发展，很多东西已经变得相当的成熟了。品牌模式固然重要，但是品牌方不能再像以前那样，在模式制度上绞尽脑汁的下功夫，把模式设计得很有诱惑力，这样势必会存在违规风险。

每个行业都会经历由乱而治的发展历程，随着《电子商务法》的颁布和相关政策法规的实施，现在的新零售行业已经变得相当合规了。在这种背景下，品牌方应该更多地把目光聚焦于产品运营上，品牌运营应该走"轻模式，重运营"的路线。一个品牌是否能起盘成功，更多在于产品运营的功力上，而不是单纯地靠模式制度。

据我了解，现在做得好且稳定的品牌方，在模式的设计上大同小异。常见的基础运营模式无非是代理模式、分销模式和直营模式，稍微复杂一点的就是将这些基础模式相结合。所以，品牌模式不管怎么设计，基本大同小异。

如果现在有一个模式看上去非常有吸引力，一看模式就觉得能赚很多钱，那这个模式一定存在违规风险。在如今的法制时代，模式合规对于品牌方而言很重要，品牌方一定要去合规地设计模式制度。与此同时，要把更多的注意力聚焦于后端的产品运营上。

创新本身是件好事，但放在品牌模式设计上，我建议还是要保守一点。不是说模式创新就一定存在违规风险，但是对于刚起盘的品牌方，一定要在稳中求胜，而不能剑走偏锋。待到品牌起盘成功后，在合规的范畴内，再去适当地创新模式也不迟。

但前提是，我们要先保证自己在市场竞争中合规的活下来。所以，在模式大同小异的现状下，品牌之间的竞争要更多地聚焦于后端运营的功力上。谁的品牌运营能力强，谁就能在市场中生存下来。

品牌模式合规建议

很多品牌方经常会问，要如何确保品牌模式设计合规呢？我的建议很简单，那就是找一家靠谱的操盘机构帮你设计品牌模式和相关制度。原因很简单，操盘机构一定是懂法的最前沿，更懂品牌模式设计。

正常情况下，操盘机构为了确保模式的合规性，一般都会和相关政府监管部门保持联系，且会聘请律师做法律顾问。所以，在模式设计的相关政策法规上，操盘机构一定会比品牌方更懂行，能有效规避品牌模式设计上的诸多违规现象。所以，最稳妥的方式就是找专业的操盘机构帮忙设计模式，至少要比品牌方自己设计靠谱很多。

1.2.4　品牌税务合规解析

我国税务系统经过了金税多期信息化与数字化的迭代后，已经建成了"以数治税"的税务监管体系，目前的税务监管已进入数字时代。"以数治税"打破了企业、个人与政府之间的收入信息不对称，大大提高了税务部门的稽查能力。

最近这些年，我们会发现税务部门对偷逃税的查处力度越来越严了，一些明星、网络主播和新零售从业者也相继被查税，表明了国家对于税务合规的重视，预示着最严厉、更精准的治税时代已经来临。

在我认识的诸多新零售品牌方中，有些品牌方的税务合规意识非常强，而有些品牌方的税务合规意识很薄弱。这些税务合规意识薄弱的品牌方，在货款支付的时候喜欢选择通过微信或支付宝等私人账户结算。问其原因，还美其名曰对私结算不用交税，而对公结算需要交税。

对私结算真的不需要交税吗？答案当然是否定的，这是典型的偷逃税行为，一旦被税务部门发现，不仅会面临相应的处罚，还会补交更多的税。有些品牌方也许会说，税务部门不一定能查到。放在以前也许还真不一定能发现，但现在已经进入"以数治税"的时代，查到你是分分钟的事情。所以，品牌方不要有侥幸心理，一定要依法纳税。

有些品牌方也许会说，自己对公司财税这块不太懂。不懂很正常，专业的事情交给专业的人来做，我们可以去找一些专业的财税公司帮我们解决财税方面的问题。在依法纳税的同时，我们还可以采用一些合规的方式进行合理避税。

1.2.5　品牌售后合规建议

在新零售行业中，那些暴雷的品牌方都有一个共同的导火索，就是都被代理商投诉和维权过。为什么会被代理商投诉呢？大多是因为品牌方没有履行承诺。例如，很多品牌方明明事先承诺，产品卖不出可以退货，但当代理商真的来退货的时候，品牌方就不理不睬装糊涂了。

当代理商的诉求得不到品牌方的妥善解决时，这些代理商就会向第三方寻求帮助，比如选择媒体曝光和维权投诉。由于品牌方本身不占理，加上媒体曝光的发酵，各种品牌负面舆论便会快速传播。

我们要知道，品牌负面舆情如果处理不好，会起到连带暴雷效应，一些吃瓜群众、网络喷子和竞争对手会拿着放大镜找碴。一些原本不是很严重的问题，经过放大镜曝光后便会产生暴雷现象，进而就会产生连带效应，朝着负面的方向发展。

为了减少品牌负面舆情带来的一系列暴雷效应产生，品牌方需要做好售后服务，尤其是代理商的售后服务。在面对消费者的售后纠纷时，大部分品牌方都会比较重视，能妥善解决消费者的诉求。但面对代理商的售后纠纷时，有些品牌方可能就比较容易忽视。

为了减少代理商的售后纠纷，这里给两点建议：第一，品牌方如果有类似退货的承诺，一定要建立完善的退货制度，退货触发机制和退货流程细节一定要清晰；第二，品牌方一定要和代理商签订合同，把双方的权利和义务写清楚，包括但不限于退货制度等。如果觉得纸质合同麻烦，也可以签署电子合同。

案例中老岳这样的品牌创业者，担心品牌因运营违规被罚的顾虑可以理解，毕竟人们对未知的事情总会产生或多或少的顾虑。但通过上述讲解后，我相信大部分品牌方都应该可以释怀。

　　我身边也有很多合规运营的品牌方，有些品牌方都已经做了八九年了，没有出现过任何被罚现象，其间也有竞争对手恶意举报投诉，但结果都没有任何问题，它们经得起时间和法律的考验。所以，只要品牌合规的运营，不会有任何问题，大家可以放心地开启品牌创业。

　　在今后的岁月中，也许我们依然会时不时看到某新零售品牌因违规被罚的报道，但我们应该用正确的心态去看待这些被罚事件，从相关事件中多吸取经验，避免犯同样的违规错误。如此这般，品牌才能合规健康地持久运营。

1.3　操盘机构常见问题

　　小苏是某品牌的创始人，品牌已经起盘三个月了。在品牌起盘之前，小苏就找我咨询过起盘的事宜，由于小苏对品牌运营不太懂，我当时建议她找一家操盘机构协助起盘，但由于种种原因，她最终还是没有找操盘机构合作。后来，我帮她对接了一些品牌运营的学习渠道，在学习完后便开启了品牌创业。

　　三个月后，小苏又找到我说，目前品牌起盘遇到了瓶颈。刚开始起盘的时候，凭借原有的人脉资源，也招到了一些代理商，但是运营一段时间后，感觉代理商都做不动了，很多代理商都陆续流失了。于是她问我，她学习的时候感觉品牌运营并不复杂，为什么真实操的时候就这么难了呢？

　　新零售行业的到来降低了品牌创业的门槛，相比实体和电商品牌创业，新零售品牌创业要容易很多，但这并不意味着什么人都能创业成功。事实上，每天都有品牌起盘失败的案例在发生，因为创业成功这件事情永远都只会属于一部分人，而不会是所有人。

　　在和诸多品牌创业者的聊天中，我觉得有些创业者明显低估了品牌创业的难度。虽然新零售品牌创业降低了门槛，但这个降低是相对的，而且降低的只是资金和人脉门槛，并没有降低运营门槛。所以，想起盘品牌的创业者，千万不要去低估新零售品牌创业的运营难度，要保持一颗对创业的敬畏心。

1.3.1 学习和实操的差距

作为品牌创业者，如果自己不懂新零售品牌运营，但又想起盘品牌，一般有三种方式可以选择，分别是自己学习相关知识、内聘运营人员以及找第三方操盘机构（也叫运营机构或策划机构）来协助。在这三种选择中，有一部分人会选择自己学习相关知识，因为他们觉得其他两种方式费用相对较大。

在我的认知中，我非常认同品牌创始人自己去学习一些品牌运营知识，但我认为学习的目的不是为了将来去实操品牌，而是为了在和操盘机构的合作中掌握更多的主动权。因为品牌创始人是否懂品牌运营，直接关系到是否能找到靠谱的操盘机构，以及后期和操盘机构合作的顺畅度。

有些品牌创始人也许会疑惑，学习知识不就是为了实操吗？如果你只是一个品牌运营人员，你可以去尝试实操，因为即使失败了，你大不了失去一份工作而已。但如果你是一个品牌创始人，这个试错的成本就太大了，直接关系到品牌创业的成败。

有些创始人也许会说，我可以先自己去实操下，如果不行再找操盘机构来帮忙。当遇到瓶颈后再来找操盘机构合作，也许还有机会翻盘，但有一点是不可挽回的，那就是品牌方一定会流失掉一批代理商。

流失代理商还是小事，更为重要的是，品牌方可能会错过最佳的起盘时机，以及丢失掉刚开始起盘时的那股士气。后期即使找操盘机构合作了，也未必能翻盘。即使能有幸能翻盘，也需要耗费比以往更多的资金和精力。而如果一开始就找操盘机构合作，这些也许都不会发生。

有些创始人也许会问，为什么学习了品牌运营知识后不能实操呢？答案很简单，因为你永远没有办法学会品牌运营中所需的全部知识。即使你的知识是通过付费渠道获取的，你依然没有办法掌握足够的知识，你在学完后依然会有很多未知的疑问。

例如，我经常在自媒体平台分享一些品牌运营知识，也会在线下开展一些品牌运营方面的知识培训。很多人都会问，把品牌运营知识分享出去，担不担心品牌方不来找你合作？其实我完全不担心，因为分享出去的知识虽然有一定价值，但并不是品牌运营的全部。只要品牌方掌握不了全部，那就没办法去实操。

事实上，大部分输出品牌运营知识的培训机构，本身就是操盘机构。品牌培训只不过是为了前端引流，后端合作运营才是真正盈利的方向。所以，培训机构输出的品牌运营知识，大多都只是基础知识。如果品牌方认为掌握这些基础知识就能够去实操品牌，结局只有一个，那就是随着时间的推移，品牌肯定会遇到发展瓶颈。

品牌发展瓶颈具体表现为招商疲软和动销无力，原因就在于对运营方案细节把控不到位。简单地理解，知其然而不知其所以然，都知道品牌运营无非就是搞一搞招商、培训和动销等活动，但具体到细节方案，就不知道该如何有效展开了。而这些细节方案，培训机构是不会全部告知的，品牌方也很难从互联网上借鉴到。

所以，即使品牌创始人自己学习了运营知识，也需要找一个操盘机构来协助。正常情况下，操盘机构会配备3—5人的团队来负责品牌方的运营。话说回来，连操盘机构都需要配备多名人员才能运营好品牌，即使品牌创始人精通品牌运营，也很难靠一己之力搞定全局。

如果按照操盘机构的人员配备，品牌方内聘相关运营人员其实也不划算，员工的工资及福利累计起来会远超合作操盘机构的费用。所以，我认为最好的学习方式就是跟着操盘机构一起实操，在操盘机构协助运营的过程中，你可以学习到很多品牌运营的细节知识，这些知识是无法从其他渠道学习到的。

1.3.2 品牌创业基础条件

在新零售行业到来之前，创业对于很多人来说是一件很谨慎的事情，没有十足的准备，一般人是不敢轻易去创业。随着时代和创业观念的改变，加之国家政策对创业的支持导向，现在创业的人是越来越多了，感觉创业就像吃家常便饭一样。

但无论在哪个年代或时代，创业都是存在风险的，都需要具备一定的创业条件。作为创业者，想顺利起盘品牌，必须具备两个条件，分别是懂品牌运营和有创业资金。上一个板块已经介绍了品牌运营知识的获取路径，那就是品牌方自学搭配操盘机构协助，这是目前最有效的解决方案。

在品牌起盘的创业资金分配中，除了产品生产费用外，请操盘机构的费用也是一个大头。在新零售行业，操盘机构的年度合作费用最便宜也需要十几万，即使是最短期的合作也需要好几万。据我了解，有些品牌方不愿意请操盘机构，其中一个主要原因在于当初根本就没有把这块纳入预算。所以，这些品牌方不是不想和操盘机构合作，而是没钱合作。

为了避免这种窘境的产生，我建议品牌方在做起盘预算的时候，一定要把请操盘机构的钱预算进去。操盘机构的重要性是毋庸置疑的，在我看来，品牌方和操盘机构是一个标配的 CP，就像刘备和诸葛亮的关系。如果说品牌方是刘备，那操盘机构就是诸葛亮。想品牌起盘成功，就必须相互配合。还是那句话，**有些钱不要省，省了现在会亏了未来。**

作为品牌方，一定要意识到操盘机构在品牌运营中的重要性。道理其实很简单，自己不懂的事情就要花钱请懂的人来帮忙。如果连这点觉悟都没有，那我觉得这个品牌创始人的思维观念存在或多或少的问题。

对于很多不懂运营的品牌方而言，现在面临的问题不是要不要找操盘机构的问题，而是找哪一家的问题。如果品牌方还停留在要不要找操盘机构的问题上，那品牌距离崩盘也就是时间的问题。如果品牌方能找到一家靠谱的操盘机构，会大大提高品牌起盘的成功率。

老褚是某品牌的创始人，他虽然自己不懂品牌运营，手头也并不缺钱，但就是坚持不找操盘机构协助，打算靠自己摸索前行。为了丰富自己的知识，老褚还在自己品牌起盘前花了几万元加盟了某竞品品牌，企图套点模式制度和运营经验来。后来又花了几万元参加了某培训机构举办的品牌操盘手培训营，学习了一些品牌运营知识。

在感觉经验吸取得差不多的时候，老褚终于起盘品牌了，做了不到两个月，感觉做不下去了，发现学到的知识不够用，于是找我寻求帮助。我给他推荐了几家比较适合他的操盘机构供选择，结果他嫌费用贵了，一家都没有选择。虽然没有选择我帮他对接的操盘机构，但是据这些操盘机构的负责人告诉我，老褚打着要合作的由头套走了很多方案。

后来，老褚自己在网上找了一家报价很便宜的操盘机构合作了。但合作一段时间后，发现这家操盘机构的专业性很差，整体业绩不升反降。老褚很生气，要求那家操盘机构退款，操盘机构不搭理，老褚就起诉了操盘机构，结果败诉了。就这样，老褚前前后后花了十几万，结果一无所获，品牌目前依然处在崩盘的边缘。

在品牌危亡之际，老褚又找到我，希望我帮他再对接几家操盘机构。这次老褚学聪明了，要求是不求便宜但求靠谱。我按照他的需求，又帮他对接了几家符合要求的操盘机构。老褚在多番比较后，不知道选择哪家好，担心选不好又被坑。于是跑来问我，选择操盘机构要注意哪些事项？

新零售行业内的操盘机构，我大部分都比较熟悉。可以负责任地讲，大部分操盘机构的专业性都是没有问题的，只有少部分的操盘机构在滥竽充数。话说回来，即使是那些专业度不够的操盘机构，也比经验不足的品牌方要懂很多。

很多品牌方由于之前没有和操盘机构合作的经验，在选择操盘机构的时候，往往不知所措。在和操盘机构洽谈的时候，也不知道从哪些方面着手聊合作。接下来，我简单地讲一讲选择操盘机构时需要注意的一些事项，从而帮助到品牌方找到合适的操盘机构。

1.3.3　操盘机构服务项目

操盘机构主要负责品牌方的诸多运营事项，相当于是品牌方的运营部门。大部分操盘机构的服务项目都差不多，比如品牌模式制度设计、招商和动销活动策划、社群私域运营和短视频及直播营销策划等。当然，不同的操盘机构在服务项目的细节上还是有所区别的，并不是完全一模一样。

品牌方在和操盘机构洽谈时，要问清楚操盘机构的服务项目有哪些。正常情况下，操盘机构都会事先准备好一个项目服务清单，会以 PDF 或 PPT 文件的形式供品牌方查阅。品牌方只需要比较下不同操盘机构之间的服务清单，就能很清晰地知道服务项目的差异性。

从我目前接触到的操盘机构来看，有些复合型操盘机构的报价并不是单纯的运营服务报价，而是包含了一些附加服务的综合报价。例如，有些操盘机构除了本身的品牌运营服务外，还包含了软件系统、课程培训、美图设计和霸屏背书等附加服务。如果品牌方不需要这些附加服务，可以要求操盘机构去掉，运营报价也会随之优惠一些。

所以，品牌方在咨询操盘机构价格的时候，要问清楚报价里面除了品牌运营服务外，是否还包含其他附加服务。如果包含附加服务，要进一步问清楚去掉附加服务是否有价格优惠。如果有优惠，就可以知道某项附加服务的价格。

如果这项附加服务价格低于市场价格，品牌方可以考虑保留该项目，这样可以节省资金。如果高于市场价格，品牌方觉得不划算，也可以考虑单独找相关服务机构合作。这笔资金账，品牌方要算清楚，找到一个有利于自己的方案。

虽然不同操盘机构之间的服务项目大致差不多，但也存在运营和品类侧重的差异性。运营侧重是指操盘机构擅长某个运营服务板块，即对某个运营板块比较在行。例如，有些操盘机构对招商或动销活动板块比较在行，有些操盘机构对社群运营板块比较在行。要说明的是，运营侧重不代表其他运营板块就不行，只是相对而言更在行而已。

品类侧重是指操盘机构擅长运营某个品类的产品，即对某类产品的运营比较在行。例如，有些操盘机构对酒水类产品运营比较在行，有些操盘机构对保健类产品运营比较在行。同样的，品类侧重不代表其他品类运营就不行，只是相对而言更在行而已。

品牌方在和操盘机构的接触中，很难准确知道操盘机构的侧重方向，因为操盘机构不可能告知这些信息。即便告知了，大多也会迎合品牌方的品类，以便快速达成合作。我之所以知道，是因为我长期在操盘机构和品牌方之间游走，大部分操盘机构的侧重方向我都比较清楚。

1.3.4　操盘机构服务周期

操盘机构的服务周期各不相同，大部分操盘机构的正常合作周期都是年度合作，即一年的合作周期。也有些操盘机构的服务周期会短一些，可以选择半年合作，甚至有些操盘机构可以选择季度合作。要注意的是，并不是所有操盘机构都支持短期合作，具体合作周期需要品牌方自己去和操盘机构谈。

年度合作一般包含了产品全阶段合作，即起盘、增盘和稳盘全阶段。短期合作的报价需要根据具体阶段来定价。从品牌运营的全阶段来看，起盘阶段是最关键也是最忙的阶段，操盘机构要做的事情也是最多的。一旦品牌起盘成功后，在增盘和稳盘阶段就相对比较轻松。所以，如果是短期合作，起盘阶段的报价永远是最贵的，越往后期阶段，报价越便宜。

从费用上来看，服务周期越长，总费用肯定就越高。但平均到单月费用上，服务周期越长，单月费用就越低。如果品牌方比较信任操盘机构，在资金充足的情况下，选择年度合作肯定是最划算的，因为年度合作平均到每月的费用肯定是最低的。

正常情况下，品牌起盘阶段需要经历三个月左右，最多不会超过半年。简单地理解，如果一个品牌在半年内还没有起盘成功，基本上后面也没有太大的可能起盘成功，除非碰到特别的机遇或找到金主愿意投资。

如果品牌方的起盘资金比较紧张，也可以选择短期合作，比如季度或半年合作，这样可以有效地缓解资金紧张状况。如果品牌方起盘成功，后面再续约就可以了。从整体来看，虽然短期合作的平均单月费用要比年度合作的平均单月费用高一些，但是如果品牌起盘成功了，也就意味着品牌不差钱了，这点费用上的差距完全可以忽略不计。

1.3.5 操盘机构服务类型

在相同合作周期内，不同操盘机构的价格可能会存在差异性，主要原因在于操盘机构的溢价能力不同。溢价能力和操盘机构的规模、专业度、服务质量、营销宣传等都有关联。除了溢价能力外，还有一个因素容易被品牌方忽视，那就是操盘机构的服务类型可能也存在差异性。操盘机构的服务类型主要分为两种，分别是咨询式运营服务和陪跑式运营服务。

咨询式运营服务

咨询式运营服务类似于顾问式的服务方式，该服务的特征在于咨询，运营人员的身份更多是顾问。例如，平时也有很多品牌方找我做咨询式运营服务。

在服务期间，我会给品牌方一些好的运营建议，帮助品牌做好运营的战略规划。品牌方在运营上有不懂的地方，都可以随时来咨询我，我会给予相应指导。

像这种咨询式运营服务，我一个人就可以搞定，不需要动用我的运营团队。所以，我可以在同一时间周期内服务好几家品牌方，因为我不需要像陪跑式运营服务那样做得非常细致，只需要给一个方向性的运营指导即可。

需要咨询式运营服务的品牌方，我认为需要具备一些前提条件，那就是品牌方本身需要有一支完善的运营团队，团队成员需要有较强的运营实践能力。否则，单纯的咨询式运营服务很难让品牌方在运营上有所突破。

陪跑式运营服务

陪跑式运营服务相比咨询式运营服务而言，最大的区别在于服务细节上不一样。以我们团队为例，陪跑式运营服务，我一个人肯定是搞不定的，必须动用我的运营团队，因为细节化的工作非常多。我们会帮助品牌方全盘规划好每一个运营节点，即什么时间节点该做什么事情，我们都会一一帮助品牌方规划好，并且给到详细的执行方案。在品牌方执行方案的过程中，我们会安排运营人员进行一对一的细节化指导。

至于细节化能做到什么程度，每个操盘机构都不一样，具体需要咨询操盘机构。对于刚起盘的品牌方，如果你对品牌运营不太懂，且运营团队本身不完善，我建议尽量选择陪跑式的运营服务方式。

咨询式运营服务解决的更多是告诉你怎么做的问题，但知道怎么做不代表你就一定能做好，这两者之间差距很大。所以，需要咨询式运营服务的品牌方本身必须具备一定的运营能力。而陪跑式运营服务不仅告诉你怎么做，还会一步步地陪着你去做，帮你把控每一个细节。

举一个形象点的例子，如果你是一个在回家路上迷路的小孩，咨询式运营服务会告诉你回家的方向，然后你按照指明的方向自己走回家；而陪跑式运营服务不仅会告诉你回家的路，还会一路护送你，直至你安全到家。

从服务费用上来说，咨询式运营服务要比陪跑式运营服务相对便宜一些。至于便宜多少，不同操盘机构各不相同，也并不是所有操盘机构都同时具备两种服务方式，具体还是需要去咨询操盘机构。

对于品牌方而言，你一定要搞清楚操盘机构的报价是哪一种服务类型，像我社群中有一个品牌方，合作了一家自认为报价相对便宜的操盘机构，结果合作后才知道对方是咨询式运营服务，而他内心实际需要的是陪跑式运营服务，结果钱白花了。

所以，品牌方需要先搞清楚自己想要的是什么样的服务类型，然后去有针对性地比较，不要一味地单纯去比价格高低。因为有些细节问题，操盘机构在合作前不一定会详细告知。你不主动去问，对方也许就默认以为你懂，但实际上你未必懂，这样就会产生双方的认知误差。

要说明的是，这里的操盘服务类型是我自己定义的，也许其他操盘机构不叫咨询式运营服务或陪跑式运营服务。例如，有些操盘机构会把咨询式运营服务叫作"顾问式运营服务"，把陪跑式运营服务叫作"全案式运营服务"。

不管操盘机构怎么定义服务类型，这里我们只需要知道，陪跑式运营服务要比咨询式运营服务在细节化上做得更好。在和操盘机构的洽谈中，不管操盘机构有没有划分服务类型，我们只需了解清楚服务的细节，就能大概知道服务类型是哪种，这样就可以做到心里有数。

1.3.6　操盘价格思考逻辑

从目前了解的情况来看，在服务项目、服务周期和服务类型都一致的前提下，主流操盘机构的报价其实都大致差不多，上下浮动价格一般在几万元左右。当然，也有少数的操盘机构报价过于偏高或偏低，这个其实可以忽略过滤掉，建议品牌方要尽量选择主流报价。

关于服务价格，从我的经验来看，它不是选择操盘机构的唯一考量因素，甚至不是关键因素。但在现实的操盘机构选择中，有些品牌方过于感性，把价格看得很重，甚至忽略了其他考量因素。

我们以前接触过一家品牌方的创始人，他告诉我，前些年做了一款产品，产品货款花了近三十万，当时品牌方找了几家操盘机构做比较，最终选择了一家最便宜的操盘机构合作。过了小半年后，品牌起盘失败了，创始人抱怨那家操盘机构多么得不靠谱，产品由于卖不掉一直放在仓库里。品牌方告诉我，当时之所以选择那家操盘机构合作，就是因为那家操盘机构报价最便宜。

作为品牌方，我们要搞清楚找操盘机构服务的初衷是什么。答案一定是为了让品牌起盘成功。所以，不是价格低一点就选，价格贵一点就不选。我的观点是，在价格浮动不是很大的情况下，谁能够最大化地提高品牌起盘的成功率，品牌方就应该选谁。

我们要知道，如果操盘机构其他考量因素不行，报价再便宜也是徒然，省的就不是那几万元钱的事情，连货款都有可能要一起打水漂。即使贵一点，如果能起盘成功，赚到的钱会是操盘费用的 N 倍，那几万元的差价都可以忽略不计了。所以，我们要把眼光放长远点，不要总是计较眼前的那点利益得失。

很多品牌方没选对操盘机构，败就败在贪小便宜。平时看着很理性，一到关键时候，会为了一点差价就变得很感性，失去判断力。这些品牌方心里总觉得不服气，凭什么那家操盘机构可以给我满意实惠的价格，而你的价格却要比他贵。

但我们要知道，操盘机构之间是有区别的，在服务项目、服务类型和服务质量上都有区别，并不是价格低决定一切。所以，作为品牌创始人，我们要坚持当初选择操盘机构的初衷，不要因小失大，让感性压倒理性。

1.3.7 操盘机构砍价规则

小武是某品牌的创始人，她的品牌最近遇到了发展瓶颈，想让我帮她对接一家同城的操盘机构。她和我说了相关要求后，我帮她对接了几家符合要求的操盘机构。最终她选择了其中一家操盘机构打算合作，但在价格的谈判上一直陷入僵局。于是她跑来找我，问我是否能帮她去和操盘机构砍价。

正常情况下，如果品牌方需要我帮忙砍价，只要是我帮忙对接的服务商，我都会做个中间人去找服务商协商。如果某些品牌方的起盘资金的确很紧张，我觉得服务商能够适当优惠一点也是合情合理的，哪怕只能优惠个几千元也是好事。

但如果品牌方本身资金比较充足，我是不太建议品牌方去过度的砍价。像案例中的小武，她当时砍价砍得太厉害了，已经超出了操盘机构的价格底线。我们常说，鱼与熊掌难以兼得，但有些品牌方是既想价格便宜，又想操盘机构专业性强。

所以，往往会造成专业度满意的操盘机构，价格觉得贵；价格便宜的操盘机构，专业度又觉得不行。从我对行业的了解来看，专业性强的操盘机构，报价大多不会太便宜，至少很难达到品牌方期望的实惠价格。

在所有服务商中，操盘机构的价格尤其不要过度砍价，因为过度砍价可能会影响到运营团队的士气。前面说过，操盘机构会配备3—5人的团队来负责品牌方的运营，运营团队的成员一般都有业绩提成，业绩提成会根据品牌方支付费用的多少来抽取。

当品牌方过度砍价时，有些操盘机构也许会迫于竞争压力或金钱诱惑，勉强和品牌方达成合作。由于费用被品牌方砍得太低，运营团队成员的业绩提成肯定也会相应降低，这就势必导致团队成员运营积极性的减弱。虽然没有哪个操盘机构会承认让价后的合作会影响服务质量，但事实就是会影响。

　　像平时经常有品牌方和我抱怨说，找了个报价便宜的操盘机构，结果服务质量一塌糊涂，觉得该操盘机构不专业。有时候可能不是操盘机构本身不专业，而是价格过于便宜导致运营团队缺乏积极性。虽然价格博弈属于正常的商业行为，但也要坚持适度的原则，博弈背后要充分考虑到人性的诸多层面。

1.3.8　模式和软件的匹配

　　老袁是某品牌的创始人，之前想让我帮他对接价格实惠的软件机构，我按照他的要求对接了几家，但后来一家都没有合作，原因是觉得价格贵了点，其实价格真不贵，服务商优惠力度还是很大。由于老袁不懂品牌运营，我建议他找操盘机构协助，但是他兴趣不大，还是想自己摸索。

　　后来某天，他找我抱怨说现在品牌招商太难做了，找了几个潜在代理商聊了下，都被拒绝了。我问他是否做了品牌背书、招商项目书等起盘筹备事项，他说都没有做，唯一为招商准备的事情就是做了一个品牌模式。结果我一看模式，做得一塌糊涂，模式非常单调和老旧，且利润设计也不太合理。

　　我问谁给他做的模式，他说是给他做软件系统的机构免费帮他做的。后来我给老袁指导了下，建议他采用时下流行的链动模式。老袁听了后觉得挺不错，就想让软件机构重新设计模式，并对应地把系统匹配好。结果老袁向我诉苦说，软件机构说不会设计链动模式，且系统不支持这种新模式，只能匹配原先那种老模式。于是老袁问我，要怎么解决这个问题？

　　上面案例中，老袁一共犯了三个错误：第一，自己不懂品牌运营，却又不请操盘机构协助；第二，贪图软件机构的便宜报价，结果被软件机构坑了；第三，搞错了模式设计和系统搭建的先后顺序。

招商前的筹备工作

老袁面临的问题，只有两种解决方式：第一，想省钱，继续沿用原有的老模式和匹配好的系统；第二，费点钱，重新找一家操盘机构设计模式，然后再找一家软件机构开发相应匹配的系统。第一种方式抛开模式老旧不说，老袁肯定还是需要找一家操盘机构协助起盘，因为他根本不懂运营，连招商前的基础筹备工作都没有做。

我见到过很多和老袁一样的品牌方，做了一个品牌模式就贸然招商，试问怎么可能招到代理商呢？这就类似于一个乞丐跑去和一群人说"跟着我有钱赚"一个道理。

品牌招商前，除了最基础的模式设计外，还有很多起盘筹备工作需要做，比如品牌背书就是很重要的筹备工作。你只有把品牌背书做好了，才能赢得别人的信任。所以，懂行的品牌方往往会在招商前通过做品牌霸屏背书和申报企业奖项等方式进行品牌背书宣传。

品牌起盘筹备工作除了品牌背书外，还要准备好产品资料包和产品招商方案。产品资料包包含招商项目书和新人资料包等，产品招商方案包含内招方案和外招方案等。由于篇幅关系，这里不再拓展，品牌方可以课后去补齐相关知识。

贪图便宜软件的后果

在日常生活中，经常有商人会利用人性爱贪便宜的弱点来营销自己的商品，一些贪图便宜的人总是会不知不觉上当受骗。可这个世界上，哪有那么多便宜可占。人们都说买的没有卖的精，商人的便宜又岂是那么好占的。我一直有个观点：**在自己不懂的领域，千万别贪小便宜，吃亏的永远是自己。**

品牌管理系统（SaaS 应用软件）的搭建是品牌运营中不可或缺的一个环节，主流软件机构的系统价格基本上相差不大，浮动的因素主要有机构溢价、功能差异和界面设计等。

根据我多年的行业经验来看，建议品牌方尽量选择营业期限在三年以上的软件机构，营业期限三年以下的软件机构建议慎重选择。为什么要划分这个门槛呢？因为只有营业期限在三年以上的软件机构才比较靠谱。

新零售行业的软件机构非常多，但并不是所有软件机构都具备软件开发能力。很多没有开发能力的软件机构为了盈利，会直接买正规软件机构的系统源代码，然后直接倒卖给品牌方。看上去是软件公司，其实就是一倒卖系统的销售公司。

稍微懂一点软件开发的销售机构可能会一些简单的源代码修改，但也仅局限于初级层面，稍微复杂一点的修改就搞不定了。毕竟，程序员是一个高薪职位，越资深的程序员薪资越贵，一般倒卖系统的公司是不会聘请太资深的程序员，顶多招个刚入门的学徒。

为什么要强调软件开发能力呢？因为品牌模式的设计不是一成不变的，随着品牌持续发展，模式制度也需要进行适当调整。那些倒卖源代码系统的假软件机构，由于不具备软件开发能力，往往没有办法配合品牌方的需求修改系统。

事实上，当品牌方后期需要对系统功能进行修改的时候，有可能找不到这些软件机构的联系人，估计早就烟消云散了。因为低价倒卖系统原本就是为了赚快钱，这类假软件机构往往无法长久维持营生。为了避免后期一堆售后问题，大多选择回笼资金后就撤离。

即使这些软件机构依然健在，品牌方提出的诸多修改要求大多也会被拒绝。因为这些假软件机构没有开发能力，无法提供后续更多定制服务。所以，这些贪图便宜的品牌方往往是"哑巴吃黄连，有苦说不出"。

我们要知道，品牌管理系统里存储的都是品牌关键数据信息，这些数据一旦丢失，品牌可能处于非常混乱的局面。即使品牌方被坑后换了系统，也会存在或多或少的数据丢失。正常情况下，除非万不得已，很少会有品牌方会中途换软件机构。所以，搭建系统一定要选一家靠谱的软件机构，并建立长期合作的关系。

案例中的老袁找的低价软件机构，我猜应该就是靠倒卖源代码系统为生的软件机构。他们之所以拒绝老袁的新模式修改，一来是因为他们其实不懂模式设计，毕竟我告诉老袁的链动模式是时下流行模式，懂模式设计的都会；二来是因为他们不具备开发能力，手头估计只有那套旧系统。

模式和系统的先后

在和品牌方的接触中，我发现有些不懂行的品牌方总是会搞错模式和系统的先后顺序。这里先给一个正确的顺序：一定是先有品牌模式制度（后面简称模式），然后再有品牌管理系统（后面简称系统）。但有些品牌方在模式还没有设计好的时候，系统居然已经搭建好了。

这些搞错顺序的品牌方都有一个共性，那就是都没有找操盘机构，因为凡是找了操盘机构的品牌方，操盘机构都不会让品牌方干这颠倒顺序的事情。顺序搞错会带来一个问题，那就是究竟是谁匹配谁。正常流程应该是系统匹配模式，而不是模式匹配系统。

先系统后模式的顺序会导致模式设计受制于系统本身的功能，换言之，如果品牌方先做了系统，模式基本也不用设计了，因为系统已经固定死了模式。在这种情况下，品牌方可以直接找做系统的软件机构要模式就可以了，但这套模式是否适合品牌方就不一定了。

案例中老袁说软件机构免费帮忙设计了模式，其实哪是免费设计，那模式都是固定的，正好匹配软件机构提供的那套系统。这里要以此为鉴，品牌方一定要拿着设计好的品牌模式去找软件机构，然后让软件机构开发出匹配模式的系统。

让软件机构设计品牌模式这件事情本身就存在一定风险，要注意辨别软件机构的属性。有些软件机构是单一型机构，即只做软件开发业务；而有些软件机构是复合型机构，不仅做软件业务，也兼做品牌运营业务。当软件机构是后者时，如果对方愿意帮忙做模式，品牌方可以答应，毕竟他们懂模式设计。

但当软件机构是前者时，如果对方提出要免费帮忙设计模式，我建议品牌方要慎重答应。因为单一型的软件机构不具备模式设计的能力，他们只会根据设计好的模式去开发系统，这种行为更多是被动的。所以，靠谱的软件机构都会告诉品牌方要先设计好模式才能做系统，往往会主动询问对方是否设计好了模式。

有些单一型软件机构为了促单，往往会提出免费帮品牌方设计模式，但这个所谓设计出来的模式是真的帮品牌方定制化设计的，还是直接套现有系统的模式，我们就不得而知了。但现实告诉我们，后者的可能性更大。

如果是后者的话，品牌方有可能会遭遇到案例中老袁的窘境。说实在的，在没有设计好模式的前提下，就直接找软件机构做系统，软件机构基本能拿捏住品牌方的心理，因为只有不懂行的品牌方才会这么做。他们很清楚，无论设计出来的模式是好是坏，还是直接套用现有系统模式，品牌方都会满意，因为品牌方压根不懂。

所以，如果品牌方不懂模式设计，最好找一家操盘机构帮忙。如果实在不想花钱找操盘机构设计模式，那就找一家既做软件开发也做品牌运营的复合型机构帮你搭建系统，也许他们会愿意免费帮你设计模式。要注意的是，无论软件机构是什么属性，凡是在没有对品牌方进行调研的前提下，就贸然设计模式的行为均属不靠谱行为。

1.3.9　靠谱与不靠谱的区别

老司是某品牌的创始人，加入我社群的前三个月起盘了自己的品牌，当时朋友给他推荐了一家操盘机构。合作了三个月后，品牌业绩没什么起色，一直不温不火。于是老司就加入我社群，希望我能帮他解决下眼前的问题。

我问老司目前和操盘机构合作得怎么样？他说挺顺利的，让操盘机构做的事情都按时完成了。我问老司都让操盘机构做了什么，他说让操盘机构做了品牌模式和招商策划。我问操盘机构还帮老司做了什么，老司说没有做其他的，并反问我，难道还需要做什么其他的事项吗？

我告诉老司这个操盘机构不太靠谱，老司挺疑惑的，明明感觉还不错，要求做的都做了，怎么就不靠谱了呢。于是问我，靠谱的操盘机构是什么样的？

很多品牌方会问我，什么样的操盘机构是靠谱的操盘机构？我认为可以从两个方面来评判，分别是专业度和服务度。专业度是指操盘机构的知识水平。专业度越高，运营经验就越丰富，越有利于品牌起盘成功。专业度很好理解，这里就不再拓展讲解，我们重点来聊一聊服务度。

服务度是指操盘机构的主观能动性，主观能动性是操盘机构服务意识的体现。服务度越好的操盘机构，主观能动性就会越好，说明服务意识很强。按照主观能动性来划分，操盘机构可以分为被动型和主动型两类。在我的认知中，被动型操盘机构属于服务度差的操盘机构，也可以理解为不靠谱的操盘机构。

被动型操盘机构，大多是品牌方让其做什么，操盘机构就做什么。操盘机构会按照品牌方的要求做，但它不会额外多做，更多的是被动地做。就像案例中老司找的操盘机构，要求完成的事情都能按时完成。和这种操盘机构合作，品牌方自己必须精通运营细节，不然很多运营事项会被忽略掉。很显然，老司不太懂品牌运营，觉得品牌起盘只需要做个品牌模式和招商策划，其实要做的事情还有很多。

主动型操盘机构，它会主动帮品牌方规划好运营所需的一切事项。不仅品牌方要求的事情会做好，一些有必要做但被品牌方忽略的事情也会帮忙做好。这种靠谱的操盘机构更适合不懂品牌运营细节的初创品牌方，能帮品牌方做到万事俱备，品牌方只需要按照操盘机构的规划去开展运营即可。

当然，案例中老司的思维观念也存在一定问题，之所以老司遇到问题不去找操盘机构解决，反而来咨询我，很大程度就是因为老司觉得操盘机构是他花钱雇来的，需要听他领导指挥。操盘机构虽然是来协助品牌方运营的，但并不是完全按照品牌方的指示被动地做事情，而是应该主动帮品牌方规划诸多运营事项。

面对这种被动型的操盘机构，品牌方一定要多主动沟通，遇到问题时要及时地找操盘机构商讨对策。很多时候，有些不靠谱的操盘机构会看人下菜，品牌方不去主动找对方，对方估计也会很少找品牌方，毕竟他们都不想没事找事做。

在专业度相同的前提下，我们要尽量找服务度好的操盘机构。讲实在的，我上面讲的内容都属于事后诸葛亮式分析。因为在正式合作前，品牌方很难从洽谈中辨别出操盘机构的靠谱度，只有真正合作后才能感知到对方是否靠谱。至于如何能找到靠谱的操盘机构，后面的课程中，我会分享一些有效的辨别方法。

1.4　品牌其他常见问题

最后一个内容板块是关于品牌起盘的其他常见问题，涉及如何轻资产式创业、品牌培训的局限性、团队长资源的获取、品牌微信生态布局、品牌私域流量成交、品牌直播运营思路、服务遇坑解决思路等常见问题。

1.4.1 如何轻资产式创业

小崔是某品牌的创始人，结识我的时候，品牌已经亏损了百万。她起盘的品类是护肤品，采用的是品牌代理模式，首批起盘的产品为一个护肤套装，共有六款产品。由于体验产品后觉得效果超级好，自信心突然爆棚，觉得一定能做起来。正是由于这莫名的自信心，她开启了重资产创业的序幕。

据她说，首批产品生产费用花了九十多万，在CBD租了个近千平方米的办公楼，用于办公和仓储，然后是各种高档装修一应俱全。为了完善部门岗位人员，小崔高薪聘请了一位运营总监，还招聘了运营助理、美工人员、文案人员、客服人员、财务人员和仓储人员等。

一切准备就绪后，小崔正式开启了品牌起盘之路，但运营一段时间后，她发现市场对她的产品反应很一般，没有预期想的那么好。由于运营总监之前从事的是电商行业，虽然有丰富的电商品牌运营经验，但对新零售品牌的运营其实并不太精通。招聘的美工和文案人员由于缺乏经验，工作效率也让小崔很不满。

由于小崔家底比较厚，在困局面前硬着头皮坚持了大半年，其间品牌起盘一直不温不火，产品还剩下一大半放在仓库。面对高昂的房屋租金和人力成本，公司营收入不敷出。找到我的时候，她刚卖掉了自家的一套房子。品牌陷入困境后，一般人早就放弃了，但她还是不甘心就这么轻易结束，毕竟投入了很多资金。于是小崔跑来问我，接下来要怎么做才能改变目前的窘境？

案例中的小崔是典型的重资产创业，这种创业方式如果放在传统行业，并没有什么太大的问题，似乎有点资金的传统创业者都是这么干的。但放在新零售行业，重资产创业是属于三流的创业方式，有可能会成为压垮品牌的最后一根稻草。目前主流的品牌创业方式应该是轻资产创业，它能够有效地提高品牌起盘的成功率。

　　小崔找到我后，我也给了她一些可行的建议，目前品牌运营已经回到正轨，公司营收也扭亏为盈。我给的建议其实很简单，一共四个字，那就是"开源节流"。其实，稍微懂点品牌运营的人都知道该怎么办，小崔只是当局者迷而已。这里就借着案例来讲一讲品牌方应该如何开启轻资产创业。

起盘产品的选择

　　对于采用代理模式的品牌方，前期起盘产品的数量不宜过多，建议以1—3款产品为宜，具体数量视品牌资金流和产品属性来决定。一来可以节省资金，二来可以测试市场反应。很多时候，品牌创始人会对自家产品产生一种情有独钟的情绪，总觉得这么好的产品一定会大卖。

　　但很抱歉，"酒香不怕巷子深"这句话已经不时髦了。产品即使再好，如果没有精细化的运营，照样会被淹没。平时经常有品牌创始人很自信地告诉我，自家产品是独家配方，效果绝对人人夸，可后来我也没见对方有起盘成功的消息，市场中也没听到这些产品有成为爆款的传说。

　　在我看来，好产品现在已经不是什么新奇事情了，它只能算是对产品最基础的要求，而绝对不是制胜的关键要素。尤其是新零售市场的产品，其实大家都差不多，很少会存在一款产品好到无可替代。所以，品牌创始人需要清醒一点，不要对自家产品盲目自信而忘记了运营的重要性。

　　据我了解，大部分新零售产品都是找 OEM 工厂代加工的，代工厂都有一个最低的生产量。生产量越多，单价越便宜，随之总价肯定会越贵。小崔之所以首批产品就出了九十多万的货，一来是因为她过于相信自家产品的产品力，从而产生了一种起盘就会大卖的幻境；二来是因为她觉得生产量大一些会划算很多。

正常情况下，品牌起盘时的首款产品，一般都会用来探查市场反应。如果市场反应还不错，起盘一切顺利，那就可以增大产量；如果市场反应一般，就要对产品进行相应的调整。所以，首批产品的生产量不宜过量生产，一般建议按照代工厂的最低生产量来生产就行。

生产量越多，单价肯定会越划算，但总费用随之也会越高。品牌方前期要思考的重点是如何尽量节省资金，而不是如何划算。生产量少一点，不划算是一时的，后期如果市场反应好，这点不划算的差价可以忽略不计。但如果市场反应不好，品牌方至少还有资金用来调整相关方案。

办公地点的选择

很多起盘的品牌方都会问我，公司办公楼有没有必要选择在 CBD 区域？如果公司有钱，选哪里都行；如果公司钱不多，没必要打肿脸充胖子。品牌起盘要花钱的地方很多，没必要浪费在办公楼上。

CBD 区域的办公楼租期一般都是按年起步的，装修费、水电费、停车费、物业费、清洁费等一系列庞杂的费用都要比其他区域贵。所以，品牌方选择办公地点一定要量力而行，并不是所有类型的公司都需要选择在 CBD 区域办公。

如果品牌前期资金不充足，可以选择在所在城市的相关开发区或工业园区办公。同样的面积，这些区域的办公楼租金会便宜很多。同样的租金，这些区域的办公楼面积会更大。而且，这些区域的交通运输更方便，更适合产品运输和仓储。小崔在我的建议下，在当地的开发区租了面积稍小一点的办公楼，租金和其他杂费非常实惠。

业务外包的选择

业务外包就是品牌方根据自身的需要将运营工作中的某一项或是多项外

包出去，由专业的组织或机构进行运作，以减少人力投入和降低成本，实现效率最大化。业务外包是品牌轻资产创业的法宝，品牌方的外包程度越高，起盘成功率也越高，不懂得外包或外包程度很低的品牌方是很难成功实施轻资产创业的。

实行外包服务，可以解决品牌方由于自身团队或资源配置不足等相关事项带来的难题，同时还可以获得更加专业、流程更加完善的服务，享受批量服务呈现的丰硕成果。像案例中小崔聘请的财务工作可以找财务公司外包、美工和文案工作可以找图文公司外包，这些职能岗位在起盘前期其实是没有必要自己招聘的。

我们要知道，品牌方自己招聘员工的费用要远超外包的费用，而且外包员工的业务水平普遍要高于内招员工，因为他们每天都在服务不同的客户，积累的经验更丰富。即使不满意也可以随时让外包机构换人，员工配置的灵活性更强。

品牌方的运营思考

在日常生活中，很多品牌方都希望我能帮他们对接一些资深的品牌操盘手，表示愿意开高薪聘请过去做运营总监。但很抱歉，这行资深的操盘手很难招聘到，因为他们大多都在自己创业。要么自己起盘了品牌，要么成立了操盘机构帮别人起盘品牌。

目前我知道的传统大品牌进军新零售渠道，都有找操盘机构合作，其中有些还是世界五百强企业。难道那些世界五百强的大企业没有资深的运营人员吗？很显然，肯定有资深的运营人员，而且是一抓一大把。那为什么他们还需要找操盘机构合作呢？

由于新零售是一个新的商业业态和商业模式，新零售品牌的运营和传统品牌的运营存在一定的差异性，传统品牌的运营人员并不能直接胜任新零售品牌的运营工作。有些品牌方虽然招聘了运营人员，但他们仍然会找操盘机构合作，目的在于希望操盘机构前期带一带这些运营人员，然后再慢慢地脱离操盘机构，由自家运营人员顺利接盘。

一些品牌方虽然自己也有运营人员，但他们依然会常年和操盘机构合作。因为操盘机构在模式设计和活动策划等运营事项上，永远是处在最前沿的位置。有些品牌运营事项，追求的是一个新鲜度，当新鲜度过了，运营效果会慢慢减退。所以，品牌方想保持品牌竞争力，就必须常态化地和操盘机构合作。

回到案例中来，品牌运营中会有很多琐碎的事情要处理，小崔招聘运营人员是没有问题的，但没有必要花高薪招聘运营总监。因为运营总监不是新零售行业的人，并不会给品牌运营带来多大的帮助。与其找一个不懂行的运营总监，还不如直接找操盘机构合作。

在我的建议下，小崔辞退了那位运营总监，但留下了运营助理，然后我又帮她对接了一家当地比较靠谱的操盘机构负责品牌运营事项，执行环节的琐碎事情都交给了运营助理来做。据小崔后来说，运营助理和操盘机构配合得很好，做得比当初的运营总监要好很多。

除此之外，财务、美工和文案人员也都被辞退了，外包给了财务公司和图文公司。小崔由此走上了轻资产创业的道路，节省下来的钱都用到了品牌背书推广和品牌政策扶持等运营事项中。目前品牌运营已经回到了正轨，公司营收也实现了扭亏为盈。

综上所述，品牌方要懂得在不同的创业阶段优化人员配置。在品牌起盘前期，品牌方没有必要像传统公司那样将人员配置齐全，因为越是轻资产运营，品牌起盘的成功率就越高。当品牌起盘成功后，有了足够的资金后，再逐步将人员配置齐全也不迟。

如果把重资产创业比作"泰山压顶"，那轻资产创业便是"马踏飞燕"。如今的品牌创业进入了低门槛时代，低门槛创业更适合轻资产创业的理念。

在我看来，品牌运营玩的就是服务商供应链，会玩的品牌方会选择最佳的服务商组合，通过强强联合实现品牌快速成长。

1.4.2　品牌培训的局限性

小程是某品牌的创始人，她的品牌起盘了一段时间，但是感觉代理商积极性不是很大，很多东西都不太懂。小程原始初衷是想让我的团队给她的代理商做一些培训，或希望我帮她对接一些好的培训机构。

小程告诉我，她希望培训老师能够教会代理商如何开展招商和动销活动，以及教会代理商打造品牌知名度。听完她的目的后，我告诉她这些没有办法通过培训来解决。于是她问我，为什么培训解决不了这些？

在品牌运营中，我发现有些品牌方过于看重培训的效果，一遇到品牌运营问题就寄希望于通过一场培训来解决，这种认知是错误的。品牌培训固然重要，它是品牌常态化开展的项目之一，但是培训解决不了所有问题，品牌方不要指望通过单一的培训就能让代理商去一站式解决所有问题。

前面内容中讲过，品牌运营有诸多运营事项需要做，想把品牌运营做好，每一个运营事项都必须做好，而不仅仅是只靠培训。品牌培训分为日常培训、招商培训和动销培训，日常培训只能解决基础常识问题，而招商培训和动销培训需要配合相应的活动才有意义。

所以，想解决品牌招商或动销问题，需要实行"活动＋培训"的组合拳策略，单独开展招商或动销培训的作用并不大。在日常的品牌运营中，组合拳策略的运用很常见，培训是组合拳策略中不可或缺的环节。

品牌方主导活动

回到案例中来，除了培训无法解决小程期待的问题外，她还有一个错误的认知,那就是招商或动销活动应该由品牌方来主导,而不是由代理商来开展。代理商在活动开展中主要承担配合责任,即配合品牌方开展招商或动销活动。

作为品牌方,要坚持大事由品牌方主导的原则,比如品牌招商或动销这样的活动就属于大事,就应该由品牌方来主导。首先,招商或动销活动往往需要对招商政策或产品价格进行适当的调整,代理商一般没有这个权限。我也不建议品牌方单独授权代理商此类权限,有可能会造成一系列的市场乱象。

其次,品牌方不要过度期待代理商的主观能动性,因为很多时候代理商都处于不知所措的状态,需要品牌方通过各种品牌活动去助力成长。最后,品牌方不要过于放任代理商,让代理商完全脱离品牌方的掌控,而活动支持往往是掌控代理商的最好方式。如果一个代理商在没有品牌活动的支持下还能生存发展,那这个代理商离自立门户也不远了。

品牌知名度打造

小程希望代理商能帮忙打造品牌知名度,这个认知也是错误的。代理商可以传播品牌,但品牌知名度的打造单靠代理商是无法实现的,更多需要由品牌方来塑造。品牌知名度的打造和品牌背书、品牌产品力和服务力等综合因素都有关联,而这些因素都需要由品牌方来主导。

例如,品牌背书项目大多是需要花钱来解决的,品牌方不可能指望代理商来支付这个费用。同样的,优质的产品需要品牌方投入资金去研发,极致的服务也需要品牌方去制定相关的服务章程。这些事情都需要品牌方去主导操作,代理商要做的就是积极传播并遵守相关章程。

1.4.3 团队长资源的获取

老梁是一家传统企业的老板,目前打算进军新零售渠道,起盘自己的品牌。老梁希望我能帮他对接一些靠谱的操盘机构,要求是操盘机构能提供大团队长资源，并通过招商直接把这些团队长转化过来。

我告诉他，找靠谱的操盘机构不难，但能直接提供大团队长资源的操盘机构很少。即使能提供也没啥用，品牌方也很难直接转化过来。老梁听完后很不解，于是问我，为什么大团队长很难被转化呢？

有些品牌方，特别是一些资金比较充足或者背景资源比较强的品牌方，在咨询操盘机构的时候，会问操盘机构能帮品牌方对接到多少团队长（代理商的别称），或要求合作后给品牌方提供团队长资源。有些品牌方看不上小团队长，希望直接输送大团队长。

有这种需求的品牌方，明显搞错了操盘机构的职责，误认为操盘机构会直接把团队长送给品牌方。操盘机构的职责是协助品牌方运营，弥补品牌方运营人员的缺失。我可以很肯定地说，提供团队长资源给品牌方不是操盘机构的职责范畴。

据我了解，操盘机构无论规模大小与否，都没有这一项服务。没有哪家操盘机构和品牌方合作后，会直接送一批团队长资源给品牌方。这种服务过去没有，现在没有，未来也不会有。

在新零售行业中，有些操盘机构的确会打着送团队长资源的噱头来招揽生意，很多品牌方会误认为所谓的送团队长资源就是直接让团队长加盟品牌，这其实是错误的认知。有些操盘机构可能认识一些大团队长，有团队长的联系方式，但是这种关系并不意味着可以随意支配团队长。

事实上，操盘机构更多拥有的是品牌方资源，因为他们直接服务于品牌方。虽然在服务品牌方的过程中，会接触到诸多品牌代理商，但这种接触更多是在公域场合，往往无法转化为私域流量。例如，操盘机构在给品牌方做代理商培训的时候，往往会接触到很多代理商，但无法获取代理商的联系方式。

因为操盘机构和品牌方之间会有相关约束协议，操盘机构是不可以直接和代理商私下联系的，包括但不限于在微信群中添加好友或留下联系方式等。如有必要联系，一般都会在社群中相互沟通，且社群中必须有品牌方工作人员在场。因为很多品牌方都不想操盘机构和代理商私下接触，担心操盘机构会做出倒卖代理商资源等挖墙脚行为。

大团队长转化难

我的知识社群里有不同身份的会员，不仅有品牌方，也有团队长，有些甚至是千人或万人的大团队长。这些团队长和我的关系都挺好的，平时遇到问题都会和我反馈，还是比较认可我的。但说实话，即使我有这些团队长资源，我依然没办法随意地支配他们加盟某品牌。

因为团队长，特别是大团队长和已有品牌方的关系都很牢固，都有千丝万缕的利益和情感关系捆绑着，不可能轻易地脱离现有品牌去加盟其他品牌。毕竟又不是在玩过家家，今天去你家，明天来我家，很多事情并没有想象得那么简单。

我接触过很多大团队长，很多都是品牌的顶层代理商。说实在的，只要不是品牌方在代理政策上出现重大过错，严重损害代理商的利益，这群大团队长一般是不会轻易离开现有品牌的，忠诚度其实都非常高。很多品牌方想挖大团队长都是冲着团队规模去的，他们会误认为只要把团队长挖过去了，团队所有成员都会一起过去。

但很抱歉，团队集体跳槽不是团队长一个人说了算，因为新零售团队是比较松散的，团队成员之间没有传统的归属关系。即使团队长愿意过去，团队成员也未必愿意。一旦处理不好，团队长可能会面临团队成员流失的窘境。所以，大团队长一般都不会轻易考虑跳槽，即使有一天想脱离品牌，大多也会选择自立门户，转行做品牌方。

团队长转化风险

在帮品牌运营的过程中，有些操盘机构可能会利用自己的资源去帮品牌方对接一些团队长资源，但这个对接只是链接关系。团队长是否愿意加入品牌不是操盘机构能左右的，主要取决于品牌方给出的政策和利益。

如果品牌方的政策和利益给到位，我想还是会有少数大团队长愿意选择跳槽过去的，但这种给政策和利益就跳槽的团队长本身会存在一些风险。因为挖过去的大团队长，品牌方在政策和资源上肯定会有所倾斜，往往会导致该团队的发展规模逐渐庞大。

如果这个团队长改天又被其他品牌方挖过去了，那前品牌方所谓的政策和资源倾斜都会成为后品牌方的嫁衣。毕竟对于毫无忠诚度的团队长而言，跳槽只不过是利益的交换而已。今天因利益能来你这里，明天就会因利益去别人那里。

在品牌运营中，如果品牌方不能平衡顶层代理商之间的发展规模，很有可能一个大团队长改嫁后，整个品牌都完蛋了。所以，品牌方想直接转化大团队长的想法，本身存在着风险性，也不太可靠。

在转化竞品代理商的经验中，我们更多的是通过一系列的招商策划，帮品牌方转化一些中小团队长。因为中小团队长和品牌方的黏性没有顶层代理那么强，在转化上比较容易，后续也能够更好地培养和塑造忠诚度。但要明确的是，我们这里并不是直接送中小团队长给品牌方，而是在品牌运营中通过招商策略去有技巧性地转化代理，这才是操盘机构的职责所在。

我一直认为，品牌想健康有序地发展，最好的办法就是自己一步一步地培养种子代理。只要品牌运营得当，把一个种子代理培养成大团队长的规模并不难，这样的团队长对品牌的忠诚度也会更高。

对投机取巧的反思

纵观新零售行业的发展，现在能做得好的且做得久的品牌，恰恰是那些诞生于新零售行业中的新品牌。反而是那些所谓背靠传统大品牌，或有点资金的品牌方，往往喜欢急功近利，不想花时间去沉淀培育代理商，恨不得一下子就把规模做起来。这种急功近利的品牌方，一般起盘不了多久，品牌连影子都看不到了。

像我这些年就遇到过很多这样的所谓有实力有资金的大品牌，一上来就说自己背靠什么大品牌，资金不是问题，能提供团队长就可以合作。结果来年都找不到这个品牌的影子了，有的半死不活，有的发展规模还不如同期起盘的新小品牌。

为什么这些品牌方会发展不顺利呢？因为他们把时间和精力都浪费在了找所谓大团队长身上了。结果找来找去，硬是一个都没找到，还浪费了大把的时间和金钱。这种品牌方不是被坑，就是在被坑的路上。

所以说，如果品牌方真的有实力且有钱，与其花大钱去满世界寻找那些能提供团队长的服务商，还不如把这些钱用于品牌 IP 打造，凭借打造出来的品牌知名度，也许能快速招募到有潜力的种子代理。只要品牌方好好培育，也能造就很多属于自己品牌的大团队长。

1.4.4　品牌微信生态布局

小赵计划起盘自己的新零售品牌，最近问了我两个很有代表性的问题。第一个问题是，她打算采用品牌分销模式，有没有必要单独开发一个品牌 APP 应用？第二个问题是，企业微信的很多功能优于个人微信，有没有必要把使用范围扩大到代理商层面？

在移动互联网时代，微信是一个不可或缺的社交沟通工具。虽然目前很多 APP 应用都有微信类似的功能，但至少在目前，还没有一个社交工具能完全取代微信。由于微信拥有庞大的用户基数，所谓树大好乘凉，品牌方要尽量在微信的生态圈内生存。

第一个问题的解答

品牌分销模式是主流运营模式之一，品牌方往往需要搭建分销商城。在商城系统的搭建上，几乎所有品牌方都会选择以微信公众号或微信小程序为接口开发商城系统，这样便可以实现通过微信公众号或微信小程序进入品牌分销商城。

极少会有品牌方在起盘阶段去单独开发一个 APP 商城应用，一来 APP 开发和维护成本很高，二来用户的开拓难度很大。品牌方脱离微信生态去单独开发 APP 应用，等于是在和微信竞争用户。除非品牌 APP 知名度很大，否则很难沉淀用户。

所以，我不建议品牌方在起盘阶段去单独开发 APP 应用，即使品牌方有足够的资本，APP 应用也只能作为一个备选项，而不能是唯一选项。例如，品牌方可以先搭建以微信公众号或微信小程序为接口的商城系统，在资金充足的情况下，同步开发一个 APP 应用。

对于起盘资金紧张的品牌方，APP 应用的开发就不用想了，前期的品牌运营都应该围绕微信生态圈来开展。如果后期品牌能发展壮大，到时可以考虑在微信生态的基础上，同步开发一个 APP 应用。

不可否认的是，品牌 APP 应用在某些方面有存在的价值，比如在品牌背书和用户黏性上都能发挥作用。但如果 APP 开发的时机不对，有可能会让优势转变为累赘。从目前了解的情况来看，拥有品牌 APP 应用的品牌方并不多，且这些 APP 应用的用户数量都不是很大，绝大部分用户还是喜欢使用基于微信生态的商城系统。

第二个问题的解答

企业微信是腾讯微信团队打造的企业通信与办公工具，具有与微信一致的沟通体验，丰富的 OA 应用，和连接微信生态的能力，可帮助企业连接内部、连接生态伙伴、连接消费者。企业微信便于各企业管理人员对内部员工及工作事项的安排与知悉，能够对企业进行直接或间接性的管理，从而提高员工的工作效率，以及企业的整体运营效率。

企业微信在某些功能上的确要优于个人微信，它有很多个人微信没有的应用功能。但即使如此，我觉得没有必要把使用范围扩大到代理商层面，尤其是代理商和目标人群的沟通层面，这里的目标人群包括潜在招商人群和零售人群。

企业微信号在个人微信中带有明显的企业标识，这种企业标识带有强烈的商业属性，不利于私域沟通。例如，在个人微信的通讯录中，企业微信好友会统一归类到企业微信联系人列表；企业微信号会展示诸多企业信息。

我们常说，社交新零售是以人为中心，以社交关系为纽带的商业模式。既然是以人为中心，那么在私域沟通的过程中，要坚持"人—人"的沟通原则，这样有利于信任的建立和后期交易的达成。如果使用企业微信，那就变成了"企业员工—人"的沟通了，容易让目标人群产生防备心理，不利于前期信任的建立。

所以，企业微信和个人微信的使用与否，需要根据具体使用场景来决定。例如，品牌方内部员工、品牌方和代理商之间，可以使用企业微信来沟通；代理商和目标人群的使用场景建议尽量使用个人微信。

综上所述，如果 A 用户和 B 用户不是商务工作关系，在没有建立足够的信任关系时，一般不建议使用企业微信沟通。即使 A 用户和 B 用户是商务工作关系，我建议在私域沟通层面也尽量用个人微信。总的原则是，公域沟通可以用企业微信，私域沟通尽量用个人微信。

1.4.5 品牌私域流量成交

老蔡是某品牌的创始人，品牌做了快一年了，虽然没亏钱，但也没赚钱，处于盈亏平衡状态。老蔡属于典型的省钱励志派，操盘机构没找，品牌背书也没做。虽然他对品牌运营不太懂，但靠着自己的摸索硬是撑了快一年，这主要得益于他早些年做批发生意积累的人脉资源。

老蔡告诉我，最近有些代理商反馈发朋友圈无人问津，成交转化率越来越低了，导致很多代理商都不太愿意发朋友圈。于是他问我，为什么现在发朋友圈没有以前好成交了，有没有什么办法提高私域流量的成交率？

在品牌运营中，我们经常会提到"私域流量"这个词，这里简单地聊一聊这个词。所谓私域流量，是指品牌或个人自主拥有、可自由控制、无需成本、可多次利用、能随时触达的流量。私域是相对于公域来定义的，如果把公域比作是公共场所，那么私域就是私人场所。

简单地理解，公域流量就是公共场所的人流量，私域流量就是私人场所的人流量。在品牌运营的引流环节中，品牌方要做的就是想办法将公域流量转化为私域流量，目前常见的公转私方式有两种，分别是花钱买和 IP 打造。

花钱买就是通过在公域平台做付费推广实现流量导入，目前稍微有点影响力的公域平台都有付费推广业务，比如百度推广、抖音推广和视频号推广等。IP 打造也叫个人品牌打造，是通过塑造个人影响力来实现流量导入，这种方式导入的私域流量具备更高的用户黏性和忠诚度。

私域流量的阵地

在私域流量的范围划分上，目前行业内人士存在一些分歧。例如，微信公众号、微博和抖音等公域平台上的粉丝是否算私域流量就存在争议。有些行业人士认为，公域平台账号的粉丝属于私域流量，而有些行业人士则认为不算私域流量。

在我看来，真正的私域流量必须建立在常态化沟通的社交平台基础上，常态化沟通必须满足高频率触达的属性，目前能满足这个属性的社交平台只有微信。虽然微博和抖音等公域平台也在后台构建了类似微信的沟通功能，但这种沟通场景并不能常态化且高频率地进行。平台达人和粉丝在简单地沟通后，往往会试图将粉丝导流到微信中。

综上所述，我认为公域平台账号的粉丝不算是真正意义上的私域流量，顶多算是准私域流量。在私域流量的布局中，我们会发现所有公域平台积累的粉丝，最终都会不约而同地汇聚到微信中。所以，现阶段私域流量的终极阵地是微信，微信是私域运营的流量池。

简单通俗地理解，私域流量就是你微信中的好友，你的微信好友越多，私域流量池就越大。所以，现阶段的私域运营必须建立在微信生态的基础上才能开展。在微信生态中，我们可以通过将每一个用户精细化运营、长期反复利用来挖掘用户的最大价值。

批发式私域成交

在微信生态中，私域流量成交分为一对一成交和一对多成交。我们都知道，成交需要构建沟通场景，一对一成交会通过私聊的方式进行沟通；一对多成交又叫批发式成交，有两个沟通场景，分别是朋友圈和社群。

在品牌私域运营中，一对一私聊需要花费大量的时间和精力，且未必能实现成交结果。而一对多沟通能最大程度地节省时间和精力，并能提高私聊的成交率。所以，私域成交最合理的沟通方式应该是"先批发后私聊"，即先通过批发式沟通场景来筛选私聊沟通的对象。

在新零售发展初期，批发式成交的主要场景是在朋友圈，所以早期的从业者都喜欢疯狂地发朋友圈。但时至今日，我们会发现发朋友圈好像不太管用了。原因主要有两个：一是因为微信对朋友圈的监管逐渐加强，很多广告性质较强的朋友圈内容在发布时会受到一定的限制；二是因为公众对朋友圈的营销内容已经产生了免疫抗体，以前管用的成交招数已经逐渐失效了。

在当前状况下，想靠单一的朋友圈场景去成交客户，已经没那么容易了。所以，我们需要用上批发式成交的另外一个场景，那就是社群。批发式成交需要朋友圈和社群两个场景的相互配合：朋友圈是批发式成交的入口，社群是批发式成交的战场。简单地理解，朋友圈用来营造信任氛围，社群用来批发式成交客户。

在品牌运营中，社群运营是必修的课题，每一个品牌方都要学会社群运营。通过社群，不仅可以批发式成交客户，还可以裂变引流客户。在品牌日常运营中，品牌招商或动销活动的开展都需要借助到社群。所以，不会社群运营的品牌方是做不好新零售的。

想解决案例中老蔡的问题很简单，那就是改变传统的朋友圈式运营思维，开拓新的社群运营观念。说实在的，社群运营其实也不是什么新鲜玩法，但对于老蔡这类不请操盘机构的品牌方而言，可能对一些前沿运营玩法的接触相对比较滞后。

社群运营的玩法有很多，品牌方可以利用社群开展各式各样的成交活动，比如社群 + 招商、社群 + 动销、社群 + 直播、社群 + 团购等。这些常见的社群玩法，稍微靠谱一点的操盘机构都可以开展。如果品牌方对社群运营不太懂，也可以找操盘机构协助运营。

1.4.6　品牌直播运营思路

小骆是某品牌的创始人，最近她发现有些品牌方在开展与直播相关的活动，她品牌下面也有一些代理商在做直播卖货。她也想去尝试下直播领域，但是她不知道怎么介入直播领域。于是她问我，品牌方应该如何将直播运用到日常运营中？

品牌直播运营是当下比较主流的品牌运营路线，案例中小骆的问题是很多没有接触过直播运营的品牌方共同存在的疑问。品牌直播运营的玩法有很多，常见玩法有三种，分别是品牌直播引流、品牌直播招商和品牌直播卖货。

品牌直播分为日常类直播和活动类直播，日常类直播属于常态化的直播，活动类直播只在做活动的时候开展。在常见的品牌直播运营玩法中，品牌直播引流属于日常类直播，品牌方可以常态化的开展；品牌直播招商和品牌直播卖货属于活动类直播，一般不建议常态化开展，频繁地开展会让活动的效果越来越弱。

品牌直播引流

品牌直播引流是指通过品牌直播来实现流量导入，导入的流量会按照相关的规则分配给代理商。直播引流的路径是，通过直播方式将直播平台的公域流量导入到私域流量。常见的直播平台有抖音直播、淘宝直播、视频号直播和快手直播等。

前面说过，私域流量的终极阵地是微信，因此品牌直播获得的流量最终需要导入微信。除了视频号直播平台外，其他直播平台可能会限制站外导流的行为。所以，如何将直播平台的流量顺利导入微信流量池中，是品牌方需要去思考的问题。

品牌直播引流属于日常直播，为了让直播可持续性地开展，品牌方需要规划好直播的内容。例如，我们需要思考清楚引流的目标人群是谁，常见的目标人群有潜在代理商或潜在消费者。不同的引流人群，直播内容就需要有所差异化。至于如何设计直播内容，这里就不再具体拓展。

品牌直播招商

品牌直播招商属于活动类直播，是指品牌方在直播中开展招商活动。正常情况下，如果品牌方使用的是有影响力的直播平台，比如抖音直播或视频号直播等，平台一般会推送一些公域流量到直播间。

一场品牌直播招商活动，想单纯地靠直播平台的公域流量肯定是不够的，还需要有原始流量的导入，而这些原始流量就来源于品牌方和代理商日常积累的私域流量。有了这些私域流量，品牌方便可以通过一些直播裂变引流的玩法去扩大流量。

品牌直播招商和社群招商，本质上没有什么区别，都是品牌线上招商活动。品牌直播招商仅仅是把活动场景从社群转移到了直播间。正常情况下，品牌直播招商一般会通过"社群 + 直播"的组合方式进行，这样可以最大化的实现招商成交率。

品牌直播卖货

品牌直播卖货属于活动类直播，是指品牌方在直播中开展动销活动。在做品牌直播卖货前，品牌方需要搭建一个直播分销系统，当代理商邀请自己的私域流量进入直播间的时候，系统会直接绑定双方的关系。如果直播过程中有成交，成交金额会直接返现到代理商账户。整个直播卖货活动中，代理商主要负责私域流量邀约，品牌方通过直播帮代理商成交。

这里的直播分销系统是活动关键，因为没有这个系统，代理商是不敢轻易邀约自己的私域流量进直播间的。分销系统的关系绑定包含招商和零售关系的绑定，这种关系绑定可以有效解决代理商的诸多顾虑。

目前常见的直播平台都有零售关系的绑定功能，但是招商关系的绑定功能还无法实现。因为招商关系的绑定需要关联品牌管理系统。所以，如果品牌方只需要零售关系的绑定，可以采用第三方的直播平台。但如果同时需要招商关系的绑定，则需要采用品牌管理系统所在软件机构开发的直播平台。

正常情况下，品牌直播卖货一般会通过"社群＋直播"的组合方式进行，这样可以最大化的实现动销成交率。从中我们可以发现，无论是开展直播招商活动，还是开展直播动销活动，想让活动的整体业绩提升，都离不开社群的配合。这要求品牌方不仅要精通直播运营，还要掌握社群运营。

在品牌运营中，知识体系是相互关联的，组合拳运营是常态化的事情，一个品牌活动的开展往往需要多个运营知识的结合。这要求品牌方精通品牌运营的每一个细节，能够熟练运用不同的运营策略。在日常运营中，为什么有些品牌活动开展效果很好，而有些品牌方活动效果很差，主要原因就在于不同运营策略之间的配合度是否顺畅。

品牌直播浅谈

无论是品牌直播招商，还是品牌直播卖货，只要是品牌活动类直播，想把直播活动做好，都需要导入代理商的私域流量。所以，品牌方在日常运营中，需要强化代理商积蓄私域流量的意识。代理商的私域流量越多，后期在品牌活动中的成交量就会越大。

在品牌运营中，品牌方开展活动的主要目的是帮助代理商成交积蓄已久的私域流量。很多时候，代理商由于业务能力有限，可能没有办法独自成交所有的私域流量，或者说只能成交少部分私域流量。

这时候就需要品牌方通过强势能的品牌活动去帮助代理商成交这些未能成交的私域流量，否则这些流量便会被代理商浪费掉。所以，品牌运营是需要做好分工协作的，哪些事情由品牌方来做，哪些事情由代理商来做，品牌方都需要规划好。

至于品牌活动类直播该怎么策划开展，这个不是简单的几句话能说明白的，品牌方需要去学习相关的知识，或找操盘机构来协助解决。直播运营是继社群运营后的又一个品牌重要运营场景，还没有入场直播领域的品牌方要积极地去尝试。

品牌直播引流属于常态化直播，品牌方也可以积极地组织代理商开展，借此打造代理商的个人品牌，从而积蓄私域流量。为此，品牌方可以开展相关的主播孵化培训，选拔一批有潜质的代理商，培养成品牌直播主力军。待到代理商直播团队逐渐壮大后，品牌方可以进行直播矩阵布局，共同助力品牌成长。

1.4.7　服务遇坑解决思路

老赵最近找我抱怨说，他找的 OEM 厂家之前给他对接了一家操盘机构，合作后发现服务质量一塌糊涂，还不如他自己操盘得好，导致品牌业绩停滞不前。于是老赵要求操盘机构退余款结束合作，但被操盘机构以合同为由拒绝了。后来老赵又找了对接的厂家，希望厂家能帮忙协商退款，但厂家也无能为力。于是老赵问我，现在应该怎么办？

在日常生活中，我时常遇到很多和老赵有类似情况的品牌方。在任何一个行业，服务商的质量永远都是参差不齐，新零售行业也是如此。服务作为一种无形的产品，它无法像有形产品那样，让消费者做到一眼洞察。所以，消费者在选择服务产品的时候，往往会存在一定的信息差。信息差的大小取决于对行业服务商的了解程度，越不了解，信息差越大。

对于很多新起盘的品牌方来说，不要提对行业服务商的了解程度了，估计大部分品牌方对新零售行业都是一知半解，故而对行业服务商就更谈不上了解了。所以，很多新起盘的品牌方在选服务商的时候基本是在猜盲盒。运气好的也许能碰到靠谱的服务商，运气不好的就只能和老赵一样遇坑了。

对于案例中的老赵来说，我给他的解决方案很简单，那就是果断放弃这家操盘机构，重新选择一家靠谱的操盘机构合作，继续接着起盘品牌。这个解决方案很简单，大部分旁观者都能给出类似的建议。但事实是，很多当局者迷的品牌方不愿意接受这些建议。这些拒绝建议的品牌方主要有两种类型，分别是"不甘心型"和"不相信型"。

不甘心型的品牌方觉得他们已经花钱合作了操盘机构，虽然操盘机构不靠谱，但本着不浪费钱的原则，还是想继续硬着头皮合作下去，大不了等合作结束后再重新找别家合作。不相信型的品牌方经过这次遇坑事件后，滋生了"一朝被蛇咬，十年怕井绳"的心魔，觉得所有操盘机构都不靠谱，下一家未必比这一家好，于是依然硬着头皮继续合作。

说实在的，上面这两类品牌方的结局都差不多，大多都没有起盘成功。我在前面的内容中说过，品牌创始人的思维观念很重要，它是品牌起盘成败的核心精神要素。"果断放弃并重新选择"是对品牌创始人思维观念的一次重要考验，但很可惜，有些创始人并没有通过考验。

在我看来，品牌方面对类似案例中老赵的情况时，最好的选择就是果断放弃并重新选择。凡是合作操盘机构的品牌方，肯定是自己在品牌运营上有不足，需要获得操盘机构的专业协助。这件事情品牌方没有做错，初衷是对的，懂得借助外力来助力品牌起盘。

虽然品牌方的初衷是对的，但可惜有些品牌方猜错了盲盒，选择了一家不靠谱的操盘机构。当遇到此类情况时，如果品牌方觉得操盘机构在专业性上已经无法助力品牌起盘，应该果断地放弃合作。因为如果还继续和这家操盘机构合作，纯属在浪费时间，且会消耗现有代理商的耐心，对品牌起盘不仅没有任何帮助，反而会加速起盘失败的进程。

在创业的过程中，大部分创业者都会或多或少的遇坑，我曾经也遇到过很多坑，这是一件很正常的事情。但我认为，**只要你觉得做某件事情的初衷是对的，无论遇到多少次坑，都应该坚守初衷。只不过我们要学会"吃一堑，长一智"，避免重蹈覆辙。**

作为品牌方，我认为所有的决策思考都应该建立在品牌起盘成功的初衷上，有利于这个初衷实现的决策都应该支持。但很多品牌方在遇到问题需要做决策时，往往会忘记初衷，只顾眼前的利益得失，陷入"当局者迷，旁观者清"的情境中。

所以，品牌方在今后做任何决策的时候，都应该先思考这个决策是否有利于加速品牌起盘成功。如果有利于，那就果断去做；如果不利于，那就果断放弃，并重新作出有利的决策。有了这种思维观念后，再回到案例中来，决策就会变得非常简单，那就是果断放弃这家操盘机构，重新选择一家靠谱的操盘机构。

1.4.8　短视频 IP 打造思考

小韩是某美妆品牌的创始人，最近她看到一些知识博主都在说，创始人一定要学会做短视频，打造自己的 IP。小韩是个老实人，不太喜欢在镜头面前展露自己，加上日常工作比较忙，根本没有时间停下来去学做 IP。于是她问我，品牌创始人必须学会短视频 IP 打造吗？

是不是有人告诉你，创始人 IP 打造是当下趋势。讲这话的人，大多是做短视频 IP 孵化的知识博主，目的无非就是想赚你的钱，他们往往会抛出雷军和周鸿祎等大佬的案例。的确，品牌创始人做 IP 这件事情，现在炒得很火，但我想泼个冷水，也顺便纠正一个认知：**做短视频，尤其是创始人 IP 打造，**

不是一件必做的事情。

据相关机构统计，创始人做 IP 的失败率高达 96%，并非像一些知识博主宣传的那么简单。你看到的那些成功案例，只是某些知识博主用极个别案例精心包装出来的，其中也不乏一些虚假编造的案例。聪明的人都知道这里面的套路，但依然有些创始人不信邪，结局只有被割的命运。

短视频是一个信息茧房，你关注创始人 IP 打造这件事情，平台就会一直推送类似的信息给你，加上一些做 IP 孵化的博主力推，久而久之，你会觉得创始人不做短视频 IP，就无法生存了。但如果你跳出信息茧房，你会发现事实并不是这样。

大部分创始人其实是没有镜头感和表现力的，但他们却乐此不疲的学习，今天报这个课程，明天学那个课程。请问，你的生意还要不要做了？品牌运营和创始人 IP 打造，是需要花费大量时间和精力才能有结果的两件事情。对于大部分人而言，很难在同一时间做好这两件事。

结局大多是，创始人两边忙，最后一件事情都没有做好。与其这样，不如先集中精力做好品牌运营，等品牌起盘成功，有了一定空闲时间和闲置资金后，再抽时间去打造创始人 IP，这才是一个最佳的路径选择。

我们要知道，短视频只是获客的一种渠道，但并不是唯一的渠道。在短视频没有出来前，我们不一样获客吗？这些获客方法和渠道，在短视频盛行的当下，恰恰是最佳的获客场景。因为大家都在短视频赛道厮杀，这些传统的获客方法和渠道反而无人问津，变成了香饽饽。所以，短视频赛道才是当下竞争最大，也是最难获客的渠道，这才是现实。

很多人可能由于局限性，没办法接触太多的创始人，但是我作为一个品牌操盘手，每年能接触到大量的品牌创始人。我看到的是，至少 90% 的创始人都没有去做短视频，也没有去打造创始人 IP，但是这一点都不影响他们品牌的运作。

可见，创始人 IP 打造不是一件必须做的事情，但我们要承认，做一定是比不做好，毕竟多一个推广渠道。但如果创始人本身不太有镜头感，也不太有时间和精力去做这件事情，那最好就不要去硬做，因为盲目去做反而会适得其反。要知道，创始人是一个品牌的门面，如果创始人 IP 没有打造好，反而会影响品牌的形象。

1.4.9 品牌短视频矩阵链

老伊是某茶叶品牌的创始人，为了给品牌增加一些流量，他计划在短视频赛道打造创始人 IP，但搜寻一圈后，发现新零售品牌创始人做 IP 的案例并不多。他一个竞品的创始人没有做 IP，但品牌信息却在短视频中经常出现。于是他问我，这是什么短视频打法？

新零售品牌创始人做 IP 的并不多，原因主要有两个：一来是因为，品牌运营需要花费大量的时间和精力，大部分品牌在起盘前期都没有精力去做创始人 IP 这件事。目前在做 IP 的创始人中，大多是品牌起盘成功了，有了一定空闲时间和闲置资金后，才计划去做下 IP，但做起来的概率也并不大，大多做了一段时间后就放弃了。

目前做创始人 IP 的人群主要集中在电商行业，因为电商属于 B2C 模式，品牌没有中间商，直接面向消费者，电商品牌创始人做 IP 更容易带动产品销售，比如常见的短视频带货和直播带货。更重要的原因是，电商行业竞争已经白热化，平台各种让利消费者的政策，已经让众多电商商家苦不堪言，创始人 IP 打造已经成为他们提升竞争力的唯一路径。

二来是因为，新零售有着和电商截然不同的短视频运营路径。品牌创始人是否打造 IP，并不会影响品牌短视频的运营规划，因为新零售品牌最大的优势是代理商多。在短视频布局中，品牌方要把代理商整合起来，让每个代理商都打造本地同城 IP，从而形成全域覆盖的品牌短视频矩阵。

我们合作的一个品牌方，刚起盘半年，代理商目前有 6 万多人，所有代理商都被要求统一开通短视频账号，由品牌方统一培训指导。6 万个短视频账号都在宣传一个品牌，请问还有谁能比得过他们的矩阵数量。

即便发一条短视频只有 100 个播放量，6 万个账号加起来也有 600 万的流量。600 万播放量，如果做付费投流，至少也得几十万。这还是一条短视频的威力，如果每个账号每天发 10 条短视频，6 万个账号累计的播放量威力该有多大呢？

这就是新零售行业独有的商业模式魅力，中间商的积累和裂变可以爆发出无穷的威力。中间商在电商时代也许是累赘，但在短视频赛道，中间商变成了香饽饽，让电商从业者望尘莫及。但很可惜的是，很多新零售品牌方都没有意识去做短视频矩阵，品牌方和代理商大多各自为营，没有统一起来打造成一个超级品牌矩阵。

凡是和我们合作的品牌方，我都要求他们带着代理商去做品牌短视频矩阵，因为短视频矩阵相比明星代言、电视广告等重资产推广渠道要更有性价比。毕竟，替品牌方省钱和更高效的运作是一个合格操盘手的基本修养。更重要的是，有了品牌短视频矩阵，后期搞品牌招商和动销活动会非常方便和轻松。

最重要的一点来了，品牌短视频矩阵该怎么打造这件事情，千万不要去问做短视频培训的那群知识博主，一定要问做品牌运营的机构，因为做短视频培训那群人不懂品牌运营，你若问他们，他们只会告诉你个人 IP 怎么做。

品牌短视频矩阵好做吗？其实挺好做的，它不用像个人 IP 那样精细化运营，就像当年发朋友圈那样简单，核心是品牌方一定要有意识去做，要组织代理商统一聚集起来做。在布局规划中，品牌方负责培训指导，代理商负责执行即可。具体怎么操作，可以关注公众号"胡小胖聊创业"里面的相关内容。

1.4.10 品牌直播带货优势

小龚是某服装厂的老板，常年给其他服装品牌做 OEM 代加工。由于代加工的利润较低，他最近打算起盘自己的服装品牌，但又不知道该选择哪种商业模式好。于是跑来问我，产品是走直播带货好，还是走新零售好？

大家有没有发现，小龚的提问是有问题的，说明他的认知存在偏差。因为直播带货和新零售不是二选一的对立面。你做新零售产品，就不能做直播带货了吗？你产品做直播带货了，就不能做新零售了吗？当然不是，这两者之间不冲突。

新零售是一种商业模式，直播带货是一种销售渠道，任何一种商业模式下的产品都可以做直播带货。实体能做，电商能做，新零售当然也能做。小龚之所以会混淆概念，是因为他没有搞清楚新零售的商业模式，这里我给大家科普一下。

新零售品牌有三大基础模式，分别是直营、代理和分销模式。如果品牌方不想要中间商，想直接销售产品，比如在短视频平台做直播带货，你就选择直营模式。新零售直营模式类似于电商模式，都是 B2C，品牌方直接面向消费者。

如果品牌方想要中间商，那你可以选择代理或分销模式。很多老板搞不明白，要中间商有什么好处呢？好处有很多，比如中间商可以帮品牌做裂变，中间商越多，裂变速度就越快。这也是为什么很多名不见经传的新零售品牌，能在短短几个月做到亿级规模的原因之一。

一个好的商业模式，能让新零售品牌快速成长，成长到那些实体和电商品牌，可能需要好几年才能达到的地步。例如，我们最近帮品牌方设计的"合伙人盈利模式"和"总裁分红模式"，不仅模式合规，裂变速度也很快，有好几个品牌方半年就做到了亿级规模的业绩。

中间商的思考

在 N 年前的电商时代，很多人都说电商的优势是没有中间商。现在想想，没有中间商才是最可怕的事情。电商行业，中间商是没有了，但是多了一个电商平台。电商平台最厉害的一招，就是把信息差给干没了。

没有信息差，所有产品的价格都是透明的，商家都不用穿衣服了，全部露底裤。加上近些年，电商平台推出了"比价系统"和"相似商品"等讨好消费者的功能，直接让商家裸泳了。电商投流成本的与日俱增，加上运费险加持后的退货率居高不下，让很多电商老板苦不堪言，也同时让他们看到了有中间商的好处。

中间商的好处

通过上面的讲解，我纠正下小龚的提问，他应该真正想问的是，他的品牌是应该做直营模式好，还是做代理或分销模式好？答案很简单，当然是做后者好。

为什么呢？我换个角度来问，就拿直播带货来说，你觉得是一个人带自己的货好，还是一群人都来带你的货好呢？当然是大家都来带你的货好。怎么样才能让别人都主动去带你的货呢？很简单，做代理或分销模式就行，这样你就有很多代理商或分销商帮你带货。

他们不仅不要你付坑位费，还会主动找你拿货，送钱给你，这种待遇爽不爽？告诉大家一个数据，现在直播带货做得好的产品，很多都是新零售产品，好几个直播带货的头部产品，都是我们团队孵化出来的新零售品牌，只不过很少有人去关注这些。

所以，不仅电商品牌能做直播带货，新零售品牌也可以做直播带货。不同的是，电商品牌是自己一个人玩，新零售品牌是一群人在玩。新零售品牌的代理商或分销商越多，直播矩阵就越厉害。同理，短视频带货也是一个道理。

这就是新零售品牌的优势，我们有代理商和分销商，少则数千，多则数万。我们孵化的品牌方中，有很多都达到了十万级别。十万个人里面，我就不信培养不出一批厉害的带货达人。就算培养不出超级达人，但我们贵在人多，十万个代理商，哪怕人均一天只卖一件货，也能卖十万件。这是什么概念呢？相当于你免费雇用了十万个主播帮你带货。

1.4.11　短视频助力新零售

老雷是一家实体企业的老板，他最近想在新零售赛道起盘一款农产品，但身边的人告诉他，新零售行业不太好做了，给的理由是，现在创业人群都去做短视频和直播带货了。老雷很纳闷，于是跑来问我，短视频的兴起对新零售有影响吗？

首先给一个观点，但凡觉得短视频会冲击新零售的人，一看就是外行。日常也时不时会有人问我，短视频的兴起对新零售有影响吗？当然有影响，但这个影响和外行人想象的也许不一样。我觉得短视频对新零售至少有四个影响，这里简单地聊一聊。

影响一：拓展了新零售的引流和销售渠道

在外行人的认知中，他们觉得做短视频和做新零售，是一件需要二选一的事情。其实这是一种错误认知，因为新零售是一种商业模式，短视频是一种商业渠道，准确地说，短视频是引流和成交的渠道。

在短视频平台中，我们既可以引流粉丝到私域，也可以直接开橱窗带货。

这个渠道，任何一种商业模式都可以利用，实体可以用，电商可以用，新零售当然也可以用。所以，新零售和短视频这两个赛道不是对立面，而是相互促进的关系。

现在很多新零售从业者，都在利用短视频做引流和成交。发短视频这件事情，就和当年发朋友圈一样，是一件很平常的事情了。凡是和我们合作的品牌方，我们都鼓励品牌方要带着代理商一起发短视频。

那些外行人有一句话没有说错，现在的确有很多创业者都去做短视频和直播带货了，但这并不代表他们不做新零售了。事实正好相反，他们去做短视频恰恰是为了更好地做新零售。分享一个数据，在短视频带货销量榜单中，很多款头部产品其实就是新零售赛道的产品，只不过大家都不怎么关注这些信息。

影响二：解决了新零售最后一公里的触达

新零售产品最佳的成交人群在哪里呢？答案是，在本地同城，很多大团队长的发家史就是从自家小区开始的。以前想引流本地人群，我们一般是做地推，或实体店引流等一些常规的方式。但现在有了短视频后，我们又多了一种引流的方式。

在我们操盘的品牌方中，我们会要求代理商一定要学会利用短视频打造本地化网红。做短视频，你想让影响力触达全国，做一个大网红，也许很难。但如果你把范围缩小一点，比如你的目标是触达本地同城，或者先从你小区触达开始，你会发现这个目标并不难。

操作也很简单，发短视频的时候，顺带着把位置添加好就可以了。在添加位置发布的情况下，本地的触达率是非常高的。我有一位社群会员，她是某品牌的代理商，她每次发短视频的时候，都会添加她小区的位置。坚持一段时间后，她小区的人都知道她了。有了影响力后，想成交就会变得相对简单了。她的代理商和客户，很多都是她小区的住户。

影响三：给新零售赛道增添了新力量

当下有一个趋势，不知道大家有没有发现，很多网红都在做新零售品牌。有些在做平台，有些在做产品。有些网红是公开的宣传，有些网红是悄悄的开展。目前我们团队也在帮一些头部网红做品牌孵化，销售业绩不比网红自己带货少，有些甚至要超好几倍。

网红做新零售品牌是一个大趋势，因为这是他们变现的最佳路径。毕竟网红是有保质期的，新零售赛道是他们过了保质期后，依然能持续盈利的秘密法宝。我们目前合作的品牌方中，网红占比量已经达到了 30% 的份额。如果放到前几年，这个占比量大概只有个位数。连短视频赛道的头部网红们都在布局新零售，你还觉得新零售不好做吗？

影响四：有利于品牌方做短视频矩阵

短视频赛道做矩阵最厉害的玩家是谁呢？有人也许会说是那些大网红，因为他们会授权很多短视频账号做切片。但现实并不是这样的，做矩阵最厉害的玩家其实是新零售品牌方。因为新零售品牌方有很多代理商，每一个代理商都是一个矩阵账号。

新零售品牌最大的优势就是人多，人多好办事在短视频赛道显得特别的突出。会玩的品牌方，一定要在短视频平台构建品牌矩阵。这件事情其实超级简单，只不过是把发朋友圈这件事情从微信私域搬到短视频公域而已。要知道，短视频平台既可以发视频，也可以发图文。

从传播的角度来看，品牌矩阵可以加速传播力度。假设品牌方有十万个代理商，每个代理商发一条视频，加起来就是十万条视频，这个影响力是超级大的。有了这个影响力，后面无论品牌方是搞新品发布，还是做招商和动销活动，都能玩得很溜。

从成交的角度来看，代理商可以直接在短视频中成交客户，比如做短视频带货或直播带货。很多传统品牌方喜欢请网红带货，坑位费往往不菲，还很容易上当受骗。但他们也很无奈，因为他们没有更好的销售方式，这是传统品牌的局限性。

但新零售品牌方从来不需掏这笔钱，因为它有一群免坑位费的人替它带货，这群人就是代理商。虽然代理商比不上大网红的流量，但贵在人多。有多少代理商，就有多少人带货。有十万代理商，就有十万人带货。

短视频赛道的兴起，对于新零售的发展而言，只有好处，没有坏处。但我还是想说下，对于新零售从业者而言，做短视频是为了更好地开展新零售业务。但在实践中，并不是所有品牌方和代理商都能把短视频做好，或都愿意去做短视频。例如，有些人为了做好短视频，浪费了大量的时间和精力，最终影响了自身原有的业务，这就有点得不偿失了。

所以，做短视频这件事情，不是一件必须做的事情，但做一定比不做好，至少短视频提供了一个新的引流和成交渠道。如果实在不会做或不愿意做，也可以放弃，毕竟引流和成交的渠道不只有短视频。一些常规的玩法依然有效，在后面的书籍内容中，我也分享了一些有效的引流和成交玩法。

02 第二课
品牌方如何寻找靠谱服务商

老蔚是一位做传统商超生意的老板，老蔚发现这些年商超生意业绩在下滑，且身边的竞争对手都在开拓新零售渠道，销售业绩都挺不错的。于是他自己现在也想开拓新零售渠道，计划起盘一个新品牌。但现在面临一个困惑，那就是由于他没有从事这行的相关经验和资源，不知道如何开始。于是他问我，起盘一个新品牌需要做哪些事情？

从新零售行业诞生到现在，我一直都在深耕这个行业，我见证过很多品牌方从 0 到 1 又到 100 的过程，也见证过很多品牌方从 100 到 1 又到 0 的过程。就像马云说过的，成功的原因千千万，但失败的原因就那么几个。

我深耕新零售这些年获得的最宝贵的财富，就是知道一个品牌失败的原因有哪几个。所以，很多想起盘的品牌方都喜欢找我聊一聊，我也很愿意和品牌方分享我的经验。聊天本身不能创造价值，但聊天背后的思考能够带来无穷的价值。

随着移动互联网的发展，新零售行业成了诸多创业者的主营阵地，我几乎每天都会遇到不同品牌方提出的类似上面老蔚的问题。这些创业者的困扰大致都差不多，想在新零售渠道起盘一个新品牌，但又缺乏经验和人脉，不知道应该从哪一步开始。

2.1 品牌起盘流程概述

对于新晋品牌方而言，起盘一个新品牌的流程其实很简单，在我看来就两个步骤，分别是学习品牌运营知识和筹备品牌职能部门。只要能逐一完成好这两个步骤，品牌方就可以开启创业之路。

作为一名想起盘新品牌的创业者，即使你现在没有品牌运营的经验，也没有新零售行业的人脉资源，但只要有一颗创业的雄心壮志和起盘品牌所需的创业资金，你就可以去大胆尝试。虽然最终能否起盘成功需要因人而异，但只要能做好我上面提到的两个步骤，品牌起盘成功的概率就会大大增加。

2.1.1 品牌运营知识学习

我曾见证过很多起盘失败的品牌，我发现这些失败的品牌都有几个共同的因素，其中之一就是品牌创始人大多都不懂品牌运营，这些创始人没有一颗学习的心态，总觉得凭既有经验和充足资金钱就可以搞定一切。

对于没有运营经验的品牌方，我一般会建议他们买一些关于这个行业的品牌运营书籍或相关课程来先学习下。但有些品牌方不以为然，觉得没有必要，因为他们大多认为只需要花钱请专业人士来操作就可以了。

我一直有一个观点，品牌创始人作为品牌方的核心人物，一定要懂一些品牌运营知识。作为品牌创始人，你可以不精通，但不能不懂；你可以不太懂，但不能一窍不通。我认识的很多品牌创始人，吃亏就吃亏在不懂上。

品牌运营知识的学习其实是一件很简单的事情，因为并不要求品牌创始人学得多么精通，其实只需要学习一个大概的理论知识就可以了。这个学习要求其实很容易实现，买几本品牌运营书籍看看，或参加一些线上或线下的品牌运营课程就可以达成目标。

有些品牌方也会问，为什么只需要学习一个大概的理论知识就可以了呢？因为市面上现有的品牌运营知识，只能让你学习到这个程度。从营销的角度来看，市面上能找到的品牌运营书籍或课程都只是前端，后端各有千秋。能够告诉别人的知识都是可复制的知识，可复制的知识一般都是基础理论层面的知识，而品牌运营的核心知识都是不可复制的，是需要品牌方在实践中自己总结归纳的。

所以，我们在市面上能买到的品牌运营书籍或课程都只是基础层面的理论知识，书籍或课程只是知识输出方为后端布局的一个前端引流媒介而已。就拿我的书籍来说，虽然已经算得上是品牌运营书籍中讲解得比较详细的，但依然是我设计的一个前端引流媒介而已。在品牌运营的过程中，品牌方也需要用到类似的前端引流技巧。

所以，让品牌创始人去学习相关理论知识的真正意图，不是为了让创始人学完后去独自实操品牌，而是希望创始人能够对品牌运营有一定的了解，方便后期在和操盘机构等服务商的合作中能够更加高效和顺畅，不至于被别人牵着鼻子走，从而上当受骗。

2.1.2　品牌职能部门筹备

在我认识的诸多品牌方中，有两种品牌方比较容易起盘失败。第一种是自己懒得去学，觉得花钱就能解决问题的品牌方；另一种是舍不得花钱，觉得自己能搞定一切的品牌方。

请专业的人来做专业的事本身没有错，我也一直认同这个观点，但问题是你怎么知道选对了人呢？作为品牌创始人，如果你对品牌运营一窍不通，选错人的概率会很大。所以，我们才建议品牌创始人要去学习一些品牌运营知识。

内招和外包的选择

从职能角度来分析，品牌方需要组建的职能部门包括操盘部门、图文部门、招商部门、客服部门、培训部门、后勤部门和新媒体部门等。在筹备品牌职能部门上，品牌方有两种选择，分别是内招和外包。

内招就是品牌方自己招聘相关职能员工，外包就是把相关职能交给第三方服务商来负责。作为品牌方，是选择内招还是选择外包来组建职能部门，取决于品牌方自身的考量，没有孰优孰劣。

理论上来说，如果品牌方有足够的资金，完全可以招聘经验丰富的相关职能员工。但现实是，品牌方是否真的有足够的资金去聘请经验丰富的员工呢？答案是大部分新起盘的品牌方都没有这个实力。要知道，经验丰富的员工在工资待遇上的要求是很高的，品牌方必须为丰富的经验买单。

再来思考一个问题，品牌方是否真的有必要在起盘阶段花高价去聘请经验丰富的员工呢？从我的经验来看，没有太大的必要，至少对于那些起盘资金不是很充足的品牌方来说，完全没有必要把有限的资金花在招聘上，因为有更好的替代方法。

想提高品牌起盘成功的概率，肯定要优先找经验丰富的相关职能员工，但大部分起盘的品牌方又没有这个资金实力。正是由于这种需求矛盾的产生，新零售行业诞生了很多外包服务商，也就是我们常说的第三方服务商。

例如，品牌运营服务可以找操盘机构来负责，品牌图文服务可以找图文机构来负责。可以这么说，品牌运营中所需要的职能服务都可以找到对应的第三方服务商。如此这般，起盘一个新品牌便是一件很简单的事情，只需要找到相应匹配职能的服务商即可。

之所以有些创业者觉得起盘品牌是一件很复杂的事情，是因为他们大多不知道还有第三方服务商的存在。对于一个创业者而言，只要你知道品牌运营过程中需要哪些职能服务，你就可以开启品牌创业之旅，履行职能服务的职责交给第三方服务商即可。

服务商的选择

对于想找到第三方服务商合作的品牌方，在服务商的选择上要谨慎，因为服务商也有优劣之分。在和品牌方的接触中，我发现很多品牌方在服务商的选择和合作上往往不知所措。实际上，品牌服务商的质量和报价一直都是参差不齐，对这行不熟悉的品牌方很容易遇坑。

例如，有些服务商在合作前如胶似漆，合作后爱答不理；有些服务商喜欢利用信息差，编造虚假案例，夸大服务业绩，品牌方也无从查证，售后维权艰难。诸多服务乱象会逐渐让品牌方和服务商之间缺乏基本信任，最终必将影响服务商行业的整体发展。

熟悉我的人都知道，我在行业内还是有点小资历，拥有较强的人脉和资源整合能力。在从业的这些年头，我结识到了很多品牌方和服务商。品牌方在运营过程中需要和不同类型的服务商合作，服务商也需要源源不断地获取品牌客户。

既然我这两方面的资源都具备，不如顺其自然帮双方做一个链接。于是我便创建了一个专业服务于品牌方的服务商平台，全称叫"微匠派品牌服务商联盟"，简称"微匠派联盟"。我希望通过这个服务商平台，能够在品牌方和服务商之间架起一座桥梁。

微匠派联盟成员由诸多行业主流品牌服务商组成，服务机构包含运营机构、软件机构、图文机构、营销机构、培训机构、传媒机构、财税机构、生产厂家、供应链机构、版权机构、评价机构、会务机构、旅游机构、维控机构和公关机构等。

如此这般，品牌方就不需要到处寻找服务商，在微匠派联盟就可以一站式找到满意的各类型服务商，有效避免了品牌方因资源信息不对称而导致的各种遇坑情况产生。联盟成立至今，已帮助众多品牌方和服务商之间达成满意合作。

让每一个品牌方都找到满意的服务机构，是微匠派联盟的服务使命和创建初衷。截至目前，微匠派联盟内的服务商类型已能满足品牌方起盘、增盘和稳盘全运营过程中所需的全服务链环节，真正实现了为品牌方提供一站式服务链接的平台职能。

品牌职能服务项目

很多没有起盘过品牌的创业者，可能并不清楚在品牌运营过程中需要有哪些职能服务。正常情况下，品牌运营过程中所需要的各类型服务包括但不限于品牌起盘运营服务、品牌软件开发服务、图文设计撰写服务、品牌背书推广服务、职业证书申报服务、品牌教育培训服务、品牌会奖旅游服务、品牌维权控价服务、品牌财税合规服务、产品 OEM 定制服务等。

这些职能服务项目的执行工作可以由品牌方通过内招来完成，也可以外包给第三方服务商，具体根据品牌方的需求来定。对于起盘资金相对紧张的品牌方，外包给第三方服务商来执行更为合适。只要品牌方选对了服务商，不仅能节省内招的资金，还可以更高效地开展品牌运营。

在品牌运营中，产品的运营周期一般分为三个阶段，分别是起盘阶段、增盘阶段和稳盘阶段。上面这些职能服务项目，有些是必选服务项目，有些则是非必选服务项目。非必选项目属于品牌增值服务项目，品牌方不一定非要选择做，但是做了能更好地辅助品牌运营工作。例如，品牌背书推广服务是品牌起盘阶段必选的服务项目，职业证书申报服务则是非必选服务项目。

上面这些职能服务项目，有些服务项目是起盘阶段需要做的，有些服务项目是增盘或稳盘阶段需要做的。例如，品牌起盘运营、品牌软件开发、图文设计撰写和品牌背书推广服务是起盘阶段需要做的项目，品牌会奖旅游和品牌维权控价服务一般会在增盘阶段和稳盘阶段进行。

接下来的课程中，我会详细地讲解上面这些品牌服务项目所涉及的具体服务内容，以及品牌方在选择第三方服务商时需要注意的相关事项。这些内容从表面上看虽然和品牌运营知识本身没有太大的关联，但它又会在很大程度上决定着品牌未来起盘的成败。

2.2 品牌起盘运营服务

品牌起盘运营服务由相关操盘机构来负责，品牌方想要提高起盘的成功率，需要找有经验的操盘机构来协助运营。操盘机构是新零售行业的一种独有叫法，相当于传统行业中的运营机构、策划机构或咨询机构。

操盘机构可为品牌方提供包括但不限于品牌股权架构设计、品牌产品运营规划、品牌模式制度设计、品牌裂变引流策划、品牌招商活动策划、品牌动销活动策划、品牌商学院搭建、品牌私域社群运营、短视频及直播策划等品牌运营服务。

2.2.1 品牌操盘手的培养

有些品牌公司会配有操盘部门，操盘部门主要负责品牌整体的战略和战术运营，以及运营过程中需要涉及的所有活动策划。操盘部门的职能类似于传统企业中的运营部、市场部或策划部的职能总和，它是整个品牌公司的中枢大脑。

操盘部门的工作人员叫操盘手，大部分品牌方只有一个操盘手，但有些规模较大的品牌方存在有多个操盘手的情况。不管操盘部门有几个操盘手，主操盘手永远只有一个，其他操盘手可以简单地理解为副操盘手或辅助主操盘手的工作人员。

正常情况下，主操盘手是操盘部门的负责人，这个职位非常重要，每一个决策都关系到品牌的生死存亡。所以，操盘手的选择对于品牌方而言要慎之又慎。从目前的情况来看，对于初创的品牌公司，操盘手一职基本由品牌创始人兼任，这样有利于创始人掌控整个品牌的命运。对于有一定规模的品牌公司，品牌方往往会单独招聘专业的操盘手。

品牌方的人才困惑

在品牌职能部门筹备阶段，操盘手一职往往让很多品牌方感到困惑。一方面，兼任操盘手的品牌创始人，大部分都不能胜任操盘手一职，因为很多创始人都处于小白水平。另一方面，想对外招聘专职操盘手的品牌方，往往会发现压根招不到合适的操盘手。

有些品牌方在品牌运营上的原始想法可能很简单，大致思路是找个厉害的操盘手帮忙运营品牌，找个厉害的培训讲师帮忙培训代理，再找一些厉害的代理商帮忙卖货。但真正开始进入筹备阶段后，往往会发现这些优质的人才很难找到，即使有应聘者也多是一些不满意或不合适的。

为什么会出现优质人才难求的情况呢？其实新零售行业有一种现象很流行，那就是厉害的操盘手都创建了自己的操盘机构，会通过合作的方式帮品牌方运营；厉害的培训讲师都创建了自己的培训机构，会通过合作的方式帮品牌方培训；厉害的代理商都存在于别人家的品牌里，很难被挖走。

所以，在新零售行业中，品牌方想通过招聘相关人才的方式来实现品牌快速裂变是不太现实的事情，除非品牌方愿意开出非常诱人的高额工资，否则很难吸引到优质人才。但很显然，大部分新起盘的品牌方是出不起或不愿意出这份高额的工资。

人才困惑解决方案

那品牌方如何解决操盘手一职的胜任问题呢？目前品牌方常见做法是外包合作和自我培养同步进行。这是大部分品牌方的优选方案，这种方式有利于品牌在前期的存活和发展。

所谓外包合作是指找第三方操盘机构合作，由操盘机构协助品牌方来运营，把控品牌运营正确方向。当然，也有些品牌方喜欢走自我探索的道路，在未知的道路上硬要走一条出路。结果发现，走的都是一些弯路，既浪费了钱又浪费了时间，最终大多以失败而告终。

所谓自我培养是指品牌方在和操盘机构合作的同时，同步提升品牌操盘手的职业技能。如果品牌操盘手是招聘而来的，品牌方不需要过于看重职业技能，因为上面分析过，很难招到满意或合适的。所以，品牌方在招聘操盘手的时候，可以招聘一些在传统或电商渠道做过运营策划岗位的人士来担任，后期通过品牌方的自我培养去提升操盘手在新零售渠道上的运营能力即可。

操盘手自我培养的方式主要有两种：

第一，通过学习一些理论知识来提升。例如，很多品牌方会购买一些我出版的书籍，或来我社群学习一些操盘课程，或找我探讨一些品牌运营方面的问题，这样可以短时间内增加他们的知识量。当然，不仅是我的书籍和课程，其他同类的书籍或课程都可以学习。

但这种提升方式有一些局限性，那就是理论毕竟是理论，理论不能解决所有现实品牌运营中遇到的各种复杂问题。所以，学习理论知识只能作为操盘手自我培养的入门方法。

第二，通过和操盘机构的合作来提升。正常情况下，操盘机构和品牌方合作，品牌方需要安排一名工作人员来和操盘机构做对接。如果品牌方内部有想培养的操盘手，这名对接人员就可以直接选定为该品牌操盘手。

在合作的过程中，品牌操盘手会全程参与到操盘机构的运营策划中。这也就意味着，操盘手可以学习到操盘机构所有的运营策划本领。正常情况下，一个单品全盘运营下来，操盘手该学会的知识也都学会了。这样方便后期操盘机构退出时，品牌运营的职责可以顺利过渡给品牌操盘手。

这种提升的过程是在品牌实战运营中获得的，是操盘手自我培养的进阶方法，也是最有效的方法。所以，品牌方在起盘阶段，无论品牌方是否招聘了操盘手，找操盘机构合作都是一件非常有必要的事情。不仅能够协助品牌方起盘，还能帮品牌培养操盘手，提升操盘手的职业技能。

2.2.2　操盘机构的重要性

我一直认为，作为品牌创始人，如果你在这行的实战经验是零，最稳健的起盘方式有且只有一个，那就是找一个靠谱的操盘机构去协助你。请一定要相信，过往的经验告诉我，在通往创业成功的路上，你需要有一个靠谱懂行的引路人。

我遇到过一些品牌创始人，当我建议他们找一家操盘机构的时候，他们会说想自己先去试一试，不行再找操盘机构。但很遗憾的是，大部分创始人在试一试的路上已经失去了再找操盘机构协助的机会了。因为对于很多心怀梦想的创始人而言，品牌创业也许只有一次机会，在试一试的路上，可能已经失去了再来一次的机会，这里的机会错失主要体现在三个方面：

第一，资金不够用了。

很多品牌方在试一试的路上会遇到很多坑，想成功的欲望越强，被坑的概率就越大，具体表现为花了很多原本不需要花的冤枉钱。结果回过头一算才发现，这些冤枉钱都可以请好几个操盘机构了。等品牌方试到一定程度，发现自己玩不转的时候，才忽然发现创业资金已经不够了，没有资金再请操盘机构来协助了。

有些品牌方也许会问，为什么会被坑呢？因为你不懂，所以会被坑。要知道，在品牌运营中，即使品牌方不想花钱请操盘机构协助，但还是要花钱尝试很多付费项目。例如，没有操盘机构的协助，品牌方一般不知道如何免费做私域引流活动，此时品牌方就会花钱去做很多付费引流项目，而这些付费引流项目中，存在很多无效引流的骗局，一不小心很容易遇坑。

第二，资源消耗完了。

品牌的种子代理招募，往往都是从强关系开始的。对于强关系人脉而言，他们只会给你一次机会去说服他们。没有操盘机构的专业协助，品牌方的招商方案往往不专业，此时的品牌方也许会失去说服潜在种子代理加盟的机会。

即使前期能够说服这些种子代理加盟品牌，如果没有操盘机构的运营协助，品牌方很容易在起盘阶段就遇到运营瓶颈，具体表现为招商或动销不给力，导致代理商积极性减弱等。遇到瓶颈若不能快速突破，便会导致代理商的流失。

要知道，操盘机构不是万能的，当品牌方因准备不足或不专业失去说服代理商加盟的机会，或因运营不当导致代理商流失时，说明品牌方已经失去了代理商的信任。即使品牌方在事后找了操盘机构来协助，操盘机构也未必能亡羊补牢。与其这样，为什么一开始不找操盘机构呢？

第三，时间已经没了。

品牌创业非常讲究天时地利人和，品牌方试一试浪费的不仅仅是资金和资源，其实最浪费的是时间。例如，有些产品的起盘时间非常注重季节性，比如减肥产品最佳的起盘时间在春末夏初，试一试也许整个夏天就结束了，再试一试就要等来年了。

更为重要的是，新零售行业是一个全品类竞争的行业。只要是新零售品牌，不管是什么品类，都称得上是竞品。因为代理商是相互流通的，并没有品类障碍。例如，做护肤产品的代理商，也可以去做保健产品，还可以去做母婴产品，这种跨品类的障碍在新零售行业影响并不大。

所以说，浪费时间就是在给竞品制造机会，时间是不会给你试一试的机会。在你试一试的过程中，那些请了操盘机构来协助的品牌方正在以更专业有效的运营方式超越你，你身边的人脉和资源也许正在陆续的流失，转而成为竞品的代理商。

创业成功需要"天时地利人和"的加持，我经常打比方说，品牌方好似刘备，操盘机构好似诸葛亮。刘备的成功得益于当时的天时地利人和，大好的时代环境加上诸葛亮的辅佐，才成就了刘备的蜀汉王朝。如果没有利好的时代环境，或没有诸葛亮的辅佐，刘备未必能成事。

所以，对于品牌方而言，如果你的品牌运营实战经验是零，我认为要思考的问题不是要不要找操盘机构，而是要思考应该找哪家操盘机构。随着这些年的商业变革，新零售行业已经发展成为一个非常正规化的行业，瞎猫碰死耗子和浑水摸鱼的时代早已经过去了。如今的新零售行业，一个品牌想起盘成功，需要靠精细化的专业运营，专业知识和成熟经验显得越来越重要。

2.2.3　如何选择操盘机构

在诸多类型的品牌服务商中，操盘机构是品牌方首先需要合作的服务商，也是品牌服务链中最重要的服务环节。从某种程度上来说，操盘机构的选择是品牌起盘成败的关键因素。新零售行业的操盘机构有很多，服务价格和质量参差不齐，选择一个靠谱的操盘机构对于品牌方至关重要。

在我的上本书中，有一个内容板块专门讲解了品牌方如何寻找合适的操盘机构，里面详细地介绍了靠谱的操盘机构所具备的相关要素。在本书前面的板块内容里面，也讲解了一些选择操盘机构的注意事项，对这部分内容感兴趣的品牌方，可以回看相关的内容，这里不再重复讲解。

2.3　品牌软件开发服务

品牌软件开发服务由相关软件机构来负责，这是品牌起盘阶段必做项目之一，否则品牌方将无法正常开展运营工作。软件机构可为品牌方提供包括但不限于品牌管理系统开发、产品防伪溯源系统开发和品牌官方网站搭建等。

品牌软件开发工作一般都会直接找第三方软件机构来负责，很少有品牌方通过内招的方式来执行这项工作，因为软件开发和维护的成本较大，且程序员的工资都不低，内招一般不划算。除非品牌方后期业务量特别大，有足够的闲置资金，此时倒是可以考虑组建自己的软件部门。

2.3.1　品牌管理系统开发

品牌运营的过程中会涉及大量的人员信息数据、产品库存数据、支付结算数据等，这些数据想单纯靠人工去处理是无法实现的，为此品牌方需要开发一套品牌管理系统来处理这些庞大的数据。所谓品牌管理系统，就是我们常说的 SaaS 管理软件或 SaaS 管理系统。

品牌管理系统的开发要根据品牌运营模式来设计，一般分为前台展示界面和后台管理界面，类似于淘宝或京东等电商商家的店铺展示界面和后台管理界面。分销模式的品牌管理系统一般都有前台和后台两个界面，前台界面类似于电商商家的店铺展示界面，主要用于消费者购物。

代理模式的品牌管理系统一般只有后台管理界面，因为代理模式不需要消费者在前台界面直接购物，而是通过其他方式来交易。目前，也有一些代理模式的品牌方因开发品牌购物商城而增添了前台界面，因而和分销模式一样，也具备前台购物功能。

目前常见的品牌管理系统载体有三种，分别是公众号、小程序和独立APP。所谓系统载体，可以简单地理解为通过什么端口进入系统界面。公众号和小程序的开发费用相对比较便宜，是目前大部分品牌方选择的系统载体。开发独立 APP 的费用相对比较贵，适合那些用户数量可观且有一定资金实力的品牌方。

随着移动互联网的发展，品牌管理系统的功能越来越强大，除了基础的信息数据处理功能外，还有拓客引流、社群裂变、社群团购和私域直播等拓展功能。品牌管理系统功能越多，价格相应也越贵，品牌方可以根据自己的需求自由选择。

2.3.2　产品防伪溯源系统

在新零售市场中，很多造假者钻了产品没有防伪标签，或者防伪标签易复制的空子，导致市场内假冒伪劣产品横行，被仿冒品牌信誉受损导致产品销量下降，蒙受巨大经济损失。

我们要知道，如果一个品牌在市场中经常出现假货，而消费者又无法通过一些有效手段去判别和验证真伪，久而久之，这个品牌就会被消费者抛弃，因为大家都害怕遇到假产品。

在品牌运营中，我一直建议品牌方要做好产品的防伪工作，这样有利于维护品牌形象。虽然假冒伪劣产品不是品牌方生产的，但是品牌方给了造假者制造假冒伪劣产品的漏洞。想杜绝这种现象，就必须把漏洞填补好，而填补好的方法就是开发一套产品防伪溯源系统。

产品防伪溯源系统是以二维码为载体，品牌方可通过二维码溯源系统随时记录包括但不限于原料采购、生产过程、产品去向、产品批次、厂家信息、生产日期等生产、物流以及渠道信息，以二维码的方式读取录入数据。

在产品流通过程中，消费者可以直接扫描产品标签中的防伪溯源二维码查询相关信息，以此来辨别产品真伪和其他产品信息。如果产品质量出现问题，可以根据所扫描的数据来进行追溯，增加消费者对于产品的信任。与此同时，品牌方还可以通过这套系统有效监控代理商的货物流通行为，避免串货行为的产生。

产品防伪溯源系统可以找软件机构单独开发，也可以作为品牌管理系统的一个拓展功能。正常情况下，能开发品牌管理系统的软件机构都有能力开发产品防伪溯源系统。为了保证操作的便利性，我建议这两个系统都交给同一个软件机构来开发，这样产品防伪溯源系统就可以和品牌管理系统实现内部信息的互通。

产品防伪溯源系统的开发在品牌起盘阶段是一个非必选的项目，因为产品出现假冒伪劣现象一般是在增盘阶段，仿冒的大多是一些市场中比较热销的产品。在品牌起盘阶段，产品能不能热销还是未知数，制假者一般不会去仿冒一个新上市的产品。

如果品牌起盘初期资金紧张，可以暂时不开发产品防伪溯源系统。但如果资金比较充足，我还是建议和品牌管理系统一起同步开发。因为这套系统不仅仅能起到防伪溯源的作用，它还能起到信任背书的作用，能给代理商和消费者带来良好的印象。

在品牌运营中，存在有很多非必选的品牌项目，选了能够更好地辅助品牌运营，不选可能暂时对品牌运营也没太大影响。这些非必选的项目是否选择，主要看品牌方资金是否允许，如果允许就尽量选择，毕竟有总比没有好。所有品牌项目都存在一个间接的背书作用，它能在无形中影响代理商和消费者对品牌的认知。

2.3.3　品牌官方网站搭建

在和诸多品牌方的接触中，我发现有些品牌方居然没有搭建品牌官方网站，这是一个匪夷所思的事情。这些没有搭建品牌官网的品牌方大多是初次创业者，对品牌官网的认知严重不够。

对于一个品牌而言，品牌官方网站是一个品牌对外展示信息的官方渠道，可以让代理商和消费者更全面的了解品牌动态，是传递品牌文化和产品信息的重要平台，官网建设的好坏直接影响到品牌的形象与信誉。

但从目前掌握的情况来看，品牌官方网站建设的普及度并不高，很多初创品牌方容易忽视官网建设的重要性。恰恰是那些做得好的品牌方，对官网的建设反而更加重视。

在传统或电商品牌的运营中，官网建设都是一项必做的事情。在大众的认知中，每一个品牌都应该有自己的官方网站，这是一个理所当然的普遍认知。如果某个品牌没有官网，大众就会觉得这个品牌的公信力值得怀疑，或者觉得这个品牌是一个小品牌。这种印象一旦建立，对品牌的发展就会起到一定的阻碍作用。

在品牌运营中，在很多客观条件都差不多的情况下，为什么品牌的发展会出现差异性呢？其实很多时候，就是由很多点点滴滴的无所谓和不重视导致的，而品牌官网的建设就是这其中的一个点滴。

当然，这里并不是说没有官网的品牌就一定做不好，我们可以这么理解，一个品牌是否有官网，在一定程度上体现了该品牌对消费者和代理商的重视程度。我认识的一些做得好的品牌方，他们对官网的建设都很重视，网站上的信息板块非常丰富。用户只需要进入官网，就可以对品牌的产品信息、品牌背景、品牌文化、品牌故事和招商信息等品牌动态了如指掌。

就是这么一个官方的信息平台，有效减少了代理商在信息传递过程中造成的偏差，也提高了代理商和消费者的沟通效率。例如，我们经常看到有些代理商在描述品牌或产品信息的时候，出现一些信息误差或描述不准确。如果品牌有官网，代理商只需要把官网发给消费者，就可以很轻松地做到信息准确传达。有些时候，官方渠道的信息对于消费者而言更加有公信力，更有利于成交率的提升。

在开发产品的时候，除了产品本身的属性需要关注外，产品的增值属性也同样需要关注，因为这些增值属性有利于提升代理商或消费者对产品的好感度和认同度，而官方网站就是产品增值属性之一。

品牌官方网站和产品防伪溯源系统一样，都可以找同一家软件机构来开发。除此之外，品牌方还需要开发代理商授权查询系统，目的在于防止假冒代理商的产生。品牌官网可以作为产品防伪溯源和代理商授权查询的指定入口，用户想查询产品和代理商真伪只需要登录官网即可。

2.3.4　如何选择软件机构

正常情况下，软件机构都会根据行业特点开发几套通用版本的系统，通用版系统适用于大部分品牌方。因为当下的品牌运营模式相对比较稳定，数来数去无非就那么几种常用的模式。所以，大部分软件机构开发的通用版系统都能满足品牌方对系统的需求。

即使品牌方设计的运营模式稍微复杂一点，也只需要在通用版系统基础上适当的二次开发。目前，我很少看见有品牌方设计的运营模式需要软件机构从头到尾单独开发，毕竟单独开发的费用相对较贵。

如果有软件机构告诉品牌方，运营模式完全不匹配通用版系统，需要单独开发，那就要来个回头看。一看软件机构是否靠谱，建议至少要货比三家；二看品牌运营模式的设计是否存在问题。如果软件机构的回答都一样，那就说明运营模式的设计可能存在问题。

软件机构考察要素

目前市场中的软件机构有很多，服务质量和报价也参差不齐。作为品牌方，选择靠谱的软件机构主要看三点，分别是界面美观度、功能匹配度和系统稳定性。

界面美观度和功能匹配度很好理解，不同软件机构设计的系统界面和功能都有所差异，品牌方可以根据需要选择自己喜欢的界面系统，看看系统的各项功能是否符合品牌方的需求，以及不同功能之间的逻辑关系是否正确。

如果界面美观度和功能匹配度不完全符合，可以要求软件机构二次开发。正常情况下，二次开发会增加一定费用，所以这里建议品牌方尽量找新零售行业内的软件机构，因为行业内的软件机构更懂品牌方的需求，界面美观度和功能匹配度能更好地符合品牌方的需求，有效减少二次开发产生的费用。

系统稳定性是所有考察指标中最重要的，这个考验的是品牌方敲代码的专业度和系统服务器的硬件素质。正常情况下，软件机构都会给品牌方提供体验版系统，品牌方可以进入系统亲自体验下稳定性，检验下相关功能操作是否流畅不卡顿。

系统稳定性在体验阶段其实并不能完全检验出来，需要长期的使用才能真正检验出稳定性。因为有些软件机构提供的体验版系统所搭载的服务器硬件素质很好，而后期真正给到品牌方的系统所搭载的服务器硬件可能要差很多，具体表现为时不时宕机或操作卡顿不流畅。

但对于品牌方而言，如果你对软件市场并不了解，基本无法辨别系统服务器硬件的好坏，所以这里教品牌方一个常识性的辨别方法，那就是一定要选择价格合理的软件系统。正常情况下，价格合理的软件系统在系统稳定性上都是有保障的。

怎么知道系统价格是否合理呢？品牌方货比三家后就应该知道大概的市场价格了，如果哪家价格低于平均价格很多，那就说明不合理，品牌方要慎重选择，一般遇坑的概率很大。

2.3.5　低价软件风险解析

有些品牌方喜欢找一些报价很低的软件机构，其系统价格已经远低于市场均价。例如，有些品牌方喜欢在网上找一些报价远低于市场均价的软件系统。找这些软件机构的行为是很危险的，因为报价很低的软件机构很难维持机构的正常运转，时刻面临倒闭的风险。

正常情况下，系统的服务器和数据库都是软件机构来负责管理和维护的，软件机构一旦倒闭，服务器和数据库的管理和维护也就自动终止了。像这种因买到低价系统而懊悔不已的案例有很多，品牌方一定不要贪图一时的便宜。损失系统本身的购买费用倒是小事，系统数据的丢失才是大事，后果不堪设想。

低价软件产生原因

上面提到过报价很低的软件机构很难维持机构的正常运转，那为什么这些机构报价可以这么低呢？从我目前了解到的情况来看，这里面有可能存在三种情况：

第一种情况，该软件机构压根不是正规的软件机构，比如系统源代码可能是花钱买来的，或者直接盗用其他家的。这种软件机构一般没有懂行的程序员，缺乏二次开发能力。品牌方若后期想增添或修改功能，可能会遇到瓶颈。这种自己没有开发能力的软件机构，一般存活时间不会太长，品牌方会随时面临系统永久宕机的风险。

第二种情况，该软件机构经营状况可能欠佳，想通过低价快速回笼资金。这种软件机构虽然具备开发能力，但是欠佳的经营状况随时会面临倒闭的风险。作为品牌方，我建议千万不要去和系统风险玩赌博，因为真的赌不起。

第三种情况，该软件机构使用的是劣质服务器，后期系统稳定性难以保证。目前主流软件机构使用的服务器大多是腾讯云、阿里云和华为云等主流云服务器提供商，这些服务器的稳定性都有保障。而报价低的软件机构采用的都是不知名的服务器提供商，这些服务器的稳定性往往不佳，甚至会面临倒闭风险。

低价软件风险危害

对于软件系统而言，最宝贵的东西不是系统本身，而是系统里面的数据。数据都是存储在服务器里面，而服务器的管理和维护要靠软件机构。这也就意味着，如果软件机构倒闭了，服务器里面的数据也会全部丢失。很多还没起盘过的品牌方，也许不知道数据丢失意味着什么，这里举两个例子来说明下。

如果品牌管理系统里面的数据丢失，意味着人员信息、产品库存、支付结算等数据将全部消失，品牌将面临重大危机。如果品牌方平时有备份数据的习惯，可能后期通过技术方式还能勉强恢复，但如果没有备份数据，那距离破产也不远了。

如果产品防伪溯源系统里面的数据丢失，意味着贴有防伪溯源标签的产品将面临无法查询产品有效性的窘境。对于还没有流通的产品，可以返回工厂重新处理。但对于已经流通的产品，这个影响将直接损害品牌信誉度，一般处理方式都是全部召回产品。产品召回的损失要远远超出当初低价购买软件省下来的那点钱了。

有些品牌方也许会说，我平时都会做数据备份，即使软件公司倒闭了也没事，重新找家软件公司把数据再直接导入进去就可以了。这种做法的确可行，但这必须建立在前后两家软件机构的备份数据互通的基础上才能导入。

软件机构之间为了规避抢客户的行为发生，大多会设置数据文件格式壁垒，即别家软件系统生成的数据文件无法导入到另一家的软件系统里面。这类似于在 QQ 音乐里面下载某些有版权的音频文件，用其他音频软件是无法打开的，你只能用 QQ 音乐才能打开，因为 QQ 音乐设置了格式壁垒。

如果数据文件设置了格式壁垒，那只能通过人工手动输入了，工作量将非常庞大，所产生的费用要远远超出当初低价购买软件省下来的那点钱。不管是否能直接把数据导入新的系统，事件本身带来的影响是无法避免的。一旦处理不好，代理商和消费者将快速流失。

曾经有些品牌创始人告诉我，他们和那些低价软件机构签了合同，觉得合同能够保障他们的权益。我只想说，这些品牌创始人属于天真派，人家公司都没了，要合同有什么用，那就是一张废纸。

真正能够保障品牌方权益的方法，就是一开始选择一家靠谱的软件机构，不要打着节省资金的名义去贪图便宜。买的永远没有卖的精，软件报价过低一定是有猫腻的，只不过大部分品牌方在付款前发现不了罢了，可能还觉得自己很聪明。

据了解，目前品牌方所需的软件系统，根据系统功能的复杂度不同，通用版系统首年报价大概在 2 万—5 万元。低于这个价格的系统属于过度低价，高于这个价格的系统属于过度溢价。当然，如果是定制版系统，价格就另当别论。正常情况下，除非品牌模式与众不同，品牌方一般是不需要使用纯定制版系统的。

2.3.6　软件机构报价分析

对于软件机构而言，系统成本主要来自两部分：一个是敲代码的人工开发成本，另一个是服务器管理和维护成本。系统开发属于一次性工作，顶多后面出现 bug 补一补漏洞。而服务器的管理和维护是长期工作，只要系统还在使用，服务器就需要一直维护。所以，我们会发现软件机构的报价一般都会分为首年价格和续费价格。

正常情况下，首年价格相对较贵，续费价格相对较便宜。所以，品牌方在询问价格的时候，一定要事先问清楚这两个价格。如果品牌方不问，有些软件机构也许只会报一个首年价格，此时便会造成品牌方的考察失误。

例如，假设有两个软件机构报价，甲服务商报价是首年3万，续费每年1万；乙服务商报价是首年 2 万，续费每年 2 万。如果单纯地比较首年价格，乙服务商要便宜很多，但如果考虑到长期成本，甲服务商显然更实惠些。

所以，品牌方比较软件机构的报价时，一定要综合比较首年价格和续费价格。上面提到的报价低的软件机构也可能存在隐瞒续费价格的套路。例如，首年报价很低，续费报价较高，但在洽谈的时候，软件机构会隐瞒续费价格，只报一个首年价格，不懂行的品牌方就很容易掉入陷阱。

要知道，软件系统一旦开始启用就不能轻易更换，这里面涉及的数据迁移会非常复杂。品牌方前期贪图便宜，后期就容易被人牵着鼻子走。所以，品牌方在和软件机构签订合同的时候，一定要在合同中清楚地写明首年价格和续费价格。如果只有一个首年价格，而没有续费价格，有可能存在陷阱风险。

2.3.7　软件机构选择逻辑

服务商按照业务类型来划分，分为单一型服务商和复合型服务商。所谓单一型服务商是指该服务商只做单一类型业务，比如单一型软件机构只做软件开发业务。所谓复合型服务商，是指该服务商的业务类型不止一种，比如某复合型软件机构除了做软件开发业务外，还做其他类型业务，最常见的复合型服务商是品牌运营业务和软件开发业务兼具。

很多品牌方在面对单一型软件机构和复合型软件机构时，往往不知道怎么选择。这里简单讲下我的选择逻辑，给品牌方做一个参考。以品牌管理系统的选择为例，假设甲服务商是品牌运营业务与软件开发业务兼具的复合型机构，乙服务商是单一型软件机构。

我的选择逻辑很简单，就是把复合型甲服务商看成是两家单一型机构就可以了，即操盘机构和软件机构。正常情况下，复合型服务商都是可以单独拆分业务来合作的，虽然是同一家机构，但两个业务板块的负责人很少会是同一人，一般都会分开负责各自业务板块。

很多品牌方之所以出现选择困难症，往往是因为甲服务商里面有一项业务品牌方是不满意的。要不然就不需要纠结了，因为两者都满意的情况下一定会优先选择甲服务商。例如，有些品牌方对甲服务商的品牌运营业务挺满意的，但觉得软件系统差强人意，而对乙服务商的软件系统挺满意的。

按照我的选择逻辑，品牌方对甲服务商的品牌运营业务满意，操盘机构就合作甲服务商；对乙服务商的软件开发业务满意，软件机构就合作乙服务商。不用担心不使用甲服务商的软件系统会不会影响系统功能的匹配度，答案是不会影响。

有些复合型操盘机构也许会告诉品牌方，如果使用其他家软件系统，功能匹配度可能不太好。懂行的人都知道，这些说辞只是为了招揽自家业务的借口而已。如果该机构设计的运营模式只能匹配自家的软件系统，而无法匹配其他家的软件系统，那这个运营模式的合规性和靠谱性就值得好好推敲。

正常情况下，只要操盘机构设计的运营模式符合行业规定，行业内的软件机构都能做好软件系统的功能匹配工作。品牌方如果还不太放心，可以事先咨询下意向合作的软件机构。如果软件机构说可以匹配，就证明没有问题。

所以，品牌方对哪家机构的业务满意，你就选择那家机构即可，不需要自我脑补复合型服务商的优势。当然，如果甲服务商和乙服务商的软件系统相差不大，可以优先选择甲服务商，这样可以节省一些沟通成本，不需要两家服务商来回沟通。其实复合型服务商也就节省沟通成本这点好处，话说回来，即使需要沟通，也可以让机构负责人之间直接沟通。

2.4 图文设计撰写服务

图文设计撰写服务由相关图文机构来负责，图文服务贯穿于品牌运营的每一个环节，是品牌起盘阶段必做项目，否则品牌方将无法正常开展运营工作。品牌方想要做好图文方面的工作，需要找有经验的图文机构来协助。

2.4.1 图文机构服务范畴

图文机构是一个整合的叫法，实际上分为美图设计机构和文案撰写机构，后面简称美图机构和文案机构。目前市场中有单一型的美图机构或文案机构，它们专注于其中一个业务；也有一些复合型的图文机构，美图设计和文案撰写两个业务都兼做。

至于单一型美图或文案机构和复合型图文机构该如何选择，还是同样的逻辑，把复合型图文机构拆分成单一的美图或文案机构即可。品牌方对哪家服务商的美图设计或文案撰写服务满意，就选择那家服务商，不用过多考虑复合型图文机构的沟通便利性优势。

在选择合作服务商时，复合型服务商的确有一站式的沟通便利性优势，但从品牌利益最大化的角度来看，服务质量永远是选择合作机构的第一考量因素，因为只有好的服务质量才能有助于品牌的运营。所以，当服务质量和沟通便利无法兼得时，沟通便利要让位于服务质量。

美图设计机构负责品牌的整体设计工作，服务范畴包含品牌整体 VI 设计、产品包装设计、品牌标识设计、品牌日常海报及朋友圈图片设计、招商 PPT 设计、小视频制作等。总之，与视觉设计有关的所有工作都可以交由美图机构负责。

文案撰写机构负责品牌的营销文案撰写工作，服务范畴包含品牌及创始人故事文案撰写、品牌宣传文案撰写、品牌招商项目书或招商 PPT 内容撰写和日常朋友圈文案撰写，以及公众号、小红书等自媒体文章撰写等。总之，与文字有关的所有工作都可以交由文案机构负责。

2.4.2　内招和外包的思考

有些品牌公司会配有图文部门，图文部门主要负责品牌的视觉设计和文案撰写，这是品牌公司最基础的部门岗位，每个品牌方至少要配备一名美工人员和一名文案人员。美工和文案人员需要按照品牌方的需求完成相应的图文工作。

在和诸多品牌方的接触中，我发现很多初创品牌方对图文职能的人员配备往往感到困惑，主要困惑点在于纠结内招和外包的选择。我给到这些品牌方的建议其实很简单，那就是起盘阶段建议优先选择第三方图文机构外包合作。一来可以节省内招资金，二来可以借此体验下外包的优势。

节省内招资金

对于美工和文案人员来说，一、二线城市的人均月工资至少5000元起步，三、四线城市也需要3000元起步。而且这个起步价能招到的人员在职业技能上也都处于初级水平，多为应届毕业生。真正高水平的美工和文案人员工资起码要翻一番，这还是比较保守的工资预估。

对于起盘资金比较充足的品牌方，一般不需要过多纠结，有钱随便招人。但大部分初创品牌方在资金上都处于或多或少的周转紧张状态，对于这些品牌方而言，两个岗位的工资是一笔不小的开支。即使想通过内招来完成职能服务，也只能招来一些初级水平的人员。

从品牌方给我的反馈来看，大部分品牌方招聘来的美工和文案人员一般都不能直接胜任岗位，至少需要两三个月的磨合期，尤其是文案人员。在磨合期结束之前，品牌方对产出的图片和文案都不会太满意。我们要知道，品牌起盘前三个月是至关重要的阶段，这个时间节点的图文人员工作技能还在磨合期就有点说不过去了，除非品牌方不想起盘成功。

体验外包优势

由于受传统创业经验或行业信息不透明的影响，很多品牌方在筹备相关职能的时候，首先想到的大多是通过内招来完成职能服务。其实，从我多年的行业经验来看，对于初创品牌方而言，外包才是最合适的选择。

外包主要有两个优势，分别是价格优势和经验优势。同样是美工和文案人员，图文机构每个月的服务费用大概在三千至五千左右，这个费用相当于内招一个初级技能水平的人员。

在同样支出的情况下，图文机构给品牌方配备的工作人员一般会比内招人员更有经验，因为图文机构服务的客户比较多，能够更好地积累实战经验。而且图文机构具有团队优势，配备给品牌方的工作人员如果创意不足，他是可以请求整个团队来协助的。

曾经有个品牌创始人告诉我，他喜欢外包找图文机构的重要原因是不满意可以随时换掉，这其实也是很多品牌方喜欢找外包的原因之一。因为外包是商务合作关系，合作不满意可以随时结束合作，且合作的周期可以自定义，这一优势是内招所不具备的。

品牌方如果想内招图文人员，建议把时间节点放在品牌起盘成功后，因为此时资金周转相对比较充足。如果招聘的图文人员经验不足，建议不要马上取消和图文机构的合作，而是应该让图文机构的工作人员带一带品牌方的同岗位人员，来一个过渡适应期。等到内招的员工基本能胜任岗位职责后，品牌方再取消和图文机构的合作更为适宜。

当然，凡事没有绝对，我能给到的只是一个相对合理的建议。什么时候适合内招，什么时候适合外包，要看品牌方在当时的具体情况和创始人自己的想法。只要不影响品牌的运营进度，无论品牌方怎么选择都是合理的。像我认识的一些品牌创始人，有足够的运营资金内招图文人员，但他们却一直用外包的图文机构，压根没打算过内招。

2.4.3　如何选择图文机构

行业内中的图文机构有很多，在不同的图文机构之间，品牌方想选到满意靠谱的机构，我认为只需要做好"两个比较"和"一个技巧"工作即可。所谓两个比较，是指比较案例和价格。所谓一个技巧，是指选择合适的合作周期。

图文机构之间的比较相对比较直观，一般只需要看案例和价格两个要素就可以了。图文机构的技能水平如何，看案例基本就足够了，因为好不好一眼就能看出来。服务费用大概在每月三千至五千元左右，浮动费用取决于图片和文案的数量。

正常情况下，图文机构一般都有不同的合作周期，比如月度合作、季度合作和年度合作。单次合作的周期越长，平均单月费用越便宜，合作方案的内容也越划算。对于初次合作的图文机构，即使品牌方对案例很满意，我建议也不要选择年度合作，这里推荐月度或季度合作比较适宜。当月度或季度合作满意后，再选择年度合作也不迟。

图文机构的案例一般都会选择最佳典型案例，所以大部分图文机构的案例水平只能代表这个机构的最高水平，而不能代表这个机构每一个工作人员的水平。我们都知道，图文机构有很多工作人员，一般分配给品牌方的工作人员都是随机的。

如果分配给品牌方的工作人员和案例中的工作人员不是同一个人，那案例对品牌方而言就没有太大的参考意义，顶多能说明这个机构的整体水平还不错。所以，初次合作的图文机构，我建议先短期合作考察下，满意后再长期合作。

目前市面上大部分外包图文机构都是随机分配工作人员给品牌方，针对这种情况，我曾和一些图文机构的负责人专门商讨过相关的服务优化。我给他们的建议是，在原有服务方案的基础上，增加一种更人性化的服务方案，即服务案例要和工作人员一对一捆绑，让品牌方直接通过案例选择工作人员。

这样一来，品牌方对哪个案例满意，就可以直接选择案例背后的工作人员来为品牌方服务。当然，这种服务流程的合作价格肯定要比原有随机分配的价格适当高一些。对于品牌方而言，多一种选择是好事，很多图文机构也采纳了我的建议。据相关图文机构反馈，这个服务方案还是挺受品牌方欢迎的。

2.5 品牌背书推广服务

所谓品牌背书就是品牌方借助第三方的信誉来为品牌做信任背书，以此来提高消费者对品牌的信任度。所谓品牌推广是指品牌方借助第三方平台来塑造自身、产品及服务的形象,从而提升品牌知名度并实现引流的目的。

品牌背书和品牌推广是两个不同的品牌服务项目,其目的性有所不同,品牌背书的目的是提升信任感,品牌推广的目的是实现私域引流。虽然两者目的不一样,但背书和推广又有相辅相成的关系,在某些具体项目上有一定的重合性。

例如,品牌方在一些知名媒体平台投放广告或请明星网红代言,原始初衷是为了进行品牌推广,但在无形中也起到品牌背书的作用。所以,我们会发现,虽然品牌背书项目不一定都能同时起到品牌推广的作用,但几乎所有品牌推广项目都能在无形中起到品牌背书的作用。

2.5.1 品牌霸屏背书服务

所谓品牌霸屏,是指霸屏机构根据品牌方提供的相关信息,为品牌方撰写新闻宣传稿件,通过相关媒体渠道将品牌稿件投放到互联网各大平台,然后经过一系列的 SEO 优化策略,让百度、搜狗和 360 等综合搜索引擎收录,最终实现品牌信息流全网搜索覆盖。

品牌霸屏可以有效塑造好品牌在互联网中的信任背书,能显著增强品牌招商或动销业绩,是品牌起盘期必做背书项目。品牌霸屏的操作流程看似很简单,但实际操作过程相对比较复杂。想做好品牌霸屏,需要品牌方拥有一定的互联网媒体投放渠道,以及掌握一些与搜索引擎相关的知识经验。

如何选择霸屏机构

品牌霸屏背书服务由霸屏机构负责,霸屏机构分为复合型霸屏机构和单一型霸屏机构,目前行业内的大部分的霸屏机构都是复合型霸屏机构,即霸屏服务只是该服务商的业务之一。

曾经有位品牌创始人和我说,他合作了一家操盘机构,这家操盘机构也有品牌霸屏业务，但是价格相较于其他霸屏机构要贵很多。这位创始人内心是打算找一家合适价格的霸屏机构合作，但又担心霸屏业务和操盘业务不是同一家，会不会影响霸屏效果？

这实际上是霸屏机构的选择问题，选择逻辑和上面提到的图文机构和软件机构一样，只需把操盘业务和霸屏业务拆分开即可，不用过多考虑操盘和霸屏的连带关系。实际上，操盘和霸屏属于不同的业务，本质上并没有太多的连带关系。

所以，品牌方对哪家霸屏机构满意，就和那家霸屏机构合作即可。也许操盘机构会说合作自家霸屏业务会有诸多优势，但懂行的人都知道，这些说辞只是为了招揽自家业务的借口而已。正常情况下，只要对方是一家正规靠谱的霸屏机构，品牌方就可以找对方合作霸屏业务。

总的原则是，如果操盘机构家的霸屏服务满意度和市面上差不多，建议可以优先选择合作，毕竟同一家业务可以节省沟通成本。但如果和市面相差比较大，比如价格相差较大或服务质量欠佳，那品牌方就应该择优而选。还是那句话，当服务质量和沟通便利无法兼得时，沟通便利要让位于服务质量。

关于品牌霸屏的诸多知识，这里就不再详细拓展，后面会有专门一堂课来详细讲解品牌霸屏的诸多知识点，感兴趣的品牌方可以详细阅读相关内容。虽然品牌霸屏项目大多是由霸屏机构来负责操作，但我建议品牌方还是要掌握一些霸屏的操作原理和诸多细节，这样才能更好地了解霸屏机构，才能选到靠谱的霸屏机构。

2.5.2　企业奖项申报服务

企业奖项申报服务属于品牌背书项目，由国家相关认证机构和信用评价机构依据企业认证标准和信用评价规范进行资质鉴定，对合格企业授予相应奖项证书。企业奖项申报能有效提高品牌企业在代理商和消费者心目中的综合实力和形象，是品牌背书项目的重要组成部分，有利于增加品牌方的招商和动销业绩。

常见企业申报奖项

目前品牌方申报较常见的奖项主要有两大类，分别是企业信用评级认证和企业管理体系认证。品牌方可以将获得的奖项证书通过线上线下渠道向代理商或消费者展示，从而无形中提升品牌企业的综合形象。

例如，在线上渠道，品牌方可以将奖项证书电子版展示在品牌官方网站等官方媒体渠道，也可以植入品牌宣传片或招商项目书等；在线下渠道，品牌方可以将奖项证书牌匾展示在公司总部，或代理商的实体店等。

企业信用评级认证项目包括但不限于品牌服务能力、售后服务诚信企业、重合同守信用企业、重质量守信用企业、重服务守信用企业、质量服务诚信单位、诚信经营示范单位、质量服务信誉单位、商务诚信立信单位、诚信供应商企业、诚信经理人、诚信企业家等。企业信用评级认证项目比较多，品牌方可以根据需要自行选择合适项目进行申报认证。

企业管理体系认证项目主要有质量管理体系、环境管理体系和职业健康安全管理体系。目前行业内申请企业管理体系认证的大多是生产型品牌方，即品牌方拥有自己的加工厂。如果品牌方自身没有加工厂，而是 OEM 代加工的，一般不需要申请企业管理体系认证，只需要申请企业信用评级认证。

企业奖项防骗指南

某市场监管局执法人员在对辖区内企业进行突击检查时发现，某室内装饰公司内醒目位置悬挂有"某年度家居装饰设计大赛最具设计品位奖""全国室内装饰优质工程奖""全国住宅装饰装修优秀企业""3·15放心消费诚信会员单位""中国绿色环保产品"等内容的牌匾，经营者现场均不能提供相关的官方证明材料。随后，执法人员展开了牌匾来源的调查。

经查，上述牌匾都是当事人以1200元的价格从上门推销的人员手中购买的。执法人员通过在全国社会组织信用信息公示平台查询，上述奖牌涉及的"中国企业信用评价管理中心""中国绿色品牌管理推广中心""四川省装饰装修行业协会""3·15系统工程建设办公室""中国产品质量调查评价中心""中国名优精品选购指导委员会"等评价机构均为虚构的评价机构。

该装饰公司虚构荣誉作虚假的商业宣传，误导了消费者，同时造成了市场混淆，破坏了市场主体公平竞争秩序。依据《中华人民共和国反不正当竞争法》《四川省反不正当竞争条例》相关规定，市场监管局对当事人给予罚款1.5万元的行政处罚。

目前市场中的企业奖项申报项目五花八门，各种骗局层出不穷，很多品牌方都曾中招过。这些品牌方拿着虚构评价机构的证书在官方渠道大肆宣传，殊不知已经触犯了反不正当竞争法和虚假商业宣传的违法行为，并会让品牌产生负面形象和舆论。

企业奖项的真伪一定要引起品牌方的重视，目前市场中依然有很多品牌方拿着虚假的奖项证书在公开渠道宣传，其中有不少品牌方都和案例中一样，被市场监管部门处罚。所以，如果品牌方拿捏不准奖项真伪，宁可不要申报奖项，也不要拿个虚假奖项大肆宣传，不仅会面临行政处罚，还会影响品牌声誉。

据我了解，很多品牌方其实并不知道自己申报的企业奖项是虚假的，大多是因为缺乏相关奖项常识和有效的识别方法而被骗。这些虚假奖项都有一个共同的特征，那就是"评价机构"和"奖项名称"都是虚构的，且虚构名称的噱头十足，品牌方很容易被诱惑。

评价机构的类型主要有三种，分别是企业单位、事业单位和行业协会。

企业单位可以去国家市场监督管理总局主办的网站"国家企业信用信息公示系统"查询有效性；事业单位可以去国家事业单位登记管理局主办的网站"机关赋码和事业单位登记管理网"查询有效性；行业协会可以去民政部主办的网站"全国社会组织信用信息公示平台"查询有效性。

2.5.3　品牌广告宣传服务

品牌广告宣传服务由相关传媒机构负责，属于品牌增值服务项目，兼具品牌背书和推广双重作用。传媒机构可为品牌方提供包括但不限于央视及各大卫视广告投放、明星和网红背书、航空及高铁站广告、电影院院线广告、综艺栏目背书（冠名／专场／植入）和大型高端访谈等。

其中明星和网红代言有多重合作形式，比如品牌产品代言、出席品牌活动，以及拍摄翻包和祝福视频等。对于一些资金不是很充足的品牌方，如果想通过明星或网红来背书，可以选择拍摄翻包和祝福视频的合作方式。

之所以说广告宣传服务属于品牌增值服务，是因为这项服务相较于其他背书推广类服务，在费用上要贵很多。对于初创品牌方，如果起盘资金比较紧张，建议暂时不要选择此类服务项目。待到起盘成功后，可以根据需要再来选择合适的项目，毕竟这类服务项目更多是起到锦上添花的作用，而不能做到雪中送炭。

2.5.4　产品责任承保服务

产品责任承保服务由相关保险机构负责，属于品牌产品类背书项目。产品承保是指为产品的品质买一份保险，专业术语叫"产品责任保险"。产品责任保险是指以产品的生产者或销售者因生产或销售或分配的产品造成第三者人身伤亡、疾病或财产损失而应当承担的赔偿责任为标的的责任险。

世人皆知，保险公司从来不做亏本的生意，因而保险公司对承保产品的品质有着非常严格的要求，凡是能承保的产品在品质上都有一定的保障。这也是诸多品牌方热衷于产品承保的重要原因，即通过保险公司为品牌产品的品质进行背书。

产品承保的费用根据产品承保的额度来定，常见的产品承保额度有100万、500万和1000万等。承保额度越大，费用就越高。产品承保还有一个好处，那就是承保信息可以直接印刷在产品包装上，从而起到广而告之的背书作用。

2.5.5　商标专利申请服务

商标专利申请服务由相关版权机构负责，属于品牌产品类背书项目，是品牌方展现知识产权实力的重要阵地。企业版权分为商标和专利两部分，两者都需要按照相关政策法规向相关政府部门进行申请。依法注册的商标或申请的专利受法律的保护，注册者或申请者享有专用权。

商标是识别某商品、服务或与其相关具体个人或企业的显著标志，是指已获得专用权并受法律保护的一个品牌或一个品牌的一部分。正常情况下，品牌方需要将品牌名称注册为商标，这样才能受法律保护，享有专用权。

当品牌方开发了某个产品后，可以为产品申请专利权，这样就能获得法律的保护。产品专利申请按照类型分为外观设计专利、实用新型专利和发明专利，品牌方可以根据产品的属性有针对性的申请相关类型专利。

外观设计，是指针对产品的形状、图案或其组合以及颜色、形状、图案的组合所作出的富有美感且适合工业应用的新设计。实用新型，是指针对产品的形状、结构或者组合提出的适合实用的新技术方案。发明，是指针对产品、方法或其改进所提出的新技术方案。

虽然不同专利类型之间含金量有所不同，但对于大部分人而言，产品只要有专利就会觉得很厉害。和产品承保一样，产品专利信息也可以直接印刷在产品包装上，起到强有力的背书作用。

2.6　职业证书申报服务

职业证书和企业奖项一样，都能起到品牌背书的作用，但两者的背书原理稍有不同。企业奖项属于品牌直接背书方式，因为奖项直接和品牌企业挂钩。而职业证书属于品牌间接背书方式，证书获得者一般为品牌方工作人员或品牌代理商。

虽然职业证书和品牌企业没有直接关联，但有利于品牌从业者打造个人品牌，从而间接提升品牌整体竞争力，为品牌产品在日常招商和销售中提供了强有力的保障。品牌方可以将职业证书通过线上线下渠道向消费者展示，从而无形中提升品牌方和代理商的专业形象。

例如，在线上渠道，品牌方可以将职业证书展示在品牌官方网站等官方媒体渠道，也可以植入品牌宣传片或招商项目书等；在线下渠道，品牌方可以将职业证书展示在公司总部，或代理商的实体店等。通过展示宣传，可以让消费者知道，我们不仅品牌产品专业，品牌从业者同样专业。

要注意的是，我们这里提到的职业证书是指职业技能证书，它是证明从业者在相关领域具备专业知识技能的有效证据，能够提升从业者在粉丝群体中的实力形象。职业技能证书的报考项目有很多，需要根据从业者的需求有针对性地选择报考项目。

例如，在零售方向上，做母婴产品的从业者可以报考家庭教育指导师、母婴护理师和育婴师等证书，做减肥产品的从业者可以报考健康管理师、公共营养师和体重管理师等证书；在招商方向上，从业者可以报考创业咨询师、互联网营销师、电子商务师等证书。

2.6.1　职业技能证书科普

2019 年 12 月 30 日，国务院常务会议决定分步取消水平评价类技能人员职业资格，推行社会化职业技能等级认定。会议指出，按照党中央、国务院部署，深化"放管服"改革，将技能人员水平评价由政府认定改为实行社会化等级认定，接受市场和社会认可与检验。这是推动政府职能转变、形成以市场为导向的技能人才培养使用机制的一场革命，有利于破除对技能人才成长和弘扬工匠精神的制约，促进产业升级和高质量发展。

会议确定，从 2020 年 1 月起，除与公共安全、人身健康等密切相关的消防员、安检员等 7 个工种依法调整为准入类职业资格外，用一年时间分步有序将其他水平评价类技能人员职业资格全部退出国家职业资格目录，不再由政府或其授权的单位认定发证；同时，推行职业技能等级制度，制定发布国家职业标准或评价规范，由相关社会组织或用人单位按标准依规范开展职业技能等级评价，颁发证书。已发放的水平评价类技能人员职业资格证书继续有效。会议要求稳妥推进现有职业资格实施机构职能调整，做好工作衔接。加强涉及评价质量、收费等的事中事后监管。

作为国家职业证书制度的重要组成部分，职业技能鉴定按性质主要分为准入类和水平评价类。准入类一般涉及国家安全、公共安全、人身健康、生命财产安全等，需要持证上岗，如消防员、轨道列车司机、游泳救生员等。国家对准入类职业资格实施清单式管理，由相关政府部门及其职业技能鉴定机构组织开展评价，对合格者颁发证书，此类证书叫"职业资格证书"。

从 2019 年开始，我国逐步下放水平评价类职业评价权限，实施市场化、社会化技能评价，不再由政府或其授权的单位认定发证，改由相关社会组织或用人单位（以下统称评价机构）按标准依规范开展职业技能评价活动，对合格者颁发证书，此类证书统称为"职业技能证书"。

以上就是职业资格证书和职业技能证书的区别，报考学员需要分辨清楚两者的区别。简单地理解，职业资格证书是从事某工作岗位的必备证书，没有这个证书就无法从事该岗位工作；而职业技能证书是证明从业者在相关领域具备专业知识技能的有效证据，它不是从事某工作岗位的必备证书，有此证书能增加含金量，没有也不影响工作的开展。

目前，市面上依然有一些证书申报机构打着"职业资格证书"的幌子来开展"职业技能证书"项目。所以，想报考的从业者要注意，现在网上能直接报考的证书项目大多是水平评价类的"职业技能证书"，因为大部分证书项目已经没有所谓的"职业资格证书"一说。目前仅剩的一些职业资格证书项目并不多，具体可以参考《国家职业资格目录》中的项目清单。

正常情况下，品牌从业者需要报考的证书类型都是职业技能证书，职业资格证书一般不需要涉及，这里提出来只是为了做一个基础知识普及，避免不知情的从业者上当受骗。接下来的职业证书知识普及中，我们只讲职业技能证书的相关知识点。

2.6.2　职业技能证书真伪

职业技能证书是证明从业者所从事岗位应具备技术能力的重要衡量和评价指标，是从业者自我证明的一个可量化的衡量标准。对于品牌从业者而言，可以有效打造个人品牌，增强自身竞争力。想报考职业技能证书的从业者，需要做好两个辨别要素来核实证书的有效性，分别是评价机构和查询方式。

评价机构有效性

所谓评价机构，是指颁发证书的机构。按照相关规定，职业技能证书上必须有评价机构的落款，具体表现为署名和盖章，且署名和盖章的名称必须一致。常见的职业技能证书评价机构主要有两类，分别是国家事业单位和行业协会组织。

目前市场中有很多假冒国家事业单位和行业协会组织的山寨证书，这些证书都是虚假无效的，没有任何含金量。这些假冒证书不仅不能起到帮品牌方和代理商背书的作用，反而会承担虚假宣传带来的行政处罚和被消费者质疑的负面效应。

我曾经遇到过一些品牌方，品牌官网上展示着诸多代理商的职业技能证书，结果被我发现全是假冒山寨证书，因为证书上署名的评价机构是虚构的，现实中根本不存在这些评价机构。有些品牌方也许会问，怎么才能知道评价机构的有效性呢？这里简单普及下评价机构有效性的查询方式。

国家事业单位有效性查询可以去国家事业单位登记管理局主办的网站"机关赋码和事业单位登记管理网"查询有效性。行业协会组织有效性查询可以去民政部主办的网站"全国社会组织信用信息公示平台"查询有效性。

查询方式有效性

为了辨别证书的有效性，职业技能证书上都会印有唯一证书编号，通过证书编号在评价机构官网可查询到证书有效性。正常情况下，评价机构的官网会直接印在证书上，很多人会直接根据证书上的官网去查询。但这里有一个漏洞被假冒评价机构利用了，那就是官网的有效性很少有人去核实。

我曾经遇到过一些品牌方，品牌官网上展示着诸多代理商的职业技能证书，对证书市场不了解的人可能看不出来什么问题，但由于我长期和证书评价机构打交道，发现这些官网展示的证书都是假冒的，因为证书上公布的查询网址不是评价机构的官网。

这个案例中的假冒证书方式和前面提到的假冒评价机构不一样，它是假冒真的评价机构颁发的证书样式，在查询网址上做了手脚。这些假冒证书不仅不能起到帮品牌方和代理商背书的作用，反而会给品牌方带来被评价机构起诉造假的风险。

有些品牌方也许会问，怎么才能辨别评价机构官网的有效性呢？有两种方法可以提高辨别率，分别是通过百度搜索鉴定和核实网址是否有备案，这里简单地讲解下操作流程。

第一种方法，我们可以去百度搜索平台直接搜索证书上署名的评价机构名称。正常情况下，评价机构的官网会出现在搜索结果的靠前位置，找到并点击官网后，核实下和证书上公布的网址是否一致。这个方法并不是百分百的可靠，因为假冒机构也可以通过 SEO 技巧去克隆官网。

第二种方法，我们直接去工业和信息化部信息中心主办的网站"ICP/IP地址 / 域名信息备案管理系统"查询网址是否有 ICP 备案。如果查询后发现没有备案，那基本可以鉴定是假冒的，因为假冒的网站是不会去也不敢去做 ICP 备案。

所谓 ICP 备案，是指为了防止在网上从事非法的网站经营活动，打击不良互联网信息的传播，国家对互联网信息服务实行的备案制度。简单地理解，所有合规的网站都必须进行 ICP 备案。正常情况下，评价机构官网的 ICP 备案主体应该就是评价机构或评价机构的关联机构。

综上所述，只有同时满足上面两个辨别要素的证书才是合规有效的职业技能证书。要说明的是，上面提到的有效性查询方式并没有给到具体的网址，是因为查询网址有可能会随着时间的推移而变动。所以，稳妥起见，大家可以去百度直接搜索查询网站的名称。

2.6.3 证书常见问题解答

在和一些品牌方聊到职业技能证书的相关事宜时，我发现有些品牌方对职业技能证书的认知存在很多偏差。一方面，还停留在传统的职业证书认知中；

另一方面，受到互联网大量错误信息的误导。为了帮助品牌方正确认识职业技能证书，我汇总了一些问及频率较高的问题，并给出了相应解答。

问题一：职业技能证书是国家颁发的吗？

很多品牌方都会问，职业技能证书是国家颁发的吗？这种问法本身就是不正确的，因为职业技能证书没有"国家颁发"一说。据我了解，之所以品牌方会这么问，是因为这些品牌方在互联网上咨询了相关职业技能证书申报机构，这些申报机构为了招揽自家生意，喜欢打着"国家颁发"和"职业资格"的概念来故意强化证书含金量。

前面已经说过，从 2019 年开始，我国逐步下放水平评价类职业评价权限，实施市场化、社会化技能评价，不再由政府或其授权的单位认定发证，改由相关社会组织或用人单位按标准依规范开展职业技能评价活动，对合格者颁发职业技能证书。

按照国家相关规定，行业协会、学会等社会组织和企事业单位可以根据市场需要自行开展能力水平评价工作。只要是合规的评价机构均可开展能力水平类评价工作，这些评价机构颁发的职业技能证书都是国家承认的合法证书。所以，如果品牌方理解的所谓"国家颁发"是指国家政府部门颁发，那职业资格证书可以这么理解，而职业技能证书并不能这么理解。

有些品牌方也许会问，怎么才能知道哪些证书项目是职业资格证书呢？辨别方法很简单，直接去网上搜最新版的《国家职业资格目录》，目录中会列出所有职业资格名称和政府颁发部门等信息。如果从业者想报考的证书项目没有出现在目录中，说明该证书并不是职业资格证书，而是我们这里讲到的职业技能证书。

行业协会、学会等社会组织和企事业单位可以根据市场需要自行开展能力水平评价活动，但不得以此为由变相开展职业资格许可和认定，颁发的证书不得使用"中华人民共和国""中国""中华""国家""全国""职业资格"或"人员资格"等字样和国徽标志，不得通过职业资格认定违规收费。

——人力资源和社会保障部

问题二：证书需要指定评价机构颁发吗？

经常有品牌方会问，某岗位的职业技能证书是不是需要指定的评价机构颁发？答案是否定的。按照国家相关规定，准入类的职业资格证书需要由政府或其授权的单位认定发证，但职业技能证书目前并没有指定颁发机构一说。

按照相关规定，只要是合规的评价机构，均可对《国家职业资格目录》以外，且收录进《国家职业分类大典》的技能类职业（工种）开展职业技能评价活动。至于某评价机构是否有从业者需要的职业技能证书，需要具体咨询评价机构，因为不同的评价机构开展的评价项目会有所差异。

所以，同一个岗位的职业技能证书会存在多家评价机构颁发的情况出现，只要评价机构是合规的，国家均承认证书效力。至于证书含金量的大小，这个取决于从业者对评价机构的认可度。简单地理解，你认可某评价机构，它含金量就大；你不认可某评价机构，它含金量就小。

职业技能证书评价机构主要有两类，分别是国家事业单位和行业协会组织。除此之外，在相关主管部门备案并通过审核的企业也可以开展职业技能评价工作，但这种企业评价工作一般不对外，大多只针对自家企业员工进行评价活动。

问题三：证书的报考费用是统一定价吗？

正常情况下，评价机构很少直接负责职业技能证书的招生报考事项，这些琐碎事情一般都会交给合作的申报机构来具体负责，每一家评价机构都会合作若干家申报机构。在报考费用上，评价机构可以根据市场需求自行定价，所以不同评价机构的证书报考费用会有所差异。即使是同一家评价机构，不同申报机构对外的报价也有所不同。

据调查了解，申报机构的报考费用包含考试费和培训费，同一家评价机构的考试费都差不多，因为评价机构一般会制定统一指导价。相差较大的是培训费用，有些申报机构的培训费会根据培训层次的不同采取差异化定价。

实际上，大部分证书申报机构本身就是培训机构，对于这些申报机构而言，证书申报业务的盈利点主要在于后端的培训业务，而不同申报机构的培训费用会有所差异。所以，目前市场中的证书报考费用并不统一，具体费用需要咨询相关证书申报机构。

2.6.4 品牌申报证书方式

在和诸多品牌方的聊天中，我发现很多品牌方对职业技能证书的认知正在发生改变。以前很多品牌方也许觉得报考职业技能证书是代理商个人的事情，与品牌本身没有任何关系，但现在越来越多的品牌方逐渐意识到职业证书对于品牌背书有着重要的意义。

作为品牌方，代理商个人业绩的增长能够加速品牌的发展壮大，为了帮助代理商更好地打造个人品牌，品牌方需要积极地鼓励并协助代理商申报相关证书。为什么要品牌方协助申报呢？因为很多代理商本身并没有意识到职业证书的作用。为此，品牌方需要做好相关的证书科普工作。在职业证书申报上，品牌方有两种常见的操作方式，分别是集中申报和奖励申报。

品牌方集中申报

很多时候，让代理商自己去申报职业证书，由于证书市场比较复杂，且申报流程过于烦琐，加上报考费用不便宜，很多代理商可能半路就会选择放弃，这对品牌方而言是一种损失。所以，很多品牌方会选择协助代理商集中申报职业证书。

至于报考费用由谁来承担，可根据品牌方的自身情况来定，可以由代理商个人承担，也可以由品牌方和代理商共同承担，双方各占一定的比例。即使代理商个人承担，报考费用也比代理商个人申报划算很多，因为品牌方集中申报会有一定的优惠折扣。

像我认识的一些品牌方，他们会选择由品牌方承担所有报考费用，只要加盟品牌的代理商，都会给他们免费申报证书。还有些品牌方会设定一个免费申报的前提条件，比如代理商达到某层级或某业绩就可以免费获得证书申报资格。

对于品牌方帮代理商免费申报证书这件事情，代理商都表示热烈欢迎，毕竟多一个证书就意味着多一份竞争力。作为品牌方，如果品牌方想通过职业证书来提升品牌整体竞争力，可以帮代理商免费申报证书，但一定要计算好利润空间。

品牌方奖励申报

除了帮代理商集中申报外，品牌方还可以将证书申报资格作为奖品，通过一定的竞技方式奖励给代理商，这种奖励方式能够有效提高代理商的积极性。例如，对业绩考评中优秀的代理商或在品牌培训课中表现优异的代理商奖励证书申报资格。

品牌方以往给代理商的奖励大多是物质上的奖励，但我觉得奖励什么都不如奖励一个职业证书，因为证书能助力代理商在相关领域打造个人品牌，提升代理商的日常招商和动销业绩，从而间接提升品牌竞争力。

从我接触到的品牌方来看，大部分品牌方会采用两种方式相结合，尽最大限度帮助代理商打造好个人品牌。作为品牌方，如果你以前不重视代理商的个人品牌打造，那从现在开始一定要重视起来。有些品牌方总是抱怨代理商不会运营，其实很多时候是品牌方自己不会运营。

移动互联网时代，帮助代理商打造好个人品牌，就是帮助品牌提升竞争力。拥有个人品牌的代理商，能够快速的和客户建立起信任，让成交变得越发轻松。当每一个代理商都拥有一定的粉丝群体后，品牌方后期开展任何品牌活动时，都能起到一呼百应的效果，这是品牌能够持续发展的流量源泉。

在品牌招商过程中，有些品牌方会巧用职业技能证书来作为招商噱头，承诺参加相关培训合格后即可颁发职业技能证书。这里所谓的相关培训其实就是报考职业技能证书过程中的学习和考试。这种玩法不仅可以作为招商的噱头，还可以提高代理商的学习积极性。

2.7 品牌教育培训服务

品牌教育培训服务由相关培训机构负责，培训方式分为线上培训和线下培训。培训机构可为品牌方提供线上或线下各类专题课程培训，常见的教育培训类型分为品牌日常培训、品牌招商培训和品牌动销培训。

2.7.1 品牌日常培训服务

品牌日常培训是品牌方必备的服务项目，培训对象为品牌代理商。品牌日常培训课程主要涉及代理商在日常运营中需要掌握的一些常识性运营知识。例如，朋友圈营销课程、个人品牌打造课程、产品销售课程、社群运营课程、裂变引流课程、短视频运营课程和直播课程等。

品牌日常培训课程大多会采用线上开课的方式来进行，很少有品牌方会把日常培训课程安排在线下。因为品牌代理商分布在全国各地，作为常态化的培训课程，线上开课更符合品牌方的实际需求，能顾及更多的代理商。

作为负责任的品牌方，想让代理商有更好的招商和动销能力，就必须给代理商提供专业的培训课程。作为初创品牌方，起盘前期的日常培训一般由第三方培训机构负责，待到品牌商学院搭建成功后，可转由商学院负责代理商的日常培训。

2.7.2　品牌招商培训服务

品牌招商培训既是一次课程培训，也是一场招商活动，可以简单地理解为是一场打着课程培训名义来进行品牌招商活动的服务。品牌招商活动分为线上招商和线下招商，线上招商属于品牌常态化开展的招商活动，线下招商需要品牌方具备一定的条件才能举办。

之所以说品牌招商培训是打着课程培训的名义来进行品牌招商活动，是因为以往很多品牌方喜欢直截了当地把招商活动的主题命名为"某某品牌招商会"，这种主题命名方法过于传统和单纯，过于凸显招商目的性，不利于招商参会人员的邀约。

所以，现在很多品牌方学聪明了，对招商活动进行了优化，不再那么直截了当地表明招商性质，而是设定了一个和品牌招商人群相关联，以知识培训为由头切入的主题，在培训过程中植入招商活动。

此类招商活动主题设定一般以"座谈会""训练营""培训会"等形式命名。例如，母婴类品牌可以起名"某母婴知识座谈会"，护肤类品牌可以起名"某品牌护肤知识训练营"，减肥类品牌可以起名"某品牌减肥知识培训会"。

作为初创品牌方，起盘前期的线上招商培训一般由第三方培训机构负责，待到品牌商学院搭建成功后，可转由商学院负责线上招商培训。线下招商培训一般都由第三方培训机构负责，因为线下招商的讲师需要具备较强的业务能力，加之线下招商培训举办的频率一般不高，所以品牌方没有必要自己招聘相关人员，由第三方培训机构负责更为妥当。

2.7.3　品牌动销培训服务

品牌动销培训是日常培训中产品销售课程的强化版，培训对象为品牌代理商。正常情况下，品牌动销课程结束后，往往紧跟着一场品牌动销活动。所以，品牌动销培训实际上是为品牌动销活动而特意开设的培训课程，课程内容大多会根据品牌动销活动的方案而有针对性地讲解。

作为初创品牌方，起盘前期的品牌动销培训一般由操盘机构和培训机构共同负责，因为动销活动方案需要由操盘机构来设计，培训机构需要根据操盘机构设计的活动方案来开发相应课程，从而做到学完即用的实战效果。待到操盘机构职能由品牌方接管且品牌商学院搭建成功后，可转由品牌方全权负责动销培训事宜。

2.7.4　如何选择培训机构

品牌教育培训是品牌运营过程中不可或缺的环节，它不仅能提升代理商的知识水平，还能有效构建品牌方和代理商之间的互动氛围。我曾经见到过一些品牌方，对加盟后的代理商不管不问，没有任何的培训辅导服务，结果代理商业绩不佳，陆续被竞品挖了墙脚。

作为品牌方，永远不要高估新晋代理商的主观能动性和业务水平，结果往往会让人失望。事实上，很多新晋代理商都是小白水平，且不会主动自我学习和成长。为此，品牌方需要主动搭建好完善的品牌培训体系，通过帮扶带的方式帮助代理商成长。

作为教育培训，讲师的业务素质和课程开发水平是衡量培训质量的关键要素，而作为初创的品牌方，一般不具备这些关键要素。所以，很多初创品牌方会选择第三方培训机构来负责相关培训服务。

目前行业内的培训机构分为单一型培训机构和复合型培训机构，单一型培训机构只聚焦于培训板块业务，在我看来是真正意义上的培训机构。目前行业内的复合型培训机构，另外一个业务，几乎都是操盘业务。

所以，操盘机构基本上都有培训业务，培训会作为一个运营板块被纳入操盘机构的服务清单中。但大部分操盘机构的培训方式都是线上培训，线下培训一般很少涉及。正常情况下，线下培训板块大多由单一型培训机构负责。即使操盘机构在服务清单中列有线下培训服务，基本上也都是和单一型培训机构合作开展的。

至于是选择复合型培训机构好，还是选择单一型培训机构好，需要根据品牌方的需求来定。如果品牌方计划找操盘机构来协助运营，我认为培训服务交给操盘机构来做比较合适，因为操盘机构负责培训业务，在课程开发的匹配度上会更好，毕竟操盘和培训这两个板块的关联性比较强。

当然，如果品牌方对操盘机构的培训业务不满意，也可以单独找单一型培训机构来负责培训业务，在课程开发上需要操盘机构给予配合。对于那些没有找操盘机构的品牌方，若对培训服务有需求，可以找单一型培训机构合作，也可以找操盘机构单独合作培训板块。

2.8　品牌其他服务项目

除了上面讲到的一些品牌服务项目外，常见的品牌服务项目还有产品OEM定制服务、短视频代运营服务、虚拟化数字人服务、品牌会奖旅游服务、品牌维权控价服务、品牌财税合规服务和营销功能手机服务等。接下来，我们简单地讲一讲这些服务项目的相关事宜。

2.8.1　产品OEM定制服务

产品OEM定制服务由相关OEM厂商负责，产品OEM定制服务也叫产品代工生产，即品牌方不直接生产产品，而是利用自己掌握的关键核心技术负责设计和开发新产品，控制销售渠道，具体的加工任务通过合同订购的方式委托同类产品的其他厂家生产，再将所订产品低价买断，并直接贴上自己的品牌商标。

这种委托他人生产的合作方式简称OEM，承接加工任务的制造商被称为OEM厂商，其生产的产品被称为OEM产品。例如，苹果手机由富士康代工生产，蔚来汽车由江淮汽车代工生产。目前行业内的大部分品牌都在采用OEM代工生产方式，选择OEM代工生产有助于品牌方资源整合，从而降低品牌方的生产风险。

在与想起盘自己品牌的创业者聊天中，我发现有些创业者居然压根不知道产品OEM代工这回事。其实，作为品牌创业者，产品层面只需要做好两件事情即可，分别是做好品牌产品的定位和找到靠谱的OEM厂商。

目前市面上很多热销的品牌产品都是OEM厂商代工的，OEM厂商可代工的产品品类包含目前行业内已知的所有产品品类，比如行业内比较热门的保健品、化妆品、纺织品、食品、日用品和工艺品等，品牌方都可以找到相应的 OEM 厂家。

如何保持供应链稳定

在日常和社群会员的交流中，时不时会有一些代理商抱怨品牌产品断货给他们带来的困扰。对于断货这件事情，很多品牌方还美其名曰是因为产品太火爆导致的供不应求。但在我看来，断货实际上更多是因为产品供应链不稳定造成的。这里针对如何保持产品供应链稳定，我提出几点可行性的建议。

第一，提高代工厂的选择能力。

品牌方出现产品断货，部分原因在于代工厂的生产能力不足。所以，品牌方在选择 OEM 代工厂的时候，一定要实地考察清楚代工厂的生产能力，尤其要了解清楚代工厂供货的峰值和最短补货周期等相关生产数据。

这里建议品牌方在选择代工厂的时候，不要选择小作坊式的代工厂。小作坊式的代工厂虽然代工价格相对比较便宜，但产品品质和供应链稳定性都很难得到有效保障。

第二，产品包材要单独找厂家。

品牌方在采购包材的时候，建议单独找包材厂家来生产，不要全部打包给 OEM 代工厂来负责，这样可以有效地提高产品供应链的稳定性。为了方便理解，这里以护肤品为例来讲解下其中的缘由。一款完整包装的产品由三部分组成，分别是原料、存储容器和外包装。例如，一款乳液成品，一般由乳液原料、存储乳液原料的瓶子和外包装组成。

正常情况下，我们上面说的 OEM 代工厂实际上只负责原料的生产和最后的产品组装，而瓶子和外包装这块实际上代工厂并不负责生产，至少目前大部分的代工厂没有一体化的生产能力。但是很多代工厂为了增加利润，也会包揽瓶子和外包装的生意，然后再外包给对应合作的厂家来生产。很多品牌方为了省事，也会交给代工厂来全权负责。

很多时候，恰恰是代工厂的全包揽行为才导致了断货的情况产生。我们都知道，品牌方的断货一般是由于代工厂的交货周期偏长导致的，而全包揽行为就是导致交货周期长的其中一个重要原因。

品牌产品的生产计划一般是产品快缺货了，然后通知代工厂生产。代工厂接到生产通知后，除了原料自己生产外，还会通知瓶子厂家和外包装厂家一同生产。只有三方厂家都完成生产，代工厂才能进行最后的组装。很多时候，代工厂如果生意比较火爆，产品的组装是需要排期的，排期顺序一般都是按照谁齐全谁优先的原则。

根据我多年在供应链市场混迹的经验来看，护肤品原料的生产供给都是比较充足的，很少有出现厂家供应不足的现象。所以，很多时候，代工厂缺货不一定是原料生产缓慢，也可能是瓶子或外包装供应不足导致的交付延期。

所以，我建议产品包材（存储容器和外包装）最好单独找相应的厂家合作，不要交给代工厂全权负责。例如，瓶子包材就找瓶子厂家负责，外包装盒就找盒子厂家负责。要注意的是，包材的生产厂家最好和代工厂在同一个省份，这样可以提高运输效率。

正常情况下，一款产品里面，原料费是最贵的，包材费用相对比较便宜。所以，如果包材单独找厂家生产，建议品牌方可以预先库存一些包材。这样当产品快要断货的时候，就可以第一时间把包材运送到代工厂，既节省了包材的生产周期，又提高了产品的交货效率。

第三，优化产品库存周转机制。

品牌方应该设立合适的库存周转机制，简单地理解，就是适当的存储一些产品用于周转。这里的库存周转目的在于缓解新生产计划带来的空窗期断货。对于品牌方而言，最难的问题是究竟要库存多少产品才合适？库存少了起不到缓解作用，库存多了会导致产品过剩，生产日期就不新鲜了，容易招惹代理商抱怨，而且还会增加品牌的资金压力。

品牌方想知道合适的库存量是多少，就需要提升供应链的计划能力和预警能力，通过建立信息收集机制来了解上游厂家的生产信息和下游代理商的销售信息。对于品牌方而言，无论品牌现在是否遇到了断货现象，都需要重视产品供应链的机制优化。

2.8.2　短视频代运营服务

品牌短视频代运营服务由账号运营机构负责，主要负责代运营抖音、快手等短视频账号，通过账号营销策划定位和制作专业传播内容，帮品牌方积累优质粉丝，为品牌后端的招商和零售提供源源不断的精准流量。

账号运营机构主要为品牌方提供内容策划、团队组建、账号建设、拍摄剪辑、推广运营等服务。内容策划主要负责帮品牌方策划短视频内容方向及确定品牌内容传播基调等；团队组建工作主要负责帮品牌方组建专属运营小组，负责日常对接工作及视频制作和账号运营推广等。

账号组建工作主要负责帮品牌方注册品牌账号，开通相关账号权限功能，比如设置账号名称、头像和简介以及开通账号认证、商品橱窗和直播等功能权限；拍摄剪辑工作主要负责根据设定好的脚本内容进行全视频的拍摄，并对拍摄视频进行后期专业剪辑制作等；推广运营工作主要负责帮品牌方构建流量矩阵及视频矩阵，从而打造抖音爆款视频上热门。

除了短视频代运营服务外，账号运营机构还可以为品牌方提供定制专场直播服务，比如室内直播、户外直播和PGC直播等。账号运营机构会为品牌方配备专业直播服务团队，包含内容策划人员、执行导演、摄像人员、声画人员、现场保障人员和项目统筹人员等。

2.8.3 虚拟化数字人服务

虚拟化数字人服务由相关软件机构负责，可一站式帮助品牌方输出短视频和直播内容。通过数字人服务，品牌方可以利用克隆人，搭建无需真人出镜、无需设备、无需场地的虚拟主播空间。

在输出短视频和直播内容的过程中，很多品牌方面临着诸多困扰。例如，有些品牌方工作人员害怕出镜，往往导致出境后不知所措；有些品牌方工作人员工作节奏紧张，没有时间出镜输出内容；品牌方工作人员不太擅长，但外聘主播费用又相对较高；需要准备场地、搭建场景，需要采购专业的直播设备，投入相对较大。

相信很多品牌方都有遇到上述类似的困扰，从而导致有些品牌方不太愿意在短视频和直播领域下功夫。但随着虚拟数字人技术的到来，可以在一定程度上有效解决上述困扰。目前市面上的虚拟数字人服务主要有两大特色，这里简单地介绍下：

第一，数字人形象可自定义选择。

所谓数字人就是指出镜主播，这里的主播形象可以自定义选择。正常情况下，软件机构会提供设计好的不同风格的主播形象供品牌方选择，如果品牌方不满意，还可以根据品牌方的需求自定义设计主播形象，甚至可以直接克隆品牌方的任意工作人员形象。

克隆的主播可以根据音频对比口型，还原真人形象、动作和表情，做到形象逼真。事实上，我们现在看到的很多短视频和直播中的主播，有些就是数字人，但一般观众很难分辨主播的真假。

第二，简单操作后即可输出内容。

数字人主播形象搞定后，接下来只要搞定数字人的内容输出，就可以形成完整的短视频或直播场景。数字人内容输出主要有两种形式，分别是录音输出和文字输出。所谓录音输出，是指在后台上传已录制好的音频。所谓文字输出，是指在后台输入准备好的文字内容，数字人软件会自动生成声音。

正常情况下，软件机构会提供设计好的不同风格的主播声音供品牌方选择，如果品牌方不满意，还可以根据品牌方的需求自定义设计主播声音，甚至可以直接克隆品牌方任意工作人员的声音，实现输出声音和主播口型相吻合。

在直播场景中，品牌方可以提前上传直播话术文字或录音，数字人主播便可实时开播。在直播互动方面，数字人主播可以实现与用户实时交互，只需要事先在后台设置相应关键词及回复内容即可，识别关键字后会一对一自动回复。

2.8.4　品牌会奖旅游服务

品牌会奖旅游服务由相关会旅机构负责，会旅机构可为品牌方提供包括但不限于品牌会议场所和酒店住宿预订安排，品牌团建旅游、招商旅游、年会旅游、新品发布旅游等一站式旅游定制。简单地理解，会旅机构是会务机构和旅游机构的集合体，可以让参与者在会议中旅游，在旅游中举行会议。

品牌会奖旅游属于品牌增值服务项目，一般多在品牌起盘成功后开展，因为开展会奖旅游需要拥有一定数量的代理商，否则玩不起来。该服务项目能有效激励品牌代理商的积极性，传播品牌企业文化，加强品牌团队建设，是品牌日常大型活动的重要组成部分，有利于增强品牌的整体招商业绩。

品牌会奖旅游介绍

很多品牌方听到会奖旅游会觉得比较陌生，这里简单地对会奖旅游做个科普介绍。会奖旅游，即会展及奖励旅游，包括四个组成部分：会议（Meeting）、奖励旅游（Incentive）、大会（Convention）、展览（Exhibition），国际上简称为 MICE。

其中会议、大会和展览旅游是指利用举行各种会议、大会和展览活动的机会所开展的特殊旅游活动；奖励旅游则是公司为了激励成绩优秀的员工、经销商或代理商而专门组织的旅游活动。不少公司奖励旅游目的在于传播企业文化，加强企业的团队建设。

由于要照顾到公司形象，所以不管是目的地的选择还是行程安排和服务，会奖旅游一般会比我们日常举办会议和旅游的要求更高。例如，会议场地要有气派，要让参与者有自豪感；要行程紧凑，又要充分休闲；要有高效率的集体活动，还要有好看的风景和有趣的活动等。

一次成功的会奖旅游策划，要求行程安排富有创意，最重要的是要让每个参与者都得到上帝般尊享的感觉。例如，很多品牌方都会要求会旅机构安排豪车接送代理商，会议场所和住宿条件需达到五星级标准，在举办会议的同时要尽情畅游。

会旅机构优势分析

所谓会奖旅游就是一边开会一边旅游的团建活动，它是把以往单独的会议、旅游和团建活动集成一体的定制化创意旅游服务。这种定制化旅游服务在行业内比较流行，大部分品牌方都会开展，尤其是已经起盘成功的品牌方。

很多初创品牌方在起盘成功后也想开展此类的活动，但是由于缺乏人脉资源和经验，往往不知道该找谁来负责这项服务。其实很简单，找专业的会旅机构来负责就可以了。会旅机构在我看来有两大优势，分别是一站式的便利性和整体费用的优惠性。

在以往那些年，品牌方开展一次招商或年会性质的会旅活动，需要找不同的人或机构去负责不同的项目，比如需要有人负责旅游线路的规划和旅游中的创意活动策划，需要有人负责会议场地和住宿的预订和安排，需要有人负责高档次的豪华接团，需要有人负责找当地导游带团等。

总之，一次品牌会奖旅游活动需要负责和联络的人事物有很多，很多品牌方由于旅行目的地人生地不熟，很难找到满意靠谱的第三方。但现在品牌方搞会奖旅游活动，所有琐碎的事情都可以一站式交给会旅机构。品牌方只需要负责提要求，会旅机构负责执行安排即可。

有些品牌方也许会想，我自己单独去找不同的人或机构负责，会不会整体费用比会旅机构便宜些呢？答案是否定的，绝对不会便宜，只会更贵。因为很多会旅机构本身就是旅行社或会议策划公司拓展出来的业务机构，它们的合作资源非常强大，拿到的资源合作价格都是极低的。所以，会旅机构提供的一站式服务，在整体报价上要比品牌方单独分开对接优惠很多。

2.8.5　品牌维权控价服务

品牌维权控价服务由相关维控机构负责，属于品牌增值服务项目。维控机构主要负责品牌产品在互联网平台的维权和控价工作，能有效维护品牌各项政策的畅通实施，避免诸多品牌市场乱象行为的出现。为了方便品牌方理解维控机构的具体服务职责，这里通过几个典型案例事件来解析下。

案例事件一：为了更好地管控销售渠道，品牌方不允许代理商将产品上架到电商平台销售，但最近发现淘宝等电商平台有诸多商家上架了该品牌产品，严重扰乱了品牌的渠道管控政策，容易导致代理商之间相互窜货。

案例事件二：为了拓展销售渠道，品牌方允许代理商将产品上架到电商平台销售，前提是实行品牌统一定价原则，但最近发现淘宝等电商平台诸多商家上架的该品牌产品定价过低，存在低价乱价行为，严重扰乱了品牌正常价格体系。

案例事件三：为了拓展销售渠道，品牌方允许代理商将产品上架到电商平台销售，前提是必须事先报备并取得授权资格，但最近发现淘宝等电商平台有诸多上架该品牌产品的商家并未取得授权资格，且部分商家存在乱价和售假行为。

上面这些案例事件经常会困扰到品牌方，不及时处理会严重扰乱品牌方的正常运营，容易导致代理商和消费者的流失，从而影响品牌在市场中的综合形象。出现类似困扰状况的品牌方大多都起盘成功了，因为此时的品牌方拥有了一定数量的代理商和消费者，这些乱象行为才能有利可图。

当品牌方遇到类似的互联网乱象问题时，可以寻求和维控机构合作，由维控机构协助品牌方去进行相应维权操作。例如，维控机构可以通过电商平台认可的知识产权投诉、电商规则投诉、行政投诉等方式投诉违规商家或信息，从而清除掉违规产品链接或相关信息。

从个人经验来看，如果品牌方起盘成功了，在资金相对充足的情况下，可以及时找维控机构来合作。很多品牌方非要等到问题出现后才会想到去找维控机构来合作，这个时候可能品牌形象已经受损了，这种行为类似于有些人非要等到住宅出现小偷后才会考虑去买摄像头监控一样。

正常的合作方式应该是，品牌方有了足够的运营资金后，就应该及时找维控机构合作，由维控机构负责监督互联网平台可能产生的乱象，从而做到发现苗头便及时清理。这里的维控机构就类似于品牌保安的职责，不仅要能解决问题，还要负责日常的监督。

2.8.6　品牌财税合规服务

品牌财税合规服务由相关财税机构负责，财税机构可为品牌方提供包括但不限于公司注册、代理记账、合规设计和代发薪水等服务。

要知道，新零售品牌由于代理商众多，且涉及代理商诸多项目资金结算事项，财税方面的合规处理相对比较复杂，一般的传统财税机构很难处理好。所以，找懂行的财税机构才是最优解，能有效避免品牌方因财税问题面临相关处罚。

2.8.7　营销功能手机服务

营销功能手机服务由相关手机服务商负责，和普通手机不同的是，营销手机上有很多根据行业特点而有针对性开发的营销 APP 应用。这些营销 APP 应用都是手机自带的，相比在应用市场安装的第三方 APP，在稳定性和安全性上都要强很多。

这些 APP 应用能够更好地帮助品牌从业者开展移动互联网营销工作，有助于提升品牌方的招商和动销业绩。要注意的是，品牌方在购买营销手机时，一定要确保服务商能提供完善的售后服务，比如手机使用教学和软件持续更新等售后服务。

上面就是品牌方在日常运营中需要涉及的一些服务项目，其中有些服务项目是品牌方必选的，有些服务项目则是非必选的，品牌方可以根据自己的需求自由选择。

2.9　如何优选服务机构

很多品牌方在选择服务商的时候，由于缺乏和服务商打交道的经验，很容易选到不靠谱的服务商。由于长期和不同类型的服务商打交道，我积累了一些有价值的经验。接下来，我简单地讲解下品牌方在选择服务商的过程中需要注意的一些事项。

2.9.1　品牌创业资金预算

很多想起盘品牌的创业者经常会问我一个问题，那就是起盘一个品牌需要准备多少资金？说实在的，这个问题无法准确回答，因为这里面存在很多变量。例如，创始人的人脉资源、品牌公司人员结构、产品仓储量和公司办公场地等都属于变量。

品牌方的变量不同，资金数就会相应变动。所以，创业资金要准备多少，没有一个标准统一的答案，需要视品牌方的具体情况而定。接下来，我简单地从合作服务商的角度来分析下创业资金预算该怎么规划。

前面说过，产品的运营周期一般分为三个阶段，分别是起盘阶段、增盘阶段和稳盘阶段。我发现有些品牌方在做创业资金预算的时候，喜欢把三个阶段全部规划进去，结果算下来往往会发现创业资金不足，以至于有些品牌方都不敢起盘了。

作为品牌方，创业资金的预算只需要计算起盘阶段即可，后面两个阶段的变量太大，资金预算需要根据起盘阶段的具体情况而定。简单地理解，只有品牌起盘成功了，才有必要去思考后面两个阶段的资金预算，因为每个阶段的运营资金都来源于上一个阶段的盈利。如果品牌没有起盘成功，无法实现盈利，后面两个阶段也就不用考虑了。

所以，品牌起盘前期的创业资金预算，只需要计算起盘阶段的相关开支费用即可。在品牌起盘阶段，开支费用最大的板块就是和第三方机构合作的服务费。品牌方只需要把起盘阶段的合作服务商规划好，基本上就可以计算出起盘阶段所需要的创业资金。

品牌起盘服务规划

在品牌运营中，品牌起盘运营、品牌软件开发、图文设计撰写和品牌背书推广，是起盘阶段必选的服务项目。品牌背书推广服务项目众多，其中品牌霸屏背书和企业奖项申报服务是必选项目，其他背书推广服务是非必选项目。

也就是说，品牌起盘运营、品牌软件开发、图文设计撰写、品牌霸屏背书和企业奖项申报这五项服务是品牌起盘阶段必选的服务项目，否则品牌工作将无法有效运行。对应的合作机构分别是操盘机构、软件机构、图文机构、霸屏机构和评价机构。

在品牌起盘必选服务项目中，霸屏机构是按照次数来合作的，品牌方在起盘阶段最少需要和霸屏机构合作一次。评价机构是按照数量来合作的，一般建议选择三个及以上奖项申报。操盘机构、软件机构和图文机构都是按照时间来合作的。

软件机构一般是按照年度来合作的，即合作期限最低一年，目前很少看到有软件机构提供年度以下的合作方案。操盘机构以往都是按年度来合作的，但现在也有一些操盘机构可以选择半年或季度合作。图文机构合作相对比较灵活，可以选择年度、半年、季度和月度合作。

品牌合作周期规划

正常情况下，品牌起盘阶段需要经历三个月左右，最多不会超过半年。

简单地理解，如果一个品牌在半年内还没有起盘成功，基本上后面也没有太大的可能起盘成功，除非碰到特别的机遇或找到金主愿意投资。

所以，对于起盘资金相对紧张的品牌方，我们在选择合作周期的时候，尽量按照最长半年的合作周期来选择。当然，前提是服务商支持半年及以下的合作周期，如果最低合作周期超过半年，那我们就选择最短的那个合作周期。

例如，软件机构一般最低合作周期就是一年，那我们就选择先合作一年，而不要选择两年或三年合作周期。操盘机构如果有季度或半年合作周期，那我们就选择季度或半年合作周期。图文机构首次建议选择月度合作，满意后可以选择季度或半年合作周期。

正常情况下，服务商的报价都是合作周期越长，平均单月费用就越便宜。有些品牌方只片面的关注哪个合作周期划算，却忽视了合作周期的有效性。例如，假设操盘机构年度合作费用 24 万，半年合作费用 18 万。通过计算可以得知，年度合作的平均单月费用需要 2 万，半年合作的平均单月费用要 3 万。

有些品牌方也许会选择年度合作，因为年度合作看上去更划算。如果品牌方不缺钱，选择年度合作其实没有任何问题，但是如果品牌方起盘资金相对紧张，我建议优先选择半年合作。虽然半年合作每个月要比年度合作贵 1 万元，但是单次合作的整体费用要比年度合作少 6 万元，而这 6 万元完全可以用在其他服务项目中。例如，可以选择效果更好的霸屏方案，可以多申报几个奖项等。

我们要知道一个道理，如果品牌方在半年内没有起盘成功，那年度合作剩下的半年 12 万费用就等于浪费掉了。如果品牌方在半年内起盘成功了，此时运营资金应该会比较充足，根本就不用在意每个月贵 1 万的费用了。但前期节省的那 6 万元，也许在起盘阶段能在其他环节中实实在在地发挥关键作用。

品牌起盘规划意义

我们会经常听到一句话，叫"选择大于努力"。意思是说，如果选择错了，再努力也是徒然；只有选择对了，努力才有意义。这句话方放在品牌起盘中，也是同样的道理。对于品牌方而言，合理的起盘规划能够让品牌方用最少的钱、用最短的时间走得更长远。

作为品牌方，如果你在和服务商的洽谈中，不知道该如何选择合作机构或合作周期，可以随时来找我寻求帮助，我会力所能及帮品牌方合理地规划合作机构和选择合适的合作周期。

在日常生活中，经常有品牌方来找我寻求类似的起盘规划帮助，为此我也积累了丰富的经验，这些经验可以更好地帮品牌方提高起盘的成功率。要知道，一个合理的起盘规划，可以为品牌方节省大量的起盘资金，以及减少品牌方遇坑的概率，从而大大提高品牌起盘成功的概率。

2.9.2　寻找服务商的途径

所有品牌方都想找一个靠谱的服务商，但有一个现实问题经常会困扰品牌方，那就是品牌方在合作之前是无法知晓服务商是否靠谱。因为想检验服务商是否靠谱，必须合作一段时间后才能知晓。这有点像玩游戏开盲盒的感觉，但品牌合作不是玩游戏，品牌方付出的是真金白银，开盲盒的风险对于品牌方而言太大了，很多品牌方承受不起。

大部分新起盘的品牌方普遍缺乏服务商资源，这些品牌方找服务商大多靠问：一问身边人，二问互联网。但我的经验告诉我，无论是身边人推荐的，还是互联网寻找到的，都不一定靠谱，结局依然都是在开盲盒。接下来，我简单地分析下品牌方开盲盒的逻辑。

身边人推荐分析

有些品牌方结识的服务商也许是身边朋友推荐的，但问题是朋友推荐的一定靠谱吗？答案是不一定。如果推荐人本身不是新零售行业的资深从业者，那他推荐的服务商质量肯定会受诸多因素影响。例如，推荐人认识的服务商可能很有限，也许就只认识那么一两家服务商，当看到品牌方的询问后，于是就顺便推荐给了品牌方。

那这种身边人推荐的服务商靠不靠谱呢？推荐人可能自己也不知道，除非推荐人自己亲自和服务商合作过。身边人推荐也许是出于好心帮忙，也许是和服务商有利益关系，但不管出于什么原因，这种推荐都属于盲推。一旦后期品牌合作出了问题，推荐人很少会出面帮品牌方解决问题，因为推荐人没这个义务帮你，也没有能力帮你解决问题。

在和诸多服务商的长期接触中，我发现没有任何一家服务商适合所有品牌方，也没有任何一家服务商能赢得所有合作品牌方的满意。即使是行业内所谓的一流服务商，依然有不少客户存在各种抱怨和不满。所以，从来就没有最好的服务商一说，只有最适合品牌方的服务商。

由于长期在服务商和品牌方之间来往交流，我发现每一家服务商都存在品类侧重的问题。例如，有些操盘机构比较善于化妆品和日用品的运营，而有些操盘机构则善于保健品和酒水类的运营。其他类型的服务商也一样，都有擅长的品类，也有不擅长的品类。

侧重的原因可能有很多，有些服务商可能以前是做某品类起家的，对该品类的诸多情况比较了解；有些服务商可能接触某品类的客户比较多，操作起来比较有经验。这类似于医生会侧重不同的科室，有的医生侧重外科，有的医生侧重内科。

如果品牌方的产品品类和服务商擅长的品类正好吻合，那要恭喜品牌方开盲盒抽到了幸运奖。但如果恰好品牌方的产品品类是服务商不擅长的品类，那品牌方就不那么幸运了。但事实是，很多品牌方并不知道服务商存在品类侧重问题，身边的推荐人也不一定知道。

互联网寻找分析

有些新起盘的品牌方可能会去互联网上搜寻相关服务商，这是一个正常的寻找渠道。据我观察，能够在互联网中出现在品牌方视野的服务商，或者说在互联网搜索结果中靠前的服务商，大多是因为做了关键词竞价排名才获得出现在品牌方视野的机会。

关键词竞价排名是一种互联网广告投放方式，某一关键词出价越高，搜索结果的排名就越靠前，就越有机会出现在用户视野中。点击这些服务商的广告会发现，这些服务商都会设计出一些精美的网页，网页中有各种成功的案例。经常有品牌方会来问我，这些展示成功案例的服务商是否靠谱？

从我的经验来看，看服务商的合作案例是品牌方的考察方法之一，但并不能仅仅通过合作案例就评判一家服务商是否靠谱。因为案例的真实性值得商榷，毕竟案例中的很多信息都是可以编造的，而品牌方并没有办法一一核实。即使案例是真实的，成功案例的延续性也值得商榷，因为很多案例的成功具有偶发性，也许成功的背后有无数失败的案例。

很多品牌方也许会想，那按照胡小胖的说法，无论怎么考察辨别，都无法识别一家服务商是否靠谱。这么想是对的，因为没有品牌方在正式合作之前能百分百识别出合作服务商是否靠谱。大部分品牌方都是在盲选，无非就是概率问题，除非你对这家服务商知根知底。

虽然无法百分百识别出服务商是否靠谱，但是我们可以通过一些方法有效提高识别率，从而增加开盲盒的幸运概率。根据我的经验，最有效的方法就是去服务商公司实地考察。即使是我帮忙对接的服务商，我也会建议品牌方去实地考察。

有句话叫："线上聊天千百遍，不如线下见一面。"在合作洽谈中，很多事情在线上是聊不清楚的，比如品牌方和操盘机构之间的洽谈，很多品牌方在线上聊了几家后，会发现不同操盘机构的聊天内容都差不多，根本就没办法通过线上聊天择优而选。

为什么这些操盘机构聊天内容都差不多呢？因为操盘机构大多不会在线上输出太多的内容，目的在于杜绝套方案的品牌方。要知道，这行经常会出现一些品牌方套操盘机构方案的现象，表面上打着找操盘机构合作的由头，实际上只是为了套操盘机构的方案，并不会和操盘机构合作。

现在操盘机构都学精明了，在没有正式合作之前，很少会在线上和品牌方聊过多的内容。所以，品牌方想真正地了解操盘机构的实力，一定要去线下实地考察。线下洽谈中，操盘机构会给品牌方输出更多的专业内容，这个时候品牌方才能更好地评判服务商的靠谱度。

当然，并不是所有服务项目都需要品牌方去实地考察，对于那些合作费用相对较高的服务项目，我建议品牌方一定要去实地考察下，比如在选择操盘机构或软件机构时，就有必要去线下面谈。对于那些合作费用相对较低的服务项目就没有必要实地考察，比如在选择霸屏机构或图文机构时，线上沟通就完全可以搞定。

2.9.3 要知根知底服务商

在寻找服务商的过程中，如果品牌方想找到靠谱的服务商，必须对服务商知根知底。例如，品牌方需要知道品牌产品是否和服务商的侧重品类相契合，需要知道服务商的报价是否合理，需要知道服务商的服务质量是否优质等。

然而现实是，很少有品牌方能够完全掌握服务商的上述信息，尤其是新起盘的品牌方更不可能知道。大部分品牌方了解服务商的途径不是通过身边朋友，就是通过互联网，但我上面分析过，这两种途径获取的服务商信息并不一定可靠。

所以，为了掌握更多关于服务商的信息，我建议品牌方要多渠道了解考察服务商，尽量多地咨询一些行业内的资深从业者或行业大咖，因为他们更懂这个行业的内幕信息，对服务商的了解比一般人更透彻。

如果品牌方信得过我，也可以优先选择我们微匠派联盟内的服务商合作。有些品牌方也许会问，找微匠派联盟内的服务商就一定靠谱吗？我不敢说百分百的一定靠谱，因为万事无绝对，但至少比品牌方自己找的服务商要靠谱一些，因为我们的服务机制能够有效保障品牌方的诸多权益。

品牌方和联盟服务商合作后，我们会持续跟踪并监督服务商的服务质量，包括但不限于对客户满意度、服务一致性和投诉率等进行考核，对不符合服务协议要求的服务商将采取淘汰机制，以确保联盟服务商的服务质量达到相对均衡状态。

由于微匠派联盟是专业做服务商对接的服务平台，在处理服务商售后问题上有一套相对完善的解决方案。品牌方和联盟服务商合作后，若对其服务不满意，可以及时和我反馈，我会第一时间和相关服务商进行沟通处理，尽最大限度帮助品牌方解决问题。

通过一系列的联盟服务机制，我们可以最大限度地约束服务商的诸多不作为，提高服务商的整体服务质量，从而有效保障品牌方的诸多权益。对于品牌方而言，这些保障能够提高品牌方和服务商的合作顺畅度，也有利于加速品牌起盘的进度。

由于长期深度接触品牌方和服务商，我对联盟内的服务商都知根知底。例如，我很清楚地知道服务商的侧重品类是否契合品牌方，知道服务商的报价是否合理，知道服务商的服务质量是否优质。正因为如此，我才能帮品牌方对接到合适的服务商，才有那么多品牌方愿意找我帮忙对接服务商。

2.9.4　对接要尽量选高层

在寻找服务商的时候，建议品牌方尽量选择和服务商所在公司的高层人员来对接相关合作洽谈事宜，好处在于有可能会获得更优惠的价格，以及在后续合作上获得更好的体验。例如，我平时帮品牌方对接服务商时，都会直接安排品牌方和服务商公司的高层人员洽谈，比如总经理、总监等高层人员，这些公司高层将直接负责或跟进服务项目的洽谈和后续服务。

事实上，大部分品牌方由于缺乏相关人脉资源，在互联网上找到的服务商对接人员大多只是公司业务员，这些业务员在合作洽谈和售后服务过程中，可能专业度和权限都会受到相应限制。后续如果业务员离职，交接工作可能会不够顺畅，从而影响品牌方起盘的整体进程和顺畅度。

有些品牌方也许会问，为什么高层对接可以获得更优惠的价格呢？原理很简单，正常情况下，为了拓展业务量，服务商公司都会招聘诸多业务员，并给业务员设置相应业务提成，一般会按照合作价格的相应比例来提成。

由于业务员主要靠业务提成来赚钱，故而让利空间会很小，且让利权限也不大。之所以找高层对接可能会更优惠，正是因为绕开了业务员提成环节。没有业务员提成，也就自然有了优惠空间，能给到品牌方相对优惠的服务价格，且高层人员的让利权限较之更大。

2.9.5　货比三家方知优劣

在和一些品牌方的日常交流中，我发现有些品牌方在选择服务商时很谨慎，这些谨慎的品牌方大多是以前被合作服务商坑过，于是留下了"一朝被蛇咬，十年怕井绳"的后遗症。但我觉得品牌方的谨慎是对的，毕竟这个行业的服务商质量参差不齐，一不小心很容易遇到坑。

那些遇坑后还有资金再选一次服务商的品牌方，我觉得是幸运的，但有些品牌方一旦选错服务商，可能就没有再选一次的机会了。因为这些品牌方也许赌上了全部家当，只有一次破釜沉舟的创业机会。所以，品牌方选合作服务商一定要保持一颗谨慎的心态。

作为品牌方，在选择服务商时，一定要坚持一个原则：同一类型的服务商，至少要货比三家后才能做出选择。因为我很清楚，没有任何一家服务商能满足所有品牌方的需求，品牌方只有货比三家后才会知道自己到底想要什么样的服务商。

我见到过很多遇坑的品牌方，往往都是在朋友推荐下或自己偶然在互联网中找到一家服务商，然后聊了一段时间后就直接合作了。这种前前后后只找一家服务商聊过就合作的品牌方，遇坑的概率是最大的，尤其是新起盘的品牌方。所以，遇坑概率最小的做法就是，同一类型服务商，至少要考察三家。毕竟，货比三家，方知优劣。

2.9.6　机构类型选择思考

服务商按照业务类型来划分，分为单一型服务商和复合型服务商。所谓单一型服务商是指该服务商只做单一类型业务，比如某操盘机构只做品牌运营业务，不涉及其他类型业务。所谓复合型服务商，是指该服务商的业务类型不止一种，比如复合型操盘机构除了做品牌运营业务外，还做其他类型业务。

常见的复合型服务商有品牌运营和软件开发业务组合，或美图设计和文案撰写业务组合。甚至有些规模大的复合型服务商业务集品牌运营、软件开发、美图设计和文案撰写为一体，基本涵盖了品牌起盘阶段大部分服务项目。

有些品牌方在选择复合型和单一型服务商的时候会比较纠结，这里举一个案例来分析下应该如何选择。

例如，甲服务商是复合型服务商，业务类型为品牌运营和软件开发；乙服务商是单一型服务商，业务类型为软件开发。某品牌方经过多方考察后，对甲服务商的品牌运营业务和乙服务商的软件开发业务比较满意。此时，品牌方在纠结，虽然对甲服务商的软件开发业务满意度一般，但考虑到合二为一的沟通便利性，有没有必要放弃乙服务商，而选择甲服务商的软件开发业务呢？

很多品牌方纠结的时候都会来问我的意见，其实我的建议很简单，那就是以满意度作为选择标准。简单地理解，品牌方对哪家服务商的业务满意，你就选择那家服务商即可，不需要考虑对方是复合型还是单一型服务商。

如果品牌方对某复合型服务商的不同业务都比较满意，那肯定首选这家服务商，毕竟沟通起来比较方便，服务协同性也会好一些。但如果对复合型服务商的某项业务不满意，那就不要选择这项业务。因为当服务质量和沟通便利无法兼得时，沟通便利要让位于服务质量。

正常情况下，复合型服务商的业务都是可以单独拆分出来合作的，虽然是同一家机构，但两个业务板块的负责人很少会是同一人，一般都会分开负责各自业务板块。要注意的是，复合型服务商的报价一般是整体报价，比如上面案例中的甲服务商，往往会把品牌运营和软件开发业务整合成一个方案价。

此时，品牌方如果想更好地比较单一业务的性价比，可以让服务商把业务拆分开，各自单独报价，然后选择性价比更高且满意的业务即可。当然，如果品牌方选择复合型服务商整合好的方案价，可能整体上会有一定的优惠，具体选择根据品牌方的需求而定。

2.9.7 服务商的合作顺序

在服务商的合作中，品牌方要掌握好合作的先后顺序。一来，可以让品牌资金用到当下最需要的地方，从而实现品牌效益最大化；二来，可以避免合作顺序不当造成资金浪费和影响运营质量的现象产生。

在品牌起盘阶段必选服务项目中，合作顺序可以依次分为四个梯次：品牌方需要首先找操盘机构合作品牌起盘运营服务；其次找软件机构合作品牌软件开发服务；然后找图文机构合作图文设计撰写服务；最后找营销机构合作品牌背书或推广服务。

这里最容易把合作顺序弄错的是第一二梯次，品牌方一定要切记：先找操盘机构，然后再找软件机构。因为品牌运营模式设计在先，软件系统功能匹配在后。所以，品牌方需要先找操盘机构设计好运营模式，然后再去寻找能匹配运营模式的软件机构。

我经常看到一些品牌方在运营模式还没有设计好之前，就提前合作了软件机构。这样的合作顺序会存在很大的风险，主要表现在，如果合作的软件机构开发能力不行，品牌运营模式的设计很容易受制于软件机构的开发能力。

例如，操盘机构根据品牌方的需求设计了运营模式，结果软件机构开发的系统无法匹配。由于此时软件机构已经合作了，如果品牌方不想二次付费找软件机构，那就只能更改运营模式了，这势必会影响到运营模式设计的质量；如果品牌方不愿意降低模式设计的质量，那就只能重新找能匹配模式的软件机构了，这样又会造成资金的浪费。

所以，品牌方一定要注意服务商合作的先后顺序，这样才能让有限的资金用在刀刃上，毕竟大部分新起盘的品牌方资金还是相对紧张的。最重要的是，服务商合作顺序的错乱会影响到操盘机构的起盘规划，不利于品牌起盘的顺利实施。

以上就是品牌方在日常运营中需要履行的一些服务职能，每一项服务都可以找到第三方服务商来合作协助。作为品牌方，想提高品牌起盘的成功率，离不开各类型服务商的帮助，但在服务商质量参差不齐的新零售行业中，选到靠谱的服务商并不是一件很容易的事情。

03

第三课

如何做好品牌背书和霸屏营销

老俞是某新零售品牌的创始人，有个问题一直困惑着他，那就是由于品牌刚起盘不久，互联网上压根搜不到品牌的相关信息，他觉得这样会让意向代理商和消费者感觉这个品牌知名度不够，从而影响到招商和动销的进度。于是他问我，有什么办法能解决品牌在互联网上的背书问题？

很多品牌方都咨询过我类似的问题，尤其是刚起盘的品牌方，问题的痛点无非就是互联网上搜不到品牌相关的信息。解决不了这个问题可能会影响品牌方的整体业绩。

想解决这位品牌创始人提出的互联网背书问题其实很简单，只需要做一个品牌霸屏就可以了。这里提到的品牌霸屏，是品牌诸多背书方式之一。这一堂课，我们就借这个话题来详细地讲解下品牌背书的诸多方式，以及品牌霸屏的一些基础常识。

3.1 品牌背书常见方式

营销大师奥格威说："钱没有花在投资品牌上，就会花在促销打折上。花在后者会越促越低，花在前者，才会让你的品牌成为人们生活中的一部分。"懂行的品牌方都知道，奥格威提到的"品牌投资"指的就是我们即将要讲到的品牌背书。

品牌为了增强其在市场上的承诺强度，通常会借用第三方的信誉，然后第三方以一种明示或者暗示的方式来对原先品牌的消费承诺做出再一次的确认和肯定。这种品牌营销策略，我们称其为"品牌背书"。通过品牌背书，被背书品牌从而达到对于消费者先前承诺的再度强化，并与消费者建立一种可持续的、可信任的品牌关联。

上面是品牌背书的百科解释，听起来比较难懂。简单地理解，所谓品牌背书就是品牌方借助第三方的信誉来为自己的品牌做信任背书，以此来提高代理商和消费者对品牌的信任度。这里的"第三方"是品牌背书的关键。根据第三方的不同，我把品牌背书大致分为三个类型，分别是基础类品牌背书、进阶类品牌背书和产品类品牌背书。

3.1.1 基础类品牌背书解析

基础类品牌背书分为品牌霸屏背书和奖项证书背书。之所以叫基础类背书，是因为这两类背书方式是品牌方必须做的背书项目，是品牌背书的基础构成部分。

品牌霸屏背书

品牌霸屏是指品牌方撰写若干篇品牌稿件，通过相关媒体渠道将品牌稿件投放到互联网各大资讯平台，然后经过一系列的 SEO 优化策略，让百度、必应和好搜等综合搜索引擎收录，最终实现品牌信息流全网搜索覆盖。

　　品牌霸屏可以有效地塑造好品牌在互联网中的信任背书，是所有品牌背书项目中最基础的背书方式之一。品牌霸屏的操作流程看似很简单，但实际操作过程相对比较复杂。想做好品牌霸屏，需要品牌方拥有一定的互联网媒体投放渠道，以及掌握一些与搜索引擎相关的知识经验。

奖项证书背书

　　奖项证书分为企业奖项证书和个人职业证书两类。企业奖项证书属于品牌直接背书方式，因为奖项直接和品牌企业挂钩，是品牌展现企业实力的有效证明，能显著增强代理商和消费者对品牌及产品的信心。

　　个人职业证书属于品牌间接背书方式，证书获得者一般为品牌工作人员或品牌代理商。虽然个人职业证书和品牌企业没有直接的关联性，但有利于品牌从业者打造个人品牌，从而间接提升品牌整体竞争力，为品牌产品在日常招商和销售中提供强有力的保障。

　　企业奖项证书项目分为品牌奖项、企业奖项、产品奖项和人物奖项四个部分，常见的申报项目有企业信用评级认证和企业管理体系认证等，由国家相关认证机构和信用评价机构依据企业认证标准和信用评价规范进行资质鉴定，对合格企业授予相应奖项证书。

　　品牌方在申报企业奖项证书的时候，要警惕虚假奖项证书陷阱。这些虚假奖项证书往往会借着噱头十足的评选项目和颁发机构来诱惑有虚荣心的品牌方，殊不知这些都是诈骗机构虚构的假象。品牌方往往会被市场监管部门按照"不正当竞争"和"虚假宣传"等行为进行严重惩罚，从而影响企业和品牌形象。

个人职业证书一般指职业技能证书，它是证明从业者在相关领域具备专业知识技能的有效证据，能够提升从业者在粉丝群体中的实力形象。职业技能证书的报考项目有很多，需要根据从业者的需求有针对性地选择报考项目。

例如，在零售方向上，做母婴产品的从业者可以报考家庭教育指导师、母婴护理师和育婴师等证书，做减肥产品的从业者可以报考健康管理师、公共营养师和体重管理师等证书；在招商方向上，可以报考创业咨询师、互联网营销师和电子商务师等证书。

3.1.2　进阶类品牌背书解析

进阶类品牌背书分为明星网红背书和广告宣传背书。之所以叫进阶类背书，是因为这两类背书方式相较于基础类背书要更进一层，费用也相较于基础类背书贵了很多。

明星网红背书项目有诸如请明星或网红做品牌代言、出席品牌活动，以及拍摄翻包或祝福视频等。广告宣传背书项目有诸如在央视及各大卫视投放广告、综艺栏目背书（冠名／专场／植入）、大型高端访谈，以及航空或高铁站广告、电影院院线广告等。

明星网红背书和广告宣传背书能有效提升品牌及企业在代理商和消费者心目中的综合实力形象，是品牌宣传和背书项目的重要组成部分。

3.1.3　产品类品牌背书解析

产品类品牌背书分为产品承保背书和产品专利背书。之所以叫产品类背书，是因为这两类背书方式是专门针对产品的背书项目，有利于提升品牌整体竞争力，加强代理商和消费者对产品品质的信心。

产品承保背书

产品承保是指为产品的品质买一份保险，专业术语叫"产品责任保险"。产品责任保险是指以产品的生产者或销售者因生产或销售或分配的产品造成第三者人身伤亡、疾病或财产损失而应当承担的赔偿责任为标的的责任险。

世人皆知，保险公司从来不做亏本的生意，因而保险公司对承保产品的品质有着非常严格的要求，凡是能承保的产品在品质上都有一定的保障。这也是诸多品牌方热衷于产品承保的重要原因，即通过保险公司为品牌产品的品质进行背书。

产品承保的费用根据产品承保的额度来定，常见的产品承保额度有100万、500万和1000万等。承保额度越大，费用就越高。产品承保还有一个好处，那就是承保信息可以直接印刷在产品包装上，从而起到广而告之的背书作用。

产品专利背书

当品牌方开发了某个产品后，可以为产品申请专利权，这样就能获得法律的保护。产品专利申请按照类型分为外观设计专利、实用新型专利和发明专利。品牌方可以根据产品的属性有针对性地申请相关类型专利。

外观设计，是指针对产品的形状、图案或其组合以及颜色、形状、图案的组合所作出的富有美感且适合工业应用的新设计。实用新型，是指针对产品的形状、结构或者组合提出的适合实用的新技术方案。发明，是指针对产品、方法或其改进所提出的新技术方案。

一般来说，所有涉及产品外观的原创设计，都可以申请外观设计专利。与实用新型专利不同的是，发明专利既可以是产品，也可以是方法，而实用新型专利则必须是产品。按照专利含金量来划分，从高到低依次为发明专利、实用新型专利和外观设计专利。

虽然不同专利类型之间含金量有所不同，但对于大部分人而言，产品只要有专利就会觉得很厉害。和产品承保一样，产品专利信息也可以直接印刷在产品包装上，起到强有力的背书作用。

3.1.4　品牌背书选择最优解

对于品牌方来说，要想品牌起盘顺利，品牌背书是一定要做的。但品牌背书的方式呈现多样化，于是很多品牌方会经常问我，该怎么选择合适的背书方式？

其实这个问题很简单，如果品牌方有足够的资金实力，那不需要做选择，我上面讲解的背书方式都可以去尝试，但问这些问题的品牌方往往都存在资金相对紧张的窘境。接下来，我简单地讲解下在起盘资金紧张的前提下，品牌该如何选择合适的背书方式。

基础类背书选择

对于刚起盘的品牌方，无论你的资金多么紧张，品牌霸屏和奖项证书这两种基础类背书方式是一定要做的。这两种背书业务的费用取决于媒体投放量和证书申报量。正常情况下，经过合理的规划，基础类背书业务在背书有效性的前提下，费用最低可以控制在一万元左右。如果这个费用都拿不出来，我一般建议品牌方就不要起盘了，因为即使起盘了，也很难维持下去。

当然，有些品牌方也许会说，我做品牌霸屏和奖项证书花了很多钱，怎么这里只需要一万元左右就可以搞定呢？要说明的是，品牌霸屏和奖项证书费用没有规定该花多少，这取决于品牌方自己的需求选择。资金充足的品牌方可以加大霸屏的媒体投放量和证书的申报量，量大后费用自然也会增加。

上面提到的一万元左右预算是建立在背书有效性前提下的最低预算。所以，如果你的品牌之前做过类似背书业务，费用要远高于我讲到的最低预算，也是很正常的。对于还没有起盘的品牌方，在起盘资金紧张的前提下，基础类品牌背书预算可以控制在最低一万左右。

要注意的是，有些品牌方可能会贪图便宜或想节省开支，会把基础类背书预算控制得很低，这种行为只会导致品牌背书效果极差或上当受骗。还是那句话，该花的钱一定要花，千万不要省。我们只能在背书有效性的前提下去尽量节省开支，如果背离了有效性的前提，节省只会事与愿违。

进阶类背书选择

对于起盘资金紧张的品牌方，进阶类背书在起盘初期可以暂时不考虑，因为费用相对比较大，少则几万，多则几十万，甚至上百万。与其花这个钱，还不如加大基础类背书的费用，背书效果会更加明显。

有些品牌方也许会问，什么时候选择进阶类背书合适呢？我建议在起盘资金回笼顺畅的情况下，可以开始考虑适当选择进阶类背书。简单地理解，就是前期投入的钱回笼得差不多了。这个时间段一般在品牌起盘阶段的中后期，也可以理解为在增盘阶段的前半夜。

此期间可以适当选择一些低成本的进阶类背书方式，比如请明星或网红录制翻包或祝福视频，单条视频费用并不高，具体看明星或网红的级别。待到品牌起盘成功，周转资金充足后，可以考虑请明星或网红代言，做一些广告宣传。

产品类背书选择

对于起盘初期资金紧张的品牌方，产品类背书是否要做取决于品牌自己的考量。从费用上来说，产品类背书和基础类背书的最低预算费用差不多。产品类背书最好的宣传方式就是将产品承保或专利信息直接印刷在产品包装上，起到广而告之的背书作用。

和其他背书方式不同的是，产品专利背书除了考虑费用因素外，还需要考虑时间因素。因为产品专利的申请周期比较长，要经历一系列的审核流程。所以，如果品牌方想做产品专利背书，一定要在产品起盘前就提前布局。

综上所述，虽然品牌背书有多种方式，但对于品牌方而言，什么样的背书方式适合当下，需要根据品牌方的资金情况来合理地选择。还是那句话，有资金不需要做选择，统统都去尝试一遍；资金不足的品牌方，按照我上面的分析去选择合适的背书方式。

3.1.5　品牌背书的重要意义

自从新零售诞生到现在，我接触过很多品牌方。在诸多品牌方中，我觉得有少数品牌创始人的营销思维很顽固，也可以理解为根本不懂营销，居然觉得品牌背书做不做都无所谓。这些品牌方大多觉得自己人脉广或产品好，做不做品牌背书影响不大。

我在这行的从业时间比较久，有机会看到很多活久见的事情，其中就发现这些曾经说背书不重要的品牌方，几乎都不约而同地起盘失败了。是不是因为没有做品牌背书才导致失败，这个不得而知，但我敢肯定的是，没有做品牌背书一定是失败的重要原因。

品牌背书很重要，它是品牌营销的重要环节。品牌营销，你得先营，才有得销。你只有把品牌营造好了，产品才能销得出去。在当下的新零售市场中，产品趋于同质化是一个不可避免的事情，同类产品之间的区别主要在于品牌认知的差距。如何去提升品牌在消费者心目中的认知，很大程度上就需要靠品牌背书来实现。

我们都知道，想成为知名人士，需要打造好个人IP。同样的，品牌背书就是对品牌进行IP打造，全方位地塑造品牌的IP形象。品牌背书对于品牌的招商和动销都有着潜在的影响，这种影响可能不会直接被品牌方察觉，但会潜移默化的影响潜在代理商和消费者对品牌的好感度。

关于品牌背书的作用，可以简单地这么理解：在品牌运营中，不做背书会事倍功半，做了背书会事半功倍。对于品牌方而言，你已经在产品上花了这么多钱，为什么就不能再花九牛一毛的钱用于品牌背书上呢？如果前期品牌背书没有做好，导致招商和动销无法做起来，那些投入产品的钱不就打水漂了吗？这难道不是典型的因小失大吗？

3.2　品牌霸屏的必要性

品牌霸屏属于基础类品牌背书，是品牌起盘必做的背书项目，也是所有背书方式中最重要的项目。简单地理解，如果品牌方的资金只够做一个背书项目，那这个背书项目一定就是品牌霸屏。

3.2.1　品牌霸屏背书的作用

经常有些品牌创始人和我聊天说，自己品牌搞了一场招商或动销活动，引流来的参会人员也很多，但是转化效果很差，问我是什么原因导致的？导致的原因也许有很多，比如产品不给力或活动策划不行等，但调研后会发现一个共同的因素，那就是没有事先做好品牌霸屏。接下来，我简单地分析下霸屏背书在品牌运营中的作用。

正常情况下，当品牌方做招商或动销活动的时候，会引流到一批对品牌陌生的人群，这些人对品牌的相关信息是未知的。虽然品牌方会在活动中介绍品牌的相关信息，但是会让人们觉得有"王婆卖瓜，自卖自夸"的嫌疑，并不会完全相信品牌方说的。

如果潜在代理商或消费者对品牌产生了兴趣，往往采取的行动是去互联网中搜索品牌相关信息，试图从第三方来验证品牌力。如果此时发现这个品牌在互联网中搜不到任何信息或信息量很少，人们潜意识就会对这个品牌的印象变差，觉得这个品牌是个没知名度的小众冷门品牌。

这种潜意识认知最终会影响潜在代理商或消费者是否加盟品牌或购买产品的决定。据调查统计，至少有一半对品牌产生兴趣的人会因搜不到品牌信息流而选择放弃品牌，放弃的原因就在于这些人对品牌潜在好感度下降了。但很不幸的是，大部分品牌方都无法有效察觉到这些人的潜意识变化，因为这些人不会把想法主动告诉品牌方。

相反，如果品牌方提前做了品牌霸屏，通过互联网的强信息流背书，人们就会觉得这个品牌值得信赖，从而更加愿意加盟品牌或购买产品。很多时候，潜在代理商或消费者的心理决策就在一瞬间，而品牌霸屏能有效地帮助人们做对品牌有利的决策。

所以，品牌霸屏很有必要做，它是品牌构建互联网信任背书的重要环节，对品牌的招商和动销活动起到了无形的影响。很多时候，品牌招商或动销活动没有做好，不一定是活动本身的方案问题，也很有可能是因为品牌背书没有做到位，结果让活动本身起到事倍功半的效果。

当然，品牌霸屏不仅仅对品牌活动的开展有影响，对代理商的日常招商和销售也同样有影响。在日常招商中，当一个潜在代理商因在互联网中搜不到品牌信息，对品牌有较差的潜意识认知后，加入这个品牌的意愿可能就没有那么强了。

如果此时有另外一个竞品，正好和这个品牌的境况相反，互联网一搜竞品品牌，搜索结果中满屏都是品牌的相关信息，而且信息内容都非常的正面，潜在代理商就会在潜意识中对这个品牌形成良好的第一印象，此时这个竞品获胜的概率就很大了。

同样的，这种竞品之间的对比放在销售环节也是一样的道理。从某种程度上说，品牌霸屏所营造的潜意识认知是品牌竞争力的体现，在无形中能增强品牌方和代理商的信心。如果品牌代理商在认知竞争中长期处于劣势，久而久之就会选择脱离品牌，更容易被有竞争力的竞品挖走。

3.2.2　品牌霸屏的投放时机

在品牌运营中，有句话叫"品牌起盘，背书先行"，可见背书要在起盘之前就布局好，而品牌起盘的初次节点一般认为是品牌首次招商活动的开展。所以，品牌霸屏首次投放时机建议放在品牌首次开展招商活动之前，这样有利于招商活动的顺利进行。

正常情况下，单次霸屏背书从写稿到投放结束，周期一般在半个月左右。所以，品牌方在做首次招商活动的前半个月就要开始布局品牌霸屏。平时经常有一些品牌方会问我，为什么品牌招商活动进行得很顺利，转化效果却不理想呢？其实，很大一部分原因在于没有提前布局好品牌霸屏。

在现实中，有些品牌方根本不重视品牌霸屏，觉得做霸屏没有什么意义。在这些品牌方的认知中，觉得投入的钱应该马上看到回报，而且这种回报必须是直观可见，且能感受到的。但品牌霸屏恰恰又是无法直接感受到回报，它更多的是在无形中影响潜在代理商和消费者对品牌的认知，从而进一步影响到品牌活动的转化效果。

很多活动转化不理想的品牌方，在事后做活动复盘的时候，会总结出诸多活动开展中存在的问题，但这些问题大多只针对活动本身，很少有品牌方会发现活动之外存在的问题。对于大部分活动转化不理想的品牌方，活动之外存在的问题就是品牌霸屏没有做或没做好。

还有一些品牌方，他们知道品牌霸屏的重要性，但是他们往往会说现在没有资金投入霸屏项目，打算等首次招商做完，且回笼一定资金后再去做品牌霸屏。其实这种思考逻辑是错误的，最终会陷入"越不做霸屏，越赚不到钱；越赚不到钱，越不想做霸屏"的恶性循环。

因为招商之前如果没有做好品牌霸屏背书，招商效果可能不会太理想。我们要知道，人脉资源的最大利用率只会出现在品牌首次招商活动中，第一次招商如果没有做好，等于浪费了这一批人脉资源。

对于很多品牌方而言，可能没有第二批人脉资源，就指望着用这第一批人脉资源去赚第一桶金。也许有些品牌方为了首次招商做了很多充足的准备，花了很多时间和资金，结果就因为没有做好品牌霸屏背书导致招商效果不佳，这是赔了夫人又折兵。

在我的认知中，品牌霸屏不是要不要做的问题，而是必须做。只有把品牌背书做好了，品牌的招商活动才能顺利地开展下去。作为品牌方，有些非必做的项目能省则省是好事，但有些必做项目真的不能省，往往会省了现在亏了未来。

我一直认为，**不是等你变好了才做想做的事情，而是做了才会让自己变得更好**。正如不是等你赚到了钱再去做品牌霸屏，而是做了品牌霸屏才有机会赚到钱。作为品牌方，只要你意识到了品牌霸屏的重要性，就应该立刻马上去做，否则品牌将面临事倍功半的运营阻力。

3.2.3　品牌霸屏和商标状态

熟悉品牌运营的人都知道，为了保护品牌的专属版权，品牌名称是需要去商标局申请注册商标的。商标是用来区别一个经营者的品牌或服务和其他经营者的商品或服务的标记。商标受法律的保护，注册者享有专用权。所以，在起盘品牌前，建议品牌方要把品牌商标注册好。

但在和品牌方的合作中，我们会发现品牌商标并不都是已注册状态，有些品牌商标可能处在"商标受理中"或"商标被驳回"的状态。在这两种状态下，品牌方是否需要做品牌霸屏呢？这里简单地讲解下处理方式。

商标注册流程简述

申请注册商标是需要经历"申请、形式审查、实质审查、初审公告、注册"五个阶段。自商标局收到申请文件之日起1—3个月的时间发《受理通知书》，收到《受理通知书》即证明申请文件已通过了商标局的形式审查，进入实质审查阶段。

受理通知书后一年至一年半的时间实质审查完毕，通过实质审查的由商标局发布初步审定公告，公告期三个月。初步审定公告期满，无人提异议的，由商标局发注册公告，注册公告即证明了该商标已被核准，商标申请人取得了该商标的专用权。

在商标没有正式注册下来之前，品牌方不享受商标专用权。于是有些品牌方可能会想，假如商标最终没有被注册下来，那品牌霸屏在起盘阶段有必要做吗？答案是有必要做，除非你不想起盘品牌。

商标受理中方案

对于处于"商标受理中"的品牌方，要不要做品牌霸屏取决于你是否当下想起盘品牌。如果你当下不着急起盘品牌，有足够的时间等待商标审核结果，那可以暂时不做品牌霸屏。但如果你当下就想起盘品牌，品牌霸屏是一定需要做的。

作为品牌方，如果当下就想起盘品牌，但品牌商标处于受理状态，我觉得没有必要等品牌商标注册下来后才开始起盘。因为品牌起盘是在和时间赛跑，晚一天起盘就会被竞品挖走一些原本有可能属于你的代理商。要知道，你身边的人脉资源不是你的专属，也不会等你，如果等商标完全被注册下来才开始起盘，可能为时已晚了。

在企业运营中，品牌价值固然重要，但创始人的个人品牌和代理商资源才是企业发展的核心动力。如果这两者皆有，即使品牌商标最终没有注册成功，依然没有关系，解决方案有很多。例如，可以重新注册个商标，或直接花钱买已注册成功的商标。

要知道，商标从受理到注册下证，要经历一年左右的时间，懂行的品牌方足够在这期间把品牌做得风生水起，能积累足够多的代理商资源。只要有代理商资源，只要品牌创始人还在，换个品牌名称并不会太影响企业的运作。

所以，品牌方不用过度关注商标能否被注册下来，因为无论是否能被注册下来，都不会影响到品牌的正常运营。在商标受理期间，品牌运营该怎么做就怎么做，该做品牌霸屏的时候就按时按需做，一切品牌运营都按照正常节奏开展即可。

有些品牌方可能会想，如果品牌商标没有注册下来，等将来换新商标的时候，岂不是又要花钱再做一次新品牌的霸屏。有这种想法的品牌方，只能说明眼光非常短浅，没有站在全局思考问题。品牌霸屏的目的是给品牌做背书，而品牌背书的目的是助力品牌起盘。所以，品牌霸屏的真正目的是助力品牌起盘。

如果品牌方希望提高品牌起盘的成功率，那品牌霸屏就非常有必要做。对于一个在商标受理期间已经起盘成功的品牌方而言，品牌霸屏的投入费用完全不用放在眼里，和盈利相比就是九牛一毛，甚至可以忽略不计。即使商标最终没有被注册下来，后续换商标的时候再重新做品牌霸屏就可以了，那个时候完全没有必要在乎这点小钱。

有些品牌方在运营资金的分配上，喜欢用长远的眼光来思考当下的分配决策，这个思考逻辑是错误的。在品牌运营的项目资金分配上，本阶段的运营资金分配需要聚焦于本阶段的品牌运营状况，当下品牌运营需要的项目就必须投入，否则就没有未来一说。

例如，品牌运营分为起盘、增盘和稳盘三个阶段，起盘阶段的品牌方不要去思考后面两个阶段的资金分配，只需要思考起盘阶段的资金分配就可以。从某种程度上来说，品牌方的创业资金就是起盘阶段的运营资金，应该全部用于起盘阶段，这样才能保证最大限度地起盘成功。

如果品牌起盘成功了，起盘阶段盈利的钱就可以作为增盘阶段的运营资金。同样的，增盘阶段盈利的钱可以作为稳盘阶段的运营资金。如果品牌起盘失败了，后面两个阶段也就不复存在了。所以，品牌方不要用当下阶段的运营资金去操心下阶段的分配问题。

商标被驳回方案

我们最近合作了一家品牌方，这家品牌方的情况比较特殊，找我们团队做品牌霸屏的时候，正好收到商标申请被驳回的通知。遇到这样的情况，品牌方是否需要继续做品牌霸屏呢？我觉得需要看品牌方的起盘状态。

如果品牌方还在起盘筹备阶段，且产品还没有生产出来，可以选择放弃该商标，重新注册一个新商标起盘，此时当然就没有必要做原有商标的品牌霸屏，而是要准备做新商标的品牌霸屏。但如果品牌方非常看好这个商标，也可以选择商标复审。在复审期间，品牌运营一切照旧，品牌霸屏就有必要做。

如果品牌方的产品已经生产出来了，且品牌起盘还未成功，可以考虑选择商标复审，争取在复审期间把品牌起盘成功，待到复审结果出来再来决定是否继续使用商标。复审期间，品牌运营一切照旧，品牌霸屏就有必要做。

之所以复审期间要做品牌霸屏，其中一部分原因和上面说到的商标在受理中继续做霸屏原理一样，另一部分原因在于品牌霸屏可以提高商标复审的成功率。我们要知道，商标初审被驳回后，是可以申请再次复审。只要复审通过了，商标依然可以被成功注册。

退一万步来说，即使没有复审成功也没有太大关系，因为商标申请驳回复审的时间是九个月内。这个时间足够让品牌起盘成功了，到时换个品牌名称并不会太影响品牌方的运作，原理我们上面讲过。

商标被驳回的其中一个原因往往是因为商标显著性不强，比如可能和已注册商标名称相似或引发错误联想。认定某一商标是否具有显著性，最重要的判别标准就是商标是否能让消费者或者其他相关人员在第一时间识别出商品归属，而不至于引发其他错误联想。

而品牌霸屏可以提高品牌商标的知名度，知名度的提升有利于增强商标的显著性，从而增加复审的成功率。这家品牌方听了我的建议后，在复审之前做了品牌霸屏，后来经过一番申辩，商标被成功注册下来了。

作为品牌方，只要你觉得品牌起盘的时机到了，不管你的商标处于什么状态，都可以按时按需做品牌霸屏。但我还是建议，如果你在未来有想起盘自己品牌的想法，你最好现在就去注册商标，这样可以做到未雨绸缪。

在注册商标的时候，我们建议不要孤注一掷某一个商标名称，可以一次性多注册几个商标。毕竟商标审核周期过于漫长，多商标注册策略可以有效提升商标注册的成功率。如果品牌方不差钱，也可以直接买已注册好的商标，这样直接免去漫长的审核流程。

3.3　搜索引擎基础知识

有些不懂霸屏背书项目的品牌方经常会问我，做了品牌霸屏后会出现什么样的结果？其实结果很简单，做了品牌霸屏后，当我们在百度、好搜和必应等综合搜索引擎平台中搜索品牌关键词的时候，搜索结果中会显示诸多与品牌相关的正面信息流，这些信息流会作为代理商或消费者了解品牌相关信息的入口。

在传统大众的认知中，能在搜索引擎平台出现诸多正面信息流的品牌一定是知名度较大的品牌。虽然这种认知不一定是完全对的，因为一个新小品牌也可以通过品牌霸屏来达到这种结果，但我们可以利用这种固有认知来营销大众，增强品牌在大众心目中的认知度。

3.3.1　搜索引擎平台的现状

搜索引擎是指根据一定的策略、运用特定的计算机程序从互联网上采集信息，在对信息进行组织和处理后，为用户提供检索服务，将检索的相关信息展示给用户的系统。

搜索引擎平台就是利用搜索引擎原理为互联网用户提供搜索整理的平台，平台会收录互联网中各种类型网站的资讯信息，包括但不限于新闻网站、口碑问答网站、论坛贴吧网站、视频网站、自媒体网站和分类信息网站等，这些不同类型网站的资讯信息汇总在一起就叫信息流。

一提到搜索引擎平台，很多人第一时间都会想到百度搜索。百度搜索是搜索引擎平台，但搜索引擎平台不只有百度搜索。除了百度搜索外，搜索引擎平台还有必应搜索、好搜搜索（360搜索）、神马搜索、搜狗搜索（微信搜索）和头条搜索等。之所以百度搜索容易被人们记住，是因为百度搜索长期以来占据了综合搜索引擎市场的绝大份额，用户使用频率较大。

3.3.2　全网霸屏和百度霸屏

在很多霸屏背书的服务描述中，常常会看到"全网霸屏"和"百度霸屏"这两个概念。现实中，很多人会错误地把全网霸屏理解为百度霸屏。

实际上，百度霸屏并不完全等同于全网霸屏，因为百度霸屏只是针对百度搜索引擎而言的，它并不包含必应和好搜等其他搜索引擎。之所以很多人会把全网霸屏等同于百度霸屏，是因为百度占据国内搜索引擎的市场份额很大，是目前全球最大的中文搜索引擎。

上面提到过，搜索引擎平台本身不生产内容，只是一个搜索整理互联网资讯信息的平台。正常情况下，百度能搜索到的信息流，其他搜索引擎平台基本上也都可以搜到。从某种程度上来说，做好了百度霸屏，基本上就等同于做好了全网霸屏。

不同搜索引擎平台之间会存在一些竞品屏蔽或降权的现象。例如，今日头条的文章就很少会出现在百度搜索结果中。有些网站是主动屏蔽了搜索引擎的抓取，而有些网站是被搜索引擎主动屏蔽或降权。

主动屏蔽搜索引擎抓取的网站一般是为了打造自家搜索引擎独立的生态闭环，比如头条文章可以大量在头条搜索结果中找到，公众号文章可以大量在微信搜索结果中找到。被搜索引擎主动屏蔽或降权一般存在于搜索引擎的竞品中，比如各家搜索引擎的自媒体类、百科类或问答类等。

所以，我们在投放媒体渠道的时候，一定要搞清楚哪些网站屏蔽了搜索引擎的抓取，哪些网站被搜索引擎屏蔽或降权，否则就会出现无效投放或投放不收录的情况。例如，很多想做好百度霸屏的品牌方，投放了大量头条号文章，结果百度收录效果很差。

不同的搜索引擎平台对信息流来源的权重不一样，网站权重的不同会导致搜索结果的排序不一样。大致原则是搜索引擎自家产品权重都很大，排序一般都靠前。一些门户网站和权威网站的权重也比较大，理论上排序也会靠前。

搜索结果排序这块我们不需要深究，因为品牌霸屏主要做的是品牌关键词搜索，不需要太在意信息流排序，因为搜到的都是自家品牌的信息，排序先后并不太重要。当然，我们一般在做媒体投放的时候，都会把权重这块考虑进去，一些门户网站和权威网站都会投放适量的文章。

上面是关于搜索引擎的一些理论知识和技术性问题，品牌方简单地了解下即可，不需要深究细节，因为这些技术性问题对于霸屏机构而言都很简单。对于霸屏机构而言，在做品牌霸屏的过程中，一般会更倾向于针对百度搜索引擎的规则来做投放优化，让百度更多地收录信息流。

3.4　霸屏关键词的优化

我们一直在说"霸屏"这个概念，那什么是霸屏呢？所谓霸屏就是霸占屏幕的意思。霸屏这个词针对的是搜索引擎的搜索结果而言的，它是一个形象化的词汇，意思是当在搜索引擎中搜索某关键词的时候，搜索结果中会出现与该关键词相关的诸多信息流。

为了表达这些信息流多到满屏都是的效果，便形象化地把这种效果叫作"霸屏"。同理，品牌霸屏就是指当在搜索引擎中搜索某品牌关键词的时候，搜索结果中会出现与该品牌关键词相关的诸多信息流。

3.4.1　搜索结果展示规则

在讲解霸屏关键词之前，我们要先来了解下搜索结果的展示规则，这里以百度搜索为例。在百度搜某关键词后，搜索结果中会展示诸多信息流，每一个信息流都是一条资讯信息，资讯信息由标题和内容构成。其中，标题会以文字形式展现，内容会由文字、图片或视频形式展现。

资讯信息网站的类型有很多，比如有新闻网站、自媒体网站、论坛贴吧、视频网站等，但所有类型的资讯信息网站都有一个共同的要素，那就是都有标题。而搜索结果正是以标题为第一优先排序规则展示的，这个规则是霸屏关键词布局的核心所在。

例如，我们在百度中搜索关键词"胡小胖"，搜索结果中优先展示的信息流都是标题中带"胡小胖"关键词的资讯信息。所以，我们希望哪条资讯信息在用户搜索某关键词的时候出现在搜索结果中，这条资讯信息的标题中一定要包含该关键词。

3.4.2　霸屏关键词的分类

对于品牌方而言，霸屏主要分为两种，分别是品牌关键词霸屏和非品牌关键词霸屏。顾名思义，品牌关键词就是关键词里面含有品牌名称，非品牌关键词就是关键词里面不含有品牌名称。接下来，我们简单讲解这两类关键词。

品牌关键词霸屏

品牌关键词霸屏，是指当在搜索引擎中搜索某品牌关键词的时候，搜索结果中会出现与该品牌相关的诸多信息流。我们常说的品牌霸屏，就是指品牌关键词霸屏。品牌关键词设计的原则是关键词里面必须含有品牌名称，且关键词要尽量精简。按照设计原则，常见的品牌关键词一般为"品牌名称"或"品牌产品名称"。

例如，假设"胡小胖"是某护肤品牌名称，精华液是品牌其中一款产品。品牌名称关键词就是"胡小胖"，品牌产品名称关键词就是"胡小胖精华液"。

当我们在搜索引擎中搜索上面的品牌关键词时，搜索结果中就会出现诸多与品牌关键词相关的信息流，这个就叫品牌关键词霸屏。例如，搜"胡小胖精华液"这个关键词的时候，搜索结果中就会出现很多与"胡小胖精华液"相关的信息流。

非品牌关键词霸屏

非品牌关键词霸屏，是指当在搜索引擎中搜索非品牌关键词的时候，搜索结果中会出现与该品牌相关的信息流。常见的非品牌关键词一般是与品牌行业或产品相关的关键词。非品牌关键词霸屏的主要目的是引流，蹭非品牌关键词的搜索流量。这里为了方便理解，我们举两个例子。

第一个例子，假设"胡小胖"是某护肤品牌，精华液是品牌最新开发的产品。我们在某网站发布一篇以"胡小胖精华液开启护肤新时尚"为标题的文章，假设这篇文章被百度搜索引擎收录了，那么当用户在搜"胡小胖"或"精华液"时，搜索结果中就会出现这篇文章的信息流。

在这个案例中，品牌关键词和非品牌关键词其实都布局了，其标题中的"胡小胖"是品牌关键词，"精华液"是非品牌关键词。当然，非品牌关键词不一定非要和品牌关键词在同一个标题中，也可以单独存在。

从非品牌关键词布局的角度来看，如果"精华液"是一个热门搜索关键词，那搜索"精华液"的用户就有一定概率看到那篇已布局好的文章，通过阅读文章内容，用户会对胡小胖精华液有一个深度的了解，这就为后面的一系列品牌营销行为做了铺垫。

要说明的是，之所以说用户有一定概率看到那篇文章，是因为这里面涉及搜索结果排序问题。要知道，搜索结果中的信息流会有很多条，越热门的关键词，信息流越多。只有在搜索结果中排序靠前的信息流，才有更大的概率被用户看到。所以，越热门的关键词，潜在的竞争越大。

第二个例子，假设"王小二"是市面上很火爆的护肤品牌，"胡小胖"是新起盘的护肤品牌，两个品牌旗下产品布局都差不多。现在胡小胖品牌想蹭竞品王小二品牌的搜索流量，可以在某网站发布一篇以"王小二品牌最强竞品诞生了"为标题的文章，该文章内容会以王小二品牌为引子，重点介绍胡小胖品牌的相关信息。

从非品牌关键词布局的角度来看，如果"王小二"是一个热门搜索关键词，那搜索"王小二"的用户就有一定概率看到那篇已布局好的文章，通过阅读文章内容，用户会对胡小胖品牌有一个深度的了解，这就为后面的一系列品牌营销行为做了铺垫。

3.4.3　关键词分类的比较

在了解了上述两种类型关键词霸屏后，有些品牌方可能搞不清楚自己究竟应该做什么类型的霸屏。接下来，我们从投入成本和霸屏目的两方面来分析下两者的区别。

投入成本区别

从投入成本的角度来看，想做好非品牌关键词霸屏，品牌方需要花大量的资金和时间。因为市场中绝对不止一家品牌方能想到用非品牌关键词蹭流量的玩法，而想蹭到流量，按照用户的浏览习惯，只有在搜索结果中排序靠前的信息流才有一定概率被用户看到。

所以，这个竞争是非常激烈的，越热门的关键词，潜在的竞争就越大。投入较少的品牌方，很难有机会让自家布局的信息流排序靠前。即使某一时间段靠前了，依然需要高频率的维护和投入，因为竞争排序的品牌方会源源不断。如果不持续投入，就会导致自家信息流排序降权，一夜回到解放前。

更为激烈的是，百度等搜索引擎平台官方推出了竞价排名业务，可以直接花钱买排序，价高者排序优先。所以，没有一定的资金实力，不建议品牌方去玩这种烧钱的蹭流量玩法。

而品牌关键词霸屏就不需要考虑上述竞争问题，因为除了品牌方和代理商会去做品牌关键词霸屏外，应该不会出现第三者。因为品牌的所有者是唯一的，没有人愿意成人之美给其他品牌发布信息流。除非是那些想蹭品牌流量或者恶意诋毁品牌的人，但这种情况出现的概率比较小。

所以，相较于非品牌关键词霸屏而言，品牌关键词霸屏的投入成本很低，且不需要高频率维护和投入，每次投放信息流后都能维持很长一段时间。品牌关键词霸屏具体投放周期，可以参考后面内容讲到的相关内容。

霸屏目的区别

从霸屏的目的来看，非品牌关键词霸屏和品牌关键词霸屏的目的是完全不一样。非品牌关键词霸屏的目的是通过蹭非品牌关键词的搜索流量来实现自家品牌的引流，而品牌关键词霸屏的目的是在互联网中做好品牌信任背书。

品牌方去做非品牌关键词霸屏更多出现在传统实体行业和电商行业的品牌中。在新零售行业中，做非品牌关键词霸屏的品牌方并不多，因为相较于实体品牌和电商品牌而言，新零售品牌引流的方法会更多，完全没有必要用这种高成本的方式去做引流。

我们要知道，当用户去搜某品牌关键词的时候，一定是事先知道这个品牌的存在，想通过搜索去了解这个品牌更多的信息。所以说，品牌关键词霸屏的目的就是为了提前在互联网中布局信息流，给那些想了解品牌的人提供更多的信息，从而提升品牌的知名度。

在品牌运营中，我们常说的品牌霸屏基本是指品牌关键词霸屏。在后面的内容中，凡是提到品牌霸屏，统一指品牌关键词霸屏。非品牌关键词霸屏不是必须掌握的知识，这里提出来仅作为一个基础知识普及。

3.4.4 霸屏关键词的选择

品牌关键词的选择决定了品牌霸屏背书的效果，当我们想去互联网中了解某个品牌或产品时，往往会去百度等搜索引擎平台搜索品牌或产品名称。所以，按照搜索关键词精简原则，品牌霸屏的首选关键词一般是"品牌名称"或"品牌产品名称"。

这里要注意，品牌产品名称关键词是"品牌名称 + 产品名称"的组合关键词，因为同一品类产品不止一家品牌方有，所以一定要把品牌名称带上，如果不带上就是非品牌关键词霸屏了。例如，假设"胡小胖"是某护肤品牌名称，精华液是品牌其中一款产品。品牌名称关键词就是"胡小胖"，品牌产品名称关键词就是"胡小胖精华液"。

在确认好了品牌关键词后，所有投放资讯信息的标题中都要包含该关键词，然后通过投放大量的含有品牌关键词的资讯信息后，品牌霸屏的效果就会出现，这就是品牌霸屏实现互联网背书的基本原理。

3.4.5 同名关键词的优化

我们给品牌方做霸屏背书的时候，一般会提前去百度等搜索引擎平台搜下品牌关键词，以此来预估做出来的霸屏效果是否理想。这里的评判标准为，是否出现同名关键词，俗称"品牌撞词"。正常情况下，大部分品牌名称是不会出现撞词，但会有少部分品牌名称出现撞词现象。

所谓品牌撞词，是指某个品牌名称在未做品牌霸屏前已经在百度等搜索引擎平台中存在一定数量的信息流。有些品牌方也许会疑惑，我还没做品牌霸屏，为什么互联网中已经有信息流了呢？这里不要误会，没有人会花钱替你的品牌做信息流，出现这种情况主要有两种原因，分别是品牌名称撞词和通俗词汇撞词。

品牌名称撞词的原理很简单，因为品牌商标是分类别注册的，不同类别的商标是可以同名的，除非你是驰名商标，受全类别保护。所以，品牌名称撞词往往是因为相关企业注册了和你同名的其他类别商标，且在互联网中已经投放过相关品牌信息流。

通俗词汇撞词往往是因为品牌方申请注册的商标名称太常见了，已经广泛用于日常交流词汇中。例如，大米作为一种谷物属于通俗词汇，但如果某企业把"大米"作为品牌名称，想做好品牌霸屏就比较难了。因为现在去百度等搜索引擎平台中搜索"大米"，会发现搜索结果中已经存在很多谷物类"大米"的信息流。

当互联网中出现同名关键词时，往往霸屏做出来的效果就不太理想。这时候如果去搜索引擎平台搜索品牌名称，搜索结果中不仅会出现自家品牌的信息流，还会出现非自家品牌的同名关键词信息流。

然而搜索引擎并不会自动归类哪些信息流是你家品牌的，哪些信息流是其他类别的，而是会统一按照相关排序规则综合交错排序。如果同名关键词的信息流较多，有可能会产生排挤现象，导致自家品牌信息流靠后，从而不利于品牌的背书。

所以，品牌方在注册商标之前，我们建议先去百度等搜索引擎平台搜索下，看看搜索结果中是否已经出现意向品牌名称的信息流，以及这些信息流数量是否足够霸屏。如果信息流不多，商标名称又是品牌方中意的，也可以勉强注册，后期加大霸屏投放量就可以把现有信息流排挤到后面。但如果信息流过多，我个人建议最好放弃该商标，否则后期在信息流这块的竞争投入会比较大。

如果品牌方已经注册好了商标，且出现了撞词现象，我们建议在做品牌霸屏的时候，要对品牌关键词进行优化，不要使用单一的品牌名称做关键词，而是采用"品牌名称＋产品类别"或"品牌名称＋产品名称"做关键词的方式进行霸屏。

例如，假设"胡小胖"是某美妆品牌名称，粉底霜是品牌其中一款产品。"品牌名称＋产品类别"关键词是"胡小胖美妆"，"品牌名称＋产品名称"关键词是"胡小胖粉底霜"。

正常情况下，搜索关键词字数越多，搜索结果中展示的信息流就越精准，能有效避免撞词现象的产生，但同时也会导致用户搜索量的下降。所以，品牌霸屏关键词的优化需要讲究技巧，要在优化的同时尽量精简。

3.4.6　品牌信息流的来源

我们都知道，互联网中的信息流一定是人为投放的，如果没有人为之，信息流是不会自动产生的。作为品牌方，如果不去主动做互联网信息流投放，互联网中一般是不会产生该品牌的信息流，但有三种情况例外，分别是品牌名称撞词、品牌知名度大和有利益相关者。

关于品牌名称撞词，上面已经讲解过，它其实不算真正意义上的品牌信息流，毕竟产生的信息流和品牌毫无关联，只能算是碰巧和品牌名称相同而已。这种撞词现象能避免就尽量避免，避免不了就只能做品牌关键词优化。

对于一些知名度较大的品牌方，如果能制造一些影响力或话题度较大的事件，某些新闻网站或自媒体小编有可能会报道相关事件，以此来博用户关注度。这里的事件分为正面事件和负面事件。如果是正面事件，能大大提高品牌知名度；但如果是负面事件，那就需要做危机公关了。

如果不是上述两种情况，品牌方在没有做品牌霸屏之前，还能在互联网中搜到相关品牌信息流，有可能是品牌利益相关者在进行操作。这里的品牌利益相关者主要是指品牌代理商，除了代理商之外，我想不到还有谁会替品牌方投放信息流。

在互联网中，我们能搜索到的大部分品牌信息流，其实都是品牌方主动投放的。作为一个新起盘的品牌，如果品牌方不主动投放信息流，基本上没有媒体会免费帮品牌宣传。即使是那些有知名度的大品牌，在新品发布或开展活动的时候，也会找霸屏机构去投放信息流。

营销宣传是品牌运营不可或缺的一环，能有效提升品牌的知名度，加速品牌起盘成功的进程，而品牌霸屏是营销宣传中最基础的一个项目。所以，品牌霸屏这件事情，品牌方一定要积极主动地去做，并且要常态化地坚持做下去。

3.5　品牌霸屏投放渠道

前面说过，品牌霸屏是指品牌方撰写若干篇品牌稿件，通过相关媒体渠道将品牌稿件投放到互联网各大资讯平台，然后经过一系列的 SEO 优化策略，让百度、必应和好搜等综合搜索引擎收录，最终实现品牌信息流全网搜索覆盖。

品牌霸屏需要有强大的信息流作为支撑，品牌霸屏的信息流投放渠道主要有四大板块，分别是百科信息流平台、软文信息流平台、口碑信息流平台、视频信息流平台。我们在投放品牌稿件的时候，会按照一定的规则将稿件投放到这些信息流平台。

3.5.1　百科信息流平台

百科信息流在霸屏投放渠道中的信息流占比很小，但影响力却是最大的，因为大众都会觉得百科内容比较权威和客观，这种良好的印象会让用户增强对品牌的信任感。但很多品牌方对百科的认知很少，这里简单地讲解下百科平台。

百科平台的类型

目前常见的百科平台有百度百科、搜狗百科、360 百科和头条百科。由于百度、搜狗、360 和头条本身都是搜索引擎平台，我们常把这类百科平台叫作"搜索引擎类百科平台"。除了搜索引擎类百科平台外，还有一种垂直网站类的百科平台，比如维基百科和知网百科等，品牌方一般不需要涉及这类百科平台，这里就不再具体拓展。

当品牌方创建了相应搜索引擎平台的百科词条后，如果在该搜索引擎平台搜索相应百科词条，往往发现排序结果都会很靠前，这也说明了搜索引擎平台对应的自家百科在搜索结果的排序中权重很大。

以百度搜索为例，当我们搜索知名品牌"娃哈哈"关键词的时候，会发现搜索结果中"娃哈哈"的百度百科词条排序很靠前。同样的，如果在搜狗和 360 搜索引擎平台搜索"娃哈哈"关键词，其结果也是类似的。

从百科的影响力和权威性来看，百度百科肯定是排第一，其他百科平台影响力和权威性相差不大。从百科词条的创建难度来看，百度百科同样是排第一，其次是 360 百科、搜狗百科和头条百科。

要知道，百科类词条的创建不是你想怎么写就怎么写，百科的内容撰写必须建立在公正和客观的基础上，每一个内容信息的存在都需要有权威的佐证资料。而且，百科词条创建后是需要经平台方审核，通过率取决于词条内容的编辑和引用的佐证资料是否符合平台规范。

百科词条的类型

对于品牌方而言，一般需要做的词条类型有三种，分别是品牌词条、公司词条和人物词条，对应的词条名依次是品牌名称、公司名称和人物姓名。顾名思义，品牌词条是用来介绍品牌的相关信息，公司词条是用来介绍公司的相关信息，人物词条是用来介绍创始人等与品牌相关人物的信息。

从创建词条的难度来看，人物词条是最难创建的，品牌词条和公司词条相对要容易一些。对于品牌方而言，起盘阶段只需要做品牌词条和公司词条就可以了，人物词条可做可不做，因为人物词条对品牌霸屏影响不大。如果后期品牌方需要打造创始人 IP，到时候再做也不迟。

百科词条的声明

我们在创建百度百科的时候，经常会在网页中看到一个声明，上面写道："百科词条人人可编辑，词条创建和修改均免费，绝不存在官方及代理商付费代编，请勿上当受骗。"这个声明来源于一个小事件，感兴趣的可以去百度搜一搜。

这里我也借此提醒大家，百度百科的词条创建，平台方是不收取任何费用的，人人都可以免费创建百科词条。至于词条是否通过审核，取决于词条内容的编辑和引用的佐证资料是否符合平台规范。

但为什么我们会经常看到很多人去找专业人士帮忙创建百科词条呢？原因就在于百科词条的创建并不是谁都能搞定的。虽然百科词条人人都可以免费创建，但并不是人人都可以创建成功。因为百科词条的内容编辑和佐证资料有一系列的规范要求，如果不是有经验的专业人士，很多人是搞不懂这里面的规范要求，创建的成功率其实并不高。

有些百科平台还有一些奇葩的规定，比如某百科平台要求百科账号必须达到四级才能获得创建词条的权限，四级以下的账号只能获得对平台内现有词条进行修改编辑的权限。说实在的，不是专业做百科编辑这行的人士，谁有时间天天去编辑百科词条积累经验值。

所以，有些时候实在是没办法，有些人想创建百科词条，但是自己并不专业，不熟悉百科词条的创建规则，最终还是得请专业人士来代劳。但是大家要明白，这些代编的专业人士并不是百科平台的官方工作人员，只是一个第三方，和百科平台官方没有任何的关系。

百科平台的价值

正常情况下，在霸屏机构提供的品牌霸屏方案中，一般都会有百科词条的创建服务。但有些霸屏机构的服务清单中只会笼统地写一个百科创建，并不会详细指明是哪个百科平台。所以，我们一定要事先问清楚究竟做的是哪个平台的百科，因为不同百科平台的创建价值是不一样的。

从现阶段来看，百度搜索作为市场占有率最大的中文搜索引擎，旗下的百度百科平台价值肯定是最大的。如果品牌方想让用户在百度上搜索到相关的百科词条，肯定要优先去做百度百科。如果你去做其他平台的百科，也许在百度压根搜不到，或者搜索结果排序很靠后，没有起到做百科的原始初衷。

有时候，我们会发现一个很有趣的现象，那就是如果某百度百科词条创建成功了，过一段时间会发现，其他百科平台同词条也会被自动创建，而且内容和百度百科的词条内容一模一样。

为什么会出现这种情况呢？那是因为有些专业代编人士为了积累百科平台的经验值，会在百度百科中寻找一些在其他百科平台中还没有创建的词条，然后把百度百科词条中的内容复制粘贴到其他百科平台换取经验值。

所以，如果品牌方起盘资金比较紧张，一般只需要做百度百科就可以了，其他平台的百科可以等资金周转充足后再做。也许过不了多久，那些想积累经验值的百科代编人士会免费帮你在其他百科平台创建词条。

从品牌霸屏的效果来看，在百科词条中，品牌词条可以优先创建，其次是公司词条。人物词条对品牌霸屏的作用较小，可暂时不做。如果后期品牌创始人需要打造个人品牌，到时可以单独做人物词条的百科。

要注意的是，百科词条的创建通过率并不是百分百，尤其是品牌词条的创建。因为有些百科平台对品牌词条的创建比较严格，必须提交商标注册证。所以，有些品牌方可能由于商标还没有被正式注册下来，暂时创建不了品牌词条百科。

即使品牌方暂时不能创建品牌词条百科，对品牌霸屏的影响其实也不大。因为品牌词条百科在品牌霸屏中只占众多信息流之一，占比率是极低的。所以，无论品牌方是否能创建品牌词条百科，都不会影响品牌霸屏的整体效果。等到品牌商标被注册下来后，再做品牌词条百科也不迟。

3.5.2　软文信息流平台

软文信息流在霸屏投放渠道中的信息流占比是最大的，它是品牌信息流的主要构成部分。软文信息流的投放渠道主要有六类平台，分别是新闻网站、论坛贴吧、分类信息、B2B 网站、垂直网站和自媒体网站。

新闻网站分为综合新闻网站和地方新闻网站，综合新闻网站主要有新浪、网易、腾讯、凤凰、搜狐和中华网等一些有知名度的新闻网站，这些新闻网站在搜索引擎中的权重占比相对较大，是软文信息流的主力军；地方新闻网站主要是一些地方性的新闻网站，知名度相较综合新闻网站要小一些。

论坛贴吧主要有百度贴吧等综合性论坛和各地方性论坛网站；分类信息主要有 58 同城、百姓网和列表网等；B2B 网站主要有阿里巴巴、黄页 88、慧聪、马可波罗等；垂直网站有母婴类、女性类、时尚类、食品类等垂直行业网站；自媒体网站主要有百家号、搜狐号、头条号、大鱼号、微博和小红书等。

软文信息流的投放需要品牌方拥有强大的媒体渠道资源，在投放的过程中，品牌方需要根据品牌属性选择合适的媒体网站投放。与此同时，还要搞清楚哪些媒体网站的收录率高，哪些媒体网站的排序权重大，以及不同媒体网站的新闻稿撰写要求等诸多媒体投放事项。

当然，如果品牌方没有相关的媒体渠道资源或媒体投放经验，也可以直接找有经验的霸屏机构来操作。正常情况下，品牌方很少会自己去操作媒体投放事项，基本上都会找懂行的霸屏机构来负责，做出来的霸屏效果会比品牌方亲自操作好很多。

3.5.3 口碑信息流平台

口碑信息流平台主要指问答类平台，在霸屏投放渠道中的信息流占比仅次于软文信息流。作为品牌潜在代理商或潜在客户，肯定会存在一些对品牌有疑虑的地方，而投放口碑信息流的目的就是将用户可能会遇到的疑问提前通过问答的形式展现出来。

当用户去搜索品牌相关问题的时候，就可以直接找到需要的答案，以便对品牌有一个更深层次的了解，从而加深用户对品牌和产品的信任。想知道用户对哪些问题感兴趣，需要品牌方提前做好用户调研，要了解清楚他们都关心或担心哪些问题，然后有针对性地布局口碑信息流。

问答类平台分类

问答类平台分为两类，一类是搜索引擎类问答平台，主要有百度知道、搜狗问答、360问答和头条问答等；另一类是非搜索引擎类问答平台，主要有知乎问答和新浪爱问等。

两者的区别很简单，搜索引擎类问答平台是搜索引擎平台自家的问答平台，优点是在自家搜索引擎中的排序权重会很大，仅次于百科类的权重。缺点是在非自家搜索引擎中的排序权重会很小，甚至有的会被竞品平台直接屏蔽掉。例如，百度问答平台的信息流在百度搜索引擎中可以搜到，且排序靠前；但在 360 搜索引擎中却很少能搜到，即使能搜到，排序也相对靠后。

非搜索引擎类问答平台只是一家纯问答类的网站而已，在搜索结果排序上肯定没有搜索引擎自家的问答类平台权重大，但好在这些问答平台的信息流在各家搜索引擎中都能搜到。例如，知乎问答平台的信息流在各大搜索引擎平台都可以搜到。

在问答类平台中，还存在一种垂直类问答平台，比如妈妈网、宝宝树这样的垂直类网站里面也有问答板块。由于垂直类网站的用户人群比较精准，投放问答信息流到这些平台不仅可以起到布局口碑的作用，还可以做到精准宣传和引流。

问答类投放风险

问答类平台都有一个投放的潜在风险，那就是可能存在负面的回答。因为问答类平台都是开放性的，任何一个平台用户都可以自由回答平台的问题。所以，除了品牌自身投放的回答是可以保证正面信息外，其他平台用户的回答都无法保证。

当然，一般情况下是不会出现负面的回答，但这种风险是存在的。例如，有些竞争对手也许会恶意诋毁，回复一些负面的信息；或者有些用户突然心情不好就喜欢胡乱回答；或者有些用户喜欢带着自己固有的偏见来回答问题。

虽然这种风险存在的概率很小，但品牌方在做问答类信息流投放时，必须把这种风险考虑进去，并想好如何应对。其实应对的方法很简单，就是增加客观公正的回复量。例如，当我们发现某用户的回答存在诋毁或有偏见时，我们就可以在该问题下增加一些客观公正的回答，让其他用户了解事实的真相。

有些品牌方可能之前并没有做过口碑信息流，当发现有人在诋毁品牌，或回复不客观，或充满着偏见时，往往会很生气，甚至一度觉得早知道有这种风险的存在，还不如不做，做了反而给自己添堵。

这里要提醒的是，当品牌方想在互联网中布局信息流的时候，就要做好面对负面信息存在的准备。因为互联网是一个开放性的平台，人人都可以参与进来表达自己的观点。当有品牌存在负面或不客观信息时，我们要做的就是积极面对，用事实让其他用户了解真相。

为了避免负面信息的出现，品牌方在做信息流投放的时候，要做到投放信息的客观公正和实事求是，拒绝投放虚假或夸大宣传等违反法律法规的不实信息，这样就不会让别有用心的人有可乘之机。

3.5.4　视频信息流平台

视频信息流的投放渠道有两部分，分别是传统视频平台和新媒体视频平台。传统视频平台主要有腾讯视频、优酷视频、爱奇艺和哔哩哔哩等；新媒体视频平台有好看视频、西瓜视频、抖音和快手等。

从品牌霸屏的角度来看，投放传统视频平台相对比较靠谱，因为这些平台的视频源大多能被各大搜索引擎收录。新媒体视频平台要具体平台具体分析，比如好看视频是百度旗下的视频平台，故而在百度搜索引擎中的收录效果比较好，而与之竞争的其他新媒体视频平台收录效果就比较差，甚至有些压根不被搜索引擎收录。

视频信息流在品牌霸屏中一般属于选择性项目，不一定非要投放，但有总比没有好，搜索结果中多一类视频信息流总归是好事。但在现实合作中，有些品牌方可能在起盘阶段还没来得及制作相关视频。

由于制作视频的时间相比撰写文案要耗时更长，且视频制作费用比较贵，为了不耽误品牌霸屏的整体进度，品牌方首次霸屏也可以不投放视频信息流，对品牌霸屏的整体效果影响不大。后期品牌起盘成功后，可以找霸屏机构补投视频信息流。

3.6　霸屏文案规划撰写

品牌霸屏的目的是让目标用户通过搜索引擎平台提供的资讯信息更深入的了解品牌相关信息，而为了让品牌信息更好且更全面的被用户了解，品牌资讯信息的内容（简称霸屏文案）撰写就非常重要。

品牌霸屏文案一般由合作的霸屏机构来负责撰写，也有一些霸屏机构只负责媒体投放，不提供文案撰写服务，此时可以找第三方文案机构负责撰写。是否提供霸屏文案撰写服务，以及提供多少篇稿件，需要具体咨询相应的霸屏机构。

3.6.1　品牌基础资料提交

在撰写霸屏文案之前，我们需要品牌方协助提交一些品牌基础资料，文案编辑人员会对这些品牌基础资料进行梳理整合，最终撰写成符合相关媒体渠道发布要求的资讯稿件。这里的品牌基础资料包括品牌资料、创始人资料、产品资料、招商资料、代理商资料和客户资料等。

品牌资料包括品牌 LOGO、品牌介绍、品牌故事、品牌背景、品牌获得荣誉等与之相关的资料；创始人资料包括创始人照片、创始人故事、创始人事迹、创始人获得荣誉等与之相关的资料；产品资料包括产品图片、产品成分、产品资质、质检报告、产品功效、适用人群等与之相关的资料。

招商资料包括品牌市场前景、品牌优势、招商政策、代理福利、代理扶持政策等与之相关的资料；代理商资料包括代理商故事、个人职业证书、代理商获得的好评，以及团队聚会、团队培训等与之相关的资料；客户资料包括客户故事、客户对代理商或产品的好评等与之相关的资料。

霸屏文案的丰富性取决于品牌方提交的基础资料是否齐全，品牌方提交的基础资料越多，文案内容的可编辑性就越强。对于刚起盘的品牌方，代理商资料和客户资料可能暂时没有，这里可以不用提供，但品牌资料和产品资料是一定要提供的。

正常情况下，即使不做品牌霸屏，品牌方也需要准备好这些基础资料，因为这些基础资料也同时是品牌招商项目书或招商 PPT 里面的文案内容。如果品牌方没有招聘相关文案编辑人员，也可以找第三方文案机构来撰写。

3.6.2　品牌霸屏核心服务

品牌方在选择霸屏机构的时候要坚持一个原则，那就是要尽量选择行业内的霸屏机构，而不要去选择非行业内的霸屏机构。所谓行业内的霸屏机构，是指专门服务于新零售行业的霸屏机构。

为什么要选择行业内的霸屏机构呢？因为行业内的霸屏机构更能写出优质文案。有些品牌方也许会疑惑，为什么行业内的霸屏机构更能写出优质文案呢？这就是我们接下来要重点讲解的知识内容，那就是品牌霸屏的核心服务究竟是什么？答案其实很简单，核心就在于文案的规划和撰写。

在新零售品牌的霸屏服务中，最重要的环节并不是上面提到的那些媒体投放渠道。不管是新零售行业还是非新零售行业，拥有媒体投放渠道的霸屏机构很多。从霸屏行业来看，只要能接霸屏服务的机构，都能保证最基础的霸屏效果。

在我看来，不同霸屏服务机构的核心竞争力并不在投放渠道上，因为投放渠道都差不多，没有谁比谁更厉害，毕竟这一行的投放渠道都是共用的。

我们能投放的媒体渠道，别家也可以同样投放。也许有些霸屏机构宣传的神乎其神，动不动就宣称有独家渠道，不懂行的品牌方会觉得很厉害，其实内行看来都一样，只不过是在和品牌方玩信息差而已。

从表面上来看，不同霸屏机构之间主要区别在于，霸屏方案中的媒体投放数量和方案报价不一样。由于缺乏对比经验，很多品牌方只注重表面因素的比较，却容易忽视内在的区别。结果品牌霸屏效果的确有了，但招商业绩却未必有提升。

为什么会出现这种现象呢？因为品牌霸屏的衡量依据不仅要看霸屏效果，还要看是否通过霸屏让潜在代理商和客户更好地了解品牌，增加对品牌的信任，最终实现招商业绩的递增。只有同时满足这两个衡量因素的霸屏机构才能真正意义上做好品牌霸屏。

想要实现第一个霸屏目的，任何一家专业的霸屏机构都可以做到，无非是效果好一点和差一点的区别。但要想实现第二个霸屏目的，就不是那么简单的事情了，它必须满足两个前提：第一个前提是要懂新零售品牌文案的规划和撰写，想把第一个前提做好就必须满足第二个前提，那就是必须深度了解新零售行业、新零售品牌和新零售代理商。

这就是为什么行业内的霸屏机构写出来的文案要更专业的重要因素，因为行业内的霸屏机构更懂新零售。只有足够的了解，才能抓住新零售行业的痛点、痒点和爽点，才能把霸屏的整体文案规划好，才能写出品牌方想要的、代理商想看的文案。

3.6.3　霸屏文案内容禁区

品牌霸屏文案一旦投放到相关媒体渠道后，是不能轻易撤回或修改的。特别是一些权重较高的综合新闻网站，文案审核比较严格，一旦发布后就不允许修改文案。所以，霸屏文案必须在正式投放前一次性定稿。

在撰写品牌霸屏文案的时候，我们要全面系统的介绍好品牌和产品的优势，但有一个板块的内容要谨慎写进霸屏文案中，那就是涉及品牌模式制度和价格体系的相关内容。

对于品牌方而言，品牌模式制度和价格体系的设计是有时效性的，往往会根据品牌的运营状况进行适时调整。毕竟这个行业的发展速度很快，计划赶不上变化，品牌方需要在变化中做到适时调整，才能以不变应万变。

如果品牌方做不到长时效的品牌模式制度和价格体系不变，那就要慎重把这些内容写进霸屏文案中。否则，品牌模式制度和价格体系一旦变动，就会和媒体渠道的宣传内容不一致，往往容易产生很多不必要的麻烦和误会，从而影响品牌的口碑形象。

有些品牌方也许会问，上面说的长时效是多久呢？这里的长时效是指品牌霸屏的有效周期，平均周期大概在一年左右。简单地理解，如果品牌方不能做到一年内保持品牌模式制度和价格体系不变，就不要在文案中过多提及相关内容，实在想提及可以采取一带而过式的简单描述方式。

除了上面讲到的内容禁区外，还有诸如虚假宣传和宣传违禁词等违反相关法规的内容也是禁止写入文案中。正常情况下，我们在写霸屏文案的时候都会有效规避掉这些内容禁区。

像上面这些文案撰写的注意事项，非行业内的霸屏机构可能就不会考虑这么多，大部分都是品牌方提供什么资料，他们就写什么内容，至于内容是否踩到禁区就不一定清楚。我们之所以清楚，是因为我们在运营上服务的品牌方比较多，对相关产品法规和行业规则比较熟悉。

3.7　品牌霸屏收录优化

品牌霸屏结果好坏的衡量依据主要有两个指标，分别是文案质量和霸屏效果。文案质量是指霸屏文案的规划和撰写能力，相关内容在上面已经讲解过。霸屏效果是指搜索引擎的收录效果，即搜索结果中展示多少条与品牌关键词相关的资讯信息。展示的品牌信息流越多，品牌霸屏的效果就越好。

3.7.1　品牌霸屏收录概念

在品牌霸屏中，我们常常提到"收录"这个概念。所谓收录，是指投放到媒体渠道的某条资讯信息被搜索引擎成功抓取并索引到数据库中。在搜索引擎检索中，如果某条资讯信息被搜索引擎收录了，该条资讯信息便会出现在相关关键词的搜索结果中。

简单地理解，一条资讯信息只有被搜索引擎收录了，才会出现在搜索引擎的搜索结果中。我们日常在搜索引擎的搜索结果中看到的所有资讯信息，都是被搜索引擎收录的信息。反之，如果某条资讯信息没有被收录，在搜索结果中是不会出现的。所以，霸屏效果的好坏取决于资讯信息的收录量，想要品牌霸屏效果好，就要尽量增加资讯信息的收录量。

有些品牌方也许会问，怎么才能知道某条资讯信息被搜索引擎收录了呢？检测方法很简单，那就是直接把该条资讯信息的标题或网址链接复制粘贴到搜索引擎框中去搜索，如果搜索结果中出现了该条资讯信息，就说明该条资讯信息被收录了。

正常情况下，霸屏机构在完成媒体投放后，都会给到品牌方一份电子版的投放报表。投放报表里面会汇总所有投放渠道的网址链接，每一个网址链接代表一条资讯信息。按照上面给到的收录检测方式，便可以知道某条资讯信息是否被搜索引擎收录。

3.7.2 信息流平台收录率

在设计品牌霸屏方案时，我们会把搜索引擎可能会收录到的信息流平台都规划上去，目的在于尽可能地增加资讯信息的收录量。以我们团队的霸屏方案为例，我们将信息流平台细分为十个渠道板块，每个板块会对应投放相应渠道的网站。

这十个渠道板块分别是百科板块、综合新闻板块、地方新闻板块、口碑问答板块、论坛贴吧板块、分类信息板块、B2B板块、自媒体板块和视频板块。当然，不同霸屏机构的渠道板块划分会稍有区别，但大致都差不多。

平台收录率差异性

做过霸屏的品牌方都知道，在品牌霸屏方案中，每个渠道板块的投放量是不一样的，有些媒体渠道的投放量比较小，有些媒体渠道的投放量比较大。例如，在同一套餐方案中，综合新闻板块的投放量相对比较少，论坛贴吧板块的投放量相对比较大。

为什么每个渠道板块的投放量不一样呢？主要是因为投放费用和收录率不一样。投放费用差异比较好理解，在霸屏方案投放费用固定的情况下，综合新闻板块的单价投放费用相对较贵，投放数量就相对少一些；论坛贴吧板块的单价投放费用相对较低，投放数量就可以相对多一些。

收录率差异可能有些品牌方不太理解，我们要知道，并不是每一条投放的资讯信息都会被搜索引擎收录。事实上，在庞大数量的互联网资讯信息投放中，只有极少部分资讯信息会被搜索引擎收录，大部分资讯信息都会被搜索引擎过滤掉。

对于搜索引擎而言，不同渠道板块的收录率是不一样的。在品牌霸屏方案中，综合新闻板块和口碑问答板块是收录率最高的两个板块，其中综合新闻板块的收录率在30%～50%，口碑问答板块的收录率在20%～40%。简单地理解，每投放一百条综合新闻资讯信息有30—50条被收录。

而论坛贴吧板块、分类信息板块和B2B板块的收录率就比较低，为2%～10%。所以，像论坛贴吧这类收录率不高的渠道板块，由于费用相对较低，投放量可以适当大一些。而像综合新闻这类收录率较高的板块，因为费用相对较贵，投放量可以适当少一些。这样规划的好处在于，可以在费用相对固定的情况下，提高品牌霸屏的整体收录率。

有些品牌方也许会问，收录率最大的综合新闻板块，为什么收录率也只有30%～50%呢？这里需要普及一个常识，那就是没有哪个资讯网站的资讯信息会被搜索引擎百分百收录，即使是高权重的综合新闻网站，也只有少部分资讯信息会被收录。

在霸屏行业内，没有任何一个霸屏机构能够完全掌握搜索引擎平台的收录规则，因为搜索引擎平台是不会对外公布这些信息的。我们现在掌握的一些霸屏经验，也是通过长期的媒体投放实践积累获得的。事实上，搜索引擎平台也不会让你彻底掌握收录规则，每间隔一段时间，收录规则就会变动，你掌握规则的速度永远赶不上规则变化的速度。

低收录率板块作用

有些品牌方也许会问，为什么不把收录率较低的论坛贴吧等板块去掉，转投收录率较高的综合新闻和口碑问答板块呢？通过大数据统计会发现，论坛贴吧等板块虽然收录率不高，但是这些板块可以辅助提升综合新闻和口碑问答板块的收录率。之所以会出现辅助提升效果，我们分析认为可能是受到了关键词抓取热度的影响。

通过长期的媒体投放，我们发现关键词的抓取热度越高，整体收录率也会随之提升，而关键词的抓取热度又与关键词的资讯信息投放量和媒体渠道丰富性有关联。简单地理解，某关键词的资讯信息量越大，媒体渠道越丰富，整体收录率也会随之提升。

所以，虽然论坛贴吧等板块的收录率并不高，但在霸屏方案中却是不可或缺的投放渠道，因为它们可以有效提高资讯信息量和丰富媒体渠道，能增加关键词的抓取热度，从而会间接辅助提升综合新闻和口碑问答板块的收录率。

正常情况下，霸屏机构在设计霸屏方案的时候，都会综合考虑每个渠道板块的投放费用和收录率，从而规划出一个适合品牌方最优解的投放量，力争在投放费用相对固定的情况下做到收录量最大化。

所以，如果品牌方对霸屏的相关知识不太了解，我建议不要擅自改动霸屏方案的渠道投放量，因为每一个霸屏方案的渠道投放量都是经过精心计算和经验汇总得来的，能够确保品牌霸屏效果的最大化。

3.7.3 霸屏文案收录优化

有些品牌方也许会问，怎么才能知道哪篇霸屏文案（即资讯信息）会被收录，哪篇文案不会被收录呢？这个问题是无解的，因为没有人能百分百地知道哪篇文案投放到哪个媒体网站会一定被收录或不被收录。从目前积累的经验来看，我们只能大概地知道什么样的霸屏文案被收录的概率会大一些。所以，有经验的霸屏机构往往会对霸屏文案的标题和内容进行 SEO 优化，这里给四个优化建议：

第一，霸屏文案标题和内容需要做搜索引擎关键词优化。
第二，标题和内容不能包含有搜索引擎判定的违禁词汇。

第三，标题和内容字数要控制在搜索引擎判定的合理值。

第四，标题和内容的撰写质量需符合搜索引擎收录标准。

上面四点优化建议，可以有效增加文案被搜索引擎收录的概率。至于具体应该如何操作，这个就相对比较复杂了，需要懂 SEO 优化技巧，由于篇幅关系，我们就不再继续拓展了。总之，对于霸屏机构而言，霸屏文案的优化是一件相对比较简单的事情。

正常情况下，为了提高霸屏文案被搜索引擎收录的概率，霸屏机构会根据整体投放量来合理地规划文案数量，然后将同一篇文案按照规划好的分配比例投放到多个媒体网站。通过广撒网的投放方式，可以有效提高霸屏文案的收录率。

3.7.4　权重网站投放误区

有些品牌方也许会问，是不是投放腾讯、搜狐和新浪等高权重的门户新闻网站，收录率就一定有保障呢？答案是不一定，因为我们也经常会投放新浪和搜狐等一些高权重的门户新闻网站，但收录率综合来看其实并不高。

正常情况下，搜索引擎平台会赋予高权重网站较大的收录率，但这个收录率是一个相对概念。对于某一个网站而言，在收录率相对不变的情况下，资讯信息投放量越大，单个资讯信息被收录的概率反而会降低。

所以，很多品牌方会误认为在高权重网站投放资讯信息，被收录的概率就会变大。但恰恰因为很多人都这么想，才会导致某一高权重网站的资讯信息投放量过于庞大，最终导致单一资讯信息的收录率降低，甚至还不如一些权重相对较低的资讯网站。

3.7.5　提高收录效果方法

有些品牌方也许会问，既然收录率不是百分百，那霸屏投放岂不是在盲投？霸屏投放可以理解为盲投，因为没有人知道哪个网站的某篇资讯信息一定会百分百被搜索引擎收录，运气好的品牌方收录率会高一些，运气不好的品牌方收录率就会低一些。

据我对霸屏行业的了解，目前绝大部分霸屏机构都只负责媒体投放，并不会承诺收录率，毕竟收录率无法准确预知。在这种情况下，如何才能提高品牌霸屏的收录效果呢？其实也不难，想提高品牌霸屏的收录效果，一般有两种方法，分别是大数据精准投放和加大媒体投放量。

大数据精准投放

通过长期的观察，我们发现信息流平台的收录率是有时间段波动的。有些网站会在某个时间段的收录率较大，过段时间后收录率又会变小。假设我们知道哪些网站会在哪个时间段收录率较大，哪个时间段收录率较小，那我们就可以投其所好，在合适的时间段投放一些收录率大的网站，这样就可以让霸屏的整体效果变得更好。

但问题是，我们要如何才能知道哪些网站最近收录率好呢？以前也许只能依靠一些既有的经验来猜测，但现在我们团队凭借较大的投放量，总结了一套自己的投放玩法，那就是用大数据来投放。所谓大数据投放，就是利用以往投放的数据来判断近期收录率较大的网站，然后优先选择这些收录率较大的网站来投放。

虽然信息流平台的收录率有时间段波动，但在某一个较短的时间段内，收录率还是有规可循的。通过长期的观察和分析，我们发现同一网站在 15 天内的收录率相对而言还是比较稳定的，不会有太大的波动。所以，我们会给品牌方优先投放 15 天内收录率较高的网站，这样就能有效提高资讯信息被收录的概率。

通过长期的实践，大数据投放玩法被证明是有效的，至少截至目前是有效的，可以让品牌方以较低的费用做出超预期的霸屏效果。大数据投放玩法的关键在于数据统计量，投放数据越多，预判的效果就会越好。

加大媒体投放量

如果品牌方合作的霸屏机构没有采用大数据投放玩法，也可以通过加大投放量的方法来增加霸屏效果。正常情况下，霸屏机构都会提供多个霸屏方案，不同方案之间的区别在于渠道投放量不一样。总的来说，霸屏方案的价格越贵，整体投放量就越大。在收录率相对不变的情况下，投放数量越多，霸屏效果就会越好。

这是一种简单粗暴的玩法，但能有效提高收录效果，前提是品牌方需要有足够的资金支撑。如果品牌方起盘资金相对紧张，建议尽量找能做大数据投放的霸屏机构。相对而言，在同投放量或同霸屏费用基础上，采用大数据投放的霸屏机构要比盲投的霸屏机构做出来的收录效果好很多。

3.7.6　承诺收录率的玩法

为了提高竞争力，有些霸屏机构还会提供相应渠道板块的收录率承诺，比如有些霸屏机构针对综合新闻板块就有类似的收录率承诺。目前综合新闻板块行业收录率在 30%～50%，平均收录率为 40%。

承诺收录率的风险

从目前了解到的情况来看，承诺收录率的霸屏机构并不多，主要原因在于操作不当有可能会造成亏本的风险。因为霸屏机构为了完成收录率承诺，必须持续地投放资讯信息，直至达到承诺的收录率为止才会停止投放。如果霸屏机构投放经验不够，有可能会亏本，特别是投放费用最贵的综合新闻板块。

这里举一个简单的例子，来解析下承诺收录率的操作玩法。假设综合新闻板块规划的投放量为50个，承诺最低做到60%收录率，也就意味着收录量需要达到30个才能实现收录率承诺。也许有品牌方会问，综合新闻板块的行业平均收录率为40%，为什么这里能做到高达60%的收录率？

实际上，这里隐藏了一个承诺收录率的玩法。50个规划投放量，要做到60%的收录率，需要有30个收录量。按照行业平均收录率40%来逆向推算，也就意味着实际需要投放75个量才能完成收录率承诺。所以，承诺收录率板块的实际投放量肯定是要远多于规划的投放量。

某些霸屏机构之所以敢承诺综合新闻板块的高收录率，主要是因为掌握了大数据投放玩法，能够有效地提高收录率，从而减少实际投放量来降低投放成本。虽然这些霸屏机构有一套行之有效的大数据投放玩法，但说实在的，他们依然无法做到在规划投放量内完成收录率承诺，实际投放量还是要比规划投放量稍微多一些。

但这个多出来的投放量和品牌方没有关系，多出来的投放费用是由霸屏机构来承担的。所以，很多霸屏机构不敢承诺收录率，因为如果收录率控制不好，为了达到承诺的收录率，实际投放量可能会远大于规划投放量，甚至多出来的投放费用会超出霸屏费用，从而出现亏本的风险。

品牌方在比较霸屏方案的时候，一定要把是否承诺收录率因素考虑进去。例如上述案例中，表面上看都是50个规划投放量，但承诺收录率和不承诺收录率的结果是不一样的。如果不承诺收录率，按照行业平均40%收录率来计算，也只能做到20个收录量，但承诺60%收录率却能做到30个收录量。

在霸屏费用和投放量相当的情况下，承诺收录率的霸屏效果肯定是要比不承诺收录率的效果好很多。要注意的是，不是所有霸屏机构都承诺收录率，实际上只有很少的霸屏机构敢于承诺收录率。在承诺收录率的霸屏机构中，承诺收录率的板块和具体承诺值都不相同，具体要咨询相应的霸屏机构。

搜索引擎提交入口

除了大数据投放玩法能够提高收录率外，还可以操作了一个比较笨的方法，那就是主动向搜索引擎提交网址链接，以此来提高搜索引擎收录的速度，从而间接提高收录率。

正常情况下，搜索引擎平台会通过技术手段检索互联网各大网站的资讯信息，如果检索到符合收录标准的资讯信息，搜索引擎便会收录这条资讯信息。但我们要知道，检索是需要时间的，互联网资讯信息投放量越大，检索到你投放的那条资讯信息的时间可能就越久。

如果某条资讯信息长时间没有被检索到，根据既有经验猜测，该条资讯信息有可能会出现因网站检索过载而失去收录的机会。简单地理解，如果某网站每天被搜索引擎检索的次数是有上限的，当检索达到上限次数后，剩下未检索的资讯信息可能就失去了检索机会。且不说该资讯信息是否符合收录标准，如果连被检索的机会都没有，收录就更不用提了。

为了解决搜索引擎检索速度的问题，各大搜索引擎平台都提供了"搜索引擎提交入口"工具。对于迟迟没有收录的资讯信息，我们可以主动提交网址链接到相应的搜索引擎提交入口。至于怎么找到提交入口，品牌方可以在各大搜索引擎平台中搜索关键词"搜索引擎提交入口"即可，搜索结果中会告知你答案。

要说明的是，主动向搜索引擎提交网址链接，原则上只可以加快搜索引擎的检索速度，并不保证一定能够收录你提交的链接，是否收录会按照搜索引擎相关标准处理。但从我们长期实践的经验来看，主动提交网址链接还是有一定增加收录率的作用。

3.8 品牌霸屏知识百科

很多品牌方对品牌霸屏的一些常识性知识缺乏了解。例如，经常有品牌方会问我，搜索引擎有什么排序规则，品牌霸屏需要多久做一次，品牌霸屏和品牌推广有什么区别等。接下来，我把品牌霸屏的一些常识性知识汇总出来，给大家做一个知识普及。

3.8.1 搜索引擎排序规则

前面说过，我们给品牌方做霸屏的时候，一般会提前去百度等搜索引擎平台搜下品牌关键词，以此来预判做出来的霸屏效果是否理想。之所以要这么做，是因为担心遇到同名关键词，从而产生撞词现象。

遇到撞词现象后，如果搜索自家的品牌名称，搜索结果中不仅会出现自家品牌的信息流，还会出现同名关键词的信息流，这些信息流会按照一定规则交错排序。有些品牌方可能会问，搜索引擎究竟是按照什么样的排序规则，来对搜索结果中的信息流进行先后排序的呢？

经过长期观察和分析，我们发现有三个因素可能会影响搜索结果中信息流的排序，分别是相关度、网页权重和发布日期。接下来，我们以百度搜索引擎为例来讲解下这三个影响因素。

相关度因素

在前面讲到搜索结果展示规则的时候，我提到过，搜索结果是以标题为第一优先排序规则进行展示的。例如，我们在百度中搜索关键词"胡小胖"，搜索结果中优先展示的信息流都是标题中带"胡小胖"关键词的资讯信息。

标题相关度是百度等搜索引擎判断某条资讯信息是否匹配搜索关键词的重要参考依据。理论上来说，与搜索关键词匹配度越高的标题，被搜索引擎检索到的概率就越高，在搜索结果中的排序也会越靠前。

网页权重因素

网页权重是指搜索引擎按照相关评价标准对网页质量进行打分，得分高的网页会优先展现给用户，具体表现为在搜索结果中的排序会靠前。网页质量的评价标准主要有两个，分别是网页对应的网站权重和网页中资讯信息的内容质量。

正常情况下，搜索引擎平台自家产品一定是网页权重最大的，比如百度搜索引擎自家的百家号、好看视频、百度问答和百度贴吧等百度系平台产生的资讯信息一定是优先排序靠前的。在其他两个影响因素相对不变的前提下，网页权重越高，排序会越靠前。

发布日期因素

在百度搜索某关键词后，我们会发现在搜索结果中的资讯信息内容展示区上有标记日期，这里标记的日期就是资讯信息的发布时间。通过观察和分析会发现，搜索结果中排序越靠前的资讯信息，显示的发布日期越新鲜，资讯信息会大致按照由近及远的日期排序。

我们前面说过，当遇到同名品牌关键词的时候，为了让自家品牌的资讯信息排序靠前，可以加大资讯信息的投放量，这里的操作原理就是利用了最新日期优先排序的规则。不仅如此，这个规则还可以利用到后面即将讲到的品牌负面舆情应对策略上。

上面就是我们总结出来的一些影响搜索引擎信息流排序的因素，掌握这些排序规则才能在相关操作上做到有的放矢。当我们在百度等搜索引擎平台中搜索某关键词的时候，搜索结果中的信息流排序大致上会按照上述讲到的影响因素来进行综合排序。

正常情况下，只有存在同名关键词现象，排序规则才有研究的意义。如果不存在同名关键词，搜索结果中资讯信息的排序先后其实并不太重要。因为都是自家品牌的信息流，哪条资讯信息排序在前，哪条资讯信息排序在后，对于品牌方而言，其实没有什么太大的影响。

3.8.2 品牌霸屏更新周期

很多品牌方经常问我，品牌霸屏需要多久做一次？这个问题没有统一的答案，需要根据品牌方的具体情况具体分析。但有一点是需要肯定的，那就是品牌霸屏绝对不是一劳永逸的事情，而是一个需要常态化开展的背书项目。品牌霸屏的更新周期取决于两个因素，分别是信息更新和有效周期。

信息更新因素

在品牌运营中，每一款产品都会经历产品生命周期的演变，即由于消费者的需求变化以及影响市场的其他因素所造成的产品由盛转衰的周期演变。在新零售行业，一款产品的生命周期平均大概在十个月左右。

为了提升品牌竞争力，保持代理商和消费者对品牌的活力，品牌方需要做好产品的更新迭代工作。当品牌方对产品进行了更新迭代后，为了让潜在代理商和消费者及时获取最新的品牌资讯信息，品牌霸屏工作就需要被重新启动，从而增补一些更新的品牌资讯信息。

正常情况下，我们在给品牌方设计首次霸屏方案时，媒体渠道规划的投放量是比较大的，目的在于尽可能地增加品牌霸屏的收录效果。但后期再做品牌霸屏的时候，媒体渠道的投放量可以适当少一些，因为首次品牌霸屏已经完成了品牌在互联网中的信息流布局，后面再做品牌霸屏的目的更多的是增补一些品牌更新的资讯信息。

所以，我们在给品牌方设计霸屏增补方案时，规划的投放量相比首次霸屏要少很多，霸屏费用也会同步低很多。正常情况下，霸屏机构都会有不同的霸屏方案供品牌方选择，首次霸屏尽量选择投放量大一点的方案，后面再做霸屏时可以选择投放量少一点的方案。

例如，我们团队的品牌霸屏方案分为常规版和增补版两个版本，常规版有五个霸屏方案，适合首次做霸屏的品牌方按需选择；增补版有三个霸屏方案，适合后期增补品牌资讯信息的品牌方按需选择。

有些品牌方也许会问，如果产品更新比较频繁，甚至每个月都会出新品，需要每个月都做品牌霸屏吗？产品更新频繁的品牌方采用的运营模式大多是品牌分销模式，即我们常说的社交电商模式或社群团购模式。品牌分销模式需要建立在分销商城平台的基础上，要求平台内产品足够丰富。

采用分销模式的品牌方在做品牌霸屏背书的时候，需要根据平台内产品的属性来决定霸屏的更新周期，这里说的产品属性是指平台内的产品是否以自家品牌产品为主。如果平台内的产品是以自家品牌产品为主，在资金实力允许的情况下，产品更新当月可以做一次品牌霸屏。如果资金实力不允许，可以累计产品更新当季做一次品牌霸屏。

如果平台内的产品是以非自家品牌产品为主，比如有些做社群团购的品牌方，平台内的产品大多是对外采购来的产品，自家品牌产品很少，甚至压根没有。此类情况，我们建议品牌方在做品牌霸屏的时候，霸屏文案的宣传重点应该聚焦于平台本身，至于平台内的产品只需简单地提及下即可。这种思路下的品牌霸屏更新周期，一般建议在产品更新的当季做一次就可以了。

有效周期因素

经常有品牌方会问我，品牌霸屏做一次能维持多久？维持周期没有一个准确的时间，但有一个大概的规律，那就是随着时间的推移，那些被搜索引擎收录的信息流有可能会消失，俗称"掉收录"。至于哪条被收录的资讯信息在何时会消失，这个就无法准确预知了。

通过观察会发现，这些被收录的信息流不会集体突然消失，而是会在收录大概半年后开始逐渐慢慢地消失，有时候这个消失的过程要经历一两年，有的甚至要三四年，或者更久一点。但也不用过于担心，因为品牌信息流并不会全部都消失，有些会少部分消失，有些会大部分消失，全部消失的概率还是很小的。

虽然我们无法预知哪些信息流在将来会消失，以及会在多久后消失，但我们通过分析找出了消失的原因，这里简单地普及下。被搜索引擎收录的信息流，在后期消失的主要因素有两大类，分别是搜索引擎因素和媒体渠道因素。

搜索引擎因素主要是由于搜索引擎平台更改了收录规则，导致以前一些被收录的信息流在收录规则更改后不再符合收录规则，从而出现掉收录的情况。正常情况下，搜索引擎平台会不定期地调整或优化收录规则。

媒体渠道因素主要是由于被收录的资讯信息网页被平台方删除或下架了，导致搜索引擎无法识别网页内容而取消收录。至于平台方删除或下架某资讯信息，一般是由于平台方更改了资讯信息的审核规则，导致一些资讯信息在审核规则更改后不符合要求。

无论是搜索引擎因素，还是媒体渠道因素，都属于不可抗力导致的客观因素。这些掉收录的客观因素是霸屏机构无法左右，且无法预知的。但品牌方也不用过于担心，因为这些掉收录的因素不会频繁出现，在相当长的一段时间内，收录量还是相对稳定的。

所以，品牌方如果想维持互联网中一定数量的品牌信息流，我们建议至少一年要做一次品牌霸屏。结合上面说到的信息更新因素，我们建议最好半年做一次品牌霸屏。做品牌霸屏的间隔周期越长，媒体投放量也要相应加大，这样才能保证互联网中的信息流数量均衡。

像我认识的很多品牌方，很多都是每季度做一次品牌霸屏。品牌霸屏的费用其实并不高，每季度做一次也花不了几个钱。相比霸屏效应带来的品牌业绩，霸屏费用只是九牛一毛。有些品牌方不喜欢或不愿意做霸屏，说到底还是因为没有真正意识到品牌做霸屏背书的意义。

3.8.3　霸屏和推广的区别

有些品牌方搞不清楚品牌霸屏和品牌推广的区别，容易把两者混淆在一起。其实这两者很好区别，品牌霸屏和品牌推广都属于品牌营销宣传的一部分，两者的主要区别在于目的不一样。

品牌霸屏的目的是帮助品牌构建互联网信任背书，它是品牌背书项目之一；而品牌推广的目的是帮助品牌引流目标人群，它是品牌引流项目之一。简单地理解，品牌霸屏的目的是背书，品牌推广的目的是引流。

品牌推广的方式有很多，有付费和免费之分，也有线上和线下之分。在付费的品牌推广中，最容易和品牌霸屏搞混淆的推广方式就是搜索引擎推广。这里以百度搜索为例，很多品牌方搞不清楚百度霸屏和百度推广的区别，于是常常会出现品牌方找霸屏机构做百度推广业务的现象出现，其实霸屏机构是不做百度推广业务的。

百度推广又叫百度竞价排名，是一种按效果付费的网络推广方式，在用户搜索某关键词的结果中，排名企业的推广信息优先显示在用户面前，从而可以给企业带来大量潜在客户，有效提升企业销售额和品牌知名度。

想做百度竞价排名的品牌方直接去百度平台注册一个百度营销账号就可

以了，然后会有平台官方人员来沟通对接。除了百度推广，几乎所有在互联网中有点知名度的平台都有相应的付费品牌推广业务，具体可以咨询相关平台的客服。

很多品牌方会问我，有没有必要去互联网公域平台做品牌推广呢？我的观点是具体问题具体分析，做肯定比不做好，但也要考虑到品牌的运营成本。如果品牌方有资金实力，可以考虑去一些流量大的互联网公域平台做品牌推广。在营销宣传中，所有的品牌推广项目都能起到一定的品牌背书作用。

但如果品牌方起盘资金比较紧张，可以暂时不选择，毕竟付费的品牌推广在起盘阶段只是一个可选项，而不是一个必选项。据我了解，目前各大互联网公域平台的付费推广业务模式大多是关键词竞价排名，越是热门的搜索关键词，竞价就越激烈。

在传统互联网时代，品牌方通过付费推广来引流是一件很平常的事情。但在移动互联网时代，品牌引流的方法有很多，特别是新零售这个行业，本身从业者数量就非常庞大，通过开展一些有效的私域引流玩法，可以很轻松且低成本地获得可观的私域流量。

品牌方与其通过付费推广来引流，还不如请一家靠谱专业的操盘机构来协助开展一系列的私域引流活动。要知道，付费的品牌推广需要源源不断地砸钱，而操盘机构传授的那些引流玩法是可以继承的。即使后期不和操盘机构继续合作，只要品牌方掌握了引流玩法，流量便会源源不断。

所以，在目前引流玩法较多的前提下，对于一些资金比较紧张的品牌方，我觉得没有必要在起盘阶段去做付费推广，毕竟起盘资金要用到最需要的地方。如果后期品牌起盘成功了，再选择付费推广也不迟。

3.8.4　霸屏联系方式留存

谈到品牌霸屏,很多人都认为这是品牌方要做的事情。其实不然,品牌霸屏不仅品牌方可以做,代理商也可以做品牌霸屏,只不过霸屏的目的不一样而已。品牌方做霸屏的主要目的是构建品牌在互联网中的信任背书,而代理商做霸屏的目的是抢夺品牌关键词的搜索流量,从而给自己引流。所以,在文案规划和撰写上,两者最大的区别在于是否留联系方式。

品牌方拒留原因分析

对于是否在霸屏文案中留联系方式,我认为品牌方最好不要留联系方式,而代理商是一定要留的。代理商之所以一定要留联系方式,是因为代理商做品牌霸屏的目的是引流,不留联系方式起不到引流的作用,那也就没有做品牌霸屏的意义了。

为什么建议品牌方不要留联系方式呢?道理很简单,因为当有用户去搜品牌关键词的时候,一定是从某处了解到了该品牌才会去搜索,想看一看这个品牌相关的信息,以便更好地了解这个品牌,而用户获取品牌信息的来源渠道主要有两种:

第一,老客户渠道。例如,代理商 A 的客户使用品牌产品后觉得还不错,推荐给了身边的朋友,客户的朋友知道这品牌后可能去网上搜一搜。这个时候,如果客户的朋友需要购买该产品,很大可能会向该客户询问购买渠道,此时客户肯定会引导朋友去代理商 A 那里购买。

第二,代理商渠道。例如,代理商在招商时会介绍产品,在销售产品时也会介绍产品。这两种情况下,潜在代理商和潜在客户也许都会去网上搜一搜该品牌的相关信息,如果觉得品牌还不错的话,也许会加盟该品牌或购买产品。

如果品牌方在文案中留下联系方式，等于是在和代理商抢流量。正常情况下，如果有用户咨询品牌方，品牌方一定会把用户分配给旗下代理商，但分配到的代理商未必就是那个提供品牌来源的代理商，这样就损害了后者的利益。

对于那位代理商而言，这是不公平的，会减少该代理商的招商和销售业绩，也会让代理商心寒，从而影响代理商的士气。所以，我建议品牌方做品牌霸屏时最好不要留联系方式，做好品牌自身的宣传就可以了。

如果品牌方已经做过品牌霸屏且留了联系方式，在把用户分配给旗下代理商之前，最好先询问下用户获取品牌信息的来源，以及是否有代理商正在对接。如果回答是肯定的，就不要把该用户分配给其他代理商，可以让用户继续使用原有渠道的代理商即可。

除了上面提到的缘由外，不建议品牌方留联系方式还有个重要原因，那就是霸屏文案中留联系方式会降低搜索引擎的收录率，且很多媒体平台不允许留联系方式，否则会影响稿件的审核通过率。

拒帮代理商霸屏引流

有些品牌方在做品牌霸屏时，为了帮一些优秀的代理商打造个人品牌，往往会在霸屏稿件中写一些代理商的宣传内容，并附上代理商的联系方式，美其名曰帮代理商引流。针对这种操作方式，我个人并不完全赞同。

品牌方可以帮一些表现优异的代理商打造个人品牌，也可以在霸屏文案中宣传这些优秀的代理商，比如分享一些优秀代理商的创业故事等。这样有利于鼓舞代理商的士气，提高代理商的积极性，但是不建议留代理商的联系方式，因为这种操作方式会存在一些弊端。

首先，和上面品牌方自己留联系方式一个道理，等于品牌方在帮这批优秀代理商抢其他代理商的流量，且会降低霸屏的整体收录率。其次，代理商跳槽和自立门户的情况时有发生，品牌方帮代理商做霸屏引流，有可能是在给自己挖坑。

3.8.5　代理商霸屏截流法

虽然品牌方不太适宜帮代理商做霸屏引流，但品牌方可以鼓励代理商自己做霸屏引流，这样有利于品牌霸屏效果的进一步增强。代理商做霸屏引流的目的在于截取品牌关键词的用户搜索流量，我们把这种引流玩法叫霸屏截流法，引流原理其实很简单：

当有用户在百度等搜索引擎平台搜品牌关键词时，搜索结果中会有一定概率展现代理商布局的信息流。由于资讯信息内容中留有代理商的联系方式，用户就会顺藤摸瓜地添加联系方式，从而让代理商截流成功。

像我们给代理商做霸屏引流时，文案底部留联系方式的同时会增加一个加速剂的导流语。例如，添加某某微信可以免费领取产品试用装等。总之，就是给一个要添加联系方式的理由，这个理由一般都是添加后会送某某赠品或提供某某价值。

联系方式一般建议留绑定微信的手机号，一来是因为手机号本身就是常用联系方式，二来是因为手机号可以在后期随意切换绑定的微信号。因为霸屏文案投放后是不可以随意修改的，如果留普通的微信号，在微信满员后就会失去了引流的作用。

正常情况下，截取的流量和品牌的热度成正比例关系，品牌名气越大，产品越火爆，截取的流量就会越大。如果品牌热度不够怎么办呢？这里建议代理商将一部分资金拿出来做热度比较高的竞品品牌关键词霸屏，这样不仅可以截自己品牌的搜索流量，还能截竞品的搜索流量。

这一招截取竞品流量的玩法，品牌方也可以运用，操作方法很简单：标题中含竞品品牌关键词，内容里面半路话题转成自己品牌的宣传内容。这种操作方法实际上就是我们前面内容中讲到的非品牌关键词霸屏玩法之一。这种截竞品流量的玩法对于文案的规划和撰写要求比较高，要温和处理好两个品牌话题的转换，否则会激化和截流竞品的矛盾。

想截取互联网中某品牌的搜索流量，除了可以通过关键词霸屏的方式来实现外，也可以直接通过付费做搜索引擎竞价排名（即搜索引擎推广）的方式来实现。相比霸屏截流而言，做搜索引擎推广的效果更显著，但需要源源不断地砸钱来维护。

3.8.6　自媒体霸屏的玩法

我们常说的品牌全网霸屏一般是指以百度为代表的综合搜索引擎霸屏，那是不是做好了综合搜索引擎霸屏，就真的能实现品牌全网霸屏呢？我觉得以前可以这么理解，但现在还差那么一点点，原因就在于时代不一样了。

在移动互联网到来之前，人们想了解某品牌的资讯信息，只能通过搜索引擎平台去了解。在那个时代，互联网搜索渠道基本被以百度为代表的搜索引擎平台占领，人们很难通过其他搜索渠道全面了解某品牌的资讯信息。但随着移动互联网的普及，搜索渠道不再被百度等综合搜索引擎平台独占，很多自媒体平台也有闭环的搜索引擎，比如小红书、公众号、微博和抖音等。

自媒体霸屏概念

所谓闭环搜索引擎，也叫"自媒体搜索引擎"，是指在自媒体平台内部构建的搜索引擎体系，搜索结果只展示自家平台内的资讯信息。例如在小红书的搜索引擎中搜某品牌关键词，搜索结果中只会展现小红书创作者发布的有关该品牌关键词的信息流。

要注意的是，自媒体搜索引擎并不是搜索引擎平台，只是自媒体平台内的一个搜索功能而已。而以百度为代表的综合搜索引擎，才是真正意义上的搜索引擎平台，因为它收录的是整个互联网资讯平台的信息流，而不仅局限于某个自媒体平台的单一信息流。论收录内容的丰富性和影响力，自媒体搜索引擎肯定是无法与综合搜索引擎相提并论的，两者完全不是一个级别。

但为什么我要把自媒体搜索引擎单独拿出来说呢？那是因为凡是有大量搜索行为存在的地方，都有霸屏的必要性。现在某些自媒体平台的用户流量非常庞大，平台内的用户搜索量也很大，品牌方有必要提前在这些自媒体平台布局好品牌信息流。我们把这种在自媒体平台布局信息流的行为，叫作"自媒体霸屏"。

对于品牌方而言，自媒体霸屏和前面提到的综合搜索引擎霸屏的原理是一样的，但霸屏文案的规划和撰写相较于综合搜索引擎霸屏有较大的区别。综合搜索引擎霸屏的文案要尽可能全方面地介绍品牌信息，但自媒体霸屏的文案主要以产品种草为主，从而吸引用户的购买兴趣。

要注意的是，并不是所有自媒体平台都值得品牌方去做霸屏，它必须建立在平台搜索流量大的基础上才有去做的意义。目前我认为值得去做自媒体霸屏的平台有小红书、公众号、微博和抖音等，这些自媒体平台都是目前搜索流量比较大的公域平台。

种草的目的分析

很多想做自媒体霸屏的品牌方会问我，是选择找自媒体平台中的素人号发布种草信息效果好，还是找达人号发布种草信息效果好？其实答案很简单，要看你去做种草的目的。

如果你种草的目的是布局信息流，从而制造品牌霸屏背书的效果，那就去找素人号发布，因为素人号的发布价格比较便宜。自媒体霸屏需要大量的发布量才能形成一定的霸屏效果，找达人号发布费用过于昂贵，其实完全没有这个必要。

但如果你种草的目的是布局流量，从而导流到私域流量池，那就有必要找达人号发布，因为达人号粉丝量比较大，粉丝导流的概率比较大，但达人号的发布费用也相对较贵。简单地理解，品牌背书优选素人号，推广引流必选达人号。在发布量大的情况下，两者都可以实现品牌霸屏效果。

综上所述，品牌方想要实现真正意义上的品牌全网霸屏，最好把综合搜索引擎霸屏和自媒体霸屏都做齐全。但如果品牌方前期起盘资金有限，可以先做一个综合搜索引擎霸屏，自媒体霸屏可暂时不做，待到品牌起盘成功后，再来补齐自媒体霸屏也不迟。

简单地理解，自媒体霸屏不是品牌起盘阶段必须做的背书项目，但做了能起到一定的助力运营作用。而综合搜索引擎霸屏是一定要做的背书项目，因为不做会阻碍品牌的正常运营，让品牌运营起到事倍功半的负面效果。

3.9　品牌负面舆情公关

对于品牌方而言，品牌的口碑和形象起着至关重要的作用，正面舆情可以让品牌收获好的口碑和效益，负面舆情会让品牌面临各种危机，一旦处理不好，很有可能会成为压垮品牌的最后一根稻草。从品牌公关的角度来说，品牌霸屏属于正面舆情公关，通过正面的舆情宣传，向互联网用户传播品牌资讯信息。

但凡事都存在两面性，在现实的品牌运营中，很多品牌方都会或多或少面临一些网络负面舆情的危机。当品牌发生负面舆情危机的时候，很多品牌方也许会采取堵窟窿、掩盖事实或缩头等风过等处理策略获得短暂的事件平息，但危机本身并没有被妥善地解决，未来依然会存在随时爆发的风险。

所以，想成功地化解舆论危机，我们需要用正确的品牌危机公关策略来应对负面舆情。在我看来，品牌方面对负面舆情的态度和采取的应对策略，恰恰是检验创始人价值观和品牌价值观的最佳时机，是向外界证明品牌档次的机会。

3.9.1　品牌危机公关策略

常见的品牌负面舆情主要存在三个方面：第一，产品质量问题，比如产品成分违规或以次充好等；第二，品牌合规问题，比如模式违规或财税违规等。第三，品牌宣传问题，比如产品虚假宣传或夸大宣传等。

当品牌方遭遇负面舆情的时候应该如何处理呢？从长期处理品牌负面舆情的经验来看，我认为品牌方需要依次做好三件事，分别是表明态度、转移话题和霸屏覆盖，简称"危机公关三部曲"。正常情况下，只要做好了这三件事，品牌负面舆情便可以有效缓解。

在品牌负面舆情处理中，我把负面舆情分为两类，分别是真实负面舆情和虚假负面舆情。真实负面舆情是指网络中报道的负面消息是真实的，虚假负面舆情是指网络中报道的负面消息是虚假的。

两种类型的品牌负面舆情都可以用危机公关三部曲来应对处理，只不过在处理过程中会有稍许的差异。接下来，我们就简单地讲解下，如何用危机公关三部曲来处理这两种类型的负面舆情。

3.9.2　真实负面舆情公关

面对真实负面舆情，品牌方最担心的就是公众在百度等搜索引擎平台中搜索品牌关键词时，搜索结果中会出现一堆的关于品牌负面舆情的资讯信息。一旦发生此类情况，品牌的招商和销售就会举步维艰，具体表现为代理商不敢加盟品牌，或消费者不敢购买产品。

作为品牌方，当互联网中出现了品牌真实负面舆情资讯信息时，我们可以按照危机公关三部曲的处理原则来化解品牌负面舆情带来的危机。

第一部：表明态度

当负面舆情真实存在的时候，我们首先应该做的就是诚恳地向公众道歉，这里的公众主要指代理商和消费者。要注意的是，道歉必须诚恳，不要试图通过解释蒙混过关，或者搞一些虚头巴脑的形式主义。例如，有些企业在出现真实负面舆情时，不仅不承认错误，反而想试图通过"教育"的方式来纠正大众的认知。

很多时候，面对负面舆情，公众要的就是一个态度，此时品牌方的态度决定一切。作为品牌方，要拿出自己诚恳的态度去应对，才能缓和事件进一步激化放大，避免坏口碑的扩散。毕竟，这个人人都是自媒体的时代，口碑扩散的速度太快了。

第二部：转移话题

如果说表明态度是为了期待公众原谅，那转移话题就是知错就改。简单地理解，转移话题就是告诉公众，接下来品牌方要如何整改和优化。例如，如果是质量问题，接下来要如何提高产品质量；如果是合规问题，接下来要如何依法合规运营；如果是宣传问题，接下来要如何整改产品品宣。

面对负面舆情，品牌方不要针对问题聊问题，否则会陷到问题中无法脱身。此时正确的做法是用转移话题来化被动为主动，而最好的新话题就是知错就改类的话题，从而挽回品牌在公众心目中的形象。

所谓知错就改，就是真诚地承认错误，并诚恳地向公众道歉，然后通过表决心的方式告诉公众接下来要如何改正。例如，当年海尔张瑞敏砸冰箱，通过制造砸冰箱的新话题，重塑了品牌在公众心中的形象。

第三部：霸屏覆盖

面对互联网中出现的品牌负面舆情，大部分品牌方可能第一时间想到的处理方式就是找人删稿，想试图彻底抹去负面舆情，其实这种想法和行为是极其错误的。

首先，你找人删稿的速度永远赶不上别人发稿的速度，也正是因为有这种删稿的想法，才滋生了诸多恶意发黑稿的敲诈行为产生。再者，有偿删稿是违法行为，品牌方不要知法犯法，否则容易再添负面舆情，让品牌雪上加霜。

所以，面对诸多品牌负面舆情资讯，最好的处理方式应该是去做霸屏覆盖，即通过撰写大量品牌正面舆情的资讯，投放到互联网各大资讯网站，让品牌关键词的搜索结果逐渐迭代更新，最终实现品牌正面舆情覆盖负面舆情，从而引导公众向品牌正面积极的方面看。

3.9.3　虚假负面舆情公关

在品牌运营中，即使品牌方合法合规的运营，依然会有一些品牌方会遭遇负面舆情的攻击。但和上面真实负面舆情不同的是，这些品牌负面舆情是人为制造的虚假信息。产生虚假负面舆情的原因有很多，常见的主要有三种，分别是竞争对手为了抢夺市场恶意抹黑、媒体小编利用虚假话题吸引流量、职业团伙以删稿为由敲诈勒索。

作为品牌方，当互联网中出现了品牌虚假负面舆情时，我们依然可以按照危机公关三部曲的处理原则来化解品牌负面舆情带来的危机。

第一部：表明态度

有些品牌方觉得互联网上的负面舆情是虚假的，完全不需要理睬，美其名曰身正不怕影子斜。殊不知，这种想法和应对方式是错误的，可能会出现戈培尔效应。我曾经就遇到过类似的品牌方，当我们团队提出应对方案时，品牌创始人觉得多此一举，结果品牌招商业绩呈雪崩式下跌，最后品牌方不得已又采纳了我们团队的建议，才成功化解了品牌危机。

这里需要提醒品牌方，无论互联网中出现的负面舆情是真实的还是虚假的，品牌方都必须有所行动，而不能觉得是虚假的就置之不理，因为这些负面舆情或多或少会给部分不明真相的公众造成误导，从而影响品牌的口碑。

对于虚假的负面舆情，品牌方需要第一时间表明态度，澄清事实真相，开展适当的维权行动。维权行动主要落实三点，分别是报案、删稿和公告，这里简单地讲解下注意事项。

第一，及时向公安机关进行报案。正常情况下，报案后会有一个报警回执单，这个一定要留存好，可以用于后面的公告晒图，让公众知道品牌方真的已经报案了，同时也可以对造谣者起到一定的威慑作用。

这里想说的是，最终是否能破案并不重要。当然，能破案肯定是好事。重要的是品牌方必须通过报案表明态度，借用报案这件严肃的事情让公众知道互联网上的负面舆情是虚假的。

第二，通过合规举报渠道删除虚假负面信息。要注意的是，这里不是让品牌方去做有偿删稿的违法行为，而是通过合规举报的方式去删稿。正常情况下，只要资讯平台核实是虚假信息，都会及时删除相关资讯。

从长期接触的案例来看，像这种虚假的负面舆情经常出现的资讯平台一般为自媒体网站或很小众的资讯网站，因为大型的资讯网站对稿件的审核很严格，像这种未经证实的虚假负面舆情一般都不会通过审核。

正常情况下，无论是自媒体网站，还是小众资讯网站，又或是大型资讯网站，只要是合规的网站，在网页的底部或侧面都留有举报入口或联系方式。品牌方找到举报入口后，直接按照要求提交相关举报证据，比如公司申明、律师函和报警回执单等。

在向资讯平台举报的同时，也可以同步向"中央网信办违法和不良信息举报中心"提交举报信息，直接在百度搜"违法和不良信息举报中心"就可以找到该举报平台。正常情况下，在一系列操作后，会有部分资讯平台删除相关资讯信息。

第三，在品牌官方媒体渠道发布公告函。公告函上要说明事件始末，澄清事实真相，可同时附上律师函和报警回执单。品牌官方媒体渠道包括品牌官方网站、品牌公众号和品牌微博号等品牌方拥有的官方自媒体账号。

发布官方公告函的目的，是为了让那些不明真相的公众了解事情的真相，避免虚假负面舆情进一步的传播。正常情况下，发布官方公告函需要和后面两招同步进行才能起到更好的负面舆情压制效果。

第二部：转移话题

在表明态度后，我们就要开始转移话题，即讲证据和摆事实，拿出一系列的证据链证明自家品牌产品是不存在负面舆情宣传的情况。实际上，品牌方可以借机对自家品牌产品进行新一轮有针对性的宣传，强化代理商和消费者对品牌及产品的正面认知，巧妙的化危机为转机。

如果虚假舆情涉及的是质量问题，品牌方可以重点对产品品质进行宣传介绍。例如，可以出示产品合格的质检报告，可以对产品的加工厂和原材料等进行正面宣传，可以展示消费者对产品品质和效果的反馈。

如果虚假舆情涉及的是合规问题，品牌方可以针对具体问题进行相关合规性介绍。例如，针对运营合规，可以介绍公司聘请了相关专业操盘机构协助运营，运营事项充分咨询参考了律师或市场监管部门的意见。针对财税合规，可以主动展示一些证明材料，比如会计师事务所出具的审计报告或税务机关出具的企业完税证明等，品牌方还可以主动承诺会依法合规纳税，接受税务部门的监督。

如果虚假舆情涉及的是宣传问题，品牌方可以针对具体问题进行相关知识普及。例如，针对产品虚假宣传或夸大宣传，品牌方完全可以借用广告法和行业规范等法律行规，来给公众进行一场产品品宣方面的知识普及，从而让公众知晓品牌方的宣传是合规的。

在品牌没有出现负面舆情的时候，可能公众并不关心品牌的相关宣传，但是出了负面舆情，公众往往就会抱着吃瓜不嫌事大的心态去试图了解真相。此时，品牌方就要利用公众的这种心态去有针对性地进行品牌宣传，反而会起到化危机为转机的效果，让品牌深入公众心中。尤其是对于代理商和消费者而言，会更加信任品牌。

第三部：霸屏覆盖

前面说过，品牌方可以对相关资讯平台上的负面信息进行举报删除，但是这个方法并不能完全让互联网中所有负面舆情都消失，只能起到一部分的抑制作用。如果真的有人在幕后恶意推动事件的发展，在警方没有破案之前，品牌方是很难彻底消除负面舆情的传播，因为你举报删稿的速度永远赶不上别人发稿的速度。

警方破案是需要时间的，这个时间是未知的，即使找到了幕后推手，还要经过起诉、审判等一系列的司法环节才能尘埃落定。作为一家正在运营中的品牌，我们不可能有足够的等待时间。在法律结果到来之前，我们必须通过一些有效手段去压制这些虚假负面舆情的进一步传播。

面对诸多虚假品牌负面舆情资讯，最好的处理方式应该是去做霸屏覆盖，即通过撰写大量品牌正面舆情的资讯，投放到互联网各大资讯网站，让品牌关键词的搜索结果逐渐迭代更新，最终实现品牌正面舆情覆盖虚假的负面舆情，从而引导公众向品牌正面积极的方面看。

3.9.4　负面舆情公关原理

通过上面的讲解，面对互联网中诸多的品牌负面舆情，品牌方要做的事情其实很简单，那就是再做一次品牌霸屏。和常规品牌霸屏不一样的是，针对负面舆情的品牌霸屏要讲究危机公关策略，这里的文案规划和撰写就尤为关键，要巧妙将"表明态度"和"转移话题"这两个步骤的具体行动措施融入文案中。

品牌霸屏的本质是公关传播，公关传播是品牌传播方式之一。在面对品牌负面舆情时，品牌方为此所做的一切有效措施都必须通过互联网传播出去。在我看来，能够压制品牌负面舆情的有效解决方案就是制造品牌正面舆情。

前面提到过搜索结果排序的相关规则，在其他规则一定的情况下，发布时间是影响排序的关键因素，这也是霸屏覆盖能实现的原理所在。但我们要知道，在短时间内，无论是真实的负面舆情，还是虚假的负面舆情，都不可能真正做到百分百的覆盖。

所谓霸屏覆盖，并不是让负面舆情消失，只是利用了搜索引擎的排序规则，让新发布的品牌正面舆情资讯优先排序靠前，从而起到压制的效果。如果互联网用户在搜索结果中多往下翻几页，还是会或多或少看到一些负面舆情的资讯信息。所以，想让压制的效果更好，品牌方可以适当增加资讯信息的投放量。

作为品牌方，既然在短时间内彻底抹去互联网中负面舆情资讯是不可能的，那我们就要通过正确的应对方法来有效缓解或降低负面舆情给品牌带来的不利影响。正因为如此，将"表明态度"和"转移话题"这两个步骤的具体行动措施融入文案中就非常有必要。

正常情况下，品牌方遇到负面舆情的情况相对不多，但也要提前准备好相应的预案，以不变应万变。危机公关的首要目的是及时止损和最大限度降低损失，通过缓和事件进程，为处理危机赢得时间和空间才是王道，一切行为都要以此为前提和目标。

面对品牌负面舆情，品牌方的应对行动一定要及时，切忌犹豫不决和拖拖拉拉，要通过转移话题来主动引导舆论，否则只会一直被别人牵着鼻子走，舆论只会被媒体引导，或是被公众的情绪引导。市场不会给你留过多犹豫的时间，竞争对手随时都想着怎么超越你。

要注意的是，品牌危机公关的应对处理是一件相当复杂的事情，我上面讲解的一些应对策略主要是从品牌霸屏的角度来分析。在应对舆论危机的过程中，品牌方在幕后要做的事情还有很多。由于篇幅的关系，这里就不再具体拓展讲解。

3.10 霸屏机构合作事项

如果想做品牌霸屏背书，需要找谁来合作？从我的经验来看，如果品牌方想省钱省事效果好，直接找霸屏机构合作即可。接下来，我简单地介绍下品牌方和霸屏机构的相关合作事项。

3.10.1 品牌霸屏是双重活

有些品牌方可能觉得品牌霸屏是一件很简单的事情，只要有媒体渠道资源，动一动鼠标就可以轻松搞定。从表面上看，品牌霸屏的操作流程的确很简单，无非就是文案撰写和媒体投放两个步骤。互联网上其实也可以找到类似软文发布平台这样的媒体发布渠道，也能找到代写稿件的互联网写手。品牌方如果不找霸屏机构合作，其实也可以自己去操作各种霸屏投放事项。

既然品牌方自己可以搞定品牌霸屏，但为什么还有那么多品牌方会找霸屏机构做品牌霸屏呢？我认为主要原因在于霸屏机构具有三个无可替代的优势，分别是人力优势、价格优势和经验优势。总结起来其实就一句话，那就是在同等价格基础上，霸屏机构做出来的整体效果会更好。

霸屏机构人力优势

有些品牌方告诉我，他们之前也自己操作过霸屏投放工作，大致流程就是在网上找一些媒体发布渠道，再找一些互联网写手撰写霸屏稿件。但大多数品牌方操作过一次后就再也不想自己操作了，而是会果断选择找专业的霸屏机构来合作。

产生这种变化的原因在于品牌方觉得自己操作不划算，主要体现在三个方面：第一，霸屏投放效果不理想，整体收录率很低；第二，稿件质量不佳，无法有效转化目标人群；第三，整个霸屏投放过程太烦琐，浪费时间和人力。

前面两个原因暂且放到后面来讲解，先来讨论第三个原因，为什么说霸屏投放过程会很烦琐呢？这里简单地讲解下。在我们设计的品牌霸屏方案中，即使是投放量较低的霸屏方案也有近一千的投放量。这意味着每一个与投放量相关的霸屏工作，你都需要操作一千次。

常见与投放量相关的霸屏工作有媒体投放、投放汇总和投放优化。媒体投放是指把相应稿件投放到相应资讯平台，投放汇总是指汇总投放后的资讯链接到报表中，投放优化是指主动向搜索引擎提交资讯链接。

庞大且烦琐的霸屏工作，对于刚起盘的品牌方而言，要浪费大量的时间和精力。正常情况下，刚起盘的品牌方，前期工作节奏都很快，而且人手普遍不足。在这种情况下，还要抽出人力去做这件原本可以全权交给霸屏机构来操作的事情，我认为没有这个必要。

霸屏机构价格优势

很多自己去操作霸屏投放的品牌方，误认为自己找媒体渠道去操作发布，整体费用要便宜很多，其实这种认知是错误的。正常情况下，品牌方找霸屏机构所花费的投放费用要普遍低于品牌方自己单独找媒体渠道所花费的投放费用。费用相对较低的原因很简单，那就是霸屏机构具有体量优势，拿到的媒体投放价格会远低于品牌方自己找到的媒体渠道价格。

品牌方在互联网上找到的那些媒体发布渠道，大多不是一手媒体渠道商，大多只是个中间商，有的甚至是好几层中间商。因为一手媒体渠道商都是做大体量批发的，很少会给品牌方做零售发布。要知道，每多一层中间商，给到品牌方的媒体价格就会多加一层差价。

而霸屏机构由于投放体量较大，往往会直接和一手媒体渠道商合作，拿到的媒体价格会便宜很多。正常情况下，霸屏机构体量越大，拿到的媒体价格就会越便宜。即使整合成霸屏方案卖给品牌方，也会比品牌方自己找的媒体渠道报价便宜很多。

简单地理解，霸屏机构给到品牌方的媒体投放价格可以理解为是二手批发价，品牌方自己找的媒体渠道给到的投放价格可以理解为是零售价。同样是媒体投放，一个是批发价，一个是零售价，懂行的品牌方都知道该怎么选。

之所以有些品牌方会误认为自己找的媒体渠道报价更便宜，我认为主要原因在于整体价和单价之间造成的认知偏差。霸屏机构给到品牌方的往往是一个完整的霸屏方案，费用是针对整个方案来定价的。

而品牌方自己找的媒体发布渠道，往往展示的是媒体发布单价。例如，一些软文平台上会清楚地标明单个媒体网站的价格。一边媒体单价，一边是整体霸屏方案价，很容易让品牌方觉得整体方案价格偏贵。

但实际上，在和霸屏方案同投放量的前提下，如果品牌方把所有投放媒体的价格累计起来，得出来的总价往往会高于霸屏机构给出的方案价。

霸屏机构经验优势

前面内容中介绍了品牌霸屏的诸多知识点，掌握霸屏知识的目的是让品牌霸屏的结果更好，而品牌霸屏结果的好坏主要衡量依据是收录效果和文案质量。想达到好的收录效果和文案质量，必须具备丰富的霸屏投放经验和文案撰写经验。很显然，这两种经验是品牌方所不具备的，而霸屏机构却很擅长。

正常情况下，品牌方能够找到的媒体发布渠道大多是新闻板块渠道，比如常见的一些软文发布平台的媒体渠道大多是一些综合新闻网站。但我们前面说过，想提高霸屏的整体收录率，必须多板块布局，比如还有百科板块、口碑问答板块、论坛贴吧板块、分类信息板块、B2B 板块和视频板块等。

通过长期观察会发现，虽然论坛贴吧、分类信息等板块本身收录率不高，但它们可以辅助提升其他板块的收录率，所以这些板块也是品牌霸屏必须投放的渠道。这些非新闻板块渠道有一个共性，那就是人人都可以注册账号发布信息。

所以，那些自己操作霸屏投放的品牌方往往会自己去注册账号，然后发布一些信息。但是实践过的品牌方都有一个感想，那就是看上去很简单的操作，实际上却非常复杂，主要表现为注册账号超级麻烦、稿件经常莫名被删、账号容易违规被封等问题频发。出现这些问题的原因主要是对相应平台的规则不熟悉，而这些规则对霸屏机构来说很简单，属于操作经验问题。

作为品牌方，不要去试图熟悉所有媒体平台的投放规则，只要时间足够，你的确可以熟悉这些规则，但请搞清楚品牌方的本分是什么。霸屏投放工作不是品牌方的专职工作，品牌方的本分是做品牌运营，品牌方没有必要把大量的时间放在研究霸屏投放上，否则就是不务正业，本末倒置。

有些品牌方喜欢自己找媒体渠道发布，其中一个重要原因在于可以随心所欲地选择投放网站。例如，在一些软文发布平台，品牌方可以随意选择想投放的网站。而霸屏机构的霸屏方案中，大多只规定了投放的渠道板块和投放量，没有规定该渠道板块下具体投放哪个网站。

有些品牌方也许会想，没有规定具体投放哪个网站，那霸屏机构会不会给我投放最便宜的网站呢？我觉得很少会有霸屏机构去做这种损害口碑的事情，因为如果投放的全是最便宜的网站，一般收录效果会很差，这属于砸自己招牌的行为。

这里分析下为什么霸屏方案中往往没有规定具体的投放网站。答案只有一个，为了让资讯信息的收录效果最大化。我在前面说过，并不是每一个投放的资讯网站都会被搜索引擎收录，也没有所谓投放贵一点或高权重的网站就一定收录的说法。

想让霸屏收录率最大化，最好的办法就是借助大数据统计来投放近期收录率较高的资讯网站。大数据中汇总了霸屏机构近期投放网站的收录情况，因而可以很清楚地知道近期投放哪些资讯网站的收录率最大。

所以，霸屏机构选择投放网站的标准是，尽量投放那些收录率较大的网站，而不是一味地追求网站权重和知名度。在近期收录率较大的网站中，霸屏机构会按照投放费用合理的分配网站，一般权重高中低的网站都会有，这样可以做到收录量最大化。

由于大数据统计的收录率是实时变化的，霸屏机构没有办法在和品牌方达成合作的时候，就准确告知品牌方哪些网站的收录率大。因为从达成合作到正式投放，要经历"品牌方提交品牌资料、霸屏机构撰写稿件、品牌方校对稿件"的过程，这个过程需要持续一周甚至更长的时间。

而这个持续时间足可以改变大数据中高收录率网站的排序，如果品牌方非要坚持在达成合作的时候就把投放网站确定好，其实霸屏机构也是可以接受的，但不会保证收录效果的，因为这个收录效果往往不会太好。

当然，不是所有霸屏机构都采用大数据投放玩法，但每个霸屏机构都会凭借长期的投放经验总结出一套行之有效的投放玩法。如果品牌方想让自己的霸屏投放效果更好，就要给霸屏机构足够大的自主投放权限，要充分信任霸屏机构。

很多自己找媒体渠道的品牌方，由于没有大数据的支撑，他们并不知道近期投放哪些网站的收录率大，所以投放网站的选择基本靠直觉，而品牌方的直觉大多是投放知名度高一点的网站，认为知名度高一点的网站收录率就大，这其实是一个误区。

品牌方要知道一个道理，投放后不收录等于没做投放，意味着钱打水漂了。除了品牌方自己知道该资讯信息的网址链接外，没有人会知道该条资讯信息的存在。因为搜索引擎没有收录的资讯信息，是不会出现在搜索结果中。所以说，**投放不收录等于没做投放**。

我们要知道，品牌霸屏的目的是做互联网背书，搜索结果中信息流越多，背书力就越强。因为大众会习惯性地认为，某品牌的信息流越多，知名度就越大。因此，为了更好地实现霸屏的目的，品牌方要尽量多地增加资讯信息的收录量。

想增加收录量，就需要靠有效的投放经验和投放玩法，而这些并不是短时间内能学会的，需要靠长期的实践来积累。很显然，品牌方是不具备长期投放的经验，因为对于品牌方而言，品牌霸屏一年充其量也就做三四次而已。而霸屏机构几乎每天都在实践中，投放经验肯定会比品牌方丰富很多。

除了投放经验外，霸屏机构还有一个重要的经验就是文案撰写质量。前面说过，霸屏文案的质量决定了用户对品牌的认知度，从而影响用户转化率。为了提升文案的质量，品牌方要尽量找行业内的霸屏机构合作，因为行业内的霸屏机构更懂文案撰写。

正常情况下，品牌方自己在互联网上找的写手，一般都不是行业内的写手，大多是传统行业的写手，他们并不一定熟悉新零售行业代理商和消费者的痛点，所以写出来的文案质量一般没有行业内的写手好。

综上所述，品牌方与其想自己找媒体渠道做霸屏，还不如直接交给霸屏机构全权负责，毕竟霸屏机构更加专业。如果品牌方以前觉得品牌霸屏只是体力活，通过上面的讲解，应该了解到品牌霸屏不仅仅是敲键盘的体力活，更是需要有丰富投放经验的脑力活。

我一直认同一个观点，那就是术业有专攻，专业的事要交给专业的人来做。品牌霸屏背书这件事需要品牌方予以重视，但没必要由品牌方去亲自操作执行。如果由品牌方来做能带来更好的结果，节省更多的资金，在人力充足的情况下可以去尝试。

但如果带来的是事与愿违的结果，反而用同样的资金做出事倍功半的效果，那就完全没有必要去尝试，交给专业的霸屏机构来操作就可以了，这样品牌方可以腾出更多的时间和精力去做更值得做的事情。

3.10.2 霸屏机构选择要素

互联网中能做品牌霸屏背书业务的服务机构有很多，从长期的霸屏从业经验来看，品牌方在选择霸屏机构时，一般建议考察三个要素，分别是机构属性、过往案例和综合性价比。

霸屏机构行业属性

霸屏机构行业属性主要看该霸屏机构是否为行业内的霸屏机构，之所以要选择行业内的霸屏机构，除了上面讲到的在文案规划和撰写上有优势外，还有一个原因在于行业内的霸屏机构附加价值大，能够给品牌方更多的实惠福利。

正常情况下，专业做新零售品牌霸屏服务的机构，除了霸屏服务本身外，大多还有行业内其他服务项目。例如，有些霸屏机构除了做品牌霸屏外，还做品牌运营或付费社群或资源对接等行业内项目。

所以，找这些霸屏机构合作的品牌方，都会额外获赠一些附加福利，比如送社群会员或品牌课件等，且合作其他项目还有一定优惠折扣。而不是行业内的霸屏机构，这些附加福利就不一定有，有也不一定是新零售品牌方需要的。

有些品牌方也许会问，怎么才能知道某霸屏机构是不是行业内的霸屏机构呢？这里可以从两个方面来综合判别，分别是看品牌霸屏案例和其他服务项目。

通过看该霸屏机构提供的品牌案例，可以看出该霸屏机构是否为行业内的霸屏机构。如果案例中大多数品牌都不是新零售品牌，则说明该霸屏机构可能不是行业内的霸屏机构；反之则是行业内的霸屏机构。道理很简单，像我们这种新零售行业内的霸屏机构，大多混迹于新零售行业，和新零售品牌打交道最多，所以合作的品牌方大多是新零售品牌。

除此之外，还可以看下该霸屏机构是否有其他新零售行业内的业务。如果没有其他新零售业务，则说明该霸屏机构有可能不是行业内的霸屏机构；反之则是行业内的霸屏机构。据我了解，行业内的霸屏机构或多或少都有一些其他新零售业务，因为没理由浪费后端赚钱的机会，除非对新零售行业不太熟悉。

霸屏机构过往案例

所谓霸屏案例，是指某品牌在搜索引擎中的搜索结果截图。说实在的，看霸屏案例其实不是特别靠谱，因为品牌方无法辨别霸屏机构提供的品牌案例是否真的就是该霸屏机构做的。例如，A霸屏机构会把B霸屏机构做的品牌霸屏案例给品牌方看，谎称是他们自己做的。

虽然看案例不一定靠谱，但还是要讲解下，我们就默认霸屏机构给到的案例都是自己做的。正常情况下，我们拿到的霸屏案例都是品牌方事先准备好的互联网截图，品牌方也可以去百度等搜索引擎平台自己搜索。

霸屏案例主要看三点，分别是看文案内容、文案质量和收录效果。看文案内容可以看出霸屏机构是不是行业内的霸屏机构；看文案质量可以看出霸屏机构的文案撰写功底；看收录效果可以看出霸屏机构的投放经验是否丰富。

在看霸屏案例的过程中，品牌方容易产生一些片面错误的认知。例如，霸屏机构提供的案例截图和品牌方实际搜到的结果可能不一样，那是不是截图作假了呢？答案是否定的，没有霸屏机构会在截图上作假，因为完全没有这个必要，出现这种结果差异性往往是由于搜索引擎的排序和收录规则导致的。

搜索结果中的信息流排序一般会根据用户的搜索习惯而有所差异，具体表现为不同用户搜索同一关键词，展现的信息流排序是略有差异的。即使是同一用户在不同时间点搜同一关键词，排序结果也会略有差异。所以，霸屏机构案例中信息流排序和品牌方实际搜到的排序是会有差异的，这个属于正常现象。

有些品牌方会发现，在霸屏机构提供的案例截图中，品牌资讯的收录效果看上去很好，而自己实际搜索的结果并没有那么好。这种现象的产生是由收录规则导致的，属于正常掉收录现象。前面内容中说过，信息流的收录会随着时间的推移而逐渐消失。

所以，如果霸屏机构提供的案例距离现在比较久，就会出现截图效果和实际搜索效果存在差异的情况。出现这种情况，品牌方应该以案例截图中的收录效果为参考标准，毕竟那才是霸屏机构真正的实力。如果品牌方觉得案例截图中展示的效果是你期望的结果，那你就可以考虑选择这家霸屏机构合作。

霸屏机构综合性价比

正常情况下，霸屏机构在媒体渠道上的投放方案都差不多，因为这一行没有什么渠道秘密，所有媒体渠道资源都是共用的，没有太大区别，不存在有独家媒体渠道一说。不同霸屏方案之间的主要区别在于方案价格和媒体投放量。

正常情况下，品牌霸屏的方案价格越贵，霸屏稿件数量和媒体投放量就会越多，霸屏内容的丰富性也就越好，收录率相对也会越多。从性价比角度来看，品牌方可以综合比较下不同霸屏机构之间，霸屏方案的媒体投放量和相应的价格。

品牌方一定要尽量货比三家，因为霸屏机构的报价差异性很大，差异性主要来自信息差导致的机构溢价。从客观角度来说，霸屏方案之间很难做到百分百的公平比较，或者说很难直观地比较，因为不同霸屏机构设计的霸屏方案都不一样，不一样主要表现为不同媒体渠道的投放量有差异。

虽然不同霸屏机构之间很难找到两个投放数量一模一样的霸屏方案，但还是可以通过一些基础辨别常识来大概感知下哪个方案的性价比更高，这里我简单地分享几个霸屏常识：

第一个常识是渠道板块分类：按照媒体投放渠道不同，大致可以分为百科板块、综合新闻板块、地方新闻板块、口碑问答板块、论坛贴吧板块、分类信息板块、B2B 板块、自媒体板块和视频板块。不同霸屏机构之间的分类都差不多，有的可能会把综合新闻板块和地方新闻板块合并为新闻板块。

第二个常识是收录率排序：在所有媒体渠道中，综合新闻和口碑问答板块是收录率最高的两个板块，其次是地方新闻、自媒体和视频板块，收录率最低的是论坛贴吧、分类信息和 B2B 板块。

第三个常识是渠道板块价格：按照单个投放费用计算，综合新闻板块单价是最贵的，其次是地方新闻板块、自媒体板块和口碑问答板块，单价最低的是视频板块、分类信息、B2B 和论坛贴吧板块。

通过上面分享的一些常识，我们要明白一个道理：**在比较不同霸屏方案的时候，不能单纯地比较方案整体投放量的多少，而是要综合比较不同渠道板块的投放量，因为每个渠道板块的价格和收录率是不一样的**。例如，综合新闻板块价格贵且收录率高，论坛贴吧板块价格便宜且收录率低。

案例一：假设现在有两组数据，在其他渠道板块投放量相同的情况下，第一组综合新闻板块投放量为 80 个，论坛贴吧板块投放量为 100 个；第二组综合新闻板块投放量为 20 个，论坛贴吧板块投放量为 200 个。请问，哪一组霸屏方案性价比更高？

如果单纯看整体投放量，那第二组 220 量肯定是完胜第一组 180 量，但实际上第一组才是正确的选择，因为第一组做出来的霸屏效果会好于第二组。所以，霸屏方案的比较要建立在收录效果的基础上，不能单纯比较整体投放量的多少。

这里做一个简单地计算，根据大数据统计，综合新闻板块收录率在 30%～50%，论坛贴吧板块收录率在 2%～10%。为了方便计算，综合新闻板块按照平均值 40% 收录率来计算，论坛贴吧板块按照平均值 6% 收录率来计算。

第一组收录量：（80×40%）+（100×6%）=38

第二组收录量：（20×40％）+（200×6％）=20

上面这些对比常识可以作为品牌方选择霸屏机构的一个客观参考因素，但我们还要考虑到一个主观因素，那就是投放经验的差异性。即使是同样的霸屏方案，不同经验的人来投放，霸屏效果也会不一样。所以，品牌方在选择霸屏机构的时候，需要从主观和客观两个方面综合考虑。

案例二：假设现在有两组数据，在其他渠道板块投放量相同的情况下，第一组综合新闻板块投放量为 50 个，承诺最低做到 60％ 收录率；第二组综合新闻板块投放量为 65 个，不承诺收录率。请问，哪一组霸屏方案性价比更高？

如果单纯地看整体投放量，那第二组 65 量肯定是完胜第一组 50 量，但实际上第一组才是正确的选择，因为第一组做出来的霸屏效果会好于第二组。这里做一个简单地计算，依然按照综合新闻板块行业平均收录率40％ 来计算。

第一组收录量：50×60％ =30
第二组收录量：65×40％ =26

有些品牌方也许会问，为什么第一组能做到60％ 的高收录率呢？实际上，这里隐藏了一个承诺收录率的玩法，50 个投放量，要做到 60％ 收录率，意味着要有 30 个收录量。按照行业平均收录率 40％ 来逆向计算，也就意味着第一组实际需要投放 75 个量才能完成收录率承诺。所以，承诺收录率板块的实际投放量肯定是要远多于规划的投放量。

从目前了解到的情况来看，承诺收录率的霸屏机构很稀少，主要原因在于操作不当有可能会亏本。因为霸屏机构为了完成收录率承诺，必须持续地投放资讯信息，直至达到承诺的收录率为止才会停止投放。如果霸屏机构投放经验不足，有可能会亏本，特别是投放费用最贵的综合新闻板块。

3.10.3　品牌霸屏方案选择

正常情况下，霸屏机构都会提供多个霸屏方案供品牌方选择，不同霸屏方案之间的区别主要在于渠道板块的投放量不一样。总的来说，不同霸屏方案之间该如何选择是一门技巧，选对了能有效节省开支，选错了会影响品牌背书效果。

这里以某霸屏机构的霸屏方案为例，来简单地讲解下霸屏方案该如何选择。某霸屏机构有五个霸屏方案，按照价格从低到高依次是基础版、优化版、加强版、增值版和终极版。方案价格越高，投放量就越大，收录效果也会越好。

从简单粗暴的角度来选择，那肯定是价格越贵的方案，整体霸屏收录效果就越好。但很多品牌方前期起盘资金可能比较紧张，在保证基础霸屏收录效果的前提下，品牌方应该如何选择呢？这里需要从两个角度来分析，分别是霸屏收录页数和霸屏关键词数量。

霸屏收录页数

所谓霸屏收录页数，是指某品牌关键词在搜索引擎的搜索结果页中能够霸屏到多少页。我们常说的霸屏到多少页，是指某品牌关键词在搜索引擎的搜索结果页中，涉及该品牌关键词的最后一条资讯信息出现的页数。

例如，在某搜索引擎平台搜某品牌关键词，搜索结果页中涉及该品牌关键词的最后一条资讯信息出现在第 6 页，那我们可以说该品牌关键词霸屏到了第 6 页，或该品牌关键词霸屏收录页数为 6 页。以百度搜索引擎为例，百度搜索结果页中，默认每页会展示大概 10 条左右的资讯信息。之所以会浮动，是因为有时候百度会在资讯信息中插入一些广告信息。

上面我提到过"基础霸屏收录效果"这个概念，所谓基础霸屏收录效果，是指品牌霸屏起到背书作用所需要的最低收录页数。

在大多数公众的认知中，某品牌关键词收录的页数越多，往往会认为该品牌的知名度会越高，公信力会越强。毕竟，大部分我们熟知的知名品牌收录页数都很多，所以公众往往会有这种潜意识认知。但经过调查统计发现，大部分用户在搜索结果页的平均查看页数是 3—5 页，也就是说，很少有用户会查看 5 页以后的内容。是否有这样的行为习惯，大家可以自己回忆下。

所以，为了保证最基础的霸屏收录效果，我们建议品牌方把霸屏收录页数做到 3—5 页为宜，最低不要少于 3 页。如果按照每页 10 个资讯信息的展示结果来计算，就是 30—50 个收录量。正常情况下，我们基础版霸屏方案可以做到 3 页左右的收录，优化版霸屏方案可以做到 5 页左右的收录。

如果品牌方前期起盘资金比较紧张，可以选择基础版方案。资金稍微宽松一点的品牌方，建议尽量选择优化版方案，这个霸屏方案是我认为在所有方案中性价比最高的一个方案。

当然，如果想要有更好的霸屏收录效果，也可以选择加强版霸屏方案，收录页数大概在 10 页左右。至于增值版和终极版霸屏方案，如果不是资金实力很充足的品牌方，一般不建议选择，这两个版本属于冗余性霸屏方案。

要注意的是，上面提到的收录效果是指单一霸屏关键词的收录效果，即在品牌方只设定一个霸屏关键词的情况下所展示的收录效果。同理，上面给到的霸屏方案选择建议也只适用于单一霸屏关键词，这里就涉及下面即将要讲到的霸屏关键词数量。

霸屏关键词数量

品牌霸屏的首选关键词一般是"品牌名称"或"品牌产品名称"，由于大部分品牌方起盘前期只会推出一款产品，所以品牌霸屏关键词只需要设置一个即可。例如，胡小胖是某护肤品牌，精华液是首款产品。品牌霸屏关键词可以设定为品牌名称"胡小胖"，或品牌产品名称"胡小胖精华液"。

前面说过，品牌霸屏的搜索结果是以标题为第一优先排序规则展示的，这个规则是霸屏关键词布局的核心所在。简单地理解，我们希望哪条资讯信息在用户搜索某关键词的时候出现在搜索结果中，这条资讯信息的标题中一定要包含该关键词。

例如，如果我们选择品牌名称"胡小胖"做关键词，那么所有霸屏稿件的标题中一定都要包含关键词"胡小胖"；如果选择品牌产品"胡小胖精华液"做关键词，那么所有霸屏稿件的标题中一定都要包含关键词"胡小胖精华液"。

至于品牌方是要选择品牌名称作霸屏关键词，还是选择品牌产品名称作霸屏关键词，这个取决于品牌方对霸屏文案的关注点。如果品牌方选择以品牌名称作霸屏关键词，那么霸屏文案的内容更多是综合性地介绍品牌。如果品牌方选择以品牌产品名称作霸屏关键词，那么霸屏文案的内容更多需要以产品为中心来撰写。

正常情况下，如果品牌方前期起盘只推出一款产品，无论品牌方怎么选择霸屏关键词，都不影响霸屏方案的选择，按照上面建议的方案选择即可。但有时候，如果品牌方起盘的产品数量比较多，比如有三四款产品，此时霸屏方案的选择就会受到霸屏关键词的影响。

在推出多款产品的前提下，如果品牌方选择以品牌名称作霸屏关键词，那么霸屏方案的选择不会受影响，按照上面建议的方案选择即可。在文案规划上，文案内容可以综合性地介绍品牌及多款产品。

但如果品牌方选择以品牌产品名称作霸屏关键词，那么霸屏方案的投放量就需要适当增加。例如，胡小胖是某护肤品牌，起盘产品包含有面膜、眼霜和精华液。如果品牌方选择以品牌产品名称作霸屏关键词，就需要布局"胡小胖面膜""胡小胖眼霜""胡小胖精华液"三个霸屏关键词。

要知道，在霸屏投放数量固定的情况下，需要布局的霸屏关键词越多，分配给每个关键词的投放量就会越少，单个关键词的霸屏效果就会大打折扣。此时，如果品牌方仍想以品牌产品名称作为霸屏关键词，为了保证每个关键词都能达到最基础的霸屏效果，有三种可行性解决方案：

第一种方案，选择投放量更多的霸屏方案。如果是两个霸屏关键词，建议最低选择加强版方案；如果是三个霸屏关键词，建议最低选择增值版方案；如果是三至五个霸屏关键词，建议选择终极版方案。由于这些方案的稿件数量和投放量都比较大，我们可以把稿件数量和投放量平分到多个关键词上，这样便可以让每个关键词都能达到最基础的霸屏效果。

第二种方案，在不改变原有方案的前提下，把不同霸屏关键词整合到同一资讯信息的标题中。这里就涉及标题的命名技巧了，比如如何把"胡小胖面膜"和"胡小胖眼霜"这两个关键词放进同一个标题中，品牌方可以自己去思考。但说实在的，我一般不建议采用这种强行硬塞的方式，一般命名出来的标题都比较生涩。霸屏关键词越多，整合成同一标题的难度就越大。

第三种方案，可以采用霸屏主次关键词方案，即设定霸屏主关键词和次关键词。主关键词一般是品牌名称，次关键词一般是品牌产品名称。操作方案很简单，就是把稿件数量和投放量平分给次关键词。采用这种解决方案，我们只能保证主关键词能达到应有的霸屏收录效果，至于次关键词就不一定能达到，但也会有一定的收录量，只不过这个收录量比较少而已。

正常情况下，如果品牌方有多款起盘产品，且起盘资金又比较紧张，我们建议在首次做霸屏时选择品牌名称作关键词比较好，这样可以在文案中综合性地介绍品牌和产品。后期再做霸屏的时候，可以选择品牌产品名称作关键词，在文案中重点介绍产品。

3.10.4　品牌霸屏工作流程

每个霸屏机构的合作流程可能存在稍许差异，但大致流程应该都差不多，整个霸屏工作有六个流程：第一步是品牌方提交品牌资料，第二步是霸屏机构撰写稿件，第三步是品牌方校对稿件，第四步是霸屏机构投放稿件，第五步是霸屏机构汇总报表，第六步是霸屏机构优化收录。

品牌方提交资料

品牌方需要提交相应的基础资料给霸屏机构，包含但不限于品牌资料、创始人资料、招商资料和产品资料等。品牌方想获取详细的资料清单可以参考前面"霸屏文案规划撰写"板块的相关内容，也可以找我要一份详细清单。总之，品牌方要尽量把资料提交齐全，越详细越好。

品牌方提交的基础资料决定了霸屏稿件的质量，霸屏机构会从基础资料中提炼内容，优化并撰写成符合媒体平台要求的新闻稿件，但并不能凭空创造出基础资料中未涉及的内容。所以，品牌方希望霸屏稿件出现哪些内容，一定要在基础资料中涉及。

正常情况下，即使不做品牌霸屏，品牌方也需要准备好这些基础资料，因为这些基础资料也同时是品牌招商项目书或招商 PPT 里面的文案内容。如果品牌方没有招聘相关文案人员，也可以找第三方文案机构来撰写。

此项工作流程是由品牌方来操作的，所以操作时间需要视品牌方而定。如果品牌方事先已经做过品牌招商项目书或招商 PPT，那基本不耗时间，直接把相关资料给我们就可以了。如果品牌方事先没做过品牌招商项目书或招商 PPT，那这个操作时间就不太好说。

正常情况下，如果是由文案机构来撰写这些品牌基础资料，需要 3—5 天。所以，为了节省品牌霸屏的操作周期，不管品牌方现在是否想做霸屏背书，都可以先把品牌招商项目书或招商 PPT 做了。

霸屏机构撰写稿件

品牌方提交基础资料后，霸屏机构就会开始撰写稿件。在撰写稿件之前，霸屏机构一般会询问品牌方是否有文案规划。如果品牌方有自己的规划，霸屏机构就按照品牌方的规划来写；如果没有规划，霸屏机构就会帮品牌方来做文案规划。

稿件数量取决于品牌方选择的霸屏方案，不同霸屏方案的稿件数量是不一样的。此项工作流程是由霸屏机构来操作的，所以操作时间相对比较稳定，稿件撰写周期一般在 7—10 天。

这里友情提醒下，有些品牌方喜欢赶时间做霸屏背书，比如计划半个月后开招商会，为了增加互联网背书，急匆匆地想要做品牌霸屏。正常情况下，半个月做完霸屏项目没问题，但如果遇到业务量大的时候就不一定了，可能全部完成需要半个月以上时间。

所以，品牌方不要等快要招商了才想起来要做霸屏背书，而是要提前就做好布局，否则会影响招商的整体业绩。正常情况下，我们建议品牌方在首批产品量产后就可以开始计划做霸屏背书了。

品牌方校对稿件

霸屏稿件写好以后，霸屏机构会把稿件给到品牌方校对。品牌方可以自由修改稿件内容，也可以反馈给霸屏机构进行修改，直至品牌方满意为止。

此项工作流程是由品牌方来操作的，所以操作时间需要视品牌方而定。如果品牌方不需要修改稿件，当天就可以进入投放流程。如果品牌方需要修改稿件，就需要进入改稿流程，改稿周期需要根据改动的范围来定，一般要 1—

3 天完成改稿工作。

如果品牌方不需要霸屏机构撰写稿件，也可以自己提供稿件。这里一定要提供同等数量的稿件，因为每个霸屏方案的稿件数量都是事先规划好的，一篇稿件投放多少个媒体网站都是经过计算的，这样才能保证最好的收录效果。

霸屏机构投放稿件

当稿件确认好后，霸屏机构就可以开始正式投放稿件。每个稿件都会按照一定的规则投放到多个媒体网站，目的在于确保每一篇稿件都能被搜索引擎收录到。投放稿件是最考验霸屏机构功力的地方，因为这个流程会直接关系到霸屏收录效果的好坏。

不同的霸屏机构有不同的投放经验，比如有些霸屏机构会采用"大数据投放"玩法来做精准投放，力争做到最佳的收录效果。此项工作流程是由霸屏机构来操作的，所以操作时间相对比较稳定，投放周期一般需要 3 天左右。

霸屏机构汇总报表

当稿件投放结束后，霸屏机构会汇总所有投放媒体网站的链接，然后做成汇总报表给到品牌方。汇总报表的目的在于，让品牌方核实霸屏机构投放数量是否达标。正常情况下，投放数量只多不少。此项工作流程是由霸屏机构来操作，一般一天就可以汇总完。

大部分霸屏机构到了此项工作流程后，基本就宣告霸屏工作结束了。正常情况下，此时去百度等搜索引擎平台搜品牌关键词，应该可以搜到部分信息流。之所以说能搜到部分信息流，是因为搜索引擎抓取资讯信息是需要时间的，这个时间是霸屏机构无法左右的，短则几个小时，多则几天，甚至几十天。如果抓取到的资讯信息符合收录标准，搜索引擎便会收录这条资讯信息。

霸屏机构优化收录

为了解决搜索引擎抓取速度的问题，各大搜索引擎平台都提供了"搜索引擎提交入口"工具。有些霸屏机构在投放结束后，会把所有投放的媒体链接都主动向"搜索引擎提交入口"手动提交一遍，从而尽可能让品牌霸屏的效果更好。

此项工作流程并不是所有霸屏机构都会做，如果霸屏机构不做这个流程，品牌方也可以自己去操作。操作起来没有任何技术含量，只需要会复制粘贴即可，无非就是体力活。

品牌霸屏操作周期

在品牌霸屏工作流程中，只有"提交资料"和"校对稿件"两个流程是需要品牌方参与的，其他流程都是霸屏机构负责操作的事情。总的来说，在品牌霸屏全工作流程中，品牌方要做的事情其实相对比较简单，不会占用品牌方太多的时间。

有些品牌方也许会问，单次品牌霸屏操作周期需要多久？霸屏操作周期取决于品牌方的参与度，因为霸屏机构的操作时间相对比较稳定，浮动因素主要取决于品牌方提交资料和校对稿件的操作时间。正常情况下，如果品牌方提交资料和校对稿件比较及时，品牌霸屏的操作周期一般会在 10—15 天。

以上就是关于品牌霸屏的全部知识内容，据我了解，这应该是迄今为止比较全面的霸屏知识普及了。对于品牌方而言，品牌霸屏是品牌营销中不可或缺的背书环节，是布局互联网背书的入门工作，每一个想起盘成功的品牌方都应该予以重视。如果品牌方之前没有意识到品牌霸屏背书的意义，现在赶紧去布局也许还来得及。

品牌本地篇

04 第四课

品牌运营痛点和本地化布局

老许是某新零售品牌的创始人，从事新零售行业已经有九年多了。品牌起盘的头几年，做得挺不错的，品牌业绩非常可观。随着新零售品牌的运营逐渐专业化，老许发现近些年品牌业绩增长在逐渐放缓，很多代理商也反馈没有以前好做了，比如线上引流人群的质量越来越不佳，成交转化率也在逐渐降低等。于是他问我，有没有办法解决上述代理商遇到的问题？

4.1　品牌本地运营概述

在传统的新零售模式中，从产品宣传到成交的整个购物流程都集中在线上，线下往往是一个被忽视的场景。虽然新零售模式的购物环节极为便利，消费者只需要一部手机即可搞定购物的所有环节，但也存在一些缺陷，即消费者在购物时只能凭借相关互联网信息了解到产品，并不能真正地看到实物，无法获得切身的体验，也就难免会造成一定的认知误差。

随着新零售行业的发展和众多品牌的纷纷加入，未来产品的同质化和竞争的白热化将逐渐形成。消费水平的提升加速了消费者购物体验意识的增强，这将倒逼新零售品牌在未来的竞争中要将聚焦点放在用户体验场景上。在未来，谁解决了用户体验，谁就能赢得新零售市场。

4.1.1 品牌商业架构模式

按照新零售的发展方向，新零售品牌应该构建"线上建立销售渠道，线下布局体验场景"的商业架构模式。线上建立销售渠道是所有新零售品牌都在做的事情，但线下布局体验场景是很多品牌还未实践的事情，这就要求品牌方加快布局线下体验场景。

新零售品牌的体验场景可以通过在线下开设体验店来实现，要注意的是，品牌体验店的开设是以改善消费者体验，拉近产品与客户的距离为目的，而不是为了和代理商争夺本地市场份额。

体验店更多的是提供一种展示、体验的场景，它可以不需要传统实体店的销售功能，所以体验店不需要密集布局，不需要大量囤货，也不需要雇佣很多店员，甚至可以不用付费雇佣店员，转而直接由同城代理商做义务店员。这样不仅节省了品牌开支，还有利于帮助代理商拓展本地客户，从而实现品牌方和代理商的双赢。

在品牌体验店布局不完善的城市，可以由本地的代理商团队来暂时作为补充。例如，我们可以通过地推或与实体店合作等线下模式构建体验场景。如果本地有开实体店的代理商，品牌方也可以将其暂时纳入体验店的范畴，给予相应的补助。

布局体验店是"体验式营销"的一种手段，也是弥补新零售品牌线下推广、产品认知、用户体验三不足的突破口。新零售未来的风口不在线上，也不在线下，而在线上和线下相结合的地方。所以，作为品牌方，我们两手都要抓，两手都要硬。

4.1.2 品牌本地化新体验

新零售的优势在于可以将分散在不同地域的人群通过社交工具聚集在一起，这种优势在一定程度上加速了新零售团队的规模化。与此同时，当我们看得太远太广的时候却又常常忽视了眼前的美景。随着新零售品牌数量的逐渐增加，品牌之间的竞争将日趋激烈，在这种背景下，我们现在提倡新零售品牌要将聚焦目光回归到本地化。

品牌本地化主要表现在招商和零售的本地化、物流配送和服务的本地化。无论是招商还是零售，品牌方都应该立足于本地化市场，立足身边的圈子，然后再逐渐向外扩散，通过服务好身边的客户裂变出更多的新客户，通过本地化的打造获取更多的资源和人脉。随着本地化和融合化的到来，新零售品牌将会呈现以消费者的购物体验为中心，通过"线下体验—线上购物—同城配送"的购物模式来实现资源的合理配置。

关于品牌融合化和本地化，我认为这是一套完美的新零售组合拳。随着线上获客成本的逐渐增加，越来越多的品牌方都开始把目光聚焦于线下，可以很肯定地说，线下是现在及未来的品牌必争之地。如果你的品牌还没有开始布局本地化市场，那么赶紧带着代理商一起行动起来，去抢夺本地化市场。

4.1.3 品牌本地化的打造

本地化打造＝线下地推＋线下整合＋实体布局＋会销培训

上面是我总结的一个关于品牌本地化打造的公式，简单地理解，现阶段想把品牌本地化打造好，就要做好线下地推、线下整合、实体布局和会销培训这四件事情。要说明的是，品牌本地化打造必须由品牌方和代理商按照一定的职责分工来共同完成。

那么品牌本地化中的本地具体指哪里呢？是品牌方所在城市的本地，还是代理商所在城市的本地呢？答案是两者都是，但更多的是指代理商所在的城市。由于品牌的运营精力是有限的，在品牌本地化的打造中，品牌方更多承担的是统筹规划和指导扶持的职责，而代理商才是品牌本地化打造中的真正践行者。

品牌线下地推

线下地推可以帮品牌方实现精准引流，通过赠送小礼品可以很轻松地获取目标人群。这种引流方法相比线上引流而言，具有更佳的真实性和现实感，引流的目标人群要更加精准，后期也更容易转化。要注意的是，线下地推的主要目的不是销售产品，而是引流，这个主次关系一定要搞清楚。

关于品牌线下地推的相关开展事项，我曾经在公众号中详细地分享过相关内容。例如，地推的目标人群选择、地推的时间和地点选择、地推的物料准备、地推的主题和赠品设计、地推的不同引流玩法等内容都有详细讲解，这里不再重述。

品牌线下整合

线下整合是指品牌方通过一些技巧将整合对象的人脉资源转化为自己的人脉资源，这里的整合对象主要指本地实体商家，即实体店老板。整合的方式主要有两种，第一种是将实体商家转化为代理商，第二种是通过互惠合作的方式来获取实体商家的人脉资源。

通过观察会发现，实体商家是新零售品牌最优质的代理商，拥有丰富的人脉资源。最重要的是，他们相对于其他新零售人群更懂做生意和与人打交道，因为这是他们每天都在做的事情。所以，如果可以把这群商人转化成品牌代理商，或能获取他们拥有的人脉资源，品牌方就不愁业绩了。至于要如何整合这些实体商人，我会在后面的课程中分享一些实用的整合方法。

品牌实体布局

实体布局是指品牌方在线下以实体的形式进行布局，实体布局的载体可以分为直营体验店和加盟体验店。品牌直营体验店的实施主体是品牌方，加盟体验店的实施主体是代理商。在品牌实体布局中，品牌方可以根据自身情况合理布局直营体验店和加盟体验店。

关于品牌实体布局，可以简单地理解为类似于汽车销售体系的布局，品牌体验店类似于造车新势力厂家布局的品牌直营店，个人实体店类似于传统汽车厂家布局的 4S 加盟店。在品牌起盘前期且资金不是很充足的情况下，实体布局以加盟体验店为主；在品牌起盘成功且有一定的资金积累后，实体布局以直营体验店为主。

近些年，我们发现很多代理商在本地开设实体店，这样不仅方便本地化的资源整合，还可以建立信任背书。毕竟有一个实体店在那里，无论是招商还是零售，都会让潜在目标人群相对放心一点，也更容易转化。

加上实体店本身就是一个较佳的引流拓客场所，获客成本相对于线上而言要低很多。再者，实体店本身也可以作为团队成员线下聚会的场所，有利于培养本地团队的凝聚力。像我社群里就有很多团队长在本地开设实体店，通过实践我分享的一些有效的本地引流方法，招商和零售都做得挺不错的。

要强调的是，代理商开设实体店不是为了去和传统实体店争夺零售市场，而是和线下地推的目的一致，即以引流为主要目的。实体店引流可以简单地理解为是地推引流的升级版，相比较而言，实体店更高大上一点，有固定的引流场所。新零售的一大特点是消费即代理，而实体引流的最终目的就是将消费者转化成代理商，从而扩大本地化团队。

品牌直营体验店是一个可以给客户提供品牌产品体验和服务的场所，相比代理商开设的加盟体验店，直营体验店要更加高大上一些，可以提升本地代理商和零售客户对品牌的好感度，能有效帮助本地代理商提高成交率。

品牌方可以在代理商比较集中的城市开设品牌直营体验店，通过制定相应的规则，实现品牌方和本地代理商共同参与品牌体验店的运营。暂时无法开设直营体验店的城市，品牌方可以鼓励代理商开设加盟体验店。

品牌会销培训

会销培训是指品牌方在线下对潜在目标人群进行会销培训，这里的潜在目标人群包括潜在消费者和代理商。前面环节中引流来的本地潜在目标人群，我们可以邀约他们参加本地举办的会销培训活动。由于邀约的人群都在同一个城市，所以邀约的成功率会很高。

实际上，品牌体验店可以和会销培训有效地结合起来，品牌体验店不仅可以升级为品牌服务中心，还可以是一个小型的会销培训场所，这样体验店就可以起到产品体验、产品服务和会销培训三效合一的作用。在我看来，未来线下品牌体验店都必须满足这三效合一的功能。

关于线下会销培训，现在流行场地和参会人员的小型化，类似于沙龙聚会那种规模。我经常看到传统品牌转型新零售品牌后，喜欢在各地召开规模较大的招商会，其实很多招商效果据事后了解并不理想。不理想的其中一个原因，我认为是沟通不充分。

而小型化场所可以充分地和参会人员沟通，及时在现场解决成交中遇到的障碍问题，而且这种小型化的氛围更加融洽，有利于成交转化。上面我们说的那种小型化的会销培训就很适合在品牌的体验店开展。当然，前提是品牌体验店要专门规划出一个适合会销培训的场地。

我社群里有一位品牌创始人老王，他的品牌本地化打造就是按照上面的节奏来开展的，品牌起盘得非常顺利，团队裂变速度也很快。老王在一些重要的城市开设品牌直营体验店，体验店不需要花钱雇佣员工，员工全部来自品牌本地代理商。在体验店的代理商员工正式就职之前，老王会安排所有代理商员工在品牌总部进行统一的培训，培训合格后方能进入体验店就职。

在零售方面，老王会按照一定的规则安排本地代理商轮流充当体验式顾问，并制定了一系列的服务流程。例如，给客户提供与产品相关的增值服务或知识培训等。通过这种方式，他们和客户建立了较强的信任，复购和转介绍非常多。在招商上，老王会按照一定的规则安排本地代理商轮流充当培训讲师，通过地推和整合等方式引流本地潜在目标人群来体验店参加会销培训，从而转化成代理商，进一步扩大本地化团队。

4.1.4　加盟体验店的布局

对于品牌方而言，在每个城市都能开设品牌直营体验店是一件很美好的事情，不仅能拉高品牌的整体调性，还能加速品牌业绩的裂变式增长。但现实往往不允许品牌方有如此美好的梦境，毕竟对于大部分新创品牌方而言，大规模开设品牌体验店不太现实，主要限制因素在于资金不足。

事实上，大部分新创品牌方只能有针对性地在代理商或消费者聚集的重点城市开设品牌直营店。所以，品牌起盘前期的实体布局，需要让代理商来共同参与，否则实体布局无从谈起。代理商开设的加盟体验店便是弥补直营体验店缺失的最好帮手。

加盟体验店的开设

所谓品牌加盟体验店，就是代理商自己开设的实体店，实体店拥有品牌直营店类似的功能。目前常见的开设方式有独资和集资两种：独资开设是指由某一个代理商独自出资开设，集资开设是指由代理商所在团队成员众筹出资开设。具体哪种开设方式好，视品牌的具体情况而定。

要注意的是，这里的体验店不等同于是传统意义上的门店，可以简单地理解为是一个工作室。传统门店的作用是销售产品，而体验店的作用在于"体验"二字。所以，体验店不一定非要是门店，只需要有一个固定的场所即可。

对于代理商而言，体验店的选址和面积可以根据自己的资金实力来操作，总的要求是交通要便利，面积要相对宽敞，体验场景要齐全。本地化实体布局最大的优势在于可以给潜在目标人群带来真实体验，比如可以当面试用产品和同城享受服务等新体验。

随着代理商团队规模的发展壮大，体验店的规模也需要相应提升档次，并升级更多拓展功能。例如，小面积体验店可用于消费者体验产品，中面积体验店可增加沙龙聚会功能，大面积体验店可增加会销培训功能。总之，不同规模的体验店需要承载不同的功能。

加盟店的扶持政策

作为品牌方，我们要鼓励有实力的代理商在本地开设品牌加盟体验店，与此同时，还要给品牌方一些切实有效的扶持措施。这里的扶持措施可以简单归纳为三类，分别是规划扶持、资金扶持和培训扶持。

规划扶持是指品牌方对加盟体验店进行统一的规划并给予扶持。例如，品牌方可以对加盟店的场景视觉进行统一的规划，品牌总部可以安排专业人员去加盟店实地勘察，设计出符合规划要求的视觉设计方案。加盟体验店的统一规划有利于提高目标人群对品牌的认知度。

资金扶持是指品牌方给开设加盟体验店的代理商一定的资金扶持，扶持力度可以根据加盟店的规模进行阶梯式的操作。具体的资金扶持政策，品牌方可以根据自身情况设计。在实际操作中，资金扶持可以和规划扶持进行捆绑操作。例如，申请资金扶持的代理商需要接受品牌方对加盟店的统一规划。

培训扶持是指品牌方给开设加盟体验店的代理商进行相关知识的培训，这里的知识培训包含体验店的日常运作培训和产品相关知识培训等。培训方式可以采用线上培训，也可以统一安排代理商来品牌总部参加线下培训，两种培训方式可以按照一定规则交替开展。

4.2　品牌运营方式融合

随着新零售行业近几年的增速发展，我们会发现如今新零售从业群体的结构在慢慢地改变。以前的新零售从业群体大多以宝妈为主，而现在有越来越多的实体商人在陆续加入新零售这个行业，且增长趋势越来越显著。

这种变化在日常生活中其实是很容易感受到的，稍微细心一点，我们会发现自家附近的有些实体店放有新零售渠道的产品。就连原本不是做快消品的店铺，也摆放了一些新零售渠道的产品，像我所在小区里的理发店、菜鸟驿站和家居店等，店内都多了新零售渠道的产品展示柜。

我前不久去给一个新零售品牌做线下培训，在课程中做了一个调查，发现来听课的代理商学员中 90% 都是实体商人，他们在从事新零售前都是开实体店的老板。后来我也调查了很多不同品类的新零售品牌，得到的结果都类似，实体商人在品牌代理商群体中的占比越来越大。

4.2.1　品牌本地运营思路

很多品牌方不知道本地化应该如何去布局，实际上，本地化涉及的实质是品牌线下运营。现在还有很多品牌方认为，新零售品牌的运营就是做线上运营，这种认知其实是错误的。事实上，诸如引流、招商、动销和培训等品牌运营板块，都需要线上和线下相结合。

新零售作为一种新的商业业态，有自身独特的经营形态或销售形式，但并没有规定运营方式必须是线上或线下。所以，作为品牌方，不要人为主观地给新零售品牌的运营方式划界限。在我看来，品牌运营没有所谓的单一线上运营或线下运营一说，一定是线上和线下都要运营的。

只不过在不同的品牌运营阶段，线上运营和线下运营需要有主次之分，品牌方可以根据自身的需要有侧重地开展线上或线下运营。品牌线上和线下运营相结合的好处在于可以充分利用各自的优势，从而形成优势互补运营。

例如，拥有实体店的代理商越来越多，品牌方可以通过一系列的线下运营方案，教会这些代理商运营好自己的实体店铺，通过店铺去拓展更多的客户流量。有了这些源源不断的客户流量后，品牌方又可以通过一系列的线上和线下招商活动，一方面可以转化这些客户为代理商，另一方面可以裂变这些客户背后的强关系资源。

4.2.2 实体新零售从业者

谈到品牌本地化运营，我们不得不聊实体店，因为脱离实体店聊本地化就是胡扯。从品牌运营的近况来看，单纯的线上招商和零售，已经不那么好做了。所以，现在有很多品牌方都要求代理商慢慢地把引流的目标人群从线上泛流量转移到本地流量。

为了让引流和成交更加的便利，很多代理商都在本地开设了实体店。对于有实体店的代理商，本地化运营可能更加容易去操作。如果没有实体店，也没有关系，我们可以去整合实体店，让别人的实体店成为我们引流、招商和零售的前沿阵地。

随着本地化打造越来越趋势化，我们现在提倡一个新的人群概念，叫"实体新零售从业者"。所谓实体新零售从业者，我认为有两重含义：一指新零售实体化，就是新零售从业者开设实体店；二指实体新零售化，就是实体店老板做新零售。这两类人群我们都叫作"实体新零售从业者"。

很多人都认为，新零售就是做线上的，实体就是做线下的。其实不然，实体新零售从业者就是最好的证明，我们不仅可以做线上，还可以做线下。只有线上和线下相结合，我们才能够把生意做好。所以，不要刻意去区分实体商人和新零售商人的区别，这两种身份是可以兼容的。实体商人中有新零售商人，新零售商人中也有实体商人。都是做生意，哪里能赚钱，就往哪里走。

我曾经接触过一些品牌方和代理商，我建议他们去做本地化，多去线下引流和开展活动，可他们却认为这样不妥，觉得新零售就是应该在线上做，甚至可以足不出户，在家里拿着手机躺着做。我想说的是，现在都什么年代了，还在因循守旧和白日做梦。

单靠线上运营就能做好新零售的时代仅存在于行业诞生初期，因为那个阶段是行业红利期，品牌方面对的是蓝海市场，竞品少且线上资源丰富，单纯的线上运营就可以搞定品牌业绩的稳定增长。而现在品牌方面对的是红海市场，线上资源被越来越多的竞品逐渐瓜分，单纯的线上运营已经支撑不起品牌的业绩增长需求。所以，品牌方需要开拓新的运营阵地，而布局本地化就是最佳的选择。

作为品牌方，不要老想着新零售生意和实体生意有什么区别。我现在告诉你，没有区别，新零售生意相对于传统的实体生意，只是多了一个渠道，多了一个微信而已。这个渠道和微信，实体商人现在一样可以去利用。所以，新零售生意和实体生意，并没有什么太大的区别，甚至在某种程度上是相互融合的。

谈到实体生意的经营现状，从最近几年的观察来看，我明显能感受到，电商对实体的冲击影响越来越小了，很多人在电商购物的一个主要原因是价格便宜，但是随着实体零售业近几年的整体改革和思维升级，线上和线下的价格差距越来越小，电商的价格优势在逐渐减弱。

很多当初对电商和新零售抵触的实体商家，也慢慢开始愿意去拥抱和融合。所以，实体生意已经逐渐回暖了。在新零售的未来发展中，一定会有很多实体商家去做新零售，也一定会有很多新零售从业者去开实体店。所以，实体新零售从业者一定会越来越多。

4.2.3　最佳的代理商群体

在新零售品牌的招商中，全职太太和宝妈长期以来被公认为是最大的代理商群体。从品牌可持续发展的角度来看，虽然全职太太和宝妈是最大的代理商群体，但却不是最优的从业群体。在我的认知中，最优的是代理商群体应该是实体店老板和网店店主，简称"商人"或"生意人"。

从认知培育角度来看，实体店老板和网店店主相较新零售从业者而言，只不过是商业渠道不同而已，但本质上都是生意人。所以，这类人群更容易接受新零售行业，基本不需要过多的培育，因为他们比较容易看懂商业模式，不容易受外界的影响。反观其他从业群体，容易受外界各种因素的影响，对新零售行业认识模糊，品牌方需要花一定时间去培育行业观。

从人脉资源角度来看，实体店老板和网店店主的资源力在代理商群体中属于最优解，这也是我认为这类人群是最优质代理商群体的重要原因之一。这类群体在上中下游都具有非常可观的人脉资源：上游有批发商资源，中游有同行店家资源，下游有客户资源。试想，如果品牌方在起盘前期能够招募到这类人群做种子代理，只要运营策略得当，品牌发展的速度将会是质的飞跃。

在移动互联网加速发展的时代，实体和电商行业都处于竞争白热化状态，中小实体和电商创业者的经营现状越来越窘迫。此时，如果这些商家在现有渠道中增加新零售渠道，势必会大大改善目前的经营窘境。

试想，以前的批发商总是高自己一头，同行都是竞争对手，客户永远都只是客户。但现在增加新零售渠道后，这些上中下游的人脉资源都转变成了自己新零售渠道的客户，甚至有可能转化为代理商。只要运营得当，完全可以变废为宝。

事实也证明，实体店老板和网店店主这类群体加盟新零售品牌后，相比其他从业群体，往往都是发展得最快的一批代理商。因为他们拥有先天的资源优势，只是过去缺少一个理由去调动那些资源，而现在新零售模式的出现，让他们有机会去重新激活这些资源。

4.2.4　品牌运营痛点思考

在品牌方的日常交流中，我发现很多品牌方都在为流量犯愁。在品牌运营中，流量是一切的始源，再好的成交技巧，再好的活动方案，如果没有流量来支撑，一切都是空谈。所以，吸粉引流是品牌运营最关键的环节，也是很多品牌在运营中最大的痛点所在。

据我了解，很多品牌方都会给代理商开设专门的引流课程，甚至有些品牌方会花重金请专业的私域流量专家来授课，比如当下比较热门的短视频引流、自媒体引流、社群裂变引流等，这些引流方法其实都是有效的引流方法，如果能熟练操作，流量应该不成问题。

问题是 99% 的代理商都不会操作这些需要烧脑的玩法，即使认真听了课程，也不太想去操作，因为这些玩法不是一个新零售小白可以在短时间内学会的方法。甚至有些比较热门的引流方法，品牌方自己都玩不转，更何谈让代理商去操作。

例如，现在天天都有人教如何通过抖音吸粉引流，这些课程听完后的确有实践的意义，认真按流程去操作也真的会有效，但是听完课愿意去操作的人却寥寥无几。因为操作的过程会相对比较复杂，需要有持之以恒的毅力，大部分人操作一段时间后都会自动放弃。很多看上去很棒的线上引流方法，往往会让人产生敬而远之的感觉。引流方法的确很棒，但很抱歉，我做不到。

我们要知道，很多人在加入新零售行业之前，根本不懂什么是互联网营销和自媒体运营。在互联网和自媒体世界中，90％的新零售从业者都是小白。所以，很多人学了无数的引流方法，依然还在问怎么引流，问有没有什么好的引流方法。

他们是真的不知道怎么引流吗？我想未必，也许他们懂得很多引流方法，但就是不愿意去实践。他们期待着一直学习，直到有一个方法让他们很轻松地实现引流。所以，对于新零售从业者而言，好的引流方法并不一定非要很厉害，但一定要易于操作，最好是那种不需要过于烧脑，普通人都能学得会的。

这种有效易操作的引流方法有没有呢？当然有，就是我们提倡的本地引流方法。这也是我强烈建议品牌要布局本地化的重要原因之一，因为本地引流的方法更简单易操作，且引流的人群质量更好，更易于后端的成交。

4.3　品牌引流渠道剖析

由于受传统新零售品牌运营经验的影响，很多品牌方一聊到私域流量布局，就会不约而同地想到诸如微博引流、抖音引流、社群引流等引流方法，且流量来源多是互联网中的泛流量，不仅引流成本贵，引流质量不高，后端成交率也不高。

但对于很多品牌方而言，似乎除了这些常见的引流方法外，就没有其他可用的引流方法了。其实不然，如果我们把思维再放宽点，不再被传统运营经验束缚，也许就能发现新的引流方法。这种新的引流方法就是本地引流，它将会让品牌方在流量布局上有更多的可操作性空间。

4.3.1　一道简单的算术题

有这么一道简单的算术题，大家一起来做下：

如果成交 1 个人需要引流 10 个人，那么想成交 10 个人怎么办呢？

答案其实很简单，想成交 10 个人，只需要引流 100 个人即可，这是小学生都会算的题目。作为品牌方，想提高成交率，增加品牌业绩，有且只有两个方法，那就是开源和节流。

开源就是要增加前端的引流人群，通俗地理解，就是要将你微信中的好友数量提升。微友数量越多，成交率会越高吗？不一定，因为成交率取决于精准流量，而不取决于泛流量。所以，引流一定要精准，相比传统引流方法而言，本地引流的人群更加的精准。

节流就是要留住你的客户，提高客户的复购率，甚至让客户帮你持续的转介绍。在品牌运营中，开源和节流都很重要，但想节流必须先开源。因为你只有有了客户，才能让客户复购和转介绍，客户都没有，节流就是空谈。所以，开源是我们首先要解决的问题。

4.3.2　品牌本地引流诠释

本地引流不是一个具体的引流方法，而是一批具有共同引流特征方法的集合概念，这批引流方法的共同特征就是目标人群都聚焦于本地。所以，只要符合这个特征的引流方法，都属于本地引流的概念范畴。

引流渠道划分
从地域来划分：要么本地，要么外地。
从空间来划分：要么线上，要么线下。

一谈到本地引流，很多品牌方都会误认为本地引流就是线下引流，这其实是一个概念误区。本地是从地域来划分的，区别于外地；而线下是从空间来划分的，区别于线上。实际上，本地引流分为本地线上引流和本地线下引流。

所以，只要引流的目标人群是本地人群，不管是线上引流来的，还是线下引流来的，都属于本地引流的概念范畴。例如，代理商在自家小区开展线下地推属于本地引流，在自家小区微信群里开展线上引流也属于本地引流。

在本地引流的实操中，初始本地流量的获取更多来自线下引流，比如后面课程中会讲到的一些本地引流方法多属于线下实体店引流。在有了一定数量的本地流量后，我们就可以用线上引流方法去裂变更多的本地流量。所以，想让本地引流的效果实现最大化，需要线下引流和线上引流相互配合。

4.3.3　品牌传统引流痛点

前面我们提到过精准流量和泛流量，有些品牌方也许会问，精准流量和泛流量有什么区别？答案很简单，区别在于质量不一样。从引流来的人群质量来划分，流量可以分为精准流量和泛流量。

精准流量是指对品牌产品有需求的客户流量，是品牌潜在的目标人群，后期转化为客户的成功率相对比较高。而泛流量恰恰相反，是指不精准的客户流量，后期转化为客户的成功率并不高，因为其中夹杂着很多对产品没有需求的客户。

在品牌运营中，传统引流方法和引流思路面临着越来越多的痛点问题，主要表现为引流成本高、引流不精准、沟通无话题和成交转化难，这里简单地分析下产生这些痛点问题的原因。

引流成本高

传统的品牌引流方法大多是线上引流，线上引流可以分为免费引流和付费引流，其中付费引流的精准性会更好，引流的人群质量更佳。但随着做付费引流的人越来越多，线上引流的成本变得越来越高了。

常见的线上付费引流方式为竞价推广，是指把企业的产品、服务等通过以关键词的形式在互联网平台上作推广，从而获取潜在客户流量。目前各大互联网平台都有竞价推广业务，比如百度、腾讯和抖音等公域平台都有类似业务。

做过竞价推广的品牌方都知道，由于广告位是有限的，且排名也分先后，所以往往需要通过关键词竞价的方式来争取广告位及排名。随着竞价的企业越来越多，现在各大互联网平台的关键词竞价越来越高。以前平均引流一个人只需要几元钱，现在引流一个人平均都要几十元。想获得足够的流量，平均一个月下来需要花费几万到几十万不等。

对于很多初创的品牌方而言，付费引流所带来的费用已经远超起盘资金预算了。所以，资金预算有限的品牌方往往会选择放弃付费引流，转而选择免费的引流方法来获取流量。免费的引流方法固然能节省资金，但从品牌方的实践来看，目前普遍存在泛流量不精准的问题，具体缘由下面会详细讲解。

引流不精准

在以往的品牌运营中，大部分品牌方在教授给代理商线上引流方法时，并不会刻意要求引流范围聚焦于本地流量。因为在这些品牌方的认知中，他们会觉得互联网流量巨大，没有必要盯着本地这点弹丸流量。

所以，目前大部分品牌方实践的引流方法都属于线上泛引流，引流来的人群多是五湖四海的外地人。据调查了解，大部分新零售从业者的微信好友占比一定是外地多于本地。大致经历是，刚加入新零售行业时，一般本地微友会多于外地；当入行时间越久，外地微友的数量一定会越来越多，慢慢会超过本地微友。

微信的生态环境相比前几年已经不那么纯净了，现在的微信已经不仅仅是新零售从业者在占领，而是全行业从业者都往微信上奔跑了，比如常见的有保险金融、电话营销以及传统培训行业等实体和电商从业者全部都来了。

于是我们会看到，每天都有很多邀请加群的，每天都有很多添加我们好友的。添加完后，每天接收到很多广告消息，有群发的、朋友圈的、微信群的，搞得整个微信环境不那么纯净了。我们微信中的好友越来越不精准了，很多都是无效流量。

沟通无话题

有些品牌方线上泛引流真正的困惑不是能引流多少流量的问题，而是即使有了流量，都不知道要怎么去和对方交流。这一点其实我非常能理解，和一个陌生微友互动，是很多小白从业者最困惑的地方。

也许以前学习的方法是，找到对方的共同点，比如对方朋友圈晒了一条狗，你就要去和对方聊狗狗的话题，这叫趣味相投。但是，你现在按照这个方法去做，效果会大打折扣。因为也许在你问之前，已经有无数人和对方聊过这个话题，说不定对方都恨不得把这个晒狗的消息删掉，因为被问得太烦了。

同样的，你群发一些互动的消息，很多人现在都懒得看，因为每天发的人太多了。我们现在要解决的不是消息触达率问题，而是阅读率问题。消息群发几万人很简单，用一些辅助工具很轻松就可以加满好几个微信号，再借助群发工具分分钟搞定触达率，但是消息发送给微友后，愿意去阅读内容的人并不多。

　　所以，现在很多传统的线上泛引流方法和运营技巧已经不那么管用了，不是方法本身有问题，而是去执行方法的人太多了。有些方法和技巧用一遍好，用十遍还行，用一百遍也能凑合，但被用一千遍乃至一万遍后就没有效果了，也许会适得其反。

　　现在人们的生活节奏都很快，加上微信环境的不纯净，大家都多了一层防备和警惕心理。真正愿意去和一个陌生外地人聊话题的其实并不多。其实，我们很多时候并不像上面那样能够轻松地找到晒狗狗这样聊天的话题，更多的是不知道怎么和微友开口聊。也许用一些聊天技巧，让对方回复了，对方简单地聊了两句，然后呢？然后就各自待在各自的微信中，成为偶然邂逅的陌生人。

　　上面描述的情景也许是很多人的真实写照，我们不妨问问自己，你每天拼命加的那些微友，在你微信中，你究竟互动了几个？那些以前你自认为互动得还不错的微友，现在有几个还在互动？你又成交了几个？答案无须我公布，因为答案就在你心里。

成交转化难

　　沟通无话题是因为引流不精准，引流不精准是因为采用的是线上泛引流思维，这些问题最终导致的结果就是成交转化难。在品牌营销流程中，先后要经历"吸粉引流—建立信任—转化成交—复购裂变"这四个环节，转化成交客户前需要建立足够的信任，当建立信任环节被卡住时，成交转化率自然会降低。

4.3.4　品牌本地引流优势

　　在品牌运营中，我建议品牌方在思考问题的时候要多去做逆向思考。例如，如果我们去逆向看品牌营销流程，就会发现传统的泛引流思维根本行不通。之所以行不通，我认为最重要的原因在于引流没有聚焦本地。

所以，想解决泛引流遇到的问题，最有效的方法就是把引流范围聚焦于本地，多实践本地引流方法。有些品牌方也许会问，本地引流有什么特别的优势吗？当然有，具体表现为距离近有话题、易聚齐好裂变和未开发概率大。

距离近有话题

所谓本地就是同城，本地人换个叫法就是老乡。我们先不管对方是谁，也不管你是从线上还是从线下引流来的，你只需要想一想，微信中与你聊天的那个人和你在同一个城市，你会不会在内心有种天然的亲近感？

我不知道你有没有，反正我会有这种感觉。我平时加一个微友，如果发现是同城的，就会有一种莫名的亲近感，至少要比那些来自五湖四海的微友感觉更近。这就是距离近带来的天然亲近感，这种感觉会让对方愿意和我们多聊几句。

既然是同城，那聊天的话题就有很多了，不用费尽心思地去翻阅对方的朋友圈，非要硬找点话题来聊。只需要拿出手机看一看本地新闻，你就可以找到一堆的话题。因为都在同一个城市，每个人都会对自己城市发生的事情感兴趣。

易聚齐好裂变

我们常说：线上聊天千百次，不如线下见一次。可见，线下见面的重要性。都是本地人，如果聊得来，可以随时线下聚聚。例如，女性没事可以一起逛街购物，男性可以自驾游、KTV、聚餐等。这种本地聚会的项目太多了，最重要的是容易聚齐。都在自己的城市，不会出现人生地不熟的尴尬局面。

如果和对方聊得比较好，彼此成了朋友，在资源整合上更容易。因为本地人推荐的人脉资源大多还是本地人。既然大家都是本地人，那就是一家人，聊什么都好聊，而且本地的亲近感更加容易建立信任，这为后续的复购裂变环节奠定了良好的基础。

未开发概率大

很多品牌方和我反馈说，线上加的微友很多都是一些同行，不是发广告，就是刷屏。你想成交对方，对方也想成交你。那是因为物以类聚人以群分，在线上能够加到的人，一般都是同类人，线上引流来的人群质量的确不佳。

但是本地引流的人群不一样，很多人都是未开发的处女地。例如，我社群有一位做母婴产品的会员向我诉苦说，线上引流的宝妈人群质量不佳，其中很多人是同行，很难成交。

很多同行喜欢引流宝妈人群，于是会在网上通过各种渠道方法找宝妈群。其实，你在网上很轻松地找到的宝妈群，十有八九都是同行设计的引流群，本身就是想引流宝妈的，结果一群同行都进群了。名义上是宝妈群，其实就是一个同行群，即使是宝妈，也是一堆宝妈同行。

但本地引流就不一样，我曾建议那位做母婴产品的会员，让她不要在线上做泛引流，直接去本地有宝妈人群聚集的地方引流，比如母婴店、月子会所、儿童游乐园、早教中心等。这些地方引流来的宝妈人群质量就非常好，因为她们有很大的概率不是你的同行。

如果你和她们熟悉了，当她们邀请你进入她们的宝妈群，你会发现那个才是真正的宝妈群。她们的朋友圈没有被污染，你发一条消息，被她们接收到的概率很大。当你想建立社群给他们输出价值的时候，她们都会愿意加入，也愿意听你的分享，参与度会很高，后端的成交也更容易。

容易做大做强

在品牌营销流程中，吸粉引流只是开始，引流的目的是后续的转化成交。

通过长期的观察会发现，本地引流来的人群，不管是后端的零售转化还是招商转化，都要比以往容易很多。因为大家都在一个城市，加上线下见面很简单，人与人之间的信任更容易建立。

像我有一个社群会员叫小丽，她是一个团队的老大，她团队中 90% 的代理商都是本地人。由于都是本地人，小丽会经常找团队成员聚一聚，时而培训交流，时而商讨运营对策。她的团队凝聚力非常强，像平时搞活动的时候，都是一群人集体行动。

她团队前十大核心代理商都来自她所在小区，以自己小区为大本营中心，周边商业街道和住宅小区中，很多人都是她的代理商，且代理商中有很多实体商人。诸多事实案例都证明，本地化的新零售团队只要掌握正确的运营方法，团队发展速度都会很快。

4.3.5　品牌引流逻辑思考

也许有些品牌方会说，互联网那么多流量不去引流，非要引流本地那点人群，本地能有全国人口多吗？能有互联网人口多吗？的确，这是很多品牌方的固有思维，觉得线上泛引流量的机会更大，互联网中到处是流量，本地引流的人数有局限性，毕竟地域范围有限。

针对类似的观点，我只想说，你本地流量都搞不定，还想搞定全国，还想搞定互联网，那叫痴人说梦。一屋不扫何以扫天下，建议品牌方要务实一点，少去大海捞针，多去池塘捞鱼。想把生意做好，不要动不动谈全国、谈互联网，你能把本地经营好就足够了。

泛引流的核心在于"泛"，泛虽然有广的优势，拥有庞大的公域流量，但也有不精准的劣势。每个人的时间和精力都是有限的，想在有限的维度内提高成交率，就必须尽可能多地接触精准流量。在我看来，把大量的精力浪费在和不精准的泛流量打交道上，等同于是在浪费时间。还不如一开始就放弃泛流量，专攻本地精准流量。

　　我有一位社群会员叫小周，他生活在一个三线城市，无论是引流人群还是成交人群，都只聚焦于他所在的城市。他团队所有代理商都是本地人，是一个完完全全百分百的本地化团队。据他说，目前团队代理商有六百多人，一年能很轻松做到纯利润百万。

　　传统实体生意不好做，是因为实体商人没有新零售思维，不会用新零售的运营方式去经营生意，但这并不代表实体就没有生意可做。当你用新零售的思维去做本地生意，当你学会了用微信聚粉，用社群维粉的时候，你就会发现你的身边和你生活的城市遍地是流量和黄金。

　　所以，做新零售生意，不要一开始就把所有的目光都聚焦于互联网，聚焦于全国。聚焦太大了，你就显得很渺小，扛不住的，本地才是你应该聚焦的地方。我给大家的建议是：先从本地做起，然后慢慢扩散。尤其是对于没资源、没人脉和没资金的三无从业者而言，本地才是最好的归属和出发点。

　　从我的了解来看，很多想起盘的品牌方对本地化打造和实体运营等知识存在严重缺乏的现象，因为在这些品牌方的认知中，新零售生意就是搞线上运营，压根没想到还需要涉及实体运营知识。

　　作为品牌方，如果你对本地化打造和实体运营不太懂，一定要去想办法恶补这块知识。但说实在的，理论知识的学习只能停留在思维层面，离实战还是有一定的距离。想真正运用好本地化打造，建议品牌方最好还是找一家懂行的操盘机构协助运营。

　　虽然本地化打造的践行者是代理商，但代理商实践效果的好坏取决于品牌方是否作为。通俗地理解，如果把品牌方比作父母，代理商就是子女，子女是否优秀，在一定程度上取决于父母日常的教育。品牌方需要先变革自己的思维，多去学习和了解本地化打造，然后积极地指导代理商去实践。

05 第五课

品牌营销的商业思维和奥秘

在日常和品牌方的交流中，我一直喜欢输出一个观念，那就是品牌方想把营销做好，一定要懂一些营销思维。营销思维是一个很抽象和理论化的概念，很多品牌方性子比较急，不太愿意花时间去琢磨虚无缥缈的思维，而是更愿意花时间去学习具体的实战方法。

在学习实战方法的时候，很多品牌方只知道一味地照搬方法策略，却不会灵活运用和变通，原因主要在于没有搞清楚方法策略背后的设计思维。所以，想灵活地运用实战方法，品牌方必须懂得基础的营销思维。

如果说方法策略是告诉你如何做，那么营销思维就是告诉你为什么要这么做。你只有理解了为什么要这么做，你才能更好地去实践方法，更好地去灵活运用策略。在本堂课中，我会分享四种常见营销思维，分别是感性思维、用户思维、赠品思维和后端思维。这些营销思维在品牌运营中，尤其是本地化运营中会经常使用到，品牌方在设计相关营销策略的时候需要灵活运用。

5.1　品牌营销感性思维

做品牌营销，我们一定要懂人性，只有懂得了人性，我们才能更好地去顺应人性，从而达成交易。人性分为感性和理性，而 80％ 的商品成交来自人的感性。所以，想提高成交率，一定要了解人性中的感性思维。感性思维有很多，这里重点的介绍几种常见的思维。

5.1.1　划算感性思维剖析

在日常生活中，我们经常会看见很多商家会开展一些团购、秒杀和赠送等优惠活动，目的在于吸引客户的关注，刺激他们去成交。为什么开展活动就可以刺激成交呢？因为人性中有划算思维的存在。

为什么每年的双十一都会这么火呢？为什么拼多多现在这么流行呢？就是因为这些平台的产品优惠力度大，让人感觉很划算。为什么你搞活动无人问津呢？那是因为你的诱惑不够，你没有让人感觉到划算。这里有没有看到我用一个词：感觉？

顾客要的不是划算，而是一种划算的感觉。怎么才能让顾客有划算的感觉呢？很简单，我们要学会塑造和放大产品的价值，然后通过一系列的优惠促销策略，让客户觉得划算，从而加速客户的购买行动。

要注意的是，只有让客户认知到产品的价值，优惠促销策略才有意义。如果客户感觉不到产品有价值，你的优惠力度再大也没用。例如，有些品牌方会把产品放到淘宝等电商平台上销售，定价往往会高于新零售渠道价格。这么做的目的不是为了真的去淘宝卖产品，而是为了让别人知道，这个产品在淘宝值多少钱，从而让客户觉得在他这里买更划算。

我们常见的赠品引流策略其实就是利用了划算的特性。例如，买赠活动中，买100送1元，基本没有人会理睬；买100元送10元诱惑力度也一般；如果买100元产品送100元产品，注意力就会被吸引住。

但在我设计的赠品策略中，这个赠送力度还是太弱，我设计的赠送力度最起码也要做到，买100元的产品送200元的产品。有同学也许会问，这样不是亏死了吗？放心，我从来不做亏本的买卖。很多的营销策略表面上看会亏本，其实根本不亏，这里面是有技巧的，我在后面课程中会讲解其中原理。

所以，如果我是一个商家，我正在开展活动，在我这里买100元的产品会赠送200元的产品，你会不会多看我一眼呢？我想一定会有人因为好奇来多看我一眼，可能就因为多看了一眼，很多人就被成交了。

假设我们开的是一家服装店，现在的活动是，买100元的衣服送200元的包包。现在有一个问题摆在眼前，就是我们要如何证明这个包包值200元呢？不能我们说200元就200元，我们要证明给别人看，这样别人才会觉得超级划算。

有两种方法可以有效解决上述证明问题：第一，在电商平台找到同款包包，这属于第三方平台见证；第二，在自己店铺给包包明码标价，是否能卖掉无所谓，只是为了证明包包的价格的确值200元。

要注意的是，划算的感觉是通过优惠力度来感知的，优惠力度一定是对比出来的，原价减去现价就是优惠力度。包包原价是200元，现在活动期间免费赠送。这里的优惠力度就是200元，客户要的就是这200元的划算感。

例如，双十一活动，有些商家其实会在参加活动之前一段时间内把价格提高，比如平时卖1000元的产品，他会提价到2000元，然后做活动的时候给你来个5折优惠。对于客户而言，他会觉得挺划算的，优惠了1000元。于是，很多人都会在双十一拼命地买买买。实际上，买的没有卖的精，没有商家会做亏本的生意。

5.1.2　利他感性思维剖析

每个人都会关注自己的利益，关注和自己有关联人事物的利益。所以，作为商家要学会投其所好，要有利他思维，要站在客户的角度思考问题，帮客户解决问题，这样才能赢得客户的喜爱。

有这么一个案例，公园为了不让游客踩踏草坪，在草坪上放置了一个警示牌，上面写着"请爱护花草树木"，结果效果甚微。后来从利他思维出发，警示牌上写着"草坪喷洒过毒药，触碰有中毒风险"，结果效果甚好。

很多时候，我们和微友聊天互动，但是微友不理睬我们，聊不到一块去。为什么呢？因为我们聊的内容，微友不感兴趣，和他没有关系。那怎么样才能让微友感兴趣呢？很简单，聊他感兴趣的话题，聊他关心的人事物。

所以，作为品牌方，我们要学会挖掘目标客户的痛点，痛点挖得越深，他们就越愿意和你发生关系。

5.1.3　从众感性思维剖析

动物中常常存在这样一种现象：羊群总是倾向于朝同一个方向走动，单只的羊往往不辨方向习惯于加入羊群并随着羊群运动的方向而运动。这一现象被动物学家称为"羊群效应"。心理学家发现，在人类社会中，也存在着这样一种"羊群效应"。

我们通常把"羊群效应"解释为人们的从众思维。所谓从众思维，是指个体在社会群体的无形压力下，不知不觉或不由自主地与多数人保持一致的社会心理现象，通俗地说就是"随大流"。每个生活在社会中的人都在设法寻求着"群体趋同"的安全感。

虽然这种现象从理论上说不太合理，有点跟风和盲从，但是我们在营销中可以利用这种现象来创造价值。利用从众思维演化而来的最为典型的营销手段莫过于"排队营销"。当看见一家餐厅门口有很多人都在排队就餐的时候，我们潜意识会觉得这家餐厅的菜会很好吃；当看见一家房地产公司的售楼部门口有很多人都在排队买房的时候，我们潜意识会觉得这家房地产公司的房子卖得很火爆。

排队背后的事实是什么样的，其实我们并不知道，但在生活中，我们经常会听到一个观点：虽然你所看到的不一定是真相，但客户永远相信亲眼所见的。这种观点就很好地解释了，为什么电商商家那么在意商品的销量和好评。

作为品牌方，我们要学会利用人性的从众思维，学会品牌造势营销。要记住，**互联网里的信息，不是你能看到什么，而是人家想让你看什么，你才能看到什么。**

5.1.4　幸运感性思维剖析

幸运思维很好理解，我们生活中经常看到的买彩票和抽奖活动，都是利用人们的幸运思维，总觉得幸运会降临到自己身上。品牌方在开展活动的时候，想提高客户的幸运思维，需要做好两点：

第一，赠品要设计得有吸引力。

要让人愿意以小博大，不愿意失去获得大奖的机会。例如，我们在设计抽奖活动的时候，最大的那个奖品一定要有诱惑力，价值越大越好。比如买100元产品可以获得抽奖的机会，一等奖品价值5000元的产品。

第二，要配合从众思维一起开展。

这两个思维为什么要放在一起呢？因为这两个思维是一套组合拳，需要放在一起才能够让威力更大。给别人制造获取幸运的机会，别人就愿意参与进来吗？不一定。我们必须要在后面推他们一把，那这个推力是什么呢？这个推力就是利用从众思维。

例如，我们经常在彩票站点里看到有张贴某人中奖的消息横幅，有了前车之鉴，就会有更多的人去买彩票。再例如，品牌方开招商会的时候，会分享很多代理商成功逆袭的案例，这些都是侥幸思维和从众思维的结合案例。

5.1.5　好奇感性思维剖析

所谓好奇，就是对自己不了解的事物觉得新奇而感兴趣，充满新鲜感。当人们对某人事物产生好奇后，往往会产生一探究竟的冲动，看看到底是怎么回事，这是人性固有的窥探欲。好奇思维使用最多的地方就是文案写作，会写文案的人，往往都会在文案中植入悬念，让别人想一探究竟。

例如，我们想通过一篇文章来引流肥胖人群，标题可以写《你绝对不知道的减肥方法，据说只有 1% 的人知道》。这个标题会让想减肥的胖子产生好奇，有想点击进去一探究竟的冲动。什么样的人事物会让人产生好奇呢？答案是未曾拥有或了解的人事物。所以，我们在日常营销中，可以利用人的好奇心引流目标人群。

5.1.6　慵懒感性思维剖析

人是懒惰的。微信诞生后，我们不需要带现金，我们不需要用烦琐的网银转账，甚至连短信费和电话费都省去了。我们如何利用慵懒思维来创造收益呢？很简单，培养用户使用场景的习惯，让他们以最少的脑力和体力去获取他们想要的。

如果你可以创造这样的一种产品或服务，那么你就可以收获满满。所以，懒人经济风靡一时。例如，我们经常接触到的淘宝电商、美团外卖、滴滴打车等都是懒人经济下的产物。

对于实体生意而言，利用慵懒思维最典型的就是健身房。不知道大家是否发现这么一个规律，健身房的会员卡数量永远会超过健身房的饱和度。如果一个健身房的饱和度是 100 人，他绝对可以办出 1000 张会员卡，因为老板知道 80% 的人去几次后就不会再去了。

在赠品营销策略设计中，有一个叫作赠品回流的策略就是充分利用了人的慵懒思维。例如，母婴店在一场促销活动中有这么一项福利，内容是：凡在活动日期间购买任一商品，均会赠送 12 双宝宝袜子，每个月都可以免费来领取一双。

这个策略就是利用到了慵懒思维，想借机培养客户的场景习惯。试想，客户每个月都会来店一次，慢慢地就会培养出客户的使用场景习惯。客户来的次数多了以后，就知道这个店铺卖什么，也熟悉来往的路径。

当后期客户需要母婴产品的时候，就会习惯性地去熟悉的那家母婴店，因为慵懒思维让他不愿意多花精力去思考或寻找其他店铺。所以，培养客户的消费习惯和使用场景，让他们在大脑中形成熟悉的场景印象时，就可以利用惰性思维锁住客户。

5.1.7　固有感性思维剖析

所谓固有思维，就是对人事物抱有常规守旧的看法和观点。现实中，当我们对某人事物形成一定认知后，很难改变固有的认知。这个认知是在什么情况下产生的呢？往往都是在首次印象中形成的。

就拿微商来说，直到现在还有一些人在抵触微商，觉得微商这不好，那不好。为什么会形成这样的认知呢？就是因为微商初期的野蛮生长给这些人形成的固有印象。所以，我们有时候会发现，熟人往往不太容易成交，因为熟人已经给你贴上标签了，形成了固有印象。

例如，如果你以前是一个家庭主妇，在别人的眼里，你就是一个家庭主妇，无论你有什么好的赚钱项目，他们都不会轻易买单，因为他们不相信你。在他们印象中，你就是一个家庭主妇，他们不相信一个家庭主妇会有什么好的赚钱项目。

在你没有成功之前，不要指望熟人会替你买单。因为在那些熟人的眼里，你的固有印象已经形成了。所以，**在营销中，最容易成交的不是强关系，而是中关系，是那些半生不熟的人，他们更容易相信你，因为他们不知道你以前的状况，对你没有固有印象**。那么有同学会问了，如何改变熟人对我们的固有印象呢？很简单，用结果来说话，这里建议做好两点：

第一，通过形象改变自己。

这里的形象包括线上形象和线下形象。线上形象就是朋友圈中的形象，要学会装修自己的微信，装饰自己的朋友圈。线下形象也一样，要从头到尾改变自己以往的形象，颠覆别人对你的以往的形象认知。正如我常说的，你是谁不重要，重要的是，你看起来像谁。

第二，让自己变得有价值。

如何让别人知道你有价值呢？很简单，积极地帮助别人。例如，当你学会了本地化的诸多营销策略后，如果你身边有朋友开店，但生意不好，那么你就可以去帮助他，教他怎么经营好店铺，怎么做赠品营销，怎么利用新零售思维提升店铺的业绩。当你帮到他后，他对你的固有印象就会发生改变，后期就有机会把对方转化为代理商。

当我们的行为突破了别人对我们的固有印象时，很容易让别人对我们产生怀疑，甚至不信任和排斥，这是固有思维附带的症状。有一句话叫：一朝被蛇咬，十年怕井绳。如果一个人因某人某事吃过一次亏，或者听过别人吃亏，当某人某事发生在他身边的时候，他一定会有所警惕，不会轻易地相信。

就像我们平时玩的一些营销套路，同一套路玩多了，慢慢就不管用了。例如，以前邀请微友进社群听课，都很感兴趣，听课的积极性也很高，但现在他们都觉得你邀约进群是有动机的，对你处处设防。所以，在没有和潜在目标人群建立起足够信任之前，一定不要去试图变现，我们要先慢慢地改变别人对我们的固有印象，只有建立足够的信任后才能去考虑变现。

5.1.8　稀缺感性思维剖析

所谓稀缺思维，是指由事物稀缺形成的一种稀缺心态，且这个过程是无意识的。当我们的大脑被稀缺俘获的时候，我们会专注于解决目前的稀缺状况，这样会导致两个现象：专注红利和管窥负担。

我们经常会看到很多商家在营销的时候会写道：某某优惠价格仅限前多少名，或某某优惠价格截止到某某时间。有些客户头脑一热很容易就冲动地付费了，这就是限时限量带来的稀缺心态。作为品牌方，我们要善于在营销中制造一些稀缺性，让别人产生紧迫感，这样就会容易让别人购买。

除了上面列举的几种常见感性思维外，感性思维还表现为容易冲动和感动。想让客户有冲动的购物欲，要求我们善于塑造产品的价值，挖掘客户的痛点。当我们让客户看到产品的价值，找到客户内心的渴望，通过一些营销技巧，就可以很轻松地激发客户的感性荷尔蒙，从而刺激客户的购买欲望。

我们常说，人非草木，孰能无情。人都是有心灵软肋的，很容易被感动。在营销别人的时候，想让别人感动，一定要利用好同理心和共鸣感这两个情感要素。例如，我们在招商和零售的时候，经常会讲一些感人的故事，会讲一些成功的案例。一旦对方被感动了，我们就可以和对方建立起信任，成交也就自然变得更容易了。

5.2　品牌营销用户思维

有人曾经问我，传统实体商人和新零售商人的最大的区别是什么？我认为两者的区别在于销售思维不一样。传统实体商人有着非常典型的卖货思维，而新零售商人现在流行用户思维。当然，这里并不能一刀切地划分两类人群的思维区别，只能说两者的主流思维存在区别。

例如，有些实体商人也有用户思维，但大部分实体商人还是保留着传统的卖货思维；也有小部分新零售商人存在卖货思维，但大部分新零售商人还是流行用户思维。接下来，我们来讲一讲卖货思维和用户思维的区别。

5.2.1　卖货思维特征剖析

所谓卖货思维，是指一切以产品为中心，商家的聚焦点都在产品上，容易忽视客户的感受。卖货思维的典型特征有三个：第一，商家总想如何将产品卖掉，所有的营销策略和销售话术都围绕着产品而设计；第二，商家和客户聊天，只想单纯地聊产品，喜欢一味地夸赞自己的产品多么好；第三，总感觉客户需要自己的产品，从来不问客户真正的需求是什么。

事实上，当一名商家持有卖货思维的时候，就很难卖掉产品了。正如我经常说的那句话：**忘掉自己的产品，你才能真正地卖掉产品**。随着产品竞争越来越同质化，大家卖的东西都差不多，很难有商家在竞争中单纯的凭产品占据优势，往往容易滋生打价格战等恶性竞争，实力不够的商家很容易把生意做死。

有同学也许会问，我们做生意不就是为了卖货吗？为什么不可以有卖货思维？没错，做生意最终都是为了将产品卖掉，否定卖货思维转而提倡用户思维，不是为了让你不卖货，而是为了让你更好地卖货。要注意的是，我们否定的是卖货思维，不是否定卖货本身。

之所以否定卖货思维，主要在于卖货思维有三个运营痛点：第一，没有人情味，过于聚焦产品，忽视了客户的感受和需求；第二，产品的同质化越来越严重，客户选择产品的渠道也越来越多；第三，和客户没有情感上的交流，无法和客户建立足够的信任。

以上三个运营痛点将会导致商家无法维持客户的持续复购，更不会有客户转介绍。没有老客户的商家，只能听天由命，坐等新客户上门。如果竞争对手稍微用一点用户思维，该商家很容易面临客源缺乏，终归会破产倒闭。

5.2.2　用户思维深度解析

我们常说，社交新零售是以人为中心，以社交关系为载体的商业模式。其实这句话中就体现了用户思维的内涵。所谓用户思维，是指以用户为中心，针对用户的各种个性化、细分化需求，提供各种针对性的产品和服务，切身实地为用户考虑，真正做到用户至上，做到顾客就是上帝。

在品牌营销流程中（吸粉引流—建立信任—转化成交—复购裂变），转化成交之前需要建立信任，这里的信任对象就是客户。所以，想成交客户就需要让客户信任你，而如何让你的客户信任你呢？答案就是要具有用户思维。

用户思维和卖货思维的最大差异在于聚焦点不同，卖货思维是以产品为中心，而用户思维是以客户为中心。聚焦点不同会导致营销策略和销售话术的不同，最终会导致成交结果不同，即拥有用户思维的商家要比卖货思维的商家更容易成交客户，且后续客户的复购裂变也更容易实现。

5.2.3　用户思维特征剖析

品牌方在成交或服务客户的时候，一定要将用户思维融入其中。在后面的营销篇课程中，我们会讲到个人品牌打造、售后服务和极致服务等相关知识，这些营销策略的设计都运用了用户思维。有些品牌方也许会问，要如何运用用户思维呢？我认为要从三个用户思维特征入手：

第一，以客户需求为中心。

为什么要以客户的需求和利益为中心呢？因为我们只有满足了客户的需求和利益，客户才会信任我们。我们上面讲过，用户思维必须建立在信任的基础上。所以，我们首先要考虑的不是如何把产品卖掉，而是如何让客户先信任我们，这是用户思维和卖货思维最大的一个区别。

那客户有什么需求呢？客户需求可以简单地分为物质需求和精神需求。在物质需求上，有赚钱的需求，有购物的需求等；在精神需求上，有情感的需求，有娱乐休闲的需求，有获取知识的需求，有占便宜的需求等。既然客户有需求，那我们就可以满足他们的需求。

例如，客户想赚钱，我们可以让客户帮我们转介绍赚返利佣金；客户有娱乐休闲的需求，我们可以建立一个社群，在群里聊天互动玩游戏；客户有获取知识的需求，我们可以分享一些客户感兴趣的知识；客户有占便宜的需求，我们就开展一些赠品营销的活动，让客户占足便宜。

我们常说，一切成交都是基于满足客户的需求开始。当我们满足了客户的需求，就可以和客户建立起关系。当关系稳定后，我们在后端植入产品，这样更容易让客户接受我们的产品，愿意为产品付费。

例如，很多品牌方有获取品牌运营知识的需求，那我就可以通过出书和做自媒体等方式分享这些知识，满足品牌方的需求，后端我再植入一些付费服务就相对轻松很多，品牌方也更容易接受。

再例如，假设我们是卖母婴产品的商家，目标人群是宝妈。用户思维要求我们去思考宝妈有什么需求？答案是，她们想获得育儿方面的知识。为了满足宝妈们的需求，那我们就可以提供这方面有价值的知识，待建立一定信任后，再卖产品就会轻松很多。

第二，把客户当作家人。

怎么样才能把客户当作自己的家人呢？很简单，这里我们要有利他思维。所谓利他思维，就是指一切以用户的情感和利益为出发点，用心地帮助客户，对客户无微不至地关怀，让客户感受到我们的真诚。这里举几个具体的案例：

我社群有一位会员，她是开母婴店的。每到夏天，她会在店里放个冰箱，里面摆放一些饮料，每次客户来她店里消费，她都会送一瓶冰镇饮料给客户。作为客户，这么热的天，你是不是正好需要一瓶这样的冰镇饮料？要是我，我肯定需要，而她已经为你准备好了。

还有一位社群会员，他是某品牌的大团队长，他每次回老家都会带很多的土特产，送给自己团队的核心代理商。试想，你要是他的团队成员，你愿意离开这样的老大吗？所以，他的团队凝聚力很强，即使有别的团队来挖他的代理商，代理商都不好意思离开。

还有一位社群会员，她是开水果店的商家，兼做社区团购。别人的水果店是缺斤少两，她的水果店是多斤多两。在我的建议下，她后来又开了个蔬菜店，同样的招数，多斤多两，生意非常好，回头客也特别多。

上面这些案例都是用户思维在现实生活中的具体运用，这些商家的实践证明了用户思维的可行性。用户思维要求我们站在客户的立场上思考问题，当我们事事从客户的利益出发，让客户满意后，客户就会持续地消费，成为老客户，甚至帮我们转介绍更多的客户。

要知道，开发一个新客户的成本是维护好一个老客户的五倍，一个老客户贡献的利润是新客户的十六倍。从中我们会发现，留住老客户比招揽新客户更重要，因为留住老客户可以让你节约更多成本，有利于缔造持久交易。而具备用户思维的商家，更容易留住老客户。

第三，让客户做传播大使。

当我们满足了客户的需求，把客户当作家人，用心地服务好后，客户自然而然地会成为我们的传播大使。通过客户的转介绍，会有更多的客户来找我们。据我观察，做生意的人，只要有用户思维，口碑都会很好。

我一直有一个观点：**忘掉自己的产品，你才能真正地卖掉产品**。这句话如果你现在不理解，可以慢慢地琢磨，当有一天你领悟了这句话的内涵，才会真正明白什么是用户思维。

其实用户思维和卖货思维，在我们学生时代的英语课本中就有很好的体现。在英语课中，老师教我们，当客户进店的时候，我们应该说："what can I do for you？"翻译过来就是："我能为您做些什么吗？"这句话就是用户思维的体现，而不是像有些店家看到客户的第一句话就是："你要买什么吗？"

也许卖货思维在多年前很流行，做好产品就不缺客户。但是在这个时代，除非你有无可替代的产品，否则卖货思维肯定是行不通的。当下的产品同质化现象愈发严重，竞争对手又那么多，单凭产品去竞争，很难生存下来。

所以，我们要改变自己的认识，升级自己的思维，由卖货思维升级到用户思维，要让自己变成一个有价值的人，了解人性，顺应人性，从客户的需求出发，尽量满足客户的需求。如此这般，我们就不愁没有客源了。

5.3 品牌营销赠品思维

在日常生活中，商家做促销活动，有两个常见的营销策略，分别是打折策略和赠品策略。不知道大家有没有想过，究竟是打折策略好，还是送赠品策略好呢？对于商家而言，是产品打折更容易成交客户，还是送赠品更容易成交呢？对于客户而言，是产品打折更愿意去购买，还是送赠品更愿意去购买呢？

为了更好地得出上面问题的结论，我在我社群中找了一些有实体店的会员，做了一个促销活动的测试。这个测试一共有两个促销活动：第一个促销活动是，买产品有折扣优惠；第二个促销活动是，买产品会送赠品。

活动结束后，第二个促销活动的销量要大于第一个促销活动，而且销售额和利润也大于第一个促销活动。通过这个活动测试，我们得出了一个初步结论：只要设计合理，赠品策略要比打折策略好。接下来，我们通过这两个促销活动来分析下，为什么送赠品要比打折好。

5.3.1 商家层面案例分析

案例分析一：假设 A 产品零售价格是 100 元，成本是 20 元。
第一个促销活动是产品打五折，第二个促销活动是产品买一送一。

促销活动一中，A 产品五折后零售价格是 50 元，减去 20 元成本，利润是 30 元。促销活动二中，A 产品零售价格 100 元，减去 40 元成本，利润是 60 元。通过计算会发现，买一送一的利润要大于五折优惠的利润，两个五折优惠的产品才能抵得上一个买一送一的产品。

5.3.2 打折策略劣势分析

在日常的促销活动中，我们建议商家要少采取打折策略，特别是主营产品的打折，主要有三个原因：

第一，打折影响产品的形象。

一个产品卖得好好的，为什么要打折呢？客户心里会想，是不是产品卖不出去，或者产品质量有问题。我们会发现，很多囤货的代理商喜欢低价甩货，但往往发现，越低价卖别人越不买。为什么会这样呢？就是因为你的低价折扣已经影响了产品的形象。

第二，活动结束后影响销量。

打折是很容易，但打折后恢复原价，客户的购买欲望就会减弱。特别是针对已经购买过的客户，他们的复购率往往不高。为什么呢？因为贪婪思维告诉我们，客户是喜欢占便宜的。产品打折时买是因为能占便宜，但折扣结束后，客户在心理上一时难以接受原价。所以，降价容易提价难。

第三，会让同行产生价格战。

产品打折肯定会影响竞争对手的生意，为了获得生存，竞品就会模仿打折策略。如果竞品打折了，产品再想恢复原价销售就比较困难了，因为竞品的促销活动时间是无法左右的。如果竞品不结束促销活动，我方恢复原价就会失去竞争力。所以，这样会陷入无休止的价格战，最终导致两败俱伤。

5.3.3 客户层面案例分析

案例分析二：假设 A 产品零售价格是 100 元，成本是 20 元。

第一个促销活动是产品打六折，第二个活动是买就送赠品。

注：第二个活动赠品成本和第一个活动让利成本相当。

促销活动一中，零售价格 100 元的 A 产品打六折，等于让利 40 元，实际产品价格是 60 元，相当于客户花了 60 元买了一款 A 产品。商家利润是 60 元零售价格减去 20 元的成本，也就是 40 元。

但现在我们不采取打折策略，而是把让利的 40 元拿去采购赠品送给客户。如果我们直接采购 A 产品，40 元正好可以采购 2 个 A 产品。也就是说，客户花了 100 元买了一个 A 产品，还可以送 2 个 A 产品，这里商家的利润也是 40 元。

我们从客户的角度来总结下：打折策略，相当于客户花了 60 元买了 100 元的产品；而赠送策略，相当于客户花了 100 元买了 300 元的产品。如果你是客户，你愿意占哪个便宜呢？上面两个促销策略中，商家的利润都是 40 元，如果你是商家，你更愿意选择哪个促销策略呢？很显然，大部分人会选择赠送，因为赠送的价值看上去更大。

很多同学心里会想，为什么利润一样的情况下，赠送策略看上去要更有吸引力呢？原理很简单，**因为客户只会用市场价格来衡量赠品的价值，而不会用赠品的成本去衡量**。这就是赠品营销的人性奥秘，充分利用了人们爱占便宜的特性。

假设 100 元的产品，商家给客户让利 50 元，这个 50 元是实实在在的 50 元。但如果把这 50 元的让利拿去采购赠品，那赠品的价值肯定会大于 50 元。因为这 50 元是赠品的采购成本而不是零售价格，如果换算成价格，至少可以把成本价值放大 3 倍，也就是市场价格 150 元的赠品。

对于客户而言，他并不知道你赠品采购的成本是多少，他只知道你这赠品的市场价格是 150 元。所以，如果你是客户，你是愿意商家让利 50 元，还是愿意商家多送你 150 元的赠品呢？大部分人都会选择送赠品。当然，这里的赠品采购是有技巧的，你一定要采购可以放大 3 至 5 倍的赠品，这种赠品其实很容易找到，在本地的批发市场或线上的阿里巴巴逛一圈就可以找到。

5.3.4　赠品策略优势分析

除了上面分析的因素外，赠品策略相比打折策略还有一些优势。从心理因素来分析，打折很容易被客户理解为营销手段，而赠送就相对会好很多，会被理解为是一种友谊馈赠，配合一些话术技巧，会加深买卖双方的感情，有利于信任的建立。

其次，打折给人的存在感会很弱，因为就一个数字游戏。而赠品给人的存在感比较强，因为客户实实在在获得了赠品。从占便宜的角度来说，赠品相对于折扣而言，更容易让客户选择，更能让客户感受到产品的价值和占便宜的感觉。

再者，虽然折扣对于客户来说能够起到一定的刺激消费作用，但是对比强有力的赠品而言，折扣在消费者心里就显得有点虚无缥缈了。究其原因在于，折扣只是固定的数值，而赠品的价值可以无限放大。

要说明的是，虽然打折策略没有赠品策略好，但并不是说打折降价就不能用。这里只是说，相比赠品策略，打折策略并不是最优的选择。最重要的是，打折策略的玩法相对比较简单且单调，就是降价。但赠品策略不一样，它有各式各样的玩法，能够调动客户的购买欲望，能够把客户的人性充分地调动起来。

所以，如果品牌方想做产品促销活动，要尽量少用打折策略，多用赠品策略，这样会让活动更有力度。后面的课程中，我会分享一些比较常见的赠品策略，到时候就知道赠品策略的玩法非常丰富。

5.4 品牌营销后端思维

在私域引流的过程中，我们往往会用赠品作为鱼饵去吸引目标人群的关注，而这些赠品都是需要前期花钱投入的。如果你没有后端思维，看不到客户的终身价值，那么你有可能不敢赠送。

因为有些赠品策略，如果你不懂背后的逻辑，从表面上看，你会觉得是亏本生意。但如果我们看懂了背后的逻辑，其实根本不亏本，反而会赚很多。如果一个商家的活动，你从表面上看会亏本，但实际上不亏本，这里面的营销逻辑一定包含了后端思维。拥有后端思维的商家，看中的不是单次活动的收益，而是客户的终身价值。

5.4.1 品牌后端思维剖析

所谓后端思维，是指通过计算投入产出比，依据后端成交率计算出赠送的成本，并根据目标人群有针对性地采购赠品，从而实现前端送，后端赚的营销思维和策略。为了更好地理解后端思维，这里举一个简单的例子。

假设 A 产品的成本是 100 元，零售价格是 300 元，单品利润是 200 元。

为了前端引流，我们计划以 20 元的成本去采购赠品引流客户。如果 10 个人中可以成交 1 个人，是不是就不亏本了？因为引流 10 个人的赠品成本正好是 200 元，单品的利润也是 200 元，一抵扣就持平了。所以，如果能成交 2 个人是不是就赚了 200 元，成交 3 个就能赚 400 元。

20 元的赠品采购成本，我们完全可以采购一个市场零售价格在 60 至 100 元区间的产品，如果免费赠送，一定有很多人想要。至于具体采购什么产品，在哪里采购，我会在后面的课程中详细讲解，类似符合要求的赠品有很多。

如果你了解了上述赚钱的思路，请问，你敢不敢免费送？我想答案是肯定的，因为你看到了赠送后的后端利润。正常情况下，没有后端思维的人，你让他拿 20 元成本出来做引流产品，他头脑中只会想一件事情，那就是送一个亏 20 元，送两个亏 40 元，送 100 个亏 2000 元。他永远想到的是亏多少，而不是思考可以赚到多少。想来想去，怎么都不划算，于是就不敢送了。

之所以以前会这么想，是因为他只看到了送出去亏损的部分，却没有看到成交后的利润。如果他一开始就知道，送出去的赠品可以按照一定比例赚回来，他绝对不会吝惜赠送的成本。因为赠送得越多，赚得就越多。

5.4.2　赠品引流成本公式

要注意的是，上述案例中的赠品成本、产品零售价格和利润都是假设的，后端的盈利也必须建立在成交的基础上。如果后端成交量不行，一切的美好假设都不成立。在实际操作中，我们需要根据自己的产品和实际成交能力去计算出引流需要的成本，这里我提供一个简单的公式：

赠品引流成本＝单品利润／单人成交数

单人成交数是指成交一个人需要引流的人数，单品利润是指单个产品的利润。例如，我的成交能力是每引流 20 个人可以成交 1 个人，那么这里的单人成交数就是 20 数值。假设我的产品利润是 100 元，那么我引流需要花的赠品成本就是 100 除以 20，得到的赠品引流成本是 5 元。

赠品成本提升策略

正常情况下，赠品成本越大，采购来的赠品价值就越大，能引流来的人群也会越多。在一定成交率的基础上，引流来的人群越多，我们的成交人数就越多。所以，如果我们想提高收益，就要想办法去提高赠品引流成本。

那要如何才能提高引流成本呢？通过公式我们可以得出两种方法，分别是提高产品利润和降低单人成交数。提高产品利润，要求我们提高单品单价或降低产品采购成本。降低单人成交数，要求我们增强成交能力，提高成交率。

5.4.3　客户终身价值剖析

由于变量的存在，我们可能没有办法非常准确地计算出赠品的引流成本，但不管怎么样，我们都要明白后端思维给我们带来的思考，这个思考就是客户终身价值。

所谓客户终身价值，是指客户在一定周期内为你带来的利润。在前面讲用户思维的时候，我分享了几个案例，比如母婴店老板给客户送冰镇饮料、团队老大给代理商送土特产、水果店老板给客户多斤多两。

这些免费赠送都是后端思维的具体运用，他们看到了客户的终身价值。他们心里很清楚，现在的付出，在未来一段时间内，一定会换来客户的持续复购和转介绍。所以说，用户思维、后端思维和客户终身价值是相互作用的。

5.4.4　引流成本延伸公式

当了解了后端思维，又看到了客户的终身价值后，我们可以对赠品引流成本公式进行一定的延伸。上面讲解的赠品引流成本公式，是从单品的角度来计算引流成本的，如果我们换个角度，不从单品角度来计算，而从单人的角度来计算，那这个引流成本的公式就可以稍微改变一下。

赠品引流成本 = 单人利润 / 单人成交数

公式变动的地方在于把"单品利润"变成了"单人利润"，单人利润是指一个人在一定周期内带来的利润。由于公式的变动，这里的单人成交数的理解也随之发生了一些变化，即单人成交数是指留住一个客户需要引流的人数。

假设每一个维护好的客户，一年内能够带来 1000 元的利润，且每引流 20 个人，我们能留住 1 个客户。那么通过公式，我们就可以把引流成本设定在 50 元，即我们用 50 元的引流成本换来一个和客户接触的机会。在盈利上，如果引流 20 个能留住 1 个就不亏本，能留住 2 个及以上就赚了。

赠品成本提升策略

正常情况下，赠品成本越大，采购来的赠品价值就越大，能引流来的人群也会越多。所以，如果我们想提高收益，就要想办法去提高赠品引流成本。那要如何才能提高引流成本呢？通过公式我们可以得出两种方法，分别是提高单人利润和降低单人成交数。

想提高单人利润，就要想办法让客户在一定周期内增加消费金额，比如可以设计一些好的营销策略来刺激客户的消费。想降低单人成交数，就要想办法留住更多的客户，要求我们坚持用户思维去服务客户，做好极致服务和情感关怀。

作为品牌方，我们日常的运营中，不要只关注眼前利益，要用长远的眼光去看待客户的终身价值，要用后端思维去理解投入的产出比。品牌方在设计相关营销策略的时候，要充分地把人性思维、用户思维、赠品思维和后端思维兼容进去，这样设计出来的方案才有吸引力。

06 第六课

品牌本地赠品引流和锁客策略

从近几年的观察来看，在品牌代理商中，有一个群体的占比越来越大，那就是实体新零售从业者。前面提到过实体新零售从业者两重含义：一指新零售实体化，就是新零售从业者开设实体店；二指实体新零售化，就是实体店老板做新零售。

一方面，随着移动互联网的深度发展，很多实体店老板已经逐渐接受并认同了新零售渠道的产品。加之实体店生意越来越难做，实体店老板需要开拓新的产品渠道来增加收入来源。于是很多实体店老板都不约而同地选择了新零售渠道，成了某新零售品牌的代理商。

另一方面，本地引流人群的精准性和高成交率，让越来越多的代理商觉得深耕本地市场是一个非常好的立足点，而本地化运营最好的载体就是实体店，可以有效降低本地获客成本。于是很多原本没有实体店的品牌代理商都逐渐乐意开设实体店，想通过实体店这个最佳载体去引流本地精准人群。

不管是先有实体店后加盟新零售品牌，还是先加盟新零售品牌后开实体店，拥有实体店的代理商在品牌代理商人群中的占比在逐渐增大，这是新零售和实体融合的大趋势。也许在不久的未来，实体生意和新零售生意会融为一体，共同加速商业形态的变革。

前面说过，本地最大的优势在于拥有精准流量，所以本地化运营最关键的环节就是本地引流。对于品牌方而言，如何帮助有实体店的代理商更好地布局本地流量，是一个亟待解决的问题。作为品牌方，我们要给到代理商足够好的本地引流方案，并监督指导代理商去落实方案的实施。

但事实是，很多品牌方在本地化运营的实践中做得并不太好，没有太多的可行性方案能够传授给代理商。究其原因在于很多品牌方本身没有相关的实体运营经验，大部分品牌方的知识体系都还停留在传统的线上运营中。所以，实体运营是新零售品牌方需要亟待补足的知识板块。

接下来，我会分享一些常见的本地引流策略，这些策略相对比较容易实践。一方面，品牌方可以将这些策略传授给代理商，让代理商去实践；另一方面，如果品牌方在起盘阶段本身缺启动流量，也可以自己去实践，从而引流第一批原始种子代理。

6.1　店铺合作引流策略

店铺合作引流策略主要适用于拥有实体店的代理商。在引流的过程中，我们可以和本地有共同目标人群的实体店（实体场所或机构）合作，通过制作一些有价值的赠品卡券，让合作店铺按照一定的规则赠送给客户，从而实现目标人群的精准引流。想把店铺合作引流策略实践好，需要注意以下几点：

6.1.1　共同目标人群筛选

为了实现精准的引流，我们一定要确保和合作店铺有共同的目标人群。简单地理解，我们店铺的客户和合作店铺的客户要是同一群体。

例如，做减肥产品的代理商，他的客户群体是肥胖人群，如果需要找合作方，可以选择一些肥胖人群经常去的店铺或场所，比如健身房或瘦身整形医院等；做母婴产品的代理商，他的客户群体是宝妈，如果需要找合作方，可以选择一些宝妈经常去的店铺或场所，比如月子会所、早教中心、儿童游乐园等。

只要我们的产品和合作方没有直接的竞争关系，都可以开展合作，比如卖尿不湿的代理商可以和卖儿童服装的店铺合作。只要愿意行动，我们可以在本地找到很多合作的店铺。可以说，人人都可以找到合作的店铺，关键在于要不要去行动，想不想走出去。

6.1.2　互惠互利原理剖析

在合作的洽谈中，我们要让合作方清晰地知道，通过合作可以让双方实现互惠共赢。一方面，合作的店铺可以将我们的赠品卡券作为回馈客户的礼品，从而提高客户的好感度和复购率；另一方面，我们可以通过卡券实现目标人群的精准引流，为后端的成交提供机会。

只有让合作方清晰地知道合作的好处，对方才会愿意更加积极地配合合作方案的执行。同样的，我们也可以与合作方互换合作方式，让合作方提供赠品卡券，作为我们店铺回馈给客户的礼品，帮助对方店铺实现引流，从而实现资源整合的最大化。

总之，当我们和合作方讲清楚其中的好处，一般都会愿意合作共赢，除非表达出现问题，合作方没听懂。因为我们的赠品卡券可以作为合作方回馈客户的福利，增加合作方的竞争优势。当然，能否解释清楚互惠互利原理，需要我们事先准备好相关话术。

6.1.3 卡券吸引力度设计

在赠品卡券的设计中，卡券的吸引力度一定要大，最好是凭卡券免费领取赠品，这样可以有效地提高客户领取赠品的积极性，增加引流的数量，也能够提高合作方合作的积极性。

在赠品的设计上，产品一定要设计得有吸引力和有价值，可以是自己销售的主营产品，也可以是和主营产品有关联的产品。赠品不仅可以是实物产品，也可以是信息产品，比如目标人群感兴趣的线上或线下培训课程。

很多思维局限的人觉得免费送产品（特别是实物产品）不划算，不愿意去做这样亏本的生意。事实上，我们需要改变自己固有的思维，不要过于注重眼前的利益得失，而是要多聚焦客户的后端价值。你的产品再好，如果没有人知道，也是白搭；你的店铺装修得再辉煌，如果没有客户，只是徒劳。

在本地化运营中，我们一定要有"前端免费，后端成交"的全局思维。前端用产品换客户，后端再想办法去成交。因为只有我们接触到了客户，才有机会去成交客户。假设前端每免费赠送产品给十个客户，如果能成交一个客户就不亏本，那么成交两个客户就有盈利了。知道盈利是这么产生的时候，我们就舍得前端赠送了。

实际上，如果产品和服务的体验足够好，成交的客户还会持续复购，甚至会转介绍好友来买。当然，十分之一的成交率只是假设，具体的成交率和盈亏平衡点需要自己测试。这里只是想说：拥有全局思维的人才能够持续盈利，才能够不局限于眼前利益，才能够看到客户的终身价值。

6.1.4　赠品卡券使用规则

店铺合作引流的关键在于赠品卡券的使用，在领取赠品的过程中，一定要让合作方的客户凭赠品卡券来我们的店铺领取赠品，而不能把赠品提前放在合作方店铺，由合作店铺直接赠送给客户。之所以这样设计，主要有两个原因：

第一，可以对目标人群进行筛选。那些不愿意来店领取赠品的人，显然不是我们的潜在客户，这样可以节省开支，提高引流人群的精准性。如果在合作方店铺直接送，几乎每个人都会愿意要，这样就无法筛选出精准人群，也无法实现第二个原因中的后端意图。

第二，来店领取赠品的客户，可以让他们直观地感受到店铺的产品展示，增强购物欲望，同时也让我们有了一个和客户交流的机会。有了这种交流的机会，我们就可以通过一些促销手段进行追销，比如凭卡券享受购物折扣等。即使当场不能成交，也可以通过一些营销技巧，让客户持续地复购和裂变，比如可以赠送给客户优惠券或回流赠品。

要注意的是，在客户领取赠品的时候，我们一定要让客户登记相关的联系信息，方便我们后续的沟通维护。如果客户领取的是实物赠品，我们也可以同时再赠送一套与实物赠品相关的培训课程。例如，领取彩妆产品的客户可以赠送一套彩妆培训课程；领取母婴产品的客户可以赠送一套母婴护理培训课程。

当然，这套课程最好是由代理商亲自开发，这么做的好处是可以借此塑造代理商在客户心目中的专家形象，从而打造代理商的个人品牌，为后端成交做铺垫。如果代理商还没有能力开发课程，这时就需要品牌方出面负责开发相关的课程，统一输出给代理商。

6.1.5　赠送客户门槛设计

在与合作方洽谈合作的时候，我们需要给赠送卡券的客户设置一定的门槛，这里一定要向合作方阐明清楚，避免合作方盲目地赠送。例如，赠送门槛可以是：在合作方店铺购物满多少金额即可获得赠送卡券一张；或购物满多少金额即可抽奖，奖项之一就是获得赠品卡券，其中抽中赠品卡券的概率可以设计得高一点。

通过设置门槛，一方面可以提高合作店铺客户的购物积极性，帮助合作店铺提高销售业绩；另一方面还可以提高客户对赠品的重视程度，有利于增加后面去店铺领取赠品的人数。

因为获取赠品的门槛越低，别人就越不珍惜。例如，如果我们在大街上发一张这样的赠品卡券，十有八九没人理睬，大多会直接扔到垃圾桶。但如果这张卡券是通过满额赠送或抽奖获得的，就会觉得来之不易。这就是人性思维，来之不易的才会倍加珍惜。

在我的社群中，也有很多做本地市场的新零售从业者，他们按照上面的合作方式，实现了精准引流。例如，会员小李原本是一名催乳师，加盟了某母婴品牌后在本地开了一家品牌专营店，通过整合本地资源，和当地有共同目标人群的店铺或机构合作，利用主营的母婴产品、催乳服务和母婴课程作为前端免费赠品，实现了目标人群的精准引流，销售业绩和团队成员都裂变式地增长。

在店铺合作引流中，寻找到合作者很容易，谁能够接触到你的目标人群，你就去找谁合作。难就难在怎么让合作者愿意接受你的合作方案，这需要一定的沟通技巧，以及合作方式的合理设计。合作方式需要与合作方相互协商，究竟是双方互惠互利，还是给予合作方分成或酬劳，都需要详细规划，我这里仅仅是提供一个引流的思路。实际上，店铺合作引流可以演变出很多玩法，品牌方可以课后去思考和研究。

6.2 品牌赠品锁流策略

我社群有一位会员叫小邹，她是某母婴品牌的创始人。她告诉我，她品牌的很多代理商都有实体店，这些实体店大多是母婴店。一部分代理商原本是母婴店老板，加盟品牌后正好可以丰富原有实体店的母婴产品线；还有一部分代理商是加盟品牌后，在品牌方的政策扶持下开设了品牌专营店。

小邹的困惑是，伴随着电商的冲击，很多代理商的实体店生意本身都不太好，前端引流和后端锁流都存在问题。代理商实体店生意不好，会直接影响到代理商的本地化运营，从而间接影响到品牌的总体业绩。于是她问我，要如何帮代理商解决好实体店的流量问题？

随着我近些年提倡"品牌本地化运营"概念后，很多品牌方都在积极实践。在本地化的实践中，实体店是很好的流量载体。开实体店是一件很简单的事情，有钱有场地就行，但想把实体店运营起来就需要有一定的知识储备。

在服务品牌方的过程中，我都会建议品牌方做一件事情，那就是在品牌商学院中开设专门的课程教授代理商如何运营实体店，尤其是代理商群体中实体新零售从业者占比较大的品牌方一定要做这件事情。

不懂行的人也许会觉得这个建议很滑稽，一个新零售品牌居然教代理商如何运营实体店，看上去有点风马牛不相及。但如果了解了我上面关于本地化运营的知识讲解后，相信很多人都理解了为什么我要给出这个建议。事实证明，很多品牌方采纳了我的建议后，品牌业绩都处于持续倍增状态。

上面讲的店铺合作引流策略是针对实体店的一种前端引流玩法，目的在于引流店外的潜在目标人群，这种玩法对于自然流量不多的实体店尤为有效。作为实体店，或多或少都有一定的自然流量。店铺有了流量后，我们就要思考下一步的成交问题。

如何最大化地成交每一位进店客户，如何让每一位成交的客户持续复购，是每一位拥有实体店的代理商都要思考的问题。接下来，我会分享一个比较实用的方法，也许在一定程度上能解决上面的问题，这个方法就是本地化赠品锁流策略。

6.2.1　赠品锁流策略要素

所谓赠品锁流，是指商家用有诱惑力的赠品来锁住客户，让客户先成为店铺的会员，通过培养客户的消费习惯，利用一些促销玩法刺激客户后端消费，从而实现持续盈利的营销策略。赠品锁流策略有两个关键要素，分别是会员锁和赠品锁，这里简单的讲解下。

会员锁要素

在实体店运营中，能锁住客户最强大的武器就是会员卡。会员卡的类型有很多，由于篇幅关系，这里我们只讲其中一种会员卡类型，那就是充值会员卡。当客户在店铺办理了充值会员卡后，就意味着客户把钱预先存储在商家店铺，这样就无形地锁住了客户后面的消费。

会员卡消费有一个特点，那就是无感消费，简单理解就是花钱没有太大的感觉。充值后的会员卡，在后期消费的时候，不需要每次都单独支付费用，只需要在会员卡里面直接扣除即可。这种无感支付方式和每次都需要单独支付费用相比，更容易刺激客户消费。

所有开实体店的商家，一定要增设一个充值会员卡的项目，只有这样才能真正锁住客户，否则就是在浪费客户流量。充值会员卡的办理很简单，只需要商家去购买一套门店会员卡管理系统即可，可以采用实物会员卡，也可以采用电子会员卡。

如果品牌代理商人群中拥有实体店的代理商占比较大，品牌方可以亲自出面去和软件机构谈合作，以此来降低代理商自行购买的成本。像我服务的诸多品牌方中，有些品牌方会单独找软件机构深度定制门店会员卡管理系统，这样有利于品牌的统一管控。

赠品锁要素

通过上面的讲解，我们大概知道了会员卡的作用，但还要思考一个问题，那就是如何才能够让客户心甘情愿地办理充值会员卡呢？在前面的人性课程中，我们讲解了人性有一个爱占便宜的特性，所以这里可以利用这个特性来刺激客户办理充值会员卡。

世界上最难的事情就是把别人口袋里的钱装到自己口袋，充值会员卡是一个提前预付的项目，需要客户提前支付费用，如果充值的事情不能给客户带来额外的福利，一般人都不愿意提前透支腰包。

所以，我们会发现现在很多实体店办理充值卡都会采用"充值赠送金额"或"充值消费打折"的策略。例如，充值 1000 元送 200 元，即 1200 元；充值 1000 元，后期消费八折优惠。但是上面的策略有两个 bug，不利于会员人数的增加：

第一，无新鲜感。 这些策略现在满大街都是，没有任何新鲜度。当一个营销策略大部分商家都在用的时候，这个策略等于无效，有等于没有。

第二，无现场感。 这些策略的优惠感知没有太强烈的现场感，更多是在后期的消费中才能感受到福利的优惠。所以，现场感不强不利于当场成交充值会员卡。

针对上面两个 bug，最好的解决办法就是充值会员卡送赠品，好处有两点：

第一，送赠品策略有利于区别原有的烂大街策略。即使后期商家都采用送赠品策略，客户也不会觉得无新鲜感。因为赠品本身的种类有很多种，每个商家送的赠品都会不一样，加上送赠品策略本身有很多的玩法，且具有可持续开发性。所以，客户不会觉得枯燥无新鲜感。这个道理，其实和前面我们讲到的赠品策略和打折策略的原理是一样的，赠品策略有千变万化的玩法，而打折策略万变不离其宗。

第二，充值会员卡当场送赠品，能够让客户感受到占便宜的感觉。这种占便宜的现场感非常强，有利于增加当场成交客户的概率。在前面的人性课程中，我们讲过有一种人性思维叫作感性思维，其中表现之一就是冲动。而现场充值送赠品能够充分地刺激感性思维，送的赠品越有价值，冲动感就会越大。

6.2.2　赠品锁流策略玩法

如何最大限度地让客户拥有占便宜和冲动的感觉，是赠品锁流策略的核心。简单地理解，送的赠品越多，越容易让客户拥有占便宜和冲动的感觉。当然，前提是赠品要对客户有价值，是客户需要的。

例如，我们前面讲到的店铺合作引流策略中，当有人凭卡券来店铺领取赠品的时候，我们可以通过升级赠品的方式锁住客户。即只要客户办理会员充值卡，之前的引流赠品可以升级为更有价值的赠品。

假设来领取的引流赠品是一个 30 元的杯子，现在只需要充值 100 元的会员卡，就可以把引流赠品升级为一个市场价格 200 元的杯子或同等市场价格的其他产品。当然，这里需要一些技巧，比如升级的赠品一定要看起来非常有诱惑力，和原始赠品相比，要让人一眼看上去就想要。换句话说，原始赠品在比较之下让人就不想要。

有同学也许会想，充值 100 元会员卡送 200 元的杯子会不会亏本呢？如果市场价格 200 元的杯子采购成本可以控制在 40 元以内，且充值的 100 元会员卡，后期如果客户在店铺消费产品，其产品的成本可以控制在 30 元以内，最终还是可以赚 30 元。实际是不亏本，还能盈利的。

当然，上面只是一个假设，但这个假设很容易实现，只需要学会低成本采购技巧和赠品价值塑造技巧即可。这里的赠品赠送需要充分利用前面课程中讲到的后端思维，要看到客户的终身价值。在设计赠品之前，我们需要通过引流成本公式计算出采购成本的数值。

6.2.3　赠品锁流策略设计

有同学也许会问，如果赠品不能锁住客户怎么办呢？这说明赠品的诱惑力不够，属于赠品设计环节出了问题。接下来，我来讲解下如何最大限度地设计出有诱惑力的锁客赠品。在我看来，一个完整的赠品锁流策略应该包括以下几个部分：**基础赠品 + 折扣赠品 + 回流赠品 + 社群赠品 + 裂变赠品 + 无忧承诺 + 限时限量**。

基础赠品，是指充值会员卡会送一些实物赠品。例如，在某母婴店充值 200 元会员卡，会赠送价值 1000 元的赠品。

折扣赠品，是指充值会员卡会送一些折扣优惠。例如，在某母婴店充值 200 元会员卡，后期持卡购物享受 8 折优惠，或者充值 200 元送 20 元。

回流赠品，是指充值会员卡会送分批领取的赠品。例如，在某母婴店充值 200 元会员卡，可以送 12 双宝宝袜子，每个月可以来店铺领取一双。

社群赠品，是指充值会员卡会免费赠送客户一个有价值的社群，这属于信息赠品。例如，在某母婴店充值 200 元会员卡，可以送客户一个本地母婴学习群的资格。这个社群要设计得非常有价值，比如社群里有各种的福利和干货等，让客户觉得加入社群是一件非常有价值的事情。这块涉及顾客社群运营的相关知识，需要品牌方课后去学习掌握。

裂变赠品，是指邀请一个朋友充值会员卡可以获得奖励。例如，客户邀请朋友来母婴店充值 200 元会员卡，可以返利 10% 的金额到客户的会员卡中。当然，也可以是其他的奖励，包含实物赠品和非实物赠品。

无忧承诺，是指商家做出一定的承诺，让客户无后顾之忧的购买产品。例如，母婴店可以承诺，某产品使用不满意可以无条件退款。无忧承诺的目的在于加速客户的购买行为，具体的承诺设计和注意事项在后面的课程中会讲解。

限时限量，是指在规定时间内购买产品的客户，在原有赠送基础上，还可以获得某某赠品，或前多少名购买可以获得某某赠品。例如，凡本月在母婴店充值 200 元会员卡的客户，在原有赠送基础上，可以获得某某赠品；或本月前 100 名在母婴店充值 200 元会员卡的客户，在原有赠送基础上，还可以获得某某赠品。

如果一个锁流策略可以把上面七个环节都设计在内，锁住客户的概率会非常大。有同学也许会问，这么多赠品，成本会不会很高呢？其实仔细一看，也就基础赠品和回流赠品环节需要采购成本，其他环节成本可以忽略不计，或者可采用虚拟赠品。

由于篇幅的限制，后面课程中我会对基础赠品和回流赠品这两个环节进行详细讲解。

6.3　基础赠品采购技巧

所谓基础赠品，就是充值会员卡会送一些实物赠品。例如，在某母婴店充值 200 元会员卡，会赠送价值 1000 元的赠品。这里的 1000 元赠品就是一个基础赠品，是吸引客户注意力的关键所在。

在赠品设计上，基础赠品的价值要越大越好，但采购成本要越低越好。有些同学也许会问，这样的赠品要去哪里采购呢？接下来，我会简单地介绍三种低成本的赠品采购技巧，分别是自主采购赠品、鱼塘整合赠品和鱼塘成本采购。

6.3.1　自主采购赠品技巧

商家赠送的赠品可以是自己的主营产品，也可以是自主采购的其他产品。针对快消品类的主营产品，如果产品的单品规格比较大，建议品牌方可以开发专门用于赠送的体验版本，比如生活中常见的化妆品和奶粉都有专门的体验版，这样有利于控制赠品成本。

有些时候，由于品牌知名度和客户消费习惯等因素影响，主营产品未必能吸引客户的关注。此时，我们便需要放弃将主营赠品作为赠品，转而选择客户感兴趣的非主营产品，即自主采购赠品。这里介绍两种常见的自主采购赠品渠道：

第一，本地批发市场采购。

在日常生活中，本地的批发市场一定要经常去逛逛，多了解下批发市场的产品类型和批发价格。正常情况下，产品批发价格一般都是采购量越大，价格越低。为了尽量压缩成本，在采购赠品的时候，可以选择和同城代理商协商，以众筹的方式集体采购。

第二，线上阿里巴巴采购。

除了本地批发市场，线上的批发商城也是一个很好的选择，比如阿里巴巴。如果逛线下批发市场没有时间，那逛一逛线上批发商城时间应该还是有的。

像我就经常逛阿里巴巴，日常生活用品也都会直接从阿里巴巴购买。别问为什么，问就是真便宜。

阿里巴巴上汇集了全国大批产品生产商和批发商，产品种类和批发价格比本地批发市场有更多的选择性。如果你经常逛阿里巴巴会发现，很多商品都是暴利产品，其采购成本非常低，市场价格很容易放大5—8倍，有的甚至可以放大到10倍左右。

为了尽量压缩成本，在采购赠品的时候，可以选择和品牌其他代理商协商，以众筹的方式集体采购。与此同时，赠品也可以由品牌方来统一采购，然后按照一定的规则来分配，比如代理商可以按照品牌方的采购成本价来购买，以此来降低赠品采购成本。

品牌方统筹的意义

在我服务的诸多品牌方中，很多品牌方由于受到我的运营观念影响，对本地化运营比较重视。为了帮助代理商解决赠品采购成本问题，这些品牌方往往会亲自去和批发商谈合作。如果赠品采购量较大，有些品牌方甚至会直接去和生产厂家谈合作，目的在于帮代理商最大限度地压缩赠品采购成本。

所以说，代理商需要解决的很多问题，其实是可以由品牌方来统一解决的。但现实是，很多品牌方不知道代理商的真实需求。例如，有些品牌方根本不重视本地化运作，他可能就不关心代理商的赠品采购问题。

在我社群中，有很多会员都是品牌代理商，学习完社群内部的本地化课程后，觉得本地化挺不错，自己也有实体店，也想尝试着玩一些赠品策略，但苦于自己势单力薄，无法采购到有竞争力的低成本赠品。

想去找其他代理商众筹，有可能其他代理商不玩本地化，或者说没有实体店，自然对赠品采购就不感兴趣。想去找品牌方，由于品牌方对本地化运营本身不重视，代理商的需求量不大，统一采购就没有太大的成本优势，品牌方也自然不会去帮代理统一采购。

所以说，有些时候代理商做不起来，不能单纯怪代理商不努力。很多时候恰恰是品牌方本身的运营方向或策略有问题，导致代理商无法有效地单体运营，毕竟很多事情是需要品牌方来统筹规划的。**品牌运营不仅仅是品牌层面的运营，它还包括代理商层面的运营。**

我社群中的代理商会员会时不时找我聊一些他们运营过程中存在的问题，而这些问题很多都不会传到品牌方的耳中，或者说品牌方本身不重视代理商反馈的这些问题。但其实很多问题是值得品牌方重视的，不重视只是因为代理商和品牌方的运营规划不一致。

说实在的，有些代理商运营中存在的问题，我也解决不了，因为有些问题靠代理商自己是没有办法去解决的。某些代理商层面的方案如果想完美的实施下去，必须靠品牌方来统筹运营才能有效解决。一个品牌，只有代理商玩得下去，整个品牌才能持续的运作。

为什么有些品牌方砸了很多钱，还是做不起来，或者说不能够持续地运作下去呢？很多时候是因为品牌方的运营方案都太高大上了，没有充分地考虑到代理商的基层需求。所以，品牌方需要多去和代理商聊一聊，收集一些有效的反馈，给代理商切实的帮助。

6.3.2　鱼塘整合赠品技巧

在前面讲解的店铺合作引流策略中，我们是把引流赠品通过卡券的形式对接给了合作商家。那么现在我们可以互换合作方式，让合作商家提供引流赠品，通过卡券的形式投放到我们的店铺。这里合作商家提供的引流赠品就是所谓的整合赠品，鱼塘是指和我们有共同客户群体的商家。

整合赠品完全不需要成本，且只要商家对接得比较精准，赠品的诱惑力会非常大。例如，我们是一家主营纸尿裤的母婴店，我们可以去找童装店、儿童摄影馆、月子中心、早教中心、儿童游乐园等商家，让他们设计一些引流赠品，通过卡券的形式投放到我们的母婴店。

整合赠品可以是合作商家的主营产品，也可以是其他与客户群体相关的产品。例如，童装店可以用儿童袜子作为引流赠品，儿童摄影馆可以用免费拍 10 张儿童照作为引流赠品，月子中心可以用免费服务 7 天作为引流赠品，早教中心可以用免费学习 1 个月课程作为引流赠品，儿童游乐园可以用免费门票 1 张作为引流赠品。

实际上，我们还可以整合更多的商家赠品。从理论上来说，整合的数量是无限的。通过这种整合赠品的方式，我们可以很轻松地累计整合到市场价值几千元的产品。

如果我们可以整合这些商家，让他们提供引流赠品，那我们的赠品价值就会很大。试想，如果你是一个宝妈，现在有家母婴店告诉你，充值 200 元会员卡，可以赠送价值几千元的赠品福利给你，而这些福利恰巧都是你需要的，你会不会觉得很有诱惑力？

如果店家的产品都是你平时需要购买的，反正在哪里买都是买，为什么不在这家买？无非就是提前预充值而已。在这家店买，你可以获得许多的赠品福利，何乐而不为。我想这是大部分客户的内心独白，赠品越多，客户就越容易冲动。

讲到这里的时候，有些同学会思考一个问题，那就是如何才能说服那些商家提供引流赠品呢？这是一个很现实的问题，方法有很多种，这里我提供四种较为简单的方法，分别是教育说服法、案例说服法、恐吓说服法和假设说服法。

教育说服法

在我的社群中，很多有实体店的代理商都愿意按照我的方法提供引流赠品给合作商家。他们之所以愿意，是因为他们已经学习了我的课程，拥有了后端思维，知道通过前端投入的引流成本，在后端可以按照一定比例赚回来，所以他们敢这么操作。

但现实中，很多实体商家并没有后端思维，他们怕自己投放的引流赠品有去无回，很吝啬自己的产品，商业思维非常的局限。所以，如果我们想说服那些商家和我们合作，让他们心甘情愿地提供引流赠品，必须先给他们来一次后端思维的教育普及，让商家的思维和我们保持在同一水平线上。

教育普及有很多种方式，比如我们可以先成为合作店铺的客户，以客户的身份去和老板聊天，从而建立信任。通过询问老板生意状况，从而讲解一些自己的生意经验，这样就把后端思维灌输给了商家。

再比如，我们可以先将自己的引流赠品投放到合作商家的店铺，通过亲身实践，让合作商家看到赠品引流的后端效果。当他看到我们的引流方法奏效后，自然愿意学习仿效，这样再去和商家交流就会事半功倍。

总之，我们教育的目的就是要让合作商家清楚地知道，通过这种合作方式，可以有效地帮助他的店铺引流精准客户，通过后端的一些锁客策略就可以很轻松成交客户，这样他们就会很乐意合作，愿意提供引流赠品。

案例说服法

案例说服法就是我们一开始选择一家关系好的店铺合作，集中所有力量帮助那家店铺做好引流。当这家店铺做出效果后，我们将这家店铺作为一个标杆榜样，包装成一个成功案例，然后再去和其他店铺谈合作，让其他店铺知道，对方店铺和我们合作后，引流效果非常好，借此问他们要不要和我们合作。

正常情况下，只要案例是真实的，且话术技巧到位，大部分商家都愿意尝试提供引流赠品。只不过前期提供的赠品力度可能会小一点，但只要这些商家逐渐看到了效果，赠品力度会逐渐增大。如此反复，每当有成功案例的时候，我们就包装起来去下一家谈合作。成功案例越多，商家合作的概率就越大。

恐吓说服法

对于有些思维顽固的商家，单纯讲好处可能不管用，此时可以采用竞争恐吓的方式来说服商家合作。竞争恐吓的方法很简单，只需要告诉对方，今天如果不和我合作，我就会去和与他有竞争关系的那家合作。并且，我们要让商家知道，和他的竞争对手合作会给他带来哪些不利后果。

例如，可以说，我们和他的竞争对手合作后，可以有效增加竞争对手的客流量，帮助竞争对手引流更多的精准客户，从而影响到你店铺的客流量。还可以说，我们目前已经整合了很多家店铺合作，后期我们会和这些合作店铺组成异业联盟，如果你不加入我们，势必会影响到后期店铺的业绩。说白了，就是不带你玩。

我们还可以用交换合作的方式让对方看到不利后果，比如说，凡是愿意提供引流赠品给我们的商家，我们也会同时提供引流赠品给对方，从而实现双方引流共同提升业绩。

试想，如果你的竞争对手和你销售同样的商品，客户在你家购物没有任何的福利赠送，而在竞争对手店铺那购买产品，可以获得诸多赠品福利。你觉得客户会在哪家买呢？我想大部分客户会选择在竞争对手店铺买。

当然，上面提供的仅仅是一个思维路径，具体的话术需要代理商自己去组织，品牌方也可以帮忙统一设计相关话术。要说明的是，这里的"恐吓"是指用竞争压力使商家产生心理恐惧，并不是用语言或行为恐吓。

假设说服法

假设说服法又叫假设成交法，是指我们凭借假设的某种结果去和商家谈合作，这里的假设结果往往会具有非常大的诱惑力或威慑力。常用的假设说服法有两种，区别在于假设前提不一样。

第一种：假设我们已经有很多精准的客户人群

我们可以和需要合作的商家说：我们手头目前有大量的客户人群，和你店铺的消费人群非常吻合，借此询问商家是否需要这群客户资源。正常情况下，商家都想要这些客户资源。

当商家表示需要的时候，我们可以说：直接推荐他们来你店铺消费，可能有广告嫌疑，且客户也不太愿意照做。但我这里有一个好主意，不知道你是否愿意采纳？正常情况下，商家都会愿意听一听意见，此时我们就可以让商家提供一些引流赠品，顺利地把客流导入合作商家店铺。整个流程下来，商家会觉得我们是在帮助他解决问题，会很感谢我们。

这里假设已经有大批客户资源是商家愿意和我们合作的最大动力。要注意的是，我们主动帮商家引流的行为一定会受到商家的质疑，这就需要我们找一个合适的理由去自圆其说。类似的理由就很多了，大家可以课后去思考。

教育说服法是和我们合作，可以帮商家后期引流客源；假设说服法是我们已经有了客源，现在需要引流给商家。这两者的区别在于一个是未来可以有，一个是现在已经有，其中的区别自己去慢慢体会。

第二种：假设我们已经和很多店铺合作了

谈合作最难的永远是第一家，因为很多人不知道合作的效果，所以不敢轻易合作，毕竟谁也不愿意做小白鼠。如果我们告诉商家，我们已经说服了一些商家和我们合作，此时商家就会放松戒备，愿意和我们合作。商家此时会想：已经有其他商家和他合作了，应该问题不大，毕竟其他商家也不傻，如果有问题肯定不会和他合作。

这两种假设说服法运用的是"挟天子以令诸侯"和"空手套白狼"的策略技巧。在实际的运用中，聊天话术的组织很重要，要灵活应对。受篇幅的限制，我这里只能提供一个大概的思路，具体的实操肯定会比我讲解的要复杂，因为有很多的细节需要注意。这就需要品牌方去认真琢磨，需要代理商多多实践，这样才能逐渐积累有益经验。

6.3.3　鱼塘成本采购技巧

在自主采购赠品时，想以低成本采购赠品，需要一定采购量，最好的解决方案是寻求代理商众筹。如果众筹方案行不通怎么办呢？有没有方法在不众筹的基础上还能低成本采购赠品呢？答案是有的，鱼塘成本采购就是其中一种解决方案。

所谓鱼塘成本采购就是去合作商家那里以批发成本价直接采购赠品。合作方式很简单，我们可以去合作商家店铺以批发成本价选择几款合适的赠品，然后通过派发卡券的形式让客户去合作店铺领取赠品。

这种合作方式大部分商家都不会拒绝，它是一个双方都利益最大化的结果。从合作商家的角度来看，赠品的成本由我们来承担，而且赠品会放在商家店铺，等于对方一分钱不花，我们在免费帮他引流。当然，想提高商家的接受率，还需要用好上面提到的教育说服法。

从我们的角度来看，合作商家采购产品是按照批发价，这相当于我们是按照批发价来采购赠品的。这种合作方式在开展一段时间后，如果引流效果比较好，有利于培养商家的后端思维。后期如果我们不再成本采购，商家也许会主动来找我们合作，愿意支付赠品成本。

当然，如果只是想以批发价去采购合作商家的产品，也不一定非要用上面的方式，只要和商家关系搞好了，照样可以拿到批发价。具体要怎么和商家维护关系，我们放到后面的圈子引流课程中来讲解。

6.4　品牌赠品回流策略

在赠品锁流策略中，回流赠品起着锁客的关键作用，也是最讲究设计技巧的环节。所谓回流赠品，就是充值会员卡会送分批领取的赠品。所谓分批领取的赠品，是指赠品需要多次才能领取完。

小谭是某母婴品牌的代理商，在本地开设了一家品牌专营店，主营品牌各类母婴产品。在学习了我社群内的本地化课程后，她给自己店铺设计的赠品回流策略是：在母婴店充值 200 元会员卡，会赠送 12 包尿不湿和 12 双宝宝袜子，总价值共计 500 多元。领取规则是：本次可以拿走 1 包尿不湿和 1 双袜子，以后每个月的店铺会员日都可以再来拿走 10 片尿不湿和 1 双袜子，直至全部领完。

6.4.1　赠品回流案例分析

如果你是一个宝妈，有很大概率会被上面案例中的回流赠品方案吸引，获得这一切仅仅只需要充值 200 元的会员卡。要注意的是，这里是充值 200 元的会员卡，不是花 200 元去买这些产品，也就是说这一切都是白送的，会员卡后续还可以在店铺消费。

作为宝妈，如果这家母婴店里的商品本身平时就需要购买，那充值 200 元可以获得这些回流赠品就会非常划算，因为这些赠品本身也是需要的。在哪里买都是买，为什么不在这家店铺买呢？毕竟在这家母婴店购买能够给予更多的福利。

常识告诉我们，每月一包尿不湿和一双袜子肯定不够宝宝的使用量。所以，宝妈每次来领取赠品的时候，有很大的概率会增加购买量，以及购买其他母婴产品。这里的增量和附带消费就是盈利点，而这个盈利点来自宝妈每月领取赠品的日子。

6.4.2　赠品回流搭配方案

在现实操作中，回流赠品不一定非要和会员卡充值绑定，也可以单独使用，因为回流赠品本身就具备锁客的属性。例如，上面母婴店例子中，赠送的前提条件也可以是购物满200元送回流赠品。虽然回流赠品策略可以单独使用，但我们建议最好还是和其他赠品锁流策略一起搭配使用，因为这样可以最大限度地增加会员卡的充值率。

经过测试反馈，回流赠品搭配抽奖的组合效果会更佳。操作方法很简单，即在原有的策略中增加一个抽奖环节。这么做的好处在于提高客户的参与度和重视度，具体原理可以参考前面内容中讲到的从众思维和侥幸思维。例如，充值200元会员卡或购物满200元，即可享受一次现场抽奖的机会。在抽奖的奖项设置中，把抽到回流赠品的概率设置高一点就可以了。

6.4.3　赠品回流作用原理

回流赠品之所以能成功锁客，主要是利用了人性的贪婪思维和惰性思维。对于商家而言，回流赠品有四大作用，分别是吸引客户的注意力、有效锁住客户回流、培养客户消费习惯和提升客户的信任。

第一，吸引客户的注意力。

我们可以把赠品福利制作成一张海报，放在店外展示宣传，从而吸引客户的注意。如果有自己的客户社群，也可以在社群内发送海报，大声吆喝。

人性就是这样，有便宜可占，一定会去看看怎么个占便宜法，有何福利。

第二，有效锁住客户回流。

赠品分次领取意味着客户来店的概率增加，这样就有了后端追销的机会，方便我们后期开展各种促销活动，这些活动总有一次能打动客户。人性就是这样，自己的东西在别人的店铺，不拿回来心里不舒服。

第三，培养客户消费习惯。

作为客户，每次都来店铺白拿产品，你好意思吗？虽说店主之前承诺了可以分时分批来拿走赠品，但每次白拿总归有点不好意思。不好意思后，该怎么办呢？是不是需要顺便买点其他东西？因为反正哪里买都是买，在这家店铺买可以缓解内心的不好意思。

当购买的次数多了，客户的消费习惯和使用场景就会被培养出来，以后只要这家店铺有她需要的东西，就会不自觉地来这家店铺购买。因为惰性思维会让客户去经常消费的使用场景购物。

第四，提升客户的信任。

客户经常去店铺白拿赠品，又经常在店铺购买商品。时间一长，店主和客户的感情就会彼此逐渐增加，见一次感情深一次，更有利于客户的复购和转介绍。关系好了，信任有了，那就什么都可以聊了，后期诸如转化代理之类的事情，就会变得很轻松。

07

第七课

品牌整合引流和圈子引流策略

有些品牌方也许会说，前面讲解的本地引流策略都是建立在代理商有实体店的基础上，但如果代理商没有实体店，是不是本地化就无法运作呢？当然不是，有实体店的代理商在本地化运营中占据有利因素，我们鼓励代理商在有能力的前提下去本地开设实体店。

但如果代理商没有实体店，其实也没有关系，本地化运营依然可以开展。常见的本地非实体店引流策略有地推引流、整合引流、转化引流和圈子引流。由于地推引流的玩法比较简单，且在我以往出版的书籍中也分享过，这里就不再重述。这一堂课，我们来讲解其他三种本地引流策略。

7.1 品牌整合引流策略

所谓整合引流，是指借助别人的实体店资源来帮自己引流。虽然我们自己没有实体店，但是我们可以借用别人的实体店去实践前面学到的那些引流锁客策略。要注意的是，整合引流策略的运用必须建立在掌握实体店引流锁客策略的基础上才能开展，否则我们无法整合到别人的实体店。

7.1.1 整合引流的三要素

想玩转整合引流策略，我们需要掌握整合引流的三要素：

第一，你的目标人群是谁？
第二，目标人群出现在哪儿？
第三，如何让他和你合作？

例如，假设我销售的是母婴产品，那我的目标人群是谁呢？答案是宝妈。宝妈会出现在哪里呢？答案是母婴店、儿童游乐园、月子会所和早教中心等机构场所。如何让这些机构场所和我合作呢？答案是用利他思维帮助他们引流锁客。

在整合引流的三要素中，前两个要素很容易分析掌握，关键在于如何解决第三个要素。因为没有哪个商家会无缘无故地让一个外人去获取他的资源，这里面一定涉及某种利益合作。为了让品牌方更清晰地理解整合引流的玩法，接下来，我们通过一个简单的案例来讲解下大致的思路。

7.1.2 整合引流案例回顾

小娄是一家小摄影馆的老板，某天聚餐的时候和我抱怨说店铺生意不太好，希望我能帮他出出主意。其实现在线下摄影馆竞争很激烈，小规模的摄影馆生意都不好，这是行业通病。经过一番了解后，我给他出了一个方案，很快生意就起死回生了。

我让他设计出一个免费的拍摄板块，用于前端引流。经过一番思考后，最终选择了儿童摄影板块。因为儿童引流相对来说比较容易实现前端引流，其他的诸如婚纱照之类的成人摄影可以作为后端。

选择了儿童摄影作为引流赠品后，我们先来思考下整合引流的三要素：

第一，你的目标人群是谁？答案肯定是儿童。

第二，目标人群出现在哪儿？答案是母婴店、月子会所、童装店、儿童玩具店、幼儿园、儿童游乐园等。

第三，如何让他和你合作？很简单，比如可以去和母婴店合作，就说在你这里购买产品的宝妈，我们店铺可以免费提供儿童摄影，只需要凭卡券就可以去摄影店免费拍。

大家有没有发现，这个操作方法和前面课程中讲到的合作店铺引流类似，只是换了一个摄影馆的案例而已。同样的，其他的幼儿园、童装店等都可以用同样的方式去整合，将自己的免费拍摄儿童照项目投放到合作店铺。这是一个双方互惠互利的合作，通过一些话术技巧，大部分店铺都愿意合作。后来，这位会员的店铺客流量一下子就多了，生意好了起来。

有同学也许会想，免费拍儿童照如何盈利呢？如果你拍过婚纱照就知道，摄影馆的套路很深，原本说拍 30 张，实际上会拍 100 张都不止，结果在最后挑选照片的时候，不让你做加法，让你做减法去挑选照片。要知道，做减法去挑选照片，你怎么挑选都不止原本的 30 张。看这张照片很喜欢，看那张照片也顺眼，结果选出来的一定远远超过原本的 30 张，而超出来的部分就是商家盈利点。

同样的，免费儿童照也可以一样操作。例如，承诺免费拍 10 张，实际可以拍个二三十张。最后在挑选照片的时候，妈妈看自己的孩子，怎么看怎么顺眼，哪一张都不想舍弃。心想好不容易给孩子拍一次照片，孩子一天天长大了，不如多留一点孩子的童年照片。想着想着，最后多出来的部分就要自己掏钱了。

其实后面还可以继续给客户玩一些赠送各种免费拍摄项目或优惠券等追销策略，从而锁定客户；或者设计一些邀约返利的裂变策略，都可以在后端赚到钱。由于篇幅的关系，这里就不再具体拓展。

7.1.3　整合引流策略解析

有同学也许会疑惑，我又不开摄影馆，没办法去和其他店铺合作，这案例和我们有什么关系呢？没错，你没有摄影馆，但如果你是做母婴产品的代理商，你需不需要宝妈人群？答案一定是需要。因为对于母婴代理商而言，宝妈不仅是零售人群，还是招商人群。

其实，宝妈作为新零售创业群体之一，不仅是母婴代理商的目标人群，也是所有代理商招商的目标人群。如果你觉得上面摄影店案例中，引流来的宝妈人群是你需要的，那你是不是也可以去整合一家摄影馆呢？这里我们简单地讲一讲整合摄影馆的方法。

作为代理商，我们可以在本地四处观察下，挑选一家生意不好的摄影馆。然后和老板说，我可以帮你解决生意不好的问题。摄影馆反正生意不好，老板也许就会听下你的主意。此时，你就直接把我上面案例中摄影馆业绩提升的方法讲解给老板听就可以了。

老板如果愿意提供免费的儿童摄影项目，那我们就可以和老板说：前端引流这部分我们帮你去对接。试想，免费帮摄影馆老板去整合其他店铺，是件多么好的事情，反正整合不成功，老板没有任何损失。所以，老板一般都会答应这个要求。

当我们整合了摄影馆后，接下来就可以用摄影馆的名义再去和其他店铺谈合作。通过帮助摄影馆引流，我们就可以从中轻松获取这批宝妈的联系方式，成功地实现了引流。

问题一：怎么获取宝妈的联系方式呢？

我们可以和合作店铺随意找个理由，比如拍照需要提前预约，添加某某微信后预约下就可以了。这里的微信当然就是我们的微信，这样就顺理成章地获得了宝妈的微信。方法其实还有很多，这个自己随意想，因为前端对接部分是我们自己去操作，自由度非常强。

问题二：如果摄影馆老板不理我们怎么办呢？

有时候，我们直接和摄影馆老板去谈合作，对方也许会抱着怀疑的态度，可能不会理睬我们。解决方法很简单，只需要找一个和老板对话的理由。最好的办法就是，我们先成为对方的客户，然后从闲聊开始，问问店里的生意如何，然后借机聊聊相关的合作。因为老板再冷漠也不会拒绝和自己的客户聊天。

问题三：摄影馆老板听完方案后会自己去操作吗？

这种情况一般不会发生，因为知道和做得到是两回事，也许老板听懂了思路，但是未必敢去整合。此时，我们要让老板知道，你对这套整合的玩法已经很熟练了，自己去整合很轻松可以搞定。

其实，如果觉得上面的操作麻烦，也可以直接用前面课程中学到的假设成交法，通过挟天子以令诸侯和空手套白狼策略可以很轻松地让老板和我们合作。例如，我们可以假设已经有了众多宝妈资源，直接去找摄影馆老板谈合作即可。

上面是整合引流的一个实操案例，要注意的是，大家不要去记案例，因为你也许不卖母婴产品，你的目标人群也许不是宝妈。同样的，你不一定非要去和摄影馆谈合作，也可以和其他的实体店谈合作。所以，记案例是没有用的，你要记住的是这里面的操作思路，思路弄清楚了，你就可以根据自己的产品去整合引流了。

作为品牌方，可以根据自己品牌产品的类型，帮助代理商设计一些成熟的整合引流方案。品牌方可以自己亲自去测试方案的可行性，或找少部分代理商做内部测试，如果方案是可行的，可以大规模地复制给全体代理商。

7.2 品牌转化引流策略

对于没有实体店的代理商，除了采用整合引流策略外，我们还可以采用转化引流策略。所谓转化引流，是指我们直接把实体店主转化成自己的代理商，然后运用所学知识帮助代理商的实体店来引流锁客。毕竟，我们是代理商的上游供货商，代理商赚钱就是我们赚钱。

接下来，我们就来讲一讲如何把实体店主转化成自己的代理商。其实总结起来只需要简单的三个步骤即可，分别是发生关系、挖掘痛点和解决方案。

7.2.1 发生关系要点解析

所谓发生关系，简单地理解，就是和店主建立信任。这个步骤很重要，它直接决定了后面两个步骤的可行性。很多代理商喜欢开门见山地和店主直接聊招商的事情，大概会说我的产品多么好，要不要代理之类的话术。其实这是最笨的方法，基本上没有用，大部分店主都会懒得理睬。

用这样的方式，在店主的眼里，你就是一个推销员。你也许连和店主交流的机会都没有，刚没说几句，店主估计就不耐烦了。当然，这里店主的反应是情有可原的，或者说是正常反应，换位思考下就能够理解。

那么怎样才能够让店主愿意和我们交流呢？方法有很多种，这里我分享一种最简单直接的方法，那就是先成为店主的客户。当我们成为对方的客户后，对方就愿意和我们唠嗑了。我想应该没有哪个老板会拒绝和自己的客户聊天吧，除非老板不想做生意了。

像我曾经有个学员，她想在本地实体店铺货，每次店主都不愿意，不管她讲产品有多么好，不管她多么会吹牛，店主都不愿意。后来用了我这一招，先成为对方的客户，然后以客户的名义和店主聊天，慢慢把关系经营好，最终铺货成功了。一定要记住，**只要关系经营好了，一切都好谈；关系没经营好之前，谈什么都没用。**

当然，我们不能在店面刚买一个产品，就和店主聊产品、聊代理，这是最愚蠢的方法，得到的结果只会是店主委婉的拒绝。关系肯定不是买一次产品就能经营好的。购买产品，成为店主的客户，只是为了和店主产生联系，让店主愿意和你交流。这只是一个交流的借口，但并不是转化店主的好时机。要不然，我们不买东西，突然跑去和店主聊天，人家还以为我们有神经病，店主也肯定不愿意和我们聊。

这里我分享一个小技巧，如果我们想搞好和店主的关系，最好的方法就是成为他的老客户。再重复一次，是老客户。如何成为店主的老客户呢？这里分享两招常用的玩法，分别是死心塌地和友谊代购。

第一招：死心塌地

如果我们在生活中需要购买某产品，只要对方店铺里面有我们需要的产品，就一定要去那家店铺买。即使楼下有其他店铺卖该产品，我们宁肯多走几步路，也要去那家店铺买。当然，我们在选择目标店铺的时候，一定是优先选择和自己生活或工作场所较近的店铺。

我有一个社群会员，她在转化实体店老板时就是这么做的，效果非常好。如果店铺的距离比较远，我们一定要想办法在聊天中，无意地让老板知道我们的用心良苦。试想，如果老板知道我们住那么远都愿意来他店铺买东西，他心里会不会觉得很感动，甚至心里会很过意不去？这样老板就会很重视我们，和我们的关系也自然而然地变好。

第二招：友谊代购

如果目标店铺的产品购买不是我们特别需要的，或者说我们的购买频率并不高，该怎么办呢？很简单，我们可以学习那些代购商人。例如，我们可以问问身边的朋友或同事，是否需要那家店铺的某某产品。

当然，我们需要提前把那家店铺的产品了解清楚，做一个产品清单，然后建立一个社群，把身边的朋友都邀请进社群。在群里告诉大家，以后需要购买某某产品，都可以找我们代购。这种方式类似于现在流行的社区团购，产品清单的发布可以使用第三方团购平台。

现在的人都很懒的，要不外卖怎么会那么火呢。也许有些朋友会问，为什么你愿意做活雷锋？这时我们可以实话实说，告诉他们真实的原因，这样大家说不定都会支持，会更加愿意让我们去买东西。有时候，如果朋友不知道原因，可能还不好意思让我们买，知道原因后反而会支持。

为了刺激朋友们找我们代购，我们甚至可以告诉他们，凡是找我们代购都可以获得补贴。例如，10元钱补贴1元钱，具体补贴数目自己想。当然，也可以送一些小赠品之类的。要知道，补贴总比自己去硬买一个不需要的产品强。从后端思维来思考，如果我们能转化这个店主，后面我们很快就会赚回来，这点补贴根本就不算什么。

上面这两招，只要坚持一个月，我保证你和那店主的关系绝对的铁，会成为很好的朋友。当然，要注意的是，我们在选择店铺的时候，一定要认真地筛选，分析下这家店铺的产品属性和客户属性是否符合我们的要求。只有建立在符合的前提下，我们才值得去用上面两招。

等我们和店铺老板关系搞好后，前期我们可以随便聊一些家常。至于要聊什么，大家自己发挥。你要知道的就是，不管你聊什么，店主都愿意和你聊，因为你是他的客户，他需要维护你这个老客户。加上关系好，就更愿意和你聊了。

要注意的是，我们也不一定非要在店里老待着和店主聊天，长期待在店里也许会耽误店主生意。我们可以加店主微信，在微信里聊，在店主空闲的时候聊都可以。而且，在微信里聊，对方可以看到我们朋友圈的动态，看到每天晒单、晒收入等内容后，也许就会很羡慕。同时，朋友圈的内容也可以让店主对我们有一个简单的了解。

要强调的是，关系没有搞好之前，一定不要和店主聊任何关于产品或招商方面的事情。关系还不是很好，一聊产品和招商方面的事情，对方就会认为我们是有目的。一旦店主对我们产生这种印象，之前所做的一切都白费了。

对方在微信朋友圈看到我们晒单、晒平台、晒产品，那是他主动发现的事情，与我们无关。但是如果我们自己主动去和他说，性质就不一样了。所以，没搞好关系之前，千万不要聊产品和招商事项，除非对方看了朋友圈后主动问我们。即使主动问了，我们也不要急于去试图成交对方。要记住，**忘记生意，你才能做好生意**。

7.2.2 挖掘痛点要点解析

假设我们和店主已经把关系搞好了，彼此成了有一定交情的朋友。那接下来，我们应该如何切入招商这个事情呢？这就需要我们实施第二个步骤，挖掘痛点。

有同学也许会问，实体店主的痛点是什么呢？答案很简单，痛点就是生意不好做。这是大部分实体店的通病，而我们要做的就是，对方哪里痛，我们就聊哪里。要注意的是，痛点一定要让店主自己说出来，我们只能引导性地问，而不能自己把痛点讲出来，因为店主自己讲出来的痛才是切肤之痛。想做到这一点，需要代理商在聊天的过程中善于引导。

至于在何时何地去聊这些事情，就需要充分发挥代理商的主观能动性了。有些需要靠代理商用情感去解决的事情，比如关系的建立和维护，品牌方是没有办法通过一个规划好的运营策略去百分百解决的。在具体的方案落实中，很多事情还是需要靠代理商发挥好自己的情商和交际能力。

要注意的是，有些店主可能会说生意很好，还不错之类的话。这种情况一般会有两种原因：第一，我们和店主的关系建立得还不是很好，他不愿意说实话，此时可能需要我们进一步地经营关系；第二，店主的生意的确不错，此时就需要我们更换聊天策略，不要和对方聊痛点，而要问对方想不想让自己的生意倍增。

正常情况下，我们建议不要去找那些生意真的很好的店主，如果代理商自己的势能不够强，很难转化。所以，代理商在考察店铺的时候，一定要多观察店铺的生意状况。这里我们就暂且忽略第二种情况，毕竟生意不好的店那么多，没有必要非要找生意好的店铺。

7.2.3 解决方案要点解析

当店主说出痛点后，我们就可以进行第三步，给出解决方案。解决方案是什么呢？很多代理商会说，解决方案就是代理我的产品。这是一个很大的误区，实体店缺产品吗？根本就不缺产品。传统实体商业做了这么久，产品布局早就很完善，根本就不缺产品，也不缺好产品。

那实体店真正缺的是什么呢？实体店真正缺的是方法，是赚钱的方法，是赚钱的模式。很多实体老板加盟新零售品牌看中的并不是产品多么好，而是因为新零售模式在盈利上有更大的空间。

以前开个店，想赚钱只能向上游批发产品零售给客户，而现在加盟新零售品牌后，不仅可以零售，还可以招商，赚钱的方式多样化了。像上游的批发商资源、中游的同行资源和下游的客户资源都可以成为潜在招商的对象。

所以，我们的解决方案不是产品，而是告诉店主赚钱的方法。店主也许对产品不感兴趣，但是一定会对赚钱的方法感兴趣，而产品只是赚钱方案中的一个道具。当店主接受了你的解决方案，也就相当于接受了你的产品，这时候再转化为代理就轻松很多了。

当然，这里最重要的一点是，你的赚钱方法是什么？有同学也许会说，我的赚钱方法就是产品的代理模式。的确，产品的代理模式是方案的一部分，但是新零售品牌的产品模式都差不多，他为什么要选择你的品牌产品，而不去选择别人的品牌产品呢？

想让店家选择你，你肯定要有优于别人的解决方案。那么这个方案中方案是什么呢？答案就是有一套行之有效的营销策略。实体店的老板，他代理了你的产品，你要告诉他如何卖出去。如果你自己都不知道怎么卖出去，那他凭什么要代理你的产品呢？

所以，营销策略就很重要了，只要你掌握了营销策略，不仅店老板代理的新零售产品能卖掉，他店铺原有的产品也可以一起卖掉。如果你有这么一套行之有效的营销策略，店老板会不会愿意跟你合作呢？会不会代理你的产品呢？当然会。

那这套营销策略是什么呢？其实就是我们前面课程讲到的那些本地化的运营知识。以前你没有实体店，现在你的代理商有实体店了，那你就可以把你学到的这些本地引流锁客等营销策略运用到代理商的实体店上。

当然，由于篇幅的限制，还有很多本地化的营销策略没办法一一讲解。例如，一些更牛的赠品营销策略、本地顾客社群运营策略、客户转代理裂变策略等。

在我服务的诸多品牌方中，有很多品牌方都在积极地组织代理商去转化本地实体店主，有些品牌方还专门为实体店主设立了相应的扶持政策，方便代理商更好地去转化店主。**做生意，有条件要善于利用，没有条件要善于整合。**

在新零售行业，无论是品牌方还是代理商，在招商的目标人群上，一定要重视实体店主这类人群，因为这类人群将是现在及未来最优质的招商群体。可以这么说，得实体店主者，得新零售市场。

7.2.4　如何做好店铺筛选

由于建立和维护店主的信任关系需要耗费一定的时间和精力，在转化实体店主之前，我们在事前一定要做好充分的店铺筛选，否则会赔了夫人又折兵。店铺筛选一般可以从客户属性、店铺属性、店长属性、经营状况和地理位置等多角度来筛选。

在客户属性上，要优先选择和我们产品客户人群相匹配的店铺。因为如果店主被转化为代理商后，店铺的客户将是招商和零售的对象，匹配度高的客户人群更有利于后期的转化和成交。例如，我们卖的是母婴产品，那我们应该优先选择和卖母婴产品的店铺合作。

在店铺属性上，尽量优先选择私人店铺，避免选择连锁店铺。因为私人店铺的店长一般就是店铺的所有者，而连锁店的店长可能是雇佣而来的。从转化成功率上来看，私人店铺的店长更容易转化。连锁店长在很多权限上都是受限的，即使转化了，后期也不容易在店铺开展活动，毕竟店铺不是店长的。

在店长属性上，我们要从性别和性格两方面来择优选择。在性别上，我们要优先选择同性老板，这样更容易产生同频交流，也避免异性之间产生不必要的误会。在性格上，要优先选择性格开朗且愿意和客户交流的店主，这就要求我们以客户的名义做好探店工作。

在经营状况上，我们要优先选择店铺经营状况一般的店铺，尽量避免选择生意太差或生意太好的店铺。因为生意太差的店铺客流量肯定很少，即使转化了，后期开展活动的难度也会增大。生意太好的店铺，店主估计没时间和我们聊天，对做新零售的兴趣也会小很多。

在地理位置上，我们要优先选择离自己生活或工作场所较近的店铺，这样方便来往，避免舍近求远。例如，可以从自家小区的商业街开始选择，然后慢慢延伸店铺范围。

上面是一些店铺筛选的经验，要注意的是，由于每个人所处的城市环境不一样，很多选择不是绝对化的，所以我在描述中用的是"择优而选"这个词。只能说在有得选的情况下，尽量按照上面分析的理想情况去选择，这样能够尽最大化地提高转化效率。

7.3　品牌圈子引流策略

作为品牌本地化的倡导者，在服务品牌方的过程中，我都会向品牌方表达本地化运营的重要性，品牌方也都认同我的观点。但品牌方在执行本地化运营策略的过程中，会不约而同地和我反馈一个问题，那就是同样的方案，不同代理商在执行过程中，效果却截然不同。

有些品牌方也许会疑惑，为什么会产生这样的现象呢？要如何去解决这个问题呢？其实产生这种现象的原因和解决方案都很简单，答案就在我接下来要讲的圈子引流策略中。

7.3.1　圈子引流策略原理

圈子引流并不是一个单独的引流策略，而是贯穿于所有营销策略的核心要素，那就是圈子文化，简单地理解，就是信任关系的建立。我们常说社交新零售是以人为中心，以社交关系为载体的商业模式。我们可以从这句话中感受到，人与人之间的关系在新零售运营中起着非常大的作用。

前面的课程中，我分享了一些本地引流和赠品营销的知识，这些营销策略中都有一个共性要素，那就是需要和人打交道。为什么同样的方案，不同的代理商在执行过程中，效果却截然不同呢？经过分析，很多时候关键差距就在于建立关系的能力不一样。简单地理解，就是有些人善于和人打交道，会做人；而有些人只会机械地去执行方案，不会做人。

在本地化的运营中，方案本身是没有情感的，但执行方案的人是有情感的，你需要合作的人是有情感的，你的客户和代理商是有情感的。既然有情感，就一定会涉及关系的建立和信任的培养。

在品牌营销流程中（吸粉引流—建立信任—转化成交—复购裂变），转化成交客户之前一定要建立足够的信任，这是成交的前提，可见建立信任的重要性。怎么才能建立信任呢？就是要建立好关系，有了关系才会有信任。

7.3.2　圈子引流案例解析

我有一位社群会员叫小王，加入我社群的时候是一名宝妈。在机缘巧合下，小王认识了同是社群会员的某童装品牌创始人苏总。由于苏总和小王都对本地化运营感兴趣，后来经过我的撮合，小王加盟了苏总的童装品牌。

在我社群学习完本地化运营课程后，小王在品牌方的扶持下便积极地实践着本地化运营。小王的创业之路就是从自己的小区圈子做起来的，她的执行方法超级简单，接下来我简单地讲解下她是如何玩转圈子引流的。

　　小王在自己所在的小区里四处搜寻宝妈经常出没的地方，最终把地点选择在了小区游乐场，因为很多宝妈都喜欢带孩子来游乐场玩一玩。目前稍微现代化一点的小区，都有公共游乐设施。如果小区老旧，没有游乐设施，也可以去小区周边寻找。其实小区宝妈出没的地方有很多，用心去找，一定能找到。

　　目标地点找到后，小王接下来要做的就是想办法和这些宝妈套近乎，想办法和她们搞好关系。例如，她会经常把自己的孩子带出去和其他孩子玩。因为孩子天生喜欢结伴玩耍，两个孩子在一起玩了，作为孩子的母亲自然就有话题聊了，况且聊孩子本身就是最好的话题。做过宝妈的人都知道，这种关系的建立非常快，几次下来关系就会非常好了。

　　为了和这些宝妈建立好关系，小王非常会做人。每次孩子一起玩的时候，她都会带很多零食和玩具。孩子天生对零食和玩具感兴趣，小王就顺着孩子的天性把这些零食和玩具送给其他孩子。看着自家的孩子每次都白拿小王的东西，这些宝妈们都觉得不好意思，加上小王本身亲和力很强，自然和这些宝妈的关系逐渐加强。

　　物以类聚，人以群分，每个宝妈的背后都有属于自己的宝妈圈子，通过其他宝妈的邀约介绍，小王加入很多当地的宝妈群。在这些宝妈群里，小王通过我传授的社群玩法，在这些宝妈群输出了很多有价值的知识，得到了很多宝妈的认可，也结交了很多朋友。

　　小王没有实体店，但在我的建议下，她把自家的一个房间整理出来，作为一个童装的展示房间，里面展示了很多不同款式的童装。由于小王经常邀请宝妈朋友来她家做客，而那间展示童装的房间就成为她不销而销的宝地了。

　　只要来做客的宝妈看见了那个房间，都会主动问小王是做什么的。小王说了自己是童装代理商后，都不用自己开口成交，宝妈朋友们就自动想买了。为什么宝妈朋友们都会想买呢？第一，产品质量的确不错，和童装店的产品价格也相当。第二，和宝妈朋友们关系维持得好，建立了较强的信任关系。

试想，你一个关系好的朋友正好卖你需要买的产品，而且质量价格和其他店铺差不多，你会在哪里买？相信大部分人都会在朋友那里买。话说回来，你都不好意思在别的地方买，被朋友发现后多尴尬。在朋友那里买，她还欠你一个人情。

就这样，小王的销售业绩越来越好，几乎垄断了一个小区的童装生意，而且建立了强大的宝妈关系网。很多客户看到小王做得那么好，在小王的邀约下，也加入小王的代理商团队。自己的小区稳定后，小王又带着代理商去附近小区按照同样的方式操作。

7.3.3　圈子引流策略要点

在上面的圈子引流案例中，小王之所以能成功，我认为主要得益于两个要点，分别是实体场所和成交意图。这两个要点是本地化运营是否能实践好的关键所在，这里我简单得分析下对这两点的看法。

实体场所分析

新零售从业者想做本地化，你可以没有实体店，但一定要有一个可以展示产品的独立场所。比如可以像小王那样，在自己家里面空出一个房间来做产品展示。如果自家房间不够，也可以去外面租一个房间，不一定非要门面房，住宅房一样可以。

单独靠朋友圈展示童装照片是完全不够的，本地化最大的优势在于真实体验感。宝妈们可以亲自感受到童装的材质和尺码，可以让孩子试穿体验，这些都是小王能够快速成交的因素。所以说，想达到这样的效果，必须有一个可供展示产品的独立场所。不仅如此，这个独立场所也可以作为后期邀约客户或代理商聚集的基地。

成交意图分析

做生意，不要带着非常强的成交意图去结识朋友。案例中的小王并没有一开始就说自己是卖童装的，而是用交朋友的心态去认识这些宝妈朋友。当关系维护好后，才通过邀请宝妈朋友来家做客这种方式，巧妙地介绍自己的身份。这种方式非常温和、不刻意，容易让人接受。

正如我经常说的一句话：**忘记生意，你才能做好生意**。当你时时刻刻记住自己是生意人，你的成交意图就会表现得非常强烈。忘记自己是生意人，以真心去对待朋友，用心去维护关系，反而可以把生意做好。

在小王的圈子引流玩法中，会用到很多营销技巧和策略，案例中我并没有刻意讲解，因为这些营销策略都可以很轻松地学习到。案例中我重点描述了关系的重要性，因为建立关系和维持关系是学不来的，只能靠代理商自己去实践。

也许有些品牌方会想，我们的品牌产品不是童装，可以用圈子引流策略吗？答案是肯定的，无论品牌产品是什么，都可以利用圈子引流策略，因为圈子引流策略的核心要素是圈子文化。想做好本地化，一定要构建好我们和目标人群之间的信任关系。

在我看来，新零售做的就是关系营销，有了关系，你就不愁没生意。一定要记住：**这个世界上，产品可以模仿，方法可以模仿，唯独你和客户的关系是无法模仿的，因为关系需要用心来经营的。**

品牌方的职责

在品牌本地化运营中，我们会看到有些品牌方做得得心应手，而有些品牌方做的步履维艰。有些合作了操盘机构的品牌方，自己起盘不成功，可能会把失败的原因归咎于操盘机构的运营方案不行，或者归咎于现在的新零售市场不好做。事实真的就一定如此吗？我看未必。很多时候，作为品牌方，我们更多地要从自身去找失败的原因。

话说回来，操盘机构那么多，为什么你就偏偏找了一家不靠谱的操盘机构呢？新零售市场中每天都有很多起盘成功的品牌方，为什么你就偏偏与成功擦肩而过呢？我们不否认有外在的客观因素，但也一定有品牌方的主观因素。客观因素也许我们无法规避，但主观因素我们是可以选择的。

作为品牌方，想让代理商做好本地化，一定要想办法提高代理商的交际能力和主观能动性。而这些能力的提升不是靠单纯的方案能解决的。好的方案想达到预期的效果，一定要匹配好执行方案的人。人如果不行，方案再好也无济于事。至于要如何提高代理商的交际能力和主观能动性，这个就需要代理商去思考。例如，可以多开展相关的培训，或多开展线下会奖旅游或团建活动等。

现实中经常会遇到这样的现象，品牌方请操盘机构制定了一系列的本地化运营方案，方案本身也得到了品牌方的认可，但结果还是一塌糊涂。经过复盘分析后，发现失败的原因在于代理商的执行力很弱。所以，我经常和品牌方说，品牌方想起盘成功，不仅要打造好品牌势能，还要学会把势能传递给代理商，给代理商赋能。只有代理商有势能了，好的运营方案才能达到预期效果。

就像上面小王的圈子引流案例，我和很多品牌方都分享过。很多品牌方听完后觉得方案好简单，自己的代理商应该都可以做到。但当品牌方去真正开展的时候，发现自己代理商的执行力和预期的完全不一样。为什么品牌方觉得很简单的方案，代理商执行起来就步履维艰了呢？我认为原因在于品牌方和代理商的势能不一样。

那如何提高代理商的势能呢？这就要求品牌方在全盘运营的时候做好代

理商的势能布局。例如，品牌方可以从代理商的制度设计、教育培训、方案细节化及活动主导权等多方面去赋能代理商。

在品牌制度上，我们可以通过相关的制度设计来提高代理商的主观能动性，让代理商愿意去参加品牌的活动，愿意走出去拓展自己的交际圈。在教育培训上，我们要学会树立标杆榜样，加强对代理商的势能培训。在方案设计上，我们要尽量地让方案细节化，让代理商容易理解方案的实施细则，从而提高代理商执行活动方案的信心。在活动主导权上，品牌方在前期要起到活动主导作用，通过帮传带的方式赋能代理商，提升代理商对活动的理解力。

当然，对于新起盘的品牌方而言，可能在运营上没办法做好方方面面的规划，那这些责任自然落到了操盘机构的身上。像我们在和品牌方合作的时候，对代理商的势能打造都很重视，因为很多方案最终的执行路径都会落到代理商的肩上，代理商势能不行，我们给的方案再好也没用。所以，一个好的操盘机构，不是简单地做几个活动方案，而是要帮助品牌方全方位地规划好每一个运营板块。

由于篇幅的限制，品牌本地化的相关运营知识就分享到这里。在品牌本地化运营中，品牌方更多承担的是统筹规划和指导扶持的职责，而代理商才是品牌本地化运营的真正践行者。

所以，品牌本地化运营是否能实践好，关键要看代理商的主观能动性。而代理商是否能实践好，还要看品牌方的统筹规划能力，以及是否给予了代理商足够的指导扶持。还是那句话，**品牌运营，不仅仅是品牌层面的运营，也包含代理商层面的运营。只有代理商的运营做好了，品牌才能持久地发展下去。**

08 第八课

品牌本地化运营常见问题解答

平时经常有新零售从业者咨询我各类问题，其中也有一些是和本地化运营相关的问题。由于前面正好讲到了本地化运营的知识，于是我整理了几个比较有价值的本地化问题，并针对问题给出了相应的解决方案。借此希望品牌方能够从这些问题和方案中吸取到一些有效经验，从而帮助代理商去更好的实践本地化运营。

要说明的是，营销策略的实施往往是一环套一环，同一个营销策略可能需要综合运用不同板块的知识。由于篇幅的限制，我不可能拓展所有知识。所以，针对下面即将分享的一些营销策略，我只讲主流思维路径，具体知识板块的实施细则不做拓展。

8.1 前端增设引流策略

小朱是某母婴品牌的代理商，前些年通过在线上运营赚了一些钱，但是现在感觉线上没有以前好做了。她告诉我，由于品牌方前段时间号召代理商在本地开设品牌专营店，且会给予政策扶持，加上自己也想尝试本地化，于是便开了一家母婴店。

母婴店位于她所在小区的商业街，但她现在的困扰是，小区商业街目前已有四家母婴店，最近又有一家母婴店在装修，感觉竞争压力很大。由于是新开的母婴店，平时客户的进店量也不多。她问我，如何增加客户的进店量和销售业绩？

随着单纯的线上运营越来越难做，陆陆续续有品牌方把运营目光放到了本地。小朱加盟的这家母婴品牌也开启了品牌本地化运营的路径。对在本地开设品牌专营店的代理商给予政策扶持是很多品牌方尝试本地化运用的通用做法。但我认为，光给代理商政策扶持还不够，还必须给予足够专业的运营能力。

8.1.1　前端增设策略案例

想增加母婴店的客户进店量和销售业绩其实并不难，我记得当时给小朱分享了一个快递驿站老板的案例。这个案例的老板虽然不是开母婴店的，但只要能搞清楚这个案例中的逻辑思维，任何实体店都可以借鉴。接下来，我简单地分享下这个案例。

这个案例中的老板小崔也是我的社群会员，他在某小区里面开了一家快递驿站。经常网购的人应该很清楚，快递驿站就是快递的收发点，现在大部分小区应该都有这样的快递收发点。这家驿站面临的问题和上面母婴店一样，也是新开的店，同一小区有三家竞争对手。

我们都知道，快递驿站的盈利点有两个，分别是快递代收和快递代寄。其中，快递代收是被动盈利点，驿站无法决定数量，只能被动地等待快递包裹的到来。所以，主动盈利点只有快递代寄，寄件的客户越多，盈利越多。但问题是，小崔的驿站寄件客户很少，因为他的驿站要比竞争对手路程远一点点，而很多客户懒得走那一点点的路。

小崔在学习完我们社群的本地化课程后，设计了一个前端引流方案，就是在店内增设一个水果生意，结果三个月下来，营业收入翻了好几倍。有些同学也许会疑惑，为什么一个快递驿站，要在店内增设一个水果生意呢？这实际上涉及我们社群课程中讲到的增设思维。

增设思维，用在前端就是一个引流的策略；用在中端就是一个锁客的策略；用在后端就是一个裂变的策略。很显然，我们这里是用在前端，所以，增设思维在这里是一个引流的策略。我们把这种策略叫作"前端增设引流"，为了讲解方便，以下简称"前端增设"。

接下来，我来分享下如何利用前端增设策略来引流，至于中端增设锁客和后端增设裂变策略，由于篇幅的限制，这里就不再拓展了。

8.1.2 前端增设原理剖析

所谓前端增设就是在原有生意的基础上，增设一个有诱惑力的高频刚需产品。所谓高频就是复购频率高的产品；刚需就是大部分人都用得到且都会买的产品。有同学也许会问，增设高频刚需产品有什么用呢？当然有用了，我们可以不赚钱平价或者低于市场价格去销售，目的在于吸引客流，从而带动主营产品的销售。

像快递驿站增设水果生意就是一个前端增设策略，通过低价或平价卖水果，吸引小区的居民进店购买。例如，在产品同质的情况下，别家的水果卖10元一斤，驿站的水果可以按成本价或低价去卖，比如 8 元一斤。要知道，水果是一个高频刚需的产品，大部分家庭几乎每天都会买点水果，像我家每天都会买。

人性中有一个很明显的特点就是喜欢占便宜。同样的水果，同样的品质，人们肯定会去选择那家便宜的买，哪怕路程远一点点也没关系。所以，驿站老板小崔要做的就是用一些宣传技巧，让小区居民知道他那里的水果比别人家便宜就可以了，这样很容易吸引大批的小区居民进店购买。

而其他水果商家没办法和小崔竞争，因为他店铺的主营产品不是水果，而是快递的收发业务，他增设的水果生意可以不赚钱或者就赚那么一点点。但那些真正卖水果的商家不一样，他们的水果是主营产品，他们需要靠水果赚钱，所以他们没办法采用小崔一样的成本价或低价策略。

所以，**这个世界的竞争已经不是单一行业的竞争，而是多元化的竞争，是同业和异业的相互竞争**。你也许想不到，干掉水果店的居然是一家快递店，也有可能以后干掉快递店的是一家母婴店。

小崔通过前端增设水果生意的策略，经过一段时间的宣传后，去他驿站购买水果的小区居民就很多。因为快递这个东西，到哪里寄都是寄，反正价格都差不多，很多人因为要去他店铺购买水果，也就随手一起把快递给寄送了，这里利用到了懒惰思维。就这样，小崔的驿站生意逐渐好转了起来。

通过增设水果生意带动驿站主营业务的增收，我们把这种策略叫作"连带销售策略"。当然，实际运营中还用到了一些微信导流和顾客社群运营的方法，这里就不再具体拓展，感兴趣的同学可以私下找我沟通交流。

8.1.3 前端增设产品思考

我们回到小朱的母婴店上来，虽然上面案例中的店铺是快递驿站，但是营销思路完全可以用在母婴店上。作为母婴店的老板，要思考如何增设一款前端产品，通过平价或低价的方式去吸引目标人群，从而带动主营母婴产品的销售。

我记得当时并没有给小朱具体的答案，而是把这个问题留给她去思考。结果她给了我思考后的答案，实践后证明是有效的。这里我也同样留个问题给品牌方去思考，那就是你的代理商开设的品牌专营店如果遇到小朱同样的问题，你应该增设什么样的前端产品。品牌方思考好后，可以把这个方法传授给代理商，增加代理商店铺的前端流量。

其实在同质同价的情况下，谁的店铺生意好一点，靠的就是谁的客流多。在日常运营中，不要把所有的目光都聚焦于自己的主营产品上。当你把目光都聚焦于自己的主营产品时，你的思维就会被限制。你就永远想不到，原来我还可以在前端增设一款非主营产品去引流，带动主营产品的销售。

上面那个快递驿站的案例中，老板小崔做的不是新零售从业者，所以没有必要去招商。但开母婴店的小朱是新零售从业者，可以在后端通过一些策略把顾客转化成代理商，从而打造一个本地化的团队。前端增设策略只是本地化课程中一个入门级的基础知识，其实还有很多更厉害的本地营销策略值得学习和探索。

8.2　后端情感锁客策略

小何是一名实体商人，在小区里面开了一家小超市。超市里面卖的都是日常用品，也卖一些水果、蔬菜。原来小区里面只有他一家超市，生意非常好，但是后来又有两家超市相继开业，竞争越来越大了，一大半客流都被竞争对手抢去了。

后来，为了增加盈利，小何代理了一款某新零售品牌的益生菌饮料，但一直做得不温不火。虽然品牌方也给安排了一些培训课程，但小何还是感觉找不到头绪，不知道到底应该如何运营。于是她问我，要如何提高这款产品的招商量和零售量？

上一个问题解答中，我们讲了前端增设策略，其实这里也可以用到类似策略。由于小何本身就是开超市的，所以她不需要再单独增设前端，只需要利用好超市这个现有资源就可以了。那么，小何的问题就变成了，如何通过超市资源去提升新零售产品的业绩？

小何代理的益生菌饮料和实体中卖的益生菌饮料，在价格和品质上其实差不多。所以，在零售上，我们只需要把这款产品当作一款普通的超市产品卖就可以了，不需要有任何的区别对待，顶多在客户购买的时候，多推荐一下。

在招商上，对于老客户，我们可以宣传这款产品的招商代理政策。例如，我们可以建立顾客社群，运用社群运营方法去维护好这个社群，后端就在社群里宣传这款产品招商方面的政策，然后运用从众思维和侥幸思维的组合策略，就可以很轻松地招募到代理商。

所以，在产品零售和招商之前，我们要解决的是超市的流量问题。如果超市有流量，那么招商和零售应该不是问题。那么问题来了，要如何解决超市的客流量呢？其实也不难，小何的超市除了销售日常用品外，也会销售蔬菜和水果。

上一个案例中，快递驿站老板是通过增设水果生意来实现前端引流的，其实超市这里也可以用这种方法，只不过不需要单独增设，因为水果原本就是超市的主营产品。此时有两种营销思路可以走：第一种是采用上一个案例中提到的前端增设引流策略，第二种是采用后面即将讲到的情感锁客策略。当然，两个策略同时使用，效果会更好。

如果想使用前端增设策略实现引流，小何就必须将水果生意的利润降低，或按照成本价销售，否则就没有吸引力实现流量导入。当然，不一定非要水果生意，只要符合高频刚需要素就行，比如蔬菜生意也可以。具体玩法和上一个案例中一样，这里就不具体拓展了。

接下来，我们具体讲一讲情感锁客策略。情感锁客策略怎么运用呢？这里我同样举一个社群会员的案例，这位会员正好也是卖水果的，整个流程完全可以复制到超市的水果生意中。

　　小王在小区里面开了一家水果店，同样面临同行竞争激烈的窘境。后来学了我们社群内部的本地化课程后，又和我进行了一些交流，最后运用我教给她的情感锁客策略，只用了简单的三步就让生意好转了起来。下面我简单地分享下小王是如何操作的。

8.2.1　额外赠送策略解析

　　第一步：凡是客户在她那里买水果，在客户付款后，小王都会额外送一些水果。有同学可能不太理解，这里给两个小王日常操作的情景。

　　情景一：当客户购买苹果付款后，小王会多拿一个苹果放进客户的袋子。并且说：多送你一个尝尝。

　　情景二：当客户购买苹果付款后，小王会拿一个其他水果放进客户的袋子里。并且说：这是新到的水果，你尝一尝，看看可好吃。

　　要注意的是，额外赠送策略有一个关键前提，那就是要在客户付款后才能实施。这是第一步的关键所在，也是情感锁客策略的点睛之笔。因为在人性思维中，成交之前商家所做的所有赠送行为，客户都会认为是理所当然的，会认为这是商家的营销策略，这么做只是为了促成购买行动。

　　而当客户付款后，商家再送东西给客户，客户就不会觉得是理所当然，反而会从情感的层面去理解这件事情。因为客户已经付款了，商家没有必要再送东西给客户。所以，商家事后的这个额外赠送行为，会让客户感觉到非常的温馨和感动。

8.2.2　会员锁客策略解析

第二步：利用会员优惠让客户留下联系方式。当客户付款后，小王会告知客户购物优惠方案：加入本店会员群，以后购物就可以享受 X 折优惠；后期消费的时候，只需要手机出示会员群就可以；并且还会赠送 Y 元优惠券，后期购物直接抵扣。

如果客户愿意加入会员群，只需要让客户在会员登记册上签个名并留下手机号码。登记册内容不用太复杂，只需要"姓名、手机号和备注"三项就可以了。有同学也许会问，为什么只留手机号码而不留微信号码呢？因为手机号一般就是微信号，没有必要重复操作。再者，客户登记完后，商家会让客户添加微信，然后邀请客户进会员群。

这里最好事先把微信二维码打印出来放在店里，让客户直接扫码就可以了。如此这般，商家既获得了客户的手机号，也获得了客户的微信号。这里建议商家获取客户微信号后，要及时在微信中备注客户的手机号。

有同学也许会问，为什么要多此一举弄个登记册呢？设计登记册的主要目的是给下一位客户看的。这里利用的是一个从众策略，让客户知道原来已经有这么多客户都登记了，那我不妨也登记一个。

其实，登记册也可以采用电子登记的方式来操作，需要通过付费的方式借助第三方平台，只不过小王嫌麻烦就没采用。要说明的是，我这里只是复述小王的操作并给予分析，并不代表小王的操作就是最优方案。

关于登记册，小王实测后表示 90％ 的人都会愿意登记。如果客户不愿意登记，可能是因为会员优惠力度不够，此时我们可以加大诱惑力，比如告诉客户，加入会员群，除了享受购物优惠外，平时还可以在群里参加抽奖或抢红包活动等。

在第二步中，小王用会员优惠锁住了客户后续消费的机会，获取了客户的联系方式，且成功地让客户加入会员群。在会员群里，商家可以运用社群运营的相关知识开展一系列的会员促销活动，具体的社群玩法就不拓展介绍了。

从这个案例中，我们看到了一种新的会员卡形态，那就是用会员群作为会员凭证。这里的会员卡并不需要真正的实物或者电子会员卡，出示会员群就等于出示了会员卡。实际上，用会员群作为会员卡凭证还有很多好处。

除了会员优惠外，小王还送了 Y 元的优惠券，作为客户下次购物的抵扣。这个优惠券就可以进一步地锁住客户的下次复购。实际上，客户下次消费时，商家还可以继续给客户一些优惠券，这样又增加了客户的复购概率。其实，我们这里还可以设计一些转介绍策略，让客户不断地复购。

关于锁客的操作，其实也可以使用赠品回流策略。例如，赠送 100 元优惠券，后期购物每次抵扣 10 元；或赠送 100 个苹果，后期购物每次免费拿 1 个。当然，我这里的数值具有随意性，具体的优惠力度和赠送力度需要合理设计。在保持客户复购的基础上，要留有盈利的空间。

8.2.3 情感关怀策略解析

第三步：在重要节日，小王会给客户发送情感关怀的消息。一提到重要的节日，很多人第一印象会想到法定节日，比如中秋节、端午节、春节等。法定节日的确需要发祝福问候消息给客户，但这里更加强调的是对于个人很重要的节日，比如客户的生日或结婚纪念日等。

有同学也许会问，要如何获取客户的这些关键节日信息呢？很简单，比如收集客户的生日，只需要做一个在线收集表格，放到会员群里面，并告知：凡是登记了生日的客户，在生日当天，都可以在本店领取一个生日礼物，或者获得某某福利。福利设计得越有诱惑力，愿意登记的客户就越多。

那么如何发送消息呢？从发送的渠道来说，商家可以用微信，也可以用手机短信。条件允许的情况下，也可以两个一起发。为避免重复发送带来的骚扰，可以在发送短信的时候多加一句：怕你微信收不到我的祝福，特意用短信再发一次。

加上这一句，客户就会感觉你特别用心，感动得不要不要的。如果同一天，有多名客户过生日，商家其实也可以在会员群里面搞一个生日活动。社群活动涉及社群运营的相关知识，这里就不再拓展，但品牌方一定要课后去了解学习相关知识。

在发消息的时候，称谓和消息的内容要有温馨感。在称谓上，比如可以叫王大哥或王兄、宋大姐或宋姐、张阿姨或张姨等。当然，商家一定要事先搞清楚年龄，不要叫错辈分。在消息内容的编辑上，商家要表现出真诚，比如下面的案例：

消息一：宋姐，你好！我是某某水果店的小王，今天是中秋节，特意发一个消息来问候你，祝你中秋节快乐，阖家幸福！

消息二：王兄，你好！我是某某水果店的小王，今天是你的生日，特意发一个消息来祝福你。我们特意为你准备了一份生日水果礼包，有时间的话，你可以随时来咱们店领取。

试想，如果你是客户，你收到这样的消息，你会不会成为这个店的老客户？实际上，针对消息一这样的大众节日，对于同姓的客户，其实是可以群发的。商家可以买一些群发软件，有些软件还有定时群发功能，省去商家的烦琐操作。

回顾以上三个步骤，其实就是用户思维和极致服务的具体表现。做大部分人都能做到的事情不叫极致服务，做大部分人做不到的事情才叫极致服务。别人没有这样做，而你这么做了，客户就会更愿意选择你，并且还会帮你转介绍更多的人。

我们常说，产品便宜不如让客户占便宜，占便宜不如让客户满意。占便宜是靠策略，满意是靠服务。很多品牌方天天找我要所谓的营销秘籍，其实最厉害的营销手段，就是做好极致服务。这个世界上，产品可以模仿，策略可以模仿，唯独服务不能模仿，因为服务的意识来自人的内心，需要由心出发。

就是这样简单的三步，让小王的水果生意发生了翻天覆地的变化，回头客非常多。同样的，超市的水果和蔬菜生意，也可以采取同样的情感锁客策略。当超市客流量多了以后，会带动超市其他产品的销售，同时也会带动新零售产品的零售和招商。

8.3 前端关联增设策略

小陶是一位从事家电零售生意的老板，最近代理了一款净水器产品，这款产品是某传统品牌为新零售渠道专供的。小陶按照新零售的一些引流方法，微信上也引流了很多人，但是在成交上感觉很吃力，目前只成交了几个关系比较好的朋友，线上引流的新微友成交极少。于是他问我，这款净水器要如何招商和零售？

近些年，进军新零售渠道的家电品牌在逐渐增多，我社群里面也有好几位做家电产品的会员都问过我类似的问题，他们遇到的痛点和小陶的差不多。我一直认为，家电产品不太适合像传统新零售那样走单纯的线上路线，至少不像护肤或母婴产品那样容易被人们所接受，特别是零售环节。原因主要有两个：

第一，家电产品不是新零售市场的主流产品。我们都知道，新零售市场的主流产品是快消品，而家电并不是快消品，只能算是一个家庭产品，且不具备护肤产品、母婴产品等快消品那样的高频消费属性。

第二，家电产品需要有强信任关系支撑。客户在购买家电产品的时候，特别注重产品的安全性和售后服务。想让客户购买新零售渠道的家电产品，必须和客户建立较强的信任关系。因为家电产品不像普通的新零售产品，它是一个购买率低频且需要售后服务的产品。

基于以上痛点，我认为家电类新零售品牌最适合走的路线应该是本地化。无论是引流，还是成交都应该聚焦本地。为什么要走本地化呢？其实我在前面的课程中已经讲到过，因为本地化更容易接触到目标人群，更容易和潜在客户建立信任，能有效解决家电类代理商引流和成交的痛点。

8.3.1　关联增设策略解析

针对小陶的问题，我简单地讲一下净水器应该如何开展本地化运营。关于引流，我们要思考：净水器的目标人群是谁、哪些人群最在意水质、哪些人群购买净水器的意愿最强。通过分析，我们会发现目标人群其实很好找，有两类人群非常符合目标人群的特征：

第一类人群是刚买了房子需要装修的人。业主在装修的时候，最容易冲动购买净水器。因为业主心中会对新家有一个蓝图规划，也是资金最充足的时候，一定准备了一笔资金去购置家居和家电产品，像我家就是在装修的时候购置的净水器。

第二类人群是孕妇和宝妈。孕妇都希望生一个健康的宝宝，而水质对孕妇来说就很重要了。妈妈都希望自己的孩子健康成长，而水质的好坏对孩子也很重要。无论是孕妇的健康还是孩子的健康，净水器都有存在的价值。

当我们确定了目标人群后，就要思考如何去和这些人建立关系。其实方法有很多，这里我分享其中一种方法，也是最简单实在的方法，那就是去做地推，其中地推的地点可以选择在目标人群经常出现的地方。

有同学也许会问，地推送什么呢？这里肯定不能直接送主营产品给客户试用，因为直接送主营产品的策略只能用在快消品上，客户用完后觉得产品不错，就会去复购。但家电这种购买低频的产品，显然不适合直接送。且地推赠送的产品必须满足低成本高价值的要求，而家电产品显然也不符合低成本的要求。

那怎么办呢？你想和客户发生关系，肯定要送点东西。毕竟地推不送东西，怎么好意思找客户要微信。其实很简单，我们在前面的课程中讲过前端增设策略，其实前端增设策略可以延伸很多策略，这里我分享其中一个延伸策略，叫"前端关联增设策略"。

所谓前端关联增设，是指增设一个和主营产品有关联的产品。例如，有什么产品和净水器有关联呢？其实有很多产品都和净水器有关联，比如水质检测笔或自来水过滤器。一个是检测水质的，一个净化水质的，且采购成本非常低。

讲到这里，可能有些同学想到了一些后续成交的方法，比如送个水质检测笔，让对方回家去检测水质，结果对方检测后发现水质不好，然后引导成交净水器。这个方法其实可以，但是策略显得太低端了，而且你后续成交的比例应该不会太大，因为产品赠送完后，你就失去了和对方再次线下接触的机会。

在本地化的打造中，有一个非常重要的原则，就是要想办法多和客户进行面对面的接触。相比微信聊天，面对面聊天会好很多。平时线上如果客户距离很远，用微信是一个退而求其次的办法，但现在我们和客户都在本地，当然要制造线下面对面接触的机会。

我们常说"线上聊天千百遍，不如线下见一面"，可见线下见面的重要性。如果说和一个陌生人建立强关系，线上要用一个月，那么线下也许一天就搞定了。当我们和客户线下接触多了后，线上再用微信聊起来会感觉更加轻松。

8.3.2　教育诊断策略解析

接下来，我来分享一个高成交率的方法，那就是地推的时候，送客户一个水质检测的服务并赠送自来水过滤器。为什么要送这两样东西呢？原理很简单，单独送一个过滤器，可能客户拿了就没有后文了，不利于后续的成交，所以要配合送一个水质检测服务。

送水质检测服务有什么好处呢？好处是可以上门给客户服务，相当于又创造了一次和客户面对面接触的机会，而且是在客户家里一对一地沟通，信任的建立一定会进一步地加深。除此之外，水质检测还有一个很重要的作用，那就是可以教育客户。这实际上又涉及另一个策略，叫"教育诊断策略"。

教育诊断策略的目的在于通过教育客户，让客户改变认知，从而实现交易达成的目的。想让目标人群购买净水器，必须先让客户认识到水质健康的意义。如果客户都没有认识到水质健康的意义，客户肯定不会购买净水器。

原则上说，所有诊断性的产品和服务都可以使用"教育诊断策略"。例如，护肤产品和母婴产品都有相关检测的仪器和方法，这些都可以用到这个策略。正常情况下，每个产品都有检测的方法和仪器，都可以用教育诊断策略去成交客户。

就像人们生病了，医生不会直接给病人开药，而是要先诊断病情，比如使用医用仪器做相关检测，根据检测结果分析病情，然后根据病情开药，最后病人就只能乖乖地去付费了。医生这里用到的就是教育诊断策略，如果直接给病人开药，特别是很贵的药，病人也许不太愿意付费，但如果先给病人诊断病情，然后告知问题的严重性，病人就会心服口服愿意付费。

同样的，我们这里通过一个水质检测服务，用专业的仪器给客户检测水质，然后给客户科普水质不好的危害，借助恐吓式营销的方式让客户意识到水质好的意义。这样客户就会有改善水质的想法，有这个想法，那后面的成交就有希望了。

商家上门服务的时候，要注意两件事情：

第一，一定要有专业的服装和仪器。

关于服装，可以去定做一件某某水质检测的工服，要从形象上让客户觉得很专业。检测水质的仪器也必须很专业，千万不要拿个十几元的水质检测笔去帮客户检测，否则形象会瞬间在客户心中崩溃。这里建议商家买一个专业的水质检测工具箱，里面有很多专业的检测水质的仪器，检测方法也很简单。

只有让客户看到你的专业，后面的教育过程才有效果。教育诊断策略的实施者必须是专业的，至少看上去要很专业，否则这个策略就没有效果。我们之所以相信医生，是因为我们认为医生很专业，白大褂一穿，各种专业词汇一出口就觉得很专业。只有专业了，才能让客户信服。

第二，教育的过程必须配合物料。

我们可以专门印制一些小册子或者制作专业的视频，主要讲解水质健康的好处和不健康的危害。物料配合我们的口头教育，会让客户记忆更加的深刻。

我自己当初为什么要买净水器呢？其实原因很简单，就是我不小心看到了一篇文章，说二次供水很脏，蓄水池里面还有发臭的死老鼠，病毒很多。这种画面太恶心了，实在不敢想象，结果，我第二天就去买了个净水器。我以前压根没重视过水质问题，但被这篇文章一教育，我乖乖地去买了个净水器，这里用到的就是恐吓式营销策略。

同样的，我们在制作的物料中也可以加入这些危害信息，特别是加入一些专门针对目标人群的危害信息。要注意的是，这里的信息一定要有科学依据，而不能胡编乱造，这个是恐吓式营销的底线问题。有些商家喜欢胡编乱造，这种行为是要坚决反对的。

商人要重视自己的口碑，口碑坏了，那就很麻烦了。而且，对于新零售从业者而言，成交客户只是开始，成交之后还有一个很重要的环节，那就是在产品使用满意后，将客户转化为代理商。所以，在成交环节，不管用什么策略，一定要诚实守信，不能毁了自己的口碑，否则转化代理一定是无望的。

除了物料和口头教育外，我们还要现场把水质检测的结果给客户看。水质检测有很多指标，比如TDS值、pH酸碱度等，不同的数值代表着水质的好坏。我们可以把测试的结果和相关指标卡都一起给客户看，让客户亲眼看看他家的水质是一个什么数值。其实结果是可以预知的，自来水的测试结果数值都一般般，当我们给客户看水质指标卡的时候，客户心中一定有更高的期待。

8.3.3　免费体验策略解析

也许有同学会觉得，到了这里就可以结束了，客户教育得也差不多了，接下来可以直接去成交净水器了。如果你只是一个销售型从业者，到这里你的确可以开口成交了，被你教育好的客户也许就成交了，没被教育好的估计还在犹豫，整体成交率可能一般般。

但如果你想做一名营销型从业者，想提高成交率，你需要做的不是直接把净水器卖给客户，而是免费送给客户使用体验。当然，这里的免费使用是有一个期限的，建议期限设置为一个月内，比如一周或半个月都可以。

我们可以这样和客户说："我们最近有一个水质健康净化的服务，可以帮你的水质健康度提高到指标卡的最高级别，不知道你需不需要？如果需要的话，我们可以免费给你提供半个月的水质净化服务。由于这个服务目前在做活动，所以不需要任何的费用，是完全免费的。"

此时的客户由于刚刚被教育过，加上对水质检测的不满意，一般同意率还是比较高的。毕竟，人性有占便宜的特性，不用白不用，反正一分钱不要，还能免费体验一下净水器的功能，感受一下良好的水质，何乐而不为呢。

如果客户还在犹豫，你可以用限时限量策略制造紧迫感，加速客户的决策。例如，和客户说："这个免费服务每个月都是限量的，我这边名额也不多，你需要的话要赶紧申请。"只要客户愿意接受免费服务，我们就可以马上把净水器搬到客户家，给客户安装好，让客户尽情地体验净水器的效果。

有同学也许会问，为什么一开始不直接告诉客户可以免费体验净水器呢？道理很简单，如果一开始就直接告诉客户有净水器体验服务，客户的警觉性就会增强，在客户没有水质健康意识的前提下，拒绝率会很高。但如果用一个免费净化服务作为前端噱头，通过一番教育诊断后再提出免费给客户安装净水器体验，客户的拒绝率就会小很多。

这里实际上涉及的是卖服务和卖产品的策略区别。前者卖的是一整套水质健康解决方案，后者只是单纯地卖净水器。虽然两者结果都是卖净水器，但前者中的净水器只是解决方案中的一个道具。客户如果认同了解决方案，也就意味着接受了产品。且两种策略的客户拒绝率会有显著区别，经测试后发现，卖服务策略的拒绝率更低。

在安装的过程中，我们可以向客户介绍下这款净水器的功能，教客户怎么使用。安装好后，现场测试净水器的水质，然后用指标卡对比自来水的水质，效果立刻见分晓。甚至我们可以现场喝一下净水器产生的纯净水，让客户看到我们对水质的信心。

最后，我们可以免费送客户一个水质检测笔，让客户每天都可以测试水质的健康度。为什么要送客户检测笔呢？因为水质这个东西，如果只靠喝和看来辨别好坏，可能不会太明显。喝自来水和喝净化水，其实感觉区别不大，至少不那么明显。如果我们想在后面成交客户，必须让客户在使用期内感受到水质的差异性。而水质检测笔就可以很好地帮助客户辨别，让客户看到水质的差异。

有同学也许会问，如果客户在使用期间没有自觉使用水质检测笔怎么办呢？很简单，如果你想确保客户有使用水质检测笔，可以找个理由让客户使用。要记住，水质检测笔和使用理由一定要在安装好净水器之后再说，原因可以细品。

我们可以这样和客户说："这个净水器虽然是免费使用的，但是公司给了我们一个任务，为了检测净水器的效果，需要你每间隔几天用水质检测笔测试一下净水器的水质，然后把指标值给我们。为了感谢你的配合，这个水质检测笔会免费送给你。"

实际上，到这里，我们这次上门服务的营销过程就差不多结束了。剩下要做的，就是在规定的日子，找客户要净水器的指标值，这实际上也是和客户沟通的最好时机。在客户使用期间，我们还可以给客户发一些水质方面的文章，持续加深客户对水质健康的认知。

到了使用期限结束的时候，我们就可以再次上门服务。这次上门是我们成交客户的关键所在。实际上，经过一段时间的使用，有些客户可能已经对净水器形成了依赖感和享受感，这正是免费体验策略的目的所在。
很多时候，依赖感一旦形成就很难舍弃，相信恋爱过的人一定懂这种感觉。享受感很好理解，有句话说得好：由俭入奢易，由奢入俭难。当你习惯了享受高品质的水质时，再让你回到低品质的水质，可能会难以接受。在前面课程中，我们分享过几种人性思维，依赖感和享受感其实就是惰性思维的具体表现。

如果客户对净水器产生了惰性思维，我们实际上可以很轻松地成交客户，只需要直接问客户需不需要把净水器留下来，然后给客户报个价格就可以了。如果客户比较犹豫，我们就进一步设计一个限时限量的优惠策略，加速客户的购买行动。

上面是一款净水器产品在本地运营中的基础操作步骤，其中涉及前端关联增设策略、教育诊断策略和免费体验策略等营销策略。小陶在使用上述策略后，净水器的销量稳步提升。当然，并不是所有品牌产品都是净水器，但是上述案例中的一些营销策略是可以通用的。

8.4 产品承诺激励策略

小杨是一名实体药店的店长，前段时间代理了一款某品牌的减肥产品。在代理这款产品之前，他考察了好几个品牌的同类产品，且都亲身体验过产品功效，最终选择了现在加盟的品牌。小杨原本觉得产品效果好，业绩一定会不错。但做了一段时间后，发现业绩并不是很好。于是他问我，要怎么做才能提升减肥产品的业绩？

减肥类产品一直是新零售市场中比较火的品类，因为现在的胖子实在是太多了，我自己也是一个胖子。在肥胖人群中，女性对减肥的欲望更加强烈，男性可能要稍微弱一点。因为女性更加爱美，更加在乎自己的身材。

男性只会在某个时间段在乎自己的身材，比如想追求女孩的时候，或者工作对身材有需求的时候，又或者自己身体因肥胖产生了某种危机感的时候就会很在乎。其他情况下，男性一般并不太在乎自己的身材。像我作为一个男性，尤其是已婚男性，在身体健康的前提下，对减肥这件事的重视程度相对比较弱。但女性不一样，无时无刻不再关心自己的身材，毕竟爱美是女人的天性。

所以，在塑造减肥产品价值的时候，我们要根据男性客户和女性客户的不同痛点，有区别地塑造产品的价值。同时，我们还要区分感性客户和理性客户。针对感性客户，我们要把产品卖进客户的心里；而针对理性客户，我们要把产品卖进客户的大脑里。

8.4.1 减肥产品案例解析

对于效果比较显著的功效性产品，我们可以采用"产品承诺激励策略"来提升产品业绩。产品承诺激励策略的关键在于"承诺"和"激励"的设计。接下来，我用小杨代理的减肥产品来做案例，简单地讲解产品承诺激励策略应该如何运用。针对减肥产品，这个策略一共有三个步骤，分别是选择目标人群、做出无忧承诺和实施有效激励。

选择目标人群

我们要选择信任度比较高的目标人群，比如身边比较胖的朋友，或者微信中关系比较好的胖子微友。通过塑造价值，把我们的减肥产品推荐给他们。关于产品的价值塑造，在后面的品牌营销篇课程中有讲解，这里不再重述。

目标人群一定要选择信任度高的客户，因为信任度不高的客户，下面两步对他们的作用可能不太大。而且信任度高的好友，成交的可能性会更大，也更好塑造产品的价值。这里我建议优先选择本地目标人群，更有利于后续步骤的开展。

做出无忧承诺

为了刺激客户购买产品，我们可以做一个无忧承诺。例如，承诺使用一个疗程后，如果达不到承诺的效果，可以无条件退款。当然，具体承诺的见效周期是多长时间，需要根据具体产品来定，这里的一个疗程，我只是做个假设。

为什么一开始说要找信任度高的客户呢？因为信任度高的客户才会相信无忧承诺，一个陌生人是不会相信任何承诺的，他会认为我们是在忽悠他，骗他买东西，也担心承诺会不兑现。这也是我常说，在没有和客户建立信任关系之前，不要去试图成交客户的原因所在。

实施有效激励

有效激励就是告诉客户，如果使用产品后达到某种结果，就可以获得某某奖励。例如，购买一个疗程400多元的减肥产品，如果可以减肥10斤，就可以奖励1000元。要注意的是，奖励的力度一定要大，至少要超过客户购买产品的费用。其实，我们还可以采用阶梯式奖励，比如减肥5斤奖励500元，减肥10斤奖励1000元，减肥20斤奖励2000元。

这个只要稍微动点脑子，就可以设计出非常多的奖励项目。总的来说，奖励项目越大，激励性就越强。我私下也和很多做减肥产品的社群会员交流过，其中很多会员想出来的奖励点子非常厉害，执行结果也很不错。这里奖励的物品不一定非要是钱，也可以是其他的物质奖励，比如送电饭煲、洗衣机、手机等有价值的产品。

8.4.2　精神物质刺激策略

我们这里要思考，为什么奖励项目这么重要呢？其实道理很简单，减肥产品能不能达到理想的效果，除了产品本身的功效作用外，还取决于使用者的执行率。如果使用者不控制饮食，经常暴饮暴食，再好的减肥产品也没有用。

使用减肥产品注意事项：

第一，严格按照产品使用说明去执行。

第二，控制饮食节奏，不能暴饮暴食。

第三，适当锻炼身体，多运动多健身。

如果客户在使用减肥产品的过程中，能够做到上面三点，100% 能减肥成功，除非身体机能出现了问题。但为什么很多肥胖人群减肥都会以失败而告终呢？就是因为做不到上面三点。那如何让客户做到上面三点呢？其实也简单，来点刺激就行。刺激分为两种，精神刺激及物质刺激。

精神刺激很好理解，比如你爱上了一个美女，但是你觉得自己很胖，配不上那个美女，或者那个美女告诉你，她不喜欢胖子，这时候你的自卑心在作祟，精神受到了刺激，于是下定决心减肥。此时的你一定可以乖乖做到上面三点。

物质刺激是一样的道理，给你足够的物质奖励，一样可以刺激你乖乖地减肥。当然，每个人对物质的刺激度不一样，越有钱的人，物质刺激的需求度可能越大。所以说，只要我们把物质奖励设计得足够有诱惑力，不用我们去叮嘱来叮嘱去，客户自己就会乖乖地照做。

这里面实际上涉及人性占便宜的特性。客户本身就想减肥，现在如果减肥成功了，不仅不用花钱，还能获得奖励，多么好的事情。以前可能没动力减肥，找不到理由，现在有一万个理由说服自己减肥。在实际的策略实施中，往往会以物质刺激为主，精神刺激一般会作为一个宣传的点。

要注意的是，如果这个承诺激励策略是代理商个人设计的，且客户和代理商关系为好友关系，那么在告知客户奖励时，建议不要说奖励是代理商个人掏腰包的，而要说是品牌方做活动赞助的。因为如果奖励是代理商自己掏腰包的，客户好友可能会不好意思要，这样会影响客户参与活动的积极性。

8.4.3　活动策略盈利分析

有同学也许会问，这个策略的奖励力度那么大，盈利点在哪里呢？这个策略如果是点对点的实施，的确有可能会亏本。所以，我们这里要用到后端思维，想办法在后端赚钱。接下来，我分享几种后端赚钱的方法。

第一，案例赚钱。

我们经常说，有了案例就有了说服力。对于功效性产品而言，真实案例超越一切的说服力。没有案例做支撑，产品说得再好，客户都会认为你在胡扯。特别是对于前期没有业绩的代理商，更需要积累自己的客户案例，这个对于后面业绩的提升非常重要。

现在通过这个策略，我们就可以积累一些案例素材。那么素材如何收集呢？很简单，在奖励设计的时候，你需要制定好检验的规则，比如让客户分几个阶段拍摄自己的体重照片作为见证，当然也可以是视频见证。这样就可以收集到案例素材，后期可以精心整理下，做成一个客户案例素材库。

第二，续费赚钱。

通过奖励，我们可以让客户在前期有动力去减肥。当客户体重下降后，客户往往会继续购买后面的疗程，这样就可以弥补一部分前期奖励的亏损。如果减肥产品利润足够大，盈利会逐渐增大。再者，并不是每一个客户都会达到奖励的目标设定，凡是达不到的订单都意味着盈利。赚的填补亏的，也可以起到一定的盈亏平衡作用。

有同学也许会说，上面第二步不是说有无忧承诺吗？减肥失败就要退款了吗？怎么盈利呢？这个涉及无忧承诺的细节设计，这块知识在后面的品牌营销篇里面有详细讲解，感兴趣的同学可以直接跳到相关内容。

第三，口碑赚钱。

客户使用产品满意后，一定会帮我们做口碑宣传。当客户对我们的产品和服务满意的时候，会很乐意接受我们提出的要求。这时候，如果我们请求客户帮我们宣传下，客户一定会很乐意。

甚至我们都不用要求，客户的朋友看到客户的瘦身效果后，一定会问来问去，最终肯定会知道使用了我们的减肥产品。如果我们和客户的关系还不错，他肯定会帮忙转介绍。当然，我们可以设计一些转介绍的佣金提成。

第四，转化赚钱。

新零售行业有一个显著特征，叫"消费即代理"，意思是说消费者在使用产品满意后，往往会选择成为产品代理商。事实也如此，很多代理商的初始身份其实就是一名普通的消费者。所以，当客户对产品效果满意后，我们可以转化客户为代理商。

如果客户对奖励感兴趣，一定也会对赚更多的钱感兴趣，加之客户本身对产品满意，转化率其实还是挺高的。物以类聚，人以群分，每个胖子都会认识一群胖子。当客户自己减肥成功且转化为代理商后，成交身边的胖子朋友应该会很轻松，因为亲身体验的说服力会足够的强。

上面就是减肥产品承诺激励策略的简单讲解，其实我们还可以把这个策略演变出更多的玩法，比如我们可以举办减肥大赛，设置一些有诱惑力的奖项，从而刺激减肥人群积极地参加活动。

举办减肥大赛的玩法更适合由品牌方来主导，代理商共同参与。这样既可以获得众多案例素材，又能起到品牌宣传的作用，而且是低成本高扩散的宣传。像我们以前给一个减肥品牌举办类似的活动，效果非常好，屡试不爽。

上面就是我收集的一些实用案例，要说明的是，我分享案例的目的不是为了让品牌方去照搬案例的实施步骤，而是希望品牌方更好地理解相关营销策略。新零售市场的产品品类有很多，我不可能每个品类都去分享一个案例，但营销策略是不分品类的，品牌方只要掌握了营销策略，就可以举一反三地运用到自己的品牌产品中。

细心的品牌方会发现，上面那些案例中的问题都是代理商提出来的，我给出的解决方案也都是从代理商层面去讲解的。这些解决方案中的策略大多需要代理商个人去执行，品牌方在执行层面可能发挥不了太大的作用。

我希望通过这堂课让品牌方意识到，在设计品牌活动方案的时候，或者在开发商学院培训课程的时候，一定要多做逆向思考：要思考代理商究竟需要什么样的活动支持，思考代理商需要什么样的培训课程。活动和课程不在多，而在于是否能切切实实帮到代理商。

品牌营销篇

第九课
如何运用品牌营销四心法则

　　老雷是某品牌的创始人，最近刚加入我社群。老雷自己不太懂品牌运营，故而在前期合作了一家操盘机构。在操盘机构的协助下，老雷在起盘前期开展的几场品牌招商和动销活动都比较成功。但好景不长，在高兴了一段时间后，老雷发现后期开展的品牌活动效果越来越差。

　　老雷觉得活动效果不好的主要原因在于，代理商的积极性不高了。具体表现为，代理商邀约的参会人数越来越少，甚至有些代理商后期都懒得邀约了。老雷一直想不通，起盘前期开展活动时，代理商明明都很积极，为什么后期积极性变差了呢？于是老雷跑来找我，希望我能帮他解决眼前遇到的问题。

　　平时经常有些品牌方会问我，为什么自己请了操盘机构协助运营，品牌还是没有做起来呢？还有些品牌方会问我，为什么品牌前期做得还不错，后期老是遇到瓶颈，总感觉代理商的积极性不高？其实产生这些问题的原因有很多，但有一个原因可能存在共性，那就是我发现很多做得不好的品牌方都存在"重活动，轻营销"的行为。

9.1　品牌营销的重要性

　　我之前遇到过很多和案例中老雷类似的品牌方，这些品牌方之前和其他操盘机构合作过，但效果都不太理想。后来这些品牌方找到我，希望我能帮他们分析下原因，给出有效的解决方案。我问他们之前合作的操盘机构都提供过哪些服务，结果都是不约而同地说开展过一些招商和动销等活动。再问有没有帮品牌做过某些营销服务时，大多都回复没有做过。

　　对于某些品牌方和操盘机构而言，品牌运营在他们看来，更多的是等同于一场又一场地开展活动，诸如招商活动、动销活动和裂变活动等。一个品牌想持续运作，需要品牌方定期开展活动，从而帮助品牌方和代理商更好地招商和动销。

　　一个好的活动方案可以使品牌方和代理商业绩倍增，但问题是，品牌方不可能每天都去开展活动，代理商也不可能单靠品牌方开展的活动生存。那没有品牌活动的时候，品牌方和代理商要如何去运作呢？或者说，没有活动的时候，该做点啥事呢？答案是，做好日常营销工作。

9.1.1　活动和营销的关系

　　所谓营销，在我看来就是营造销售的氛围。从拆字的角度来看，"营"在前，"销"在后，这说明想"销"必须先会"营"。因而品牌方想拥有良好的销售业绩，必须先学会营销。在品牌运营中，销售业绩的提升需要靠品牌活动的支持，品牌活动的开展是销售的关键环节。

　　品牌方想把品牌运营做好，活动和营销必须做到同等重视，两手都要抓，两手都要硬。从因果关系来看，营销是在为活动积蓄力量。因为活动是需要有人来参与的，没有日常的人脉积累，就不可能在活动的时候有爆破。

品牌方在开展活动时，如果日常营销没有做好，没有积蓄到足够的人脉资源，没有和这些人脉建立起足够的信任，那活动的开展便无从谈起。因为没有人来参与，活动便失去了开展的意义；没有信任的建立，活动中的成交就会艰难。

在日常运营中，我们经常看到有些品牌方每次开展活动时，都能邀约到很多参会人员；而有些品牌方开展活动时，总是邀约不到参会人员，还往往会把失败的原因归咎于活动方案不行。所以，如果品牌方希望每一场活动都能座无虚席或人气爆棚，就必须重视日常的营销，因为人脉资源的积累和信任关系的建立是需要靠日常营销来慢慢积累的。

如果说营销是为了积蓄人脉，那活动就是为了让积蓄的人脉来一次爆破。很多品牌方起盘失败或业绩不佳或遇到瓶颈，很大程度上就是因为过于关注活动中业绩增长带来的刺激感，而忽视了日常营销积累带来的持久感。

9.1.2　重活动轻营销弊端

我遇到过一些品牌方，起盘前期请了操盘机构协助，一场接一场地开展活动，但做到后面发现越来越做不动了，以前管用的活动方案逐渐失效。为什么会这样呢？其实这是典型的"重活动，轻营销"带来的后遗症，这里我简单地解析下后遗症产生的原因。

品牌起盘前期，或多或少都有一些人脉资源，通过开展品牌活动，这些人脉资源在前期都能够利用起来。所以，我们会发现有些品牌方在起盘前期做得不错，通过开展有效的内招活动，利用原始强关系人脉资源，能够顺利地招募到第一批种子代理。后面又通过一些外招和动销活动，种子代理也能够招募和动销到身边的强关系人脉资源。

但由于没有重视日常的营销，比如没有做好私域引流或关系维护，有些品牌方或代理商的人脉资源开始日渐枯竭，最终就会导致运营瓶颈的产生。

此时，如果品牌方有开展活动，可以预见，活动业绩肯定会不尽如人意，因为品牌方和代理商的强关系人脉资源已经用完了。

我曾经遇到过很多这样的品牌方，当遇到问题后想让我帮忙解决问题。但说实在的，这种问题很难在短期内解决，往往需要较长时间的调息和修整。毕竟，人脉不是一天枯死的，营销也不是一天能做起来的。对于品牌方而言，与其亡羊补牢，不如一开始就把营销做好。

9.1.3　品牌营销责任浅谈

在日常生活中，我经常听见一些代理商抱怨品牌方不会做营销，也经常遇见一些品牌方抱怨代理商不会做营销。但我想说的是，品牌营销不是哪一方独有的职责，想把品牌营销做好，需要品牌方和代理商共同努力，各自做好应该承担的营销职责。

作为品牌方，我们需要做好品牌的背书营销职责，比如付费做一些诸如品牌霸屏、品牌奖项等提升品牌信任背书的营销项目。与此同时，还要搭建好品牌商学院的培训体系，为代理商提供完善的营销知识培训；帮代理商做好日常营销规划，并给予相应政策扶持；及时处理代理商在日常营销中遇到的问题，并给予有效解决方案。

想做好上述营销工作，品牌方需要有一支专业懂行的运营团队。至于如何组建运营团队，前面的课程中已经讲过，最轻资产的做法就是找第三方专业机构合作。对于品牌方而言，营销工作的任务量是很大的，并不像看上去那么轻松。如果你没有做好上述这些基础营销工作，你连抱怨代理商的资格都没有。

由于工作关系，我能接触到很多代理商，在和一些代理商深度聊天后，我发现大部分代理商实际上都是不懂营销的小白。所以，品牌方需要做好相应的营销培训，并规划好代理商营销路径，然后让代理商在日常实践中多加运用。

在品牌营销中，代理商的营销工作更多体现在日常的点滴中，承担着积蓄式营销职责。后面的课程中，我会详细讲解品牌方和代理商应该如何做好品牌营销，这部分的营销知识，品牌方在学习完后，要把相应的营销知识纳入日常运营的规划中，尤其是要让代理商学会并实践。

9.2　品牌营销流程浅谈

随着时代的进步和社会的发展，营销依次经历了传统实体营销（实体营销）、互联网营销（电商营销）和移动互联网营销（新零售营销）三个阶段。如果细细品味会发现，无论营销经历了多少次的升级换代，营销的本质是不会改变的，营销的思维是可以互通的，变的仅仅是营销的渠道和方式。

所以，实体营销和电商营销的很多思维是值得新零售从业者去借鉴的。接下来，我们结合实体和电商的营销流程，综合分析新零售营销究竟和它们有什么异同点，从而让品牌方更好地掌握日常营销工作该如何有效开展。

9.2.1　实体和新零售比较

实体营销流程：

吸粉引流（弱）—建立信任（弱）—转化成交（弱）—复购裂变（弱）

新零售营销流程：

吸粉引流（强）—建立信任（强）—转化成交（强）—复购裂变（强）

观察上面的营销流程路径可以发现，新零售营销流程和实体营销流程在环节上是差不多的，都经历了"吸粉引流—建立信任—转化成交—复购裂变"这四个营销环节，仅有的区别在于环节的强弱程度不一样。之所以会出现强弱不一样，我认为最大的原因就在于，实体卖家有门店，而新零售卖家没有门店。

吸粉引流营销差异

在吸粉引流环节上，实体卖家相对于新零售卖家有着天然的优势，因为实体门店自带客流，只要门店位置合适，一般都会有客户主动上门。像我一个朋友在当地的步行街开店，他不需要去主动地吸粉引流，每天都有很多客户主动去他的门店。我还有一个朋友在住宅小区开店，每天都有很多小区住户主动去他的门店购物。

对于新零售卖家而言，以微信为代表的社交工具就是我们的门店，是我们聚集客户的地方。由于微信是一款封闭式的聊天工具，如果我们不去主动地吸粉引流，客户是不会主动跑到微信中来的。所以，相对于实体卖家，新零售卖家在吸粉引流上需要更加的用心，重视程度也会强很多。

要注意的是，这里的强弱关系只是相对而言，不是说实体卖家就不需要去吸粉引流，有的实体门店可能位置不好，客流不是很多，他也需要使用一些吸粉引流的方法来增加客流。

建立信任营销差异

在建立信任环节上，由于实体卖家和客户是面对面交流，加上有门店的存在，客户对商家的信任度相对于新零售卖家而言要高很多。我们去实体门店买东西，只要东西看着还不错，和店家简单咨询交流下，基本就可以购买了。反正有门店在，即使产品有问题，我们也可以回来找店主退换和售后处理。

但是新零售卖家就不一样，我们没有实体门店，大部分情况下也没有办法和客户面对面交流，客户购买我们的产品，他承担的风险比较大，疑虑也会更多。例如，他会担心产品质量，担心我们收钱不发货，担心产品没有售后等。所以，我们在建立信任的环节上，要比实体商家下更多的工夫。

转化成交营销差异

在转化成交环节上，实体卖家由于信任建立相对容易，所以在成交上也会比新零售卖家容易很多，只需要一些简单的话术即可成交，而新零售卖家在转化成交上需要下更多的工夫。为什么在实体营销流程中，建立信任和转化成交要相对弱一些呢？那是因为门店的存在给客户带来了安全感和现实感，减少了客户的购买顾虑和犹豫时间。

例如，我们去实体门店购买产品，很多时候并不需要和店主建立太强的信任关系。我们觉得产品不错，也许就直接付款了。甚至有些时候，建立信任这个环节可以弱到没有。回想一下我们实体购物的经历，我们觉得产品不错，就会去直接付款，因为产品我们摸得着看得见。我们和老板之间有没有信任，并不影响我们的购买决策。

但在新零售营销流程中，一定是先有信任，然后才有成交，成交一定是建立在信任的基础上，强信任关系才有强成交率，否则客户不会也不敢轻易地去购买产品，这与产品的好坏没有关系，客户更多担心的是你这个人靠不靠谱，会不会骗他。因为客户在购买产品前，无法接触产品，加上新零售产品渠道的唯一性，很多新零售产品在实体渠道可能买不到，客户也许以前在现实中根本就没有接触到过该品牌的产品。

所以，客户对新零售产品的评判更多取决于对新零售卖家的信任程度。如果你值得客户信任，客户愿意相信你，他就愿意相信你描述的产品信息是真实的。如果客户不信任你，你把产品描述得再好，他也会觉得你是在忽悠。

所以，在新零售营销流程中，想转化成交客户，一定要先和客户建立信任。

复购裂变营销差异

在复购裂变环节上，由于实体卖家有门店，门店自带流量，所以即使没有复购裂变这个环节，也依然会有客户主动上门。我们会发现，虽然有些实体店卖家根本不懂吸粉引流的方法，但是生意依然很好，每天都有客流，这就是实体门店自带流量的好处。

但新零售不一样，从业者如果不去主动吸粉引流，只能在家等破产了。吸粉引流需要花时间和成本，最重要的是，引流的成本越来越高，尤其是线上引流。所以，在开源的同时，我们要做好节流。在后面的课程中，我们会讲到"维一带十定律"，即开发十个新客户不如维护好一个老客户，因为每一个维护好的老客户都可以为你带来十个新客户。

道理很简单，因为我们和老客户有一定的信任基础，只要产品和服务好，老客户就愿意继续在我们这里购买，也愿意帮我们转介绍更多的客户。我们都知道，社交新零售是以人为中心，以社交关系为载体的商业模式，我们和客户之间有了信任，复购裂变就是水到渠成的事情。所以，以人为中心的商业模式，信任尤为重要，它是构建整个营销流程的基石。

新零售和实体相结合

以上就是实体营销和新零售营销异同点。要强调的是，这里的强弱仅仅是相对的。由于实体门店自带流量，加上更容易和客户建立信任，现在很多品牌方都鼓励代理商走到线下，有条件的可以开设实体店，没条件的可以整合实体店，积极发展实体店主加入新零售行业。

有些品牌方也许会问，实体生意现在很难做，为什么我们还提倡代理商去开实体店呢？很简单，代理商开设实体店的目的不是为了去和线下门店争夺零售市场，而是为了去引流。所以，实体门店承担的作用是流量入口，它有效地解决了线上引流成本越来越贵和难的痛点。

我们经常说，实体生意现在比以前难做，不是说门店没有客流，而是说成交变得不那么容易了。主要表现在电商的分流效应，将一部分客户人群引流到了电商平台。虽然电商对实体有一定的冲击，但是人们该逛街的还是会逛街，并不会因为有了电商，人们就不去逛街了。

逛街是一种生活方式，而不是购物方式。既然有人逛街，那门店就一定或多或少有客流，至于买不买那是另外一回事。所以，既然实体门店有客流，那我们就可以想办法把这些流量导入线上，然后按照新零售的营销流程来成交裂变。

谈到实体生意的经营现状，从最近几年来看，我明显的能感受到，电商对实体行业的冲击影响越来越小了。很多人在电商购物的一个主要原因是价格便宜，但是随着实体零售业近几年的整体改革和思维升级，线上和线下的价格差距越来越小，电商的价格优势在逐渐减弱。

很多当初对新零售抵触的实体商家，也慢慢开始愿意去拥抱和融合。所以，实体生意正在慢慢回暖。在新零售的现在及未来发展中，一定会有越来越多的实体商家去做新零售，也一定会有越来越多的代理商去开实体店。所以，新零售品牌方对于实体这块的布局一定要多思考和关注。

9.2.2　电商和新零售比较

电商营销流程：

吸粉引流（卖家）—建立信任（平台）—转化成交（卖家）—复购裂变（平台）

新零售营销流程：

吸粉引流（卖家）—建立信任（卖家）—转化成交（卖家）—复购裂变（卖家）

在"新零售"这个词没有出现之前，很多人习惯把新零售叫作"移动电商"。新零售和电商都是互联网的产物，只不过电商是传统互联网的产物，而新零售是移动互联网的产物。通过上面的营销流程路径，我们会发现电商卖家营销流程相较于新零售卖家营销流程，缺少了建立信任和复购裂变这两个环节。

为什么会出现缺失现象呢？这里以淘宝购物为例来讲解下。我们在淘宝购物的时候，往往会直接购买产品，在付款成交之前基本上不需要和店主沟通，即使有互动也不会上升到情感的层面，而仅仅是停留在对产品的咨询层面，大家可以回想下自己的购物经历是不是这样。

电商卖家营销流程中，卖家之所以不需要建立信任就可以直接转化成交，是因为电商平台有担保机制，比如假一赔三、七天无理由退货等。由于电商平台担保机制的存在，建立信任这个环节往往直接从电商卖家转移到了电商平台，因此才会造成建立信任环节的缺失。

例如，我在天猫或京东的某家店铺购买产品，我敢于付款购买，不是因为我多么信任店家，而是因为我知道平台有售后无忧的担保机制，这里的购买行为是基于对电商平台的信任，而不是店家。事实上，店家是谁其实并不重要，只要店家是在我信任的电商平台开店即可。

也正是因为电商卖家缺少了建立信任这个环节，才会导致电商卖家的营销流程中没有复购裂变的环节。因为建立信任这个环节是由电商平台来承担的，所以复购裂变这个环节也同样的随之转移到了电商平台。

在营销中，谁建立了信任，谁就有复购裂变的资本。例如，我们在天猫购物，往往不会钟情于某一家店铺的产品，而是通过不断的货比三家来决定最终购买产品的店铺。我不用担心店家人好不好，也不用担心店家的产品好不好，只要店铺是在天猫平台开的，任何一家店铺我都敢于付款购买。

由于电商营销流程下的卖家无需建立个人信任即可成交，加之缺少复购裂变环节，往往导致卖家需要不断吸粉引流才能实现成交，引流成本居高不下。所以，我们经常会说，**以电商为代表的传统互联网思维是流量思维。**

新零售营销流程相较于电商卖家，在转化成交之前有一个建立信任的环节，是因为新零售卖家没有平台担保机制，每一个新零售卖家都是独立的销售个体。新零售卖家想转化成交客户，必须先建立信任。

前面说过，谁建立了信任，谁就有复购裂变的资本。所以，新零售卖家在成交客户后，往往会有后续的复购裂变产生。因为信任是建立在情感上的共鸣，因此当客户和新零售卖家建立信任后，往往会一如既往地支持卖家，具体的表现就是持续的复购和转介绍。

在新零售营销流程中，新零售卖家需要和客户建立个人信任才能转化成交，这就要求我们在吸粉引流环节一定要加精准粉，因为只有精准粉才有互动沟通的话题，才有输出价值的意义，才能更容易建立信任。例如，假设我们是卖减肥产品的新零售卖家，如果对方是肥胖人群，我们会有很多话题和对方聊，我们可以输出很多与减肥有关联的知识干货，这样就很容易和对方建立信任。

在新零售的营销中，建立信任在整个营销流程中起着非常重要的作用。无论是转化成交还是复购裂变，都离不开客户对我们的信任。如果没有信任作为基础，新零售营销将无从谈起。所以，我们经常会说，**以新零售为代表的移动互联网思维是信任思维。**

上面我们分析了实体和电商相较于新零售在营销流程上的异同点，实体的优势在于有线下门店作为客流的保障，电商的优势在于有线上平台做信任担保，而新零售在这两方面是有欠缺的。所以我们现在提倡，新零售品牌的运营要做到线上线下相结合，要把实体和电商的优势融合进新零售。

9.2.3　品牌营销四心法则

品牌营销四心法则是建立在新零售营销流程基础上的营销思维，这套营销思维并没有什么神奇之处，它只是吸收了传统营销思维和电商营销思维的精髓，结合新零售的营销特点，通过缜密分析和实践而形成的一套适合新零售的营销思维。这套营销思维可以有效地帮助品牌方做好日常营销工作，已经大量运用于诸多品牌的营销规划和实践中。

所谓品牌营销四心法则，即寻心、懂心、渗心和糊心。寻心要求我们会找，目的在于发现顾客；懂心要求我们会问，目的在于了解顾客；渗心要求我们会说，目的在于说服客户；糊心要求我们会做，目的在于黏住客户。

寻心—会找—发现客户

懂心—会问—了解客户

渗心—会说—说服客户

糊心—会做—黏住客户

在四心法则中，它们有一个共同点，那就是都有一颗"心"。所谓"用兵之道，攻心为上"，在新零售营销中，想和客户建立信任，实现交易的达成，必须征服客户的心。在后面的课程中，我会重点讲解四心法则在品牌营销实践中该如何运用。

10 第十课

如何做好品牌目标人群定位

老伊是某互联网公司的一名高管，最近由于种种原因辞去了工作，计划起盘自己的品牌。由于缺乏品牌创业经验，老伊找到我，希望我们团队能帮他起盘。在洽谈的过程中，他问我是否能直接提供团队长资源。他说之所以希望操盘机构能够提供团队长资源，是因为他觉得自己的人脉资源不多，担心起盘没有足够的流量。

我给他分析了下操盘机构不提供团队长资源的缘由后，他又问我有没有快速获得精准流量的方法。我告诉他没有这样的快捷方法，但有很多获取精准流量的有效方法。后来，老伊放弃了找捷径的念头，踏踏实实地实践着我们团队给的精准引流方法，现在品牌起盘挺成功的。

缺乏精准流量是很多品牌方在运营中的共同痛点。那么有没有快速且精准获取流量的方法？我的答案永远只有一个：绝对没有。

稍微有点理性的人都能思考清楚，如果有快速获取精准流量的方法，早就人人皆知了。即使真有这样的方法，也未必能轮到你，早就被先来者截流了。所以，作为品牌方，如果你幻想着通过什么捷径来获取流量，趁早放弃这个念头，因为已经有无数的品牌方在这条路上浪费了太多的时间。

如果说获取精准流量有捷径，那也只有一个捷径，就是去实践好通过各种渠道学到的引流方法。一步到位的捷径虽然没有，但是私域引流的玩法却有很多。只要品牌方踏踏实实的带领代理商去实践一些适合自己的引流玩法，都能够有所收获。

像我之前我遇到过一个品牌方，资金实力和人脉资源都很强，据说背靠某大型企业，找我们团队合作洽谈时，品牌方非常关心流量获取的方法。我们团队给到的方案就是按照我们量身制定的运营方案来一步步布局流量，通过品牌方本身的强渠道资源，种子代理的招募会很轻松，起盘成功基本不是问题。

但品牌创始人觉得他的那些人脉资源都是一些小白，有点看不上，也不太想去慢慢教育这些小白资源。按照创始人的想法，他希望我们团队在起盘前期，在不动用他的人脉资源前提下，能直接帮他招募到一批大团队长，这样就可以实现品牌一起盘就有千军万马的代理商跟着品牌方干。

说实在的，品牌方的要求是不可能实现的事情，没有操盘机构能直接给到品牌方一堆团队长。结果可想而知，合作没有达成。大概过了半年后，品牌方又找到我叙旧，大致情况是半年来一直在坚持寻找大团队长资源，但基本没有什么收获。

与此同时，和他同一时期来找我洽谈合作的另外一个品牌方，资金和人脉资源一般，但创始人愿意踏踏实实地按照我们团队给到的运营方案来一步步操作。通过半年的运营，品牌起盘很成功，流量来源也很稳定。为什么流量很稳定呢？因为他们的流量是通过实践诸多引流玩法而获得的，这些引流玩法通过实践逐渐成熟后，流量也自然稳定了。

综上所述，品牌方想获得源源不断的稳定流量，一定要靠切合实际的引流方法来实现，而不是寄托于某些不切实际的捷径。既然谈到流量，这一堂课，我们就从营销的角度来聊一聊，品牌方要如何寻找精准流量，这里的精准流量换个词汇理解就是目标人群。

10.1　目标人群的三要素

曾经有个品牌方和我聊天说，他们给代理商搞了一场动销活动，通过某渠道获取了很多流量，这些流量在分配给代理商后，成交转化率很低。通过分析发现，这些品牌方所谓的流量，其实都是不精准的泛流量。简单地理解，这些流量并不是有效的目标人群，故而转化率自然不会高。

营销的前提是有人可营，所以"吸粉引流"是新零售营销流程的第一个环节。在吸粉引流的过程中，我们需要搞清楚哪些人是目标人群、目标人群在哪里，只有找对且找到了目标人群，才能实现精准的营销。

有句话叫"选择大于努力"，如果你一开始就选错了目标人群，一切的努力都只会是徒然。但如果一开始就选对了目标人群，你的努力将变得事半功倍。那究竟什么样的人群才是目标人群呢？我认为目标人群应该满足三个成交要素，分别是需求力、购买力和决策力。接下来，我们从零售层面来分析下这三个要素。

10.1.1　目标人群的需求力

对于消费者而言，任何一款产品，没有需求就没有购买的动力。需求力越强，购买的动力就越强。所以，需求力是判断目标人群的第一要素。消费者的需求分为两种：一种是现实的需求；另一种是激发的需求。

所谓现实的需求，是指我现在立刻马上需要得到某款产品或某项服务。这种需求的产生往往是由于困扰或问题已经存在。例如，胡小胖是一个肥胖人士，我现在需要有一款产品能够帮助解决肥胖问题，我这里的需求就是现实的需求。再例如，某女士的脸上有痘痘，她现实的需求就是希望有一款产品能够解决掉她的痘痘。

对于有现实需求的客户，如果我们有一款产品或一项服务能够解决客户的需求，那么成交将变得非常容易。在新零售的流量获取中，有现实需求的人是我们需要重点寻找的目标人群，因为这群人是最容易寻找到，也是最容易成交的目标人群。

所谓激发的需求，是指我原本没有意识到需要某款产品或某项服务，经过别人的教育、讲解或自我体验后，忽然意识到有需求的必要性。例如，我以前一直喜欢用安卓的手机，我一直搞不懂为什么很多人要去花昂贵的价格买一部苹果手机。

有一天，我把疑惑告诉了一位朋友，这位朋友正好用的是苹果手机。经过朋友的讲解和亲自体验后，我发现苹果手机的运行速度和操作感受要比我当时用的安卓手机好很多，于是第二天我就去买了一部苹果手机。我这里购买苹果手机的需求就是被激发出来的。

在我不了解或没有体验过这款产品之前，我根本不会去购买苹果手机，但当我了解并体验后，我的需求被一瞬间激发了出来。在生活中，我们会发现保险销售员很善于激发客户的需求，会让人们意识到买保险的必要性。

在日常运营中，当我们认为客户需要购买某款产品时，但客户自身又没有自我需求的意识时，我们可以通过三种常用的方法来刺激客户的需求，让客户意识到原来我需要这款产品。这三种方法分别是教育客户、塑造价值和体验产品。

第一，教育客户。我们可以给客户普及相关的需求知识，让客户意识到没有购买产品的潜在风险。例如，我们上面说过的保险以及保健品，很多人觉得没有购买的需求，但如果我们向他们普及相关的风险意识和风险案例，客户就有可能意识到购买的必要性。

第二，塑造价值。我们可以塑造产品的价值，让客户感受到产品能给他带来的好处。我们要知道，客户购买的从来不是产品本身，而是产品给他带来的好处。例如，有些人喜欢购买名牌包包、大牌手表等奢侈品，并不是看中了奢侈品本身，而是这些奢侈品能够给他们带来光环，是一种身份和地位的象征。

第三，体验产品。我们可以给客户体验产品，让客户亲自感受产品的功效。例如，我体验苹果手机的过程，就是一个需求意识发生改变的过程。很多时候，由于受自我意识和固守观念的影响，人们对一些产品的认知可能存在局限性。当发现客户有这种局限性时，我们就应该主动开展一些免费的体验活动，让客户来亲身体验。通过体验，我们可以让客户冲破局限性，改变需求意识。

10.1.2　目标人群的购买力

一个人有需求，他就是我们的目标吗？答案是不一定，充其量只能说这个人是潜在的目标人群。如果一个人有需求，但是没有足够的购买力，无法承担需求所要支付的费用，最终他还是不会成交，也自然不是我们的目标人群。

例如，我们向一个普通的上班族推销一款价值百万的豪车，对方就是再有需求，我们也无法成交他，因为他没有购买力。所以，当我们寻找目标人群的时候，一定要分辨清楚对方是否有购买力。

当然，对于潜在的目标人群而言，现在没有购买力并不代表未来没有购买力。对于这类潜在目标人群，只要我们做好日常维护，也许在将来的某一天也能实现成交。但对于新零售从业者而言，我们寻找的目标人群更多的是在短时间内有希望成交的。

10.1.3　目标人群的决策力

一个人有需求，也有购买力，他就是我们的目标人群吗？答案还是不一定，依然只能说这个人是潜在的目标人群。因为想要成交一个客户，除了有需求力和购买力外，还必须有决策力。一个没有决策权的人，即使他有需求力和购买力，还是不能成交。

例如，有些家庭是老公负责赚钱，老婆负责管钱。如果你要向男方推销一款豪车，即使他有足够的需求和支付能力，依然不能成交。因为钱不归他管，决策权在他老婆手里。所以，以后如果有人找你借钱，你不想借，直接告诉对方，钱不归你管。

通过分析会发现，最理想的目标人群是，需求力、购买力和决策力都有，我们叫作"全满贯人群"，这样的客户想不成交都难。但在现实生活中，往往会遇到三缺一或三缺二这样的情况。

如果遇到三缺一的情况，我们要具体分析，缺什么补什么。如果缺需求力，我们就要想办法激发对方的潜在需求。如果缺购买力，我们可以在充分了解信任客户的基础上，给予一定的帮助或融资。例如，客户想购买我们的产品，如果没有钱，我们可以教他赚钱的方法，比如可以让对方帮忙代销、转介绍或者介绍其他"薅羊毛"的工作。

如果缺决策力，我们就去找那个具有决策力的人，帮助对方说服决策者，或者教对方如何去说服决策者。例如，上面例子中那位有购买力却没有决策力的老公想购买豪车，我们就可以直接去说服他老婆，或者教他如何去说服。

在有需求力的前提下，三缺一的客户同样是我们潜在的目标人群，只要稍微运用一些技巧，一样有机会转化成交。三缺二的客户在时间和精力允许的范围内，我们可以先圈养起来，然后慢慢地培养，静静地等待他们成为三缺一的客户。三缺三的客户一旦发现，立刻马上放弃。所以，为什么我们有时候成交一个人会觉得这么累呢？因为没有找对人。

10.2　目标人群竞品分析

我们都知道，品牌的业绩增长来源于两方面，分别是零售和招商。所以，品牌的目标人群大致分为两类：第一种是潜在零售人群；第二种是潜在招商人群。

10.2.1　品牌潜在零售人群

品牌潜在零售人群需要具体品类具体分析，这里以女性护肤品为例来分析下潜在零售客户。从大范围来看，女性人群肯定是首选的潜在目标人群。从小范围来看，正常情况下，产品的标识标签或说明书上都会有产品功效、使用年龄、适合肤质和适合人群的描述，我们可以通过这些描述来筛选目标人群。

例如，产品功效描述的是祛痘，那么我们就要去寻找有痘痘的人群；产品使用年龄描述的是 20 至 30 岁人群使用，那么我们就要去寻找这个年龄段的人群。我们可以把不同的描述综合起来，最终形成的客户画像就是我们要去寻找的目标人群。

不仅仅是护肤品，任何一款产品都有相应的产品标识标签或说明书。从产品的标签描述中，我们可以获取目标人群的各种特征，最后形成的综合特征就是我们要寻找的目标人群。作为品牌方，我们在编辑产品标签或说明书的时候，要尽量详细的描述产品的相应属性。一来方便消费者了解产品属性，二来也方便代理商寻找目标人群。

10.2.2 品牌潜在招商人群

在既有的行业认知中，新零售的从业群体主要包括五大部分，分别是全职太太和宝妈、在校大学生和高校毕业生、不满足现状的在职者、希望实现创业梦想的有志青年、实体店老板和网店店主。事实上，除了上面这五类人群外，还有两类人群也是品牌潜在招商人群，分别是潜在零售客户和新零售从业者。

潜在零售客户

新零售行业有一个显著的特点，消费即代理，即消费者通过购买并体验某品牌产品后，如果感觉满意，有可能会选择加盟品牌，成为品牌代理商。毕竟每个人的内心深处都有想来一次创业的冲动，以前这种冲动被压制是因为创业成本太高，而新零售创业打破了这个紧箍咒。加上这是一个人人皆创业者的时代，让这种冲动更容易被点燃。

我曾在公众号中分享过新零售品牌的常见招商策略，其中在从下往上的招商策略中，底层招商玩法利用的就是消费者升级代理商的思路。事实也证明了，大部分的底层代理商原始身份就是一个普通的产品消费者。所以，作为新零售从业者，一定要服务好你的零售客户，因为他有可能是你的潜在代理商。

新零售从业者

在品牌潜在招商人群中，新零售从业者这类人群很容易被人忽视。但在我看来，新零售从业者应该是潜在招商人群中最佳的目标人群之一。我们这里讲的新零售从业者，是指已加入竞品的代理商。这些新零售从业者本身已经加入这个行业，在转化的过程中可以减少很多不必要的培育。

在吸粉引流的过程中，没有什么比加新零售从业人群更容易的事情，你甚至不用主动做任何事情，都会有很多新零售从业者主动加你。我相信在大部分新零售从业者的微信中，新零售从业人群一定是占比最高的。这么一个庞大的群体，为什么我们不好好转化呢？

在现实的运营中，并不是所有的代理商都能准确掌握零售和招商的目标人群，更多的是在浪费时间引流不精准的人群。所以，品牌方需要对代理商进行相应的培训，帮助代理商准确地掌握目标人群，避免浪费时间去做一些无用功。

10.2.3　如何转化竞品代理

我们在给品牌方做线上招商活动的时候，都会建议品牌方和代理商去引流一些竞品代理商来参加品牌招商活动，目的在于让这些竞品代理商来听一听我们的招商课。正常情况下，一场完整的招商活动开展下来，品牌方都能够转化一部分来听课的竞品代理商。

俗话说："只要锄头挥得好，没有墙脚挖不了。"至于如何转化竞品代理商，这里就不具体拓展。如果品牌方有合作操盘机构，操盘机构会负责制定相应的转化方案。

为什么说竞品代理商可以转化呢？道理很简单，因为在新零售行业，品牌方和代理商的关系比较微妙，或者说并不是很牢靠。尤其是中低层代理商，一段时间内赚不到钱，跳槽率还是比较高的。所以说，只要品牌方掌握好了竞品代理商的转化技巧，这股流量还是很大的。

在转化竞品代理商的时候，我们必须给出两个关键性的理由：

第一，我的产品比你好。我们要清晰地让竞品代理商知道，我们的产品在哪些方面比对方选择的产品有优势。例如，可以从品牌实力、产品功效、产品质量、产品价格等多方面去对比。

第二，我的团队比你好。我们要清晰地让竞品代理商知道，我们团队相较于对方团队而言，在品牌IP打造、团队管理、代理商培训等多方面都有优势。

产品和团队拓展的要点其实有很多，这里不再具体拓展。品牌方要学会通过扬长避短的方式去宣传自己品牌的优势，让竞品代理商心动并行动。其实总结起来就一句话：我能带你赚钱带你飞，赚得更多，飞得更高。

竞品代理商在运营中缺什么，我们就给他补什么。缺好产品，告诉他，我们这里有好的产品；缺培训，告诉他，我们这里有专业的培训；缺团队，告诉他，我们这里有温馨的团队。总之，缺什么补什么，缺钙补钙，缺锌补锌。当然，前提是我们说有的一定要有。

当我们说我们的产品和团队多么好时，竞品代理商就一定相信吗？当然不一定。那如何让他们相信呢？这就要求我们在招商前做好背书宣传工作。例如，常见的背书方式有品牌霸屏推广、证书奖项申报、产品专利申请、卫视广告投放和明星网红代言等。

我一再强调，品牌方在做招商活动之前，一定要把背书宣传做好。在没有做好品牌背书之前，不要轻易开展招商活动，否则就是浪费流量资源，招商转化率一定会大打折扣。这个因果关系，已经在诸多品牌活动中证实过。

也许有些品牌方会说，我没钱做卫视广告，没钱请明星网红，那你至少可以做一个品牌霸屏。连品牌霸屏都不做的品牌方，要么是对品牌运营一窍不通，要么就是舍不得花钱。不管是哪一种，结局一定不会太好。还是那句话，**有些钱不要省，省了现在，亏了未来**。

既然竞品代理商是可以被转化的，我们在平时就可以多加一些新零售从业者，不要觉得对方已经是其他品牌的代理商，就认为没有价值。对于那些中低层的竞品代理商，尤其是业绩不佳的代理商，我们可以多一点互动。等到品牌开展招商活动的时候，我们可以对其进行邀约，然后通过制定有针对性的招商政策等策略想办法将其转化。

10.2.4　品牌竞品概念浅谈

很多品牌方也许会认为，竞品就是那些和自己做同品类产品的品牌。这个定义放在传统行业是没有问题的，但放在新零售行业就不一定正确。在传统行业中，竞品是从消费者的角度来定义的，但在新零售行业，竞品更多地需要从代理商的角度来定义。

在我看来，谁能抢走你的代理商，谁就是你的竞品。所以，在新零售行业，我认为所有新零售品牌都是你的竞品。这里的竞品，无关品类，只要是新零售品牌，都是竞品。不仅是新零售行业，随着品牌业务的相互渗透和拓展，未来所有行业和品类之间都将是竞品关系。就像互联网中流传的那句话：**打败你的不是同行，而是美团外卖。**

10.3　目标人群在哪里

当我们知道目标人群是谁后，我们还需要知道目标人群在哪里。例如，在实体中，他们会集结在哪些地方？在网络中，他们会聚集在哪个社交圈子？这里提供三种寻找目标人群的方法，分别是假设法、询问法和搜索法。

10.3.1　目标人群假设法

我们可以自己问自己，假设我是目标人群，我会出现在哪里？例如，我们卖的是祛痘产品，如果想知道目标人群在哪里，我们可以自己问自己：如果我长了痘痘，我会去哪里？我一直认为，感同身受才能推己及人。

假设法有一定的局限性，搜寻的精准性取决于个人的阅历和经验的总结。由于每个人的阅历和经验不一样，所以假设的搜寻结果也会不一样。如果我们在阅历和经验上存在不足，可以使用下一种方法，询问法。

10.3.2　目标人群询问法

想知道目标人群在哪里，最好的办法就是直接询问目标人群。想找到成千上万的目标人群也许有难度，但是想找到一两个目标人群是很简单的事情。例如，我们卖的是祛痘产品，如果想知道目标人群在哪里，我们可以询问身边有痘痘的朋友或者已经购买了产品的客户。

在询问法中，我们询问的对象越多，搜寻结果就会越精准，这就要求我们尽可能地询问更多的目标人群。在寻找询问人群的时候，我们可以线上和线下同步进行。作为品牌方，我们可以号召代理商一起开展相关工作，这样可以最大限度地提高工作效率。

10.3.3　目标人群搜索法

在互联网上有这么一个观点：我们疑惑的所有问题，互联网早已为我们准备好了答案。只要我们不是第一个去思考某问题的人，一定有人在互联网上提出过类似的疑问，也一定有人在互联网解答过类似的疑问。

所以，我们只需要去互联网中直接搜寻想要的答案即可。即使互联网中暂时没有满意的答案，我们也可以在各种问答类平台提出疑问，等待网友的解答。正常情况下，只要你的产品品类不是独一无二的新品，一般都会找到满意的答案。

　　在实际的运用中，我们需要将上述三种方法综合起来使用。当我们知道目标人群在哪里后，我们就要想办法加入他们的圈子。例如，在实体中，我们可以多参加目标人群的线下聚会；在网络中，我们可以加入目标人群聚集的社群。总之，目标人群在哪里，我们就去哪里。

11 第十一课

如何玩转品牌痛点营销三部曲

老卓是某品牌的创始人，他告诉我，代理商在日常运营中，销售业绩做得不是很好。具体表现为，能引流到目标人群，但是却迟迟不能成交客户。通过和他的聊天发现，代理商销售业绩不好的主要原因在于缺乏相关的营销培训，且品牌方给到代理商的成交话术有问题，无法有效抓住客户的痛点。于是老卓问我，有没有什么好的营销方法能成交客户？

在品牌营销四心法则中，懂心，要求我们会问，目的在于了解顾客。营销大师布莱恩·崔西说过这么一句话：只有问了才能了解客户的真实需求，问得越多，你了解的就会越多，这时候你就能更好地把握客户的真实需求。

在新零售营销的路途中，当我们走遍了千山万水，克服了九九八十一难，终于和客户建立了信任时，我们就可以开始考虑转化成交客户了。也许很多新零售从业者之前没有做过销售，所以一到转化成交这个环节就漏洞百出，经常把好不容易营造出来的信任氛围一下子就破坏了。

例如，有些代理商自认为和客户的关系还不错，就开门见山地推销产品，结果让客户认为对方之前的种种行为都是有目的的。这就相当于一个男生苦苦追求了多年的女神终于答应做他的女朋友，结果男生做的第一件事情不是和女生浪漫壁咚，而是带女孩去洞房花烛夜。这种行为会让女生觉得这个男生的目的性太强了，往往会导致男生还没热恋就失恋了。

虽然我们和客户建立信任是为了转化成交客户，但是我们不能在销售的过程中赤裸裸地把产品推销给客户，而是要想办法让客户心甘情愿地主动来找我们买产品。而想实现这种客户行为路径，我们可以通过"问"来实现。

在这个世界上，最厉害的成交高手并不是营销大师，而是医生。医生从头到尾都在问，病人从头到尾都在答。医生问什么，病人就答什么，医生让买什么药，病人就买什么药。这里我们需要思考的问题是：为什么病人愿意回答医生的问题？为什么病人愿意心甘情愿地买药？答案很简单，因为医生在病人的心目中是专家，他们相信医生开的药方可以解决他们的病痛。

同样的，如果想让客户回答我们提出的问题，想让客户心甘情愿地购买我们的产品，我们也必须把自己塑造成相关领域的专家，也就是我常说的个人品牌打造。只有这样，我们才能顺利地在营销中运用接下来的痛点三部曲去成交客户。

例如，很多品牌方和代理商经常让我帮忙诊断运营或团队管理中存在的问题，在给出解决方案之前，我一般都会通过问来了解现状。他们都很愿意回答我的问题，在我给出解决方案后，也都照做执行。

试想，如果我只是一个小白，这些品牌方和代理商还会回答我的问题吗？还会按照我的解决方案去执行吗？显然不会，甚至他们根本不会来找我咨询，让我有机会去问。他们之所以愿意被我问，愿意执行我的解决方案，是因为我在他们心目中是专家，能够帮他们解决问题。

我上面所有的陈述都是在表达一个观点：新零售从业者想把营销做好，

必须打造个人品牌，塑造专家形象。也许很多人一想到塑造专家形象就觉得遥不可及，但我这里讲的"专家"并不一定非要是某个行业领域的权威专家，我们只需要成为客户或粉丝心目中的专家即可。

正如我常说的，我们知道的别人不知道，我们就是他们的专家；我们知道的比别人多，我们也是他们的专家。当你输出的专业知识被客户信任时，你就是客户心目中的专家。所以，成为某行业领域的权威专家也许很难，但想成为客户或粉丝心目中的专家并不难。至于要如何打造个人品牌，塑造专家形象，后面的课程中会具体讲到。

当我们在客户心目中树立了专家的形象后，我们就可以开始运用痛点三部曲来成交客户。要强调的是，痛点三部曲必须建立在个人品牌打造好的基础上才有效。所谓痛点三部曲，分别是找出痛点、扩大痛点和解决痛点，这三部曲可以简单地理解为是一种话术成交流程。

11.1　三部曲之找出痛点

医生在给病人看病的时候，往往会问病人一系列的问题，通过病人的回答，找出痛点所在。例如，我们肚子痛，医生一般会问：吃了什么、喝了什么等问题。同样的，当客户来找我们咨询的时候，我们也需要通过问客户一系列的问题，找出客户的痛点所在。

所谓痛点就是问题，痛点是需求的前身，找到客户的痛点才能刺激客户的需求。痛点决定需求，痛点越大，需求越高，客户愿意采取购买行动的速度就越快。

这里要注意的是，痛点三部曲需要在客户主动找我们的前提下才能运用。只有这样，我们才有问的机会。要不然，你去主动找客户，问一堆问题，对方肯定不愿意回答。正常情况下，客户来主动找我们咨询，主要有两种情况，分别是寻求解决方案和咨询产品信息。

11.1.1　客户寻求解决方案

当我们在粉丝面前塑造了专家形象后，一定会有很多小伙伴跑来寻求相关问题的解决方案。就像我前面讲的，一些品牌方或代理商经常找我帮忙诊断品牌运营或团队管理中存在的问题。同样的，如果你把自己塑造成护肤领域的专家，那么你的粉丝中被肌肤问题困扰的小伙伴，一定会找你寻求相关肌肤问题的解决方案。

这里要注意的是，我们塑造的专家领域一定要和销售的产品有关联。例如，我们销售的是护肤产品，我们就要将自己塑造成护肤领域的专家。塑造专家形象的目的是更好地实现成交，我们不是为了塑造而塑造，而是为了成交而塑造。只有我们塑造的专家领域和产品有关联，才能通过提问将客户的痛点引导到产品的成交上。

实际上，当客户来找我们寻求解决方案的时候，我们大致上已经知道对方的痛点在哪里。例如，我们销售的是祛痘产品，就可以把自己塑造成祛痘领域的专家。当客户来找我们寻求解决方案的时候，我们已经知道客户的痛点肯定是脸上有痘痘或者与痘痘有关联的问题，要不然客户也不会来找我们。

就像找胡小胖来寻求解决方案的人，肯定是遇到了与新零售运营有关联的问题，绝对不会是与情感或哲学有关联的问题。你塑造的是哪个领域的专家形象，来找你寻求解决方案的人肯定是遇到了该领域的相关问题。例如，你是瘦身领域的专家，来找你寻求解决方案的人，肯定是遇到了与肥胖相关的问题。

要注意的是，如果你希望寻求解决方案的人是你产品的目标客户，你一定要将自己的产品品类范围扩大或者将自己的专业领域进一步细分。

例如，如果你销售的是祛痘产品，但塑造的是护肤领域的专家，那么来找你寻求解决方案的人不一定是遇到了痘痘问题，也可能是遇到了其他肌肤问题，比如肌肤干燥缺水、角质层薄弱等。所以，这时你需要将自己的产品品类扩大，增加一些其他种类的护肤品，也可以将自己的专业领域进一步细分，让自己成为祛痘领域的专家。

有小伙伴会问，既然已经知道了客户的痛点在哪里，为什么我们还要多此一举，问客户这么多问题呢？这里有两个原因：第一，虽然我们最终会将痛点引导到产品的成交上，但是为了给客户更好的解决方案，我们一定要通过问客户一系列的问题来寻找到产生问题的根源。这一点，我们会在痛点三部曲的最后一步说明。

第二，问问题能够让客户感觉到，我们是在用专业知识为他们量身设计解决方案，这让后面的成交变得更加容易。就好比我们去医院看病，如果医生什么都不问就直接开药单，我们会怀疑这张药单的可靠性。同样的，如果我们不问客户问题，会让客户质疑我们的专业性和解决方案的可靠性。

怎么问问题呢？很简单，用我们在相关领域的专业知识，问一些可能会产生痛点的问题。例如，客户脸上有痘痘，他想寻求祛除痘痘的方案；我们可以运用专业知识，问客户一些与痘痘有关的问题。

参考问题：

1. 平时的作息时间是否规律？（不规律的作息会导致痘痘的产生）

2. 平时是否爱吃辣？（吃辣容易诱发痘痘产生）

3. 肌肤是不是敏感肌肤？（某些过敏原会诱发痘痘产生）

4. 平时用什么护肤品？（有可能是护肤品质量存在问题或护肤品内含有过敏原，如果你也销售其他护肤品，可以在后面通过塑造护肤品的价值和优势，和祛痘产品一起成交）

5. 之前是否用过祛痘产品？（不管客户是否用过祛痘产品，最终肯定是没有解决问题，要不然也不会来找我们）

也许有些同学会问，我怎么知道要问客户哪些问题呢？我想说的是，如果你是相关领域的专家，你一定会知道产生客户痛点的原因有哪些。如果你不知道，只能说明你还不是这个领域的专家，你需要做的是继续钻研这个领域，学习更多的专业知识。

11.1.2　客户咨询产品信息

如果有客户来找我们咨询产品信息，肯定是因为客户在某个地方看到了产品的引流信息。例如，在朋友圈、在贴吧论坛或客户转介绍等。不管客户是在哪里看到的产品引流信息，他一定是遇到了与产品有关联的问题。例如，我们销售的是减肥产品，客户来找我们咨询产品信息，肯定是因为客户遇到了肥胖问题。

当客户来找我们咨询产品信息的时候，一般会问我们很多关于产品的问题。这时候我们一定要反客为主，把问问题的主动权掌握在自己手里。如果客户掌握了问的主动权，我们会非常被动。

例如，当客户问我们价格的时候，如果报价高了，可能会觉得价格昂贵，不愿意购买；如果报价低了，可能会觉得产品价格低廉，怀疑产品的质量。但如果我们把问的主动权掌握在自己手里，通过专家的形象塑造问题的专业性，最终当我们报价高的时候，客户会觉得物有所值；当我们报价低的时候，客户会觉得产品物美价廉。

同样的产品和价格，当我们换一个身份，当我们掌握了问的主动权时，结果往往会不一样，可以省去以往销售中诸多的烦琐环节。所以，新零售从业者想做好营销，一定要学会塑造个人品牌和掌握问的主动权。

要注意的是，咨询产品信息的客户和寻求解决方案的客户不同。寻求解决方案的客户都是被我们塑造的专家形象吸引而来的，这群客户知道我们在某个领域的专业性，所以才来找我们帮忙解决他们的痛点。但咨询产品信息的客户不一定都知道我们在某个领域的专业性，比如客户可能是在微博或小红书上偶然看到产品引流信息后才跑来咨询我们的，之前根本不认识我们。

如果客户不知道我们是这个领域的专家，就不会配合回答我们的提问。即使回答了问题，在最终的成交环节也会潜意识地认为我们是有目的的。如果咨询产品信息的客户知道我们是这个领域的专家，那么客户会认为我们推荐的产品一定有价值，这样一来我们很容易反客为主，掌握问的主动权。

为了让那些不了解我们的客户知道我们的专业性，我们需要做两方面的工作：

第一，我们要把自己的微信朋友圈装修得有专家的氛围。至于如何装修朋友圈，大家可以课后去学习相关的知识，这里就不拓展讲解。这样即使对方之前不知道我们是某领域的专家，看到朋友圈后也会潜意识地认可我们在某领域的专业性。

第二，我们在做引流信息的时候，尽量不要把产品作为宣传的重点，而是要尽量塑造自己的个人品牌。在平时的推广中，我们要少做硬广，多输出一些价值，在价值中植入软广。

当客户知道我们在某领域很专业的时候，我们就可以很轻松地反客为主，掌握问的主动权。例如，我们销售的是减肥产品，如果客户知道我们是瘦身方面的专家，当客户问我们产品信息的时候，我们可以反问客户是不是遇到了肥胖问题。

当客户说是的时候，我们就可以用相关领域的专业知识，问一些可能会产生痛点的问题。实际上，我们通过一个反问，把客户咨询产品信息的目的就轻松转换成了寻求解决方案。

参考案例：

客户：请问，这款减肥产品多少钱？

自己：你是不是遇到了肥胖问题？（我们要化被动为主动，反问客户）

客户：是的。（实际上，我们心里已经知道客户的答案）

自己：你平时的饮食习惯怎么样？平时是否爱吃零食？平时是否有健身的习惯？之前是否用过减肥产品？……

这里要注意的是，当客户咨询产品信息的时候，我们一定要将客户的注意力从产品转移到客户的痛点上。实际上，一个简单的反问就可以轻松转移客户的注意力。因为客户关心的并不是产品，而是产品背后深层次的痛点。

11.1.3　问客户问题的技巧

当我们以专家的身份问客户问题的时候，要注意以下几点：

第一，问的问题要有足够的专业度，与痛点无关的问题不要问，这样会让客户质疑我们的专业度。就像病人在看病的时候，医生只会问与病痛有关联的问题。

第二，无论我们问什么问题，都要确保所问的问题最后能够将客户的痛点引导到产品的成交上。实际上，我们问的很多问题都是明知故问，因为产生痛点的原因就那么几个。

第三，当客户回答了我们的问题后，我们也可以从专业角度解释为什么要问这个问题。我们解释得越专业，客户就越认同我们，最终成交的概率也就越大。

第四，对于我们不了解的客户，可以通过问来测试客户的购买力和决策力。

例如，我们可以问客户是否购买过相关的产品，如果客户说是，我们就追问产品的价位和购买方式等。

11.2 三部曲之扩大痛点

在生活中，人们往往对小问题不重视，甚至会忽略，只有问题足够大的时候才会放在心上。

营销要做的就是让客户意识到：如果现在不解决这个小问题，以后会遇到更多的大问题。

例如，很多病人对一些小痛小病不在乎，这时医生往往会告诉病人，如果不及时治疗，会产生某某严重疾病。病人一听到会产生严重疾病，立刻会重视起来，配合医生的治疗。

扩大痛点在新零售营销中具体应该如何运用呢？很简单，继续问客户问题。通过提问让客户意识到，如果这个问题继续存在，会产生哪些问题。扩大痛点的作用在于刺激客户的痛点，为后面的成交做铺垫。扩大痛点有两种问问题的方式，分别是引导式和询问式。

11.2.1 引导式扩大痛点

所谓引导式问题，就是我们引导客户意识到痛点可能会产生的其他问题。

肥胖客户引导式问题：

1. 肥胖会不会影响到自信？（肥胖者在社交中往往缺乏自信心）

2. 肥胖会不会影响到事业？（很多岗位不适合肥胖者就职）

3. 肥胖会不会影响到家庭？（肥胖会影响到夫妻感情）

4. 肥胖会不会影响到健康？（肥胖者容易患高血压和糖尿病等疾病）

5. 肥胖会不会影响到生活？（肥胖者常常买不到尺码合适的衣物，小胖深有体会）

在引导式问题中，我们问的问题一定要客观存在，不能随意编造，否则会让客户怀疑我们的专业度。这些问题最好是客户内心已经潜意识存在的，我们要做的就是把客户意识到的问题直接通过问的方式呈现出来。

11.2.2　询问式扩大痛点

所谓询问式问题，就是我们不引导客户，而是直接询问，让客户主动意识到痛点可能会产生的其他问题。

肥胖客户询问式问题：

自己：你现在的肥胖身材有没有给自己带来困扰？

客户：有的。

自己：有哪些困扰呢？

客户：会影响到我的自信心。

自己：还有其他方面的影响吗？

客户：还影响到了自己的事业、家庭、健康、生活……

在询问式问题中，如果客户没有意识到痛点会产生哪些其他问题，我们一定要主动向客户阐明。客户可以不买我们的产品，但是我们必须让客户知道痛点可能会给他带来哪些困扰，因为这是作为客户心目中专家的责任和义务。至于我们是问引导式的问题还是询问式的问题，可以根据具体的场景和需要决定。

11.3　三部曲之解决痛点

电影《阿凡达》中有一句经典台词"I see you"，翻译成中文可以理解为"我懂你"。在恋爱中，如果女生发现男朋友是一个很懂她的人，她一定会选择走进婚姻的殿堂。同样的，如果客户发现我们很懂他，他一定会心悦诚服地接受我们的帮助，购买我们的产品。

在新零售营销中，当我们成功地通过提问找到客户的痛点并让客户意识到痛点可能产生的影响后，我们就可以开始向客户介绍解决痛点的产品。具体怎么做呢？还是通过问。

参考问题：

1. 如果我有一个办法可以帮助你解决某某困扰，你愿意了解下吗？

2. 针对你的某某问题，我这里有一个解决方案，你愿意了解下吗？

3. 根据我的经验，有一个解决方案特别适合你，你愿意了解下吗？

在问的过程中，我们不要涉及产品的任何信息，也不要强行向客户推销产品，而是要让客户自己决定是否要了解解决痛点的办法。当客户想了解的时候，我们再告诉他正确的解决方案。事实上，经过前两问，客户一般都会愿意了解，因为寻求解决方案本身就是客户来找我们的目的，最后一问，只不过是让客户再一次明确目的。

11.3.1　痛点营销解决方案

很多人会认为产品就是解决方案，这是错误的认知。如果我们最后给客户的解决方案只有产品，一定会让客户感觉到我们营销的目的非常明显，这会严重损害我们的专业形象和口碑传播，更不利于产品的最终成交。

一个好的痛点解决方案应该包括三个步骤：

第一，用专业的知识分析产生问题的原因，并告知客户预防的措施。

第二，给客户介绍产品，塑造产品的价值，并告知具体的使用方法。

第三，要求客户定期反馈产品的使用效果，并及时地调整解决方案。

在这三个步骤中，产品只是解决方案的一个工具，专业度和完善的服务才是解决方案的关键要素。这就好比医生给病人开药方的时候，除了药品外，还会告知产生病痛的原因，教病人如何预防。同时还会要求病人定期复诊，根据复诊状况采取相应的措施。

当我们给客户阐述完解决方案后，客户往往会欣然地接受。这里要明确的是，客户接受的并不是产品，而是一个具有专业度和完善服务的整体解决方案。对于我们而言，客户接受了方案也就意味着接受了产品。

所以，销售产品有两种方式：第一种是直接卖产品，这是传统的销售方式，这里的新零售从业者扮演的是销售员的角色；第二种是卖解决方案，这是一种间接的销售方式，这里的新零售从业者扮演的是专家的角色。

从目前的情况来看，大部分新零售从业者掌握了第一种销售方式，朋友圈的广告刷屏和群发广告信息就是最好的证明。也有少部分从业者掌握了第二种销售方式，这群从业者往往注重个人品牌的塑造，用自己的专业知识服务客户，给客户提供专业完善的解决方案。

在痛点营销三部曲中，我们帮助客户解决了痛点，客户也心甘情愿地购买了产品。问不仅可以了解客户，还可以成交客户。和传统的销售不一样，在整个流程中，我们没有主动推销任何产品，而是通过问，让客户按照自己的想法去做决定。

新零售从业者在销售的过程中要表现出一种自信，不要总是被客户牵着鼻子走，不要客户问什么我们就答什么，而是要通过掌握问的主动权，实现产品的不销而销。

上面的痛点营销三部曲是从零售的角度来讲解的，同样的，痛点营销三部曲也可以运用在招商的成交话术中，这里不再拓展介绍，大家可以举一反三。在日常品牌运营中，痛点营销三部曲更多的实践主体是代理商，故而品牌方需要给代理商做好相关培训，给代理商设计一些通用有效的成交话术。

11.3.2 打造个人品牌作用

在运用痛点三部曲的过程中，从业者经常会问我两个问题：第一，怎么让客户来主动找我？第二，客户会回答我的问题吗？

解决这两个问题很简单，只需要做一件事情，就是打造个人品牌。因为只有打造了个人品牌，塑造了专家形象，客户才会愿意主动来找我们，才会愿意配合回答我们的问题。反过来说，也正是因为我们在某个领域具有专业性，才能够给客户一个满意的解决方案。

有人会说：我不打造个人品牌，也有办法让客户来主动找我，让客户回答我的问题。的确有很多方法可以做到，但是请问，你有办法成交客户吗？要知道，成交才是目的。也许有人又会说：有办法成交客户。但是请问，你有像我们这样成交得如此轻松吗？

诚然，想成交客户有非常多的方法，但打造个人品牌是最轻松、最简单，也是最快速的一种方法。对于新零售从业者而言，打造个人品牌是走向成功的必经之路。在移动互联网中，想打造个人品牌并不是一件非常困难的事情，只要你愿意去学习、实践和分享，很容易吸引一批追随你的粉丝。

个人品牌打造是新零售营销流程中的信任基石，作为新零售从业者，无论是品牌方还是代理商，都要塑造好和你职业相匹配的 IP 形象，要有专业的知识储备。只有这样，你才能获得客户的信任，成交也将变得事半功倍。痛点营销三部曲的运用，必须建立在个人品牌打造好的基础上，这样才能发挥最大的杀伤力。

11.3.3　选择问法成交技巧

如果我们销售的产品中，有多个产品均可以解决客户的痛点，那么在最后成交客户的时候，我们可以采用选择性的问法来进一步明确客户的购买需求。选择性问法一般采用的是二选一的方式，即问客户是愿意选择 A 还是愿意选择 B 。常用的选择属性有三种：数量二选一，质量二选一，价格二选一。

请问，您是需要买一支，还是买两支？

请问，你是需要买效果好一点的，还是买效果差一点的？

请问，你是需要买价格贵一点的，还是买价格便宜一点的？

选择性问法的好处在于，无论客户选择哪个选项，都默认了成交的意愿。如果客户在选择的过程中有疑惑，我们需要进一步解释。例如，客户可能会疑惑价格贵的和价格便宜的有什么区别。

12

第十二课
如何塑造好品牌产品的价值

老谭是某品牌的创始人，最近有一个问题令他不解。老谭告诉我，他品牌的产品非常好，代理商体验后也觉得产品效果很好，而且价格也非常具有性价比。具体表现为相比市场同效果的产品要便宜很多，或者相比市场同价格的产品效果要好很多。

但经常有代理商和老谭反馈说，在和客户洽谈的时候，很难说服客户购买。具体表现为代理商在和客户介绍产品后，客户往往不太感兴趣。于是他问我，为什么自家产品性价比这么高，还是不能让客户心动购买呢？

在品牌产品的运营中，价格不是决定购买行动的驱动力，真正决定购买行动的因素，是价格背后的价值。想说服客户购买产品，一定要让客户看到产品的价值，因为产品的价值是客户愿意购买产品的唯一理由。所以，想让客户采取购买行动，品牌方一定要学会塑造品牌产品的价值。这一堂课，我们就来讲一讲如何塑造品牌产品的价值。

12.1　价值塑造的聚焦点

在品牌的营销中，客户是否会购买我们的产品，很大程度上取决于产品的价值，而不是产品的价格。如果客户认为产品没有价值，即使价格再便宜，客户也未必会购买。相反，如果客户认为产品有价值，即使价格贵一点，客户也愿意购买。我们要善于塑造产品的价值。

很多时候，客户也许并不知道产品有哪些价值，所以我们需要向客户描述清楚产品的价值。客户对产品价值的认知，很大程度上取决于我们的描述。在塑造产品价值的过程中，我们需要将目光聚焦于两点，分别是描述好产品的结果和论证结果的有效性。接下来，我们从零售的角度来具体讲解这两个聚焦点该如何运用。

12.1.1　描述好产品的结果

塑造产品价值，我们必须聚焦在产品给客户带来的结果上。一个人之所以会购买某款产品，一定是因为这款产品能够给他带来好处或者能够帮他解决痛点。所以，我们在描述产品价值的时候，一定要让客户知道产品能够给他带来哪些结果，这样才能吸引客户的注意力。

在描述结果的时候，我们需要根据不同的客户性情描述不同的结果。客户按照性情可以划分为两类，分别是感性客户和理性客户。针对这两类不同性情的客户，我们在描述产品给他们带来的结果上，要采用不同的描述策略。

感性客户描述

感性客户需要的是一种抽象的结果，购买产品的目的往往是源于某种感觉或情感。例如，在星巴克喝的不是咖啡，而是一种小资情调；买劳力士不是为了看时间，而是为了一种尊贵和奢华的感觉。正如吴伯凡所说："用户不会再为柴米油盐酱醋茶的茶付钱，但会为了琴棋书画诗酒茶的茶而付钱。"

所以，我们在向感性客户描述结果的时候，一定要将结果和某种感觉或情感捆绑在一起。例如，假设我们卖的是减肥产品，可以这样描述结果：拥有性感的魔鬼身材；让老公的注意力不再转移；穿比基尼不再被嘲笑；不用再担心找不到对象；不用再每天辛苦地锻炼；不用担心买不到合适尺码的衣服；不用再节食，想吃什么就吃什么。

理性客户描述

理性客户需要的是一种具体的结果，购买产品的目的往往是为了解决当前的痛点。他们对抽象的结果也许并不感兴趣，只想知道产品能够给他们带来哪些具体的利益和好处。我们在向理性客户描述结果的时候，一定要把结果具体化，越具体越好。

例如，同样是卖减肥产品，如果我们描述的结果和感性客户一样，他们往往会觉得我们的描述很虚。正确的做法应该是告诉他们，使用产品多长时间能减少多少斤体重。这样清晰明确的结果往往会吸引理性客户的注意力。

在我的社群会员中，有很多感性客户，也有一些理性客户，但感性客户要偏多一点。如果是感性客户，我描述的结果是：成为我的社群会员，能够让他们在创业路上少走很多弯路，少走很多弯路就意味着加速他们成功的步伐，能够更轻松、更快速地实现他们的梦想。

如果是理性客户，我描述的结果是：成为我的社群会员，能够让他们享受到某某具体的好处，比如可以结识到优质的人脉资源，可以学习到很多有价值的品牌运营知识，可以随时找我咨询问题等具体的好处。

12.1.2　论证结果的有效性

当我们把产品的结果描述给客户后，为了进一步让客户采取购买行动，我们还需要论证结果的有效性。换句话说，我们要向客户证明自己的产品能够达到描述的结果。这个营销过程很重要，是客户最终决定是否购买的关键环节。

感性客户论证

向感性客户证明结果的有效性很简单，我们只需要通过讲故事就可以很轻松地说服他们。这里的故事指的就是客户案例，有了案例就有说服力。所以，想成交感性客户，我们一定要学会讲故事。

在向客户讲述案例前，我们最好先通过问，了解清楚客户的困扰，再有针对性地讲一些和客户拥有同样困扰的人，通过使用我们产品后实现了某某结果的案例。这里的困扰不是指痛点本身，而是痛点给客户带来的影响。

例如，假设我们卖的是减肥产品，客户的痛点肯定是肥胖，但肥胖给客户带来的困扰一定是多方面的。当我们了解了客户的困扰后，就可以有针对性地讲一个和客户拥有同样困扰的另外一个客户的案例。

假设客户的困扰是由于肥胖导致了情感危机，那我们就可以讲一个拥有同样困扰的客户，在使用了我们的产品后，成功化解了情感危机，家庭生活变得非常美满幸福等类似的案例。

假设客户的困扰是由于肥胖不能穿比基尼或者穿比基尼经常被人嘲笑，那我们就可以讲一个拥有同样困扰的客户，在使用了我们的产品后，身材变得非常苗条，穿比基尼不再被嘲笑，回头率十足等类似的案例。

总之，客户是被什么结果吸引来的，我们就和客户讲述什么结果的案例。

讲完案例以后，客户可能会很心动，内心也渴望拥有故事中主角那样的满意结果。越渴望就越心动，越心动就越容易采取行动。所以，**在面对感性客户的时候，我们要把产品卖到客户的心里。**

理性客户论证

向理性客户证明结果的有效性，讲故事可能远远不够，他们更在乎的是对产品的理性分析，不容易受情感的左右。所以，针对理性客户，我们必须向他们阐述清楚产品的主要功效和实现功效的关键成分；出示产品的合格检测报告和生产企业的资质；展示产品的相关数据，比如客户的数量、产品的复购率等。

在给理性客户讲述案例的时候，一定要把案例中客户的结果量化，越具体越好。例如，在讲述减肥客户案例的时候，一定要描绘清楚案例中，客户使用产品多少天减了多少斤体重，是否后期有反弹的情况等。

总之，理性的客户，我们一定要理性的对待，理性地论证产品的有效性。当客户通过大脑进行理性分析后，如果我们的产品符合客户的需求，那么客户一定会采取购买行动。所以，**在面对理性客户的时候，我们要把产品卖到客户的大脑里。**

12.1.3 描述和论证的关系

在塑造产品价值的时候，描述产品结果和论证结果有效性同样重要。我们不仅要把产品的结果描述好，还要把实现结果的过程论证好。这里要注意的是，我们一定要先描述结果，再论证结果。描述结果是用来吸引客户，论证结果是用来成交客户。

在品牌日常营销中，我们无法选择客户是理性还是感性的。正常情况下，在我们接触到的客户群体中，感性客户和理性客户都会存在。所以，我们应该把产品针对这两类客户的描述结果和论证有效性都提前准备好，这样当代理商后期遇到任何客户时，都能以不变应万变。

12.2　品牌价值对比策略

营销中有一句很经典的话：价格没有高低，只有对比。任何一款品牌产品的价值，只有通过对比，方知孰优孰劣。在品牌营销中，我们可以通过对比策略来塑造产品的价值。既然是对比，那么一定要有参照物，否则就没有衡量的标准。常用的对比参照标准有四种，分别是竞争对手的产品、行业的产品标准、公众的认知常识和同一产品的比较。

12.2.1　竞争对手的产品

世界上本无美丑，通过对比就产生了；世界上本无长短，通过对比就产生了。任何事物都可以通过对比，在人们心中滋生不一样的价值感受。

将自己的产品和竞争对手的同类产品做对比，是最常用的对比方式。很多时候，客户在乎的并不是产品价格的高低，而是对比之后的感受。通过将自己产品的优势和竞争对手产品的劣势做对比，我们可以让客户清晰地意识到我们产品的价值所在。

产品优劣的描述

很多品牌方不知道怎么寻找自己产品的优势和竞争对手产品的劣势，这里需要我们辩证地看待问题。这个世界上，任何一款产品有优势必有劣势，就像一枚硬币，有正面就一定有反面。所以，我们要善于找出竞争对手产品的劣势和自己产品的优势，当客户将我们的产品和竞争对手的产品相比较的时候，我们就可以化被动为主动。

例如，当我们产品的价格比竞争对手要贵的时候，我们可以从品质的角度来阐述贵的理由，比如我们可以说，贵是因为我们的产品坚持品质优先，正所谓一分钱一分货。当我们的产品比竞争对手便宜的时候，我们可以从生产工艺的角度来阐述便宜的理由，比如我们可以说，便宜是因为产品采用了先进的生产工艺，降低了生产成本，从而做到了物美价廉。

作为品牌方，我们要全方位地收集和分析自己产品和竞争对手产品的优劣点，然后找到一个适合自己产品的优势描述点。这样一来，无论是在日常的品牌营销宣传中，还是在成交话术的编撰中，我们都可以做到从容应对。

要注意的是，当我们将自己的产品和竞争对手的产品做对比的时候，一定不要诋毁竞争对手的产品，否则会让客户觉得我们缺乏基本的素养。公道自在人心，竞争对手的产品好与否，市场会给予答案，消费者才是最终的评判者。我们要做的是巧妙地表达自己产品的优点，从而让客户在潜意识中知晓孰优孰劣。

竞争对手的选择

品牌产品的竞争对手有很多，在做品牌营销宣传的时候，如何选择竞争对手是一门艺术。如果大家看过小米手机的发布会，会发现创始人雷军在讲解小米手机的参数、生产工艺和细节时，总是拿三星和苹果等国际品牌来做对比，很少看见他拿小米手机和国产手机做对比。

为什么人们都觉得小米手机的性价比很高呢？因为它在营销中巧妙地运用了对比策略。在跟国际品牌手机做对比时，小米手机的每项参数都能达到甚至超越国际一线水准，最后公布价格的时候又比它们低，立刻会让人们产生超性价比的感觉。

当然，这里面还有一个营销策略，叫归类策略。归类策略和对比策略是姐妹关系，我们也常把这两个策略合二为一，统称为"归类对比策略"。在三星和苹果的衬托下，大众会在潜意识中把小米和三星、苹果归类为同一档次下的竞品关系。

运用类似对比策略的品牌有很多，比如造车新势力行业的蔚来和理想，它们在日常的营销宣传中，也同样会把自家的车子和特斯拉做对比测试，但很少看见它们拿国产竞品来和自己的产品做对比，这里的策略原理和小米是一样的。

品牌方在营销宣传的时候，要学会和榜样竞品做对比。因为对比的意义在于提高档次，从而塑造产品价值。就像如果你是二线产品，就要跟一线产品比；如果你是一线产品，就要跟国际产品比。在对比的过程中，消费者由于有了价值衡量的标准，心目中对你产品的价值感就会飙升。

当然，在运用归类对比策略的时候，品牌方一定要有自知之明。简单地理解，你的产品品质一定要能达到和竞品相当的水平，否则所谓的归类对比就是一个笑话。品牌方想要玩好对比策略，过硬的产品品质是前提。正所谓，打铁还需自身硬，要在"硬"上下功夫。

12.2.2　行业的产品标准

任何一款行业的产品，国家都制定了相应的产品执行标准。在塑造产品价值的时候，我们除了可以和竞争对手的产品做对比外，行业的产品执行标准同样可以作为对比的参照标准。行业的产品标准对比有两种方式，分别是符合行业的产品标准和超出行业的产品标准。

符合行业产品标准

符合行业的产品标准，是产品的基础要求，是产品上市的准入门槛。虽然是基础要求，但并不是所有产品都能达标，这里实际上隐藏着和不符合行业产品标准的产品做对比。

例如，市场中充斥着一些铅汞含量等不达标的化妆品，也有很多非法添加违禁药物成分的保健品。在品牌营销宣传的时候，我们就可以用自己达标的产品来和这些不达标的产品做对比。通过揭露不达标产品的危害，来衬托自己产品的价值。

超出行业产品标准

超出行业的产品标准，往往是产品塑造价值的卖点所在。这里实际上隐藏着和符合行业产品标准的产品做对比。据我了解，很多品牌产品的相关标准已经远远超过了行业标准。所以，品牌方要力争坚持做到"你无我有，你有我优"的产品标准。

判断产品标准的依据一般是产品的相关检测报告或测试数据，通过对比检测报告或测试结果的数据，我们可以很容易知道自己的产品是符合还是超出行业的产品标准。所以，品牌方在塑造产品价值的时候，需向消费者展示产品的检测报告、测试数据或相关认证标准，从而增强消费者对产品的信心。

12.2.3 公众的认知常识

除了前面两种对比参照标准，我们还可以将产品与公众认知常识中的产品做对比。在生活中，人们往往会对某一认知产品的属性形成固有的印象和常识。当一款产品超出了公众的认知常识时会吸引公众的注意力，成为塑造价值的卖点。

例如，在我们的认知常识中，洗衣服用的往往是洗衣粉和洗衣液。但曾几何时，新零售市场中出现过一款洗衣片产品。洗衣片作为洗涤剂的一种新形态，吸引了公众的注意，瞬间在市场中火爆起来。

所以，如果我们的产品在某种属性上超出了公众的认知常识，我们就可以利用对比来塑造产品价值，这也是市场中经常会出现新概念产品的原因之一。这里的对比双方就是新概念产品和常识性产品之间的对比。

12.2.4　同一产品的比较

在塑造产品价值的时候，我们还可以和同一产品作对比。有些品牌方也许会疑惑，自己的产品怎么和自己的产品做对比呢？很简单，穿越时空就可以了。同一产品做对比，往往比较的是不同时间段的同一产品，常用的对比方式有三种：

第一，产品升级，价格不变。

这种方式比较的是升级前的产品和升级后的产品。对比宣传的卖点在于产品升级后的结果，比如产品使用效果、产品工艺或产品安全性等，目的在于让消费者觉得产品更具性价比，加速消费者的购买行动。

这种对比策略也常用于品牌产品的危机公关中。例如，如果某汽车产品在碰撞测试中效果不理想，为了挽回声誉和客户，品牌方可以选择在价格不变的前提下升级汽车相关结构硬件，以便在碰撞测试中取得理想结果。

第二，产品不变，价格下降。

这种方式比较的是降价前的产品和降价后的产品。我们可以将产品变动的属性分为两个时空，即我们现在的产品可以是降价前的产品，也可以是降价后的产品。如果是降价前的产品，着眼点在于未来某个时间段的成交；如果是降价后的产品，着眼点在于现在当下的成交。

如果是降价前的产品，目的在于配合未来某个时间段的促销活动。例如，双十一前，很多天猫店都提前预告产品会在双十一那天降价。如果是降价后的产品，目的在于希望现在能够和客户达成交易。例如，品牌方做动销活动的时候，经常会出现很多降价促销的活动产品。

第三，产品不变，价格上升。

这种方式比较的是涨价前的产品和涨价后的产品。和价格下降一样，我们同样可以将产品变动的属性分为两个时空，即我们现在的产品可以是涨价前的产品，也可以是涨价后的产品。和价格下降不同的是，涨价前和涨价后的着眼点都是为了促成当下的成交。

如果是涨价前的产品，目的在于制造产品在未来会持续涨价的紧迫感，以此来加速客户在当下的成交行为。这种涨价策略常常配合限时限量策略一同实施。例如，一些产品会在首发活动的时候采用限时限量的低价或送福利的策略，活动结束后恢复原价或取消福利。这种策略会让客户意识到，现在购买比以后购买要划算很多，有种占便宜的心理。

如果是涨价后的产品，目的在于制造产品在未来会持续涨价的担忧感，以此来加速客户在当下的成交行为。例如，房子、股票或古董等产品，价格越涨，客户越会买。这种策略会让客户意识到，现在不买，以后价格还会上涨，早买早划算。

品牌方在产品的营销宣传或产品活动策划上，要学会灵活的运用不同的对比策略。通过和不同参照物做对比，衬托出自己产品的优势，提升产品在客户心目中的价值。

12.3　品牌价值衬托策略

　　品牌方想提升品牌产品的价值，除了使用对比策略外，还可以使用衬托策略。衬托一词，在汉语字典中是指为了突出主要事物，用类似的事物或反面的、有差别的事物做陪衬。

　　运用衬托策略，能突出主体，或渲染主体，使之形象鲜明，给人以深刻的感受。这里提到的主体，放在品牌营销中，就是指品牌或产品。合理地运用衬托策略，可以提升品牌产品在大众心目中的价值。

　　有些品牌方也许会疑惑，对比和衬托有什么区别吗？答案很简单，对比的两个事物之间关系是并列的，不分主次；而衬托可以明显地分出衬托事物和被衬托事物来，有主次、偏正之分。所以，对比策略和衬托策略是有区别的，不能混为一谈。

　　在品牌营销中，常见的衬托策略主要有六种，分别是环境衬托策略、人物衬托策略、细节衬托策略、流程衬托策略、包装衬托策略和情感衬托策略。

12.3.1　品牌环境衬托策略

　　环境衬托策略是指通过身边可感知到的人事物作为衬托，来提升品牌产品在大众心目中的价值。营销界流传着一个"稻草定律"："路边一根稻草如果没人搭理，它永远是一根稻草。用它捆绑了白菜，身价就与白菜一样；拿去捆绑螃蟹，身价就与螃蟹一样。"

　　很多企业老板喜欢将办公地点选在租金昂贵的CBD（中央商务区）写字楼，目的在于衬托公司的实力和价值。实际上，这些在CBD的公司是不是真的都很有实力呢？我们并不知道，但它们看上去好像都挺有实力的。这里的"看上去"是谁灌输给我们的潜意识呢？答案就是CBD的环境衬托。

如果你的公司开在寸土寸金的 CBD 写字楼中，你住的是价值不菲的豪宅别墅，就算你欠一屁股债，别人也会认为你是有钱人。相反，即使你身价过亿，但如果穿的邋里邋遢、不修边幅，经常出入一些不入流场所，别人只会觉得你是一个穷鬼。

所以，我们产品所在的周遭环境对人们价值感的判断起着非常大的影响。这种价值感的判断不一定对的，也有可能是错觉，但如果品牌方能够利用好这种环境衬托策略，就能够让产品的价值呈数倍式的提升。

我有一个做红酒生意的社群会员，他曾代理过一款法国红酒品牌，打算在国内走新零售渠道。红酒品质挺不错的，但价格比较贵，且红酒品牌在国内知名度很小，所以招商效果一直不好。后来我给他出了一个主意，让他通过有偿的方式将红酒摆放到一些高端会所和酒店的展架上。

这样一来，他代理的红酒就和其他高端酒水出现在同一高档场所，消费者潜意识中就会觉得这款红酒和其他高端酒水一样有档次，值得信赖。后来通过一系列的宣传策略，这款红酒品牌的知名度逐渐打开了，销量也好转了起来。

这里的场所投放是要讲究策略的，红酒投放的目的不是为了拓展销售渠道，仅仅是为了塑造红酒的品牌价值，通过环境衬托策略制造宣传见证。简单地理解，投放是手段，宣传是目的。所以，红酒能不能卖出去，能卖多少，这些都不重要，重要的是环境衬托下的品牌价值是否有提升。

像上面那个做红酒生意的社群会员，后来我又给他出一个主意，让他把红酒上架到天猫、京东等电商平台，然后通过一系列的定价策略来提升品牌价值。

例如，同款红酒可以在电商平台定高价，新零售渠道定低价，这招玩的是渠道差异化下的高开低走策略，目的在于提升品牌价值，从而带动新零售渠道的红酒销量。我们也可以针对电商平台单独开发一款高规格红酒，利用高端定价提升红酒品牌的价值，从而带动新零售渠道其他规格的红酒销量。

这里可以举一反三，如果品牌方想塑造产品的价值，提升产品的档次感，可以将自己的产品投放到能够提升品牌价值的场所。这里的场所可以是线上，也可以是线下。然后通过一系列的品牌营销宣传，让消费者感知到衬托下的产品价值。

这种环境衬托的产品宣传方式，比所谓的朋友圈自卖自夸式广告刷屏要好很多，能够快速地塑造产品在消费者心目中的价值。

12.3.2 品牌人物衬托策略

人物衬托策略是指通过对产品相关联人物的衬托，来提升品牌产品在大众心目中的价值。人物衬托跟环境衬托类似，只是人与物的差别，但原理是一致的。例如，现在流行明星开火锅店，明星开的火锅店和普通人开的火锅店，在食材口味上可能差不多，但两类火锅店给人的心理价值感是有差异的，这种差异就来自明星人物身份的衬托。

我们在逛实体店铺的时候，经常看到有些店铺的墙壁上挂着明星人物来店打卡的照片，利用的就是人物衬托策略，通过明星的衬托来提升店铺的价值感。品牌方想利用好人物衬托策略来提升品牌产品价值，可以从三个方面来构建：

第一，塑造好创始人的个人品牌，提升创始人的影响力。例如，小米的雷军和华为的任正非都是典型的代表人物。品牌创始人影响力的提升，会直接带动品牌产品价值的升华。

第二，请明星大咖背书，提升品牌产品价值。例如，品牌方可以邀请有影响力的明星为品牌产品代言，或拍摄翻包种草视频，或录制品牌相关祝福语等。除此之外，品牌方还可以邀请行业大咖或导师担任品牌运营或培训顾问，从而提升品牌实力。

第三，善用客户见证，提升品牌产品价值。例如，可以运用一系列的策略将产品送给有影响力的公众人物使用，让大家都知道某公众人物也在使用我们品牌的产品。除了选择有影响力的公众人物外，也可以在素人中找一些有典型代表的人物做客户见证。

12.3.3　品牌细节衬托策略

细节衬托策略是指通过对相关产品细节的衬托，来提升品牌产品在大众心目中的价值。在人性营销中，人性有一个以点带面的认知弱点，具体表现为人们往往会通过观察某个人事物在某一部分的好坏，就妄下判断来衡量整体的好坏。

细节衬托策略的目的在于通过将不为人知的产品细节放大，达到重塑消费者对产品的认知。作为品牌方，我们要学会利用人性以点带面的认知心理，通过对产品的某些细节进行集中地塑造，从而提升整个品牌产品在消费者心目中的价值感。

我有一个做餐饮店的社群会员，他的餐饮店开在当地的美食城，店铺周围大多是同行商家，竞争比较激烈，店铺经营状况基本属于盈亏平衡。当时我给他出了一个提高客流量的主意，就是从细节入手来提高餐饮店整体价值感。

操作流程很简单，就是让他在基础食材用料上下功夫，改良后的结果是：米饭用的是五常大米，食用油用的是金龙鱼上品调和油，食材里用的水是农夫山泉天然水等。然后让他在餐饮店最显眼的位置放一个展示柜，柜上展示那些基础食材，每件食材旁写一段精心编撰的介绍文案。

通过上述简单的操作，这家餐饮店的客流量逐渐增多。案例中的策略就是从基础食材的细节入手，衬托出餐饮店的整体价值感，让客户感受到这家餐饮店是良心店，可以放心健康地吃。

现在的新零售市场中，同品类产品之间的差异性并不大，基本上都大同小异。在同质化越来越严重的市场环境中，想让品牌产品脱颖而出，需要我们从产品细节入手，提炼容易被忽视的细节，重塑客户对产品的认知。

我曾经服务过一个做化妆品的品牌方，这家品牌的产品和同品类之间差异并不大，比较起来没有什么太大的优势，后来在我们团队的运营下，通过细节描述对品牌产品进行价值重塑，很快便超越了竞争对手。

我们在营销宣传上，对产品的先进生产工艺、优质原料产地、精选包装材质等细节进行了着重提炼描述，并放大这些细节，立刻区别于竞争对手的产品。因为客户并不懂这些产品的生产细节，谁描述出来了，谁的产品就显得更有价值。

12.3.4 品牌流程衬托策略

流程衬托策略是指通过对相关产品流程的衬托，来提升品牌产品在大众心目中的价值。流程衬托策略和细节衬托策略的原理和目的是一致的，我们只需要把产品的诸多细节衬托事件关联起来，就可以形成一个完整的流程事件。

很多时候，品牌方对习以为常的产品特点和生产流程，并不觉得有什么值得宣传的地方，因为同品类都差不多。殊不知，品牌方认为的常态，对于消费者而言可能是未知和陌生的。此时，如果我们把这些"陌生的常态"作为卖点宣传出去，就能引发消费者对产品的重新认知。

一提到纯净水或矿泉水，我们脑子里大概能想到康师傅、娃哈哈和农夫山泉等。在这些品牌中，农夫山泉给我的品质印象是最深刻的。之所以农夫山泉给我这种感觉，是因为它的流程衬托策略做得足够好。

农夫山泉在 2000 年率先提出"只做对人体健康有益的天然水"的理念。理念一经推出，农夫山泉开始在全国各地寻找优质水源，并在周围建设工厂。经过几年的努力，农夫山泉先后建立了多所天然水源基地，抓住了天然水的命脉。

农夫山泉水源所在地，生态环境优越，森林覆盖率超过 85%，降水充足，水质优异。得天独厚的水源环境让农夫山泉的生产工艺也要简单不少，仅需取水、过滤、杀菌、罐装四个简单步骤。

上面是我浓缩的一个关于农夫山泉天然水对外的宣传介绍。对于消费者而言，无论是什么品牌的纯净水或矿泉水，在原有的认知中，就是类似凉白开的水。但在了解了农夫山泉天然水的整个生产流程后，我们觉得喝农夫山泉能喝出"大自然"和"健康"的味道。

作为品牌方，我们要善于把产品背后的故事说出来，要巧妙地通过各种渠道宣传出去，让消费者知道。大家都在做的事情，别人没有说出来，你说出来了，消费者就只认你了。我一直有一个观点，如果你是一个有工匠精神的人，你为产品付出的一切努力，都要巧妙地让消费者知道。你不说，别人永远不知道；你说了，别人才知道，才能认同你和你的产品。

很多时候，消费者其实并不知道一款产品在打造过程中所经历的生产流程，如果品牌方能够清晰地描述出这些对消费者而言不为人知的流程，就能够让产品价值感瞬间提升，让消费者印象深刻。

12.3.5　品牌包装衬托策略

包装衬托策略是指通过对产品包装的衬托，来提升品牌产品在大众心目中的价值。俗话说，人靠衣装，佛靠金装。在这个时代，产品也需要靠包装。就像一款普通的月饼，经过精美的包装后，整体价值感就凸显了出来，售价可以提升好几倍。

对于一款产品而言，如果产品外形或包装设计的刺激强度不够，消费者很容易就会忽略产品的存在感。一款产品想要有传播力，必须具备产品卖相。产品的卖相，简单理解就是产品的视觉包装，比如产品形态、规格和色彩等。

产品的视觉包装是消费者对产品的视觉体验，是产品个性的直接和主要传递者，是品牌形象定位的直接表现。一款有卖相的产品包装，可以让产品在新零售市场中脱颖而出，受到消费者的青睐。

那什么样的产品是有卖相的产品呢？我认为需要满足个性化的视觉需求。换句话说，产品的包装要有个性化，即产品形态的个性化、产品规格的个性化和产品色彩的个性化。只有产品具备个性化的视觉包装，才能给消费者创造一个自发性传播的理由。

古代有一个"买椟还珠"的典故，想必大家都不陌生，说一个郑国人从楚国商人那里买到一个用精美盒子包装的珍珠，结果买家拿走了盒子，而将珍珠还给了商人。我们暂且不去管这个典故的寓意是什么，就从表象上来分析下这个典故。

典故原文对包装描述如下：他选了一些上等的木材，找工匠做成一个精致新颖的木盒子，并且请技艺高超的雕刻师在盒子的外面刻上各种各样美丽的花纹。同时，他选用不同名贵的香料，把做好的盒子薰得香气迷人。盒子完工之后，看上去金光闪闪，闻上去芬芳迷人，真是不可多得的艺术品。

从这个典故可以看出，包装是一种销售力。从某种意义上来讲，正是精致新颖的包装效果，才成功地引起了消费者的关注，并使之有了购买的冲动。假如这个珍珠被放在一个破盒子中，珍珠再珍贵，相信也不会有人问津。

由此可见，一款产品的包装有多么重要，它是产品品牌力的重要体现。好的包装，可以美化商品、宣传商品，以及加速产品的销售。品牌方在设计包装的时候，一定要注重个性化的创新，让产品在包装的衬托下彰显品牌价值。

12.3.6 品牌情感衬托策略

情感衬托策略是指通过对产品衍生出来的情感衬托，来提升品牌产品在大众心目中的价值。例如，一根稻草看似没有什么价值，但如果用这根稻草做个环扣送给爱人当做定情信物，稻草的价值瞬间就提升了，这就是情感赋予稻草的价值。

农夫山泉在2016年推出了宣传片《一百二十里——肖帅的一天》，主要讲述了水质检测员肖帅，带领观众深入农夫山泉武陵山水源地的故事。紧接着，农夫山泉又推出两支宣传片《一天的假期》和《一个人的岛》，同样从农夫山泉员工的角度讲述了他们对这份工作的热爱和自己的坚守。

农夫山泉通过不同人物故事的塑造，讲述着品牌二十年如一日坚守品质的情感故事，无形中衬托出了品牌的高度，提升了农夫山泉在消费者心目中的价值。正是每一个员工的坚守，才成就了农夫山泉二十年的品质。

产品本身没有情感，但品牌方可以通过讲故事来赋予产品情感。产品不会说话，故事则不然，它能够深入消费者内心，打破客户与产品之间的隔阂，快速建立信任感，建立对产品的好感度。例如，那些使用产品后的蜕变故事，总是能让消费者产生亲切感和购买欲。

一个品牌或产品一旦拥有了故事，它所形成的价值就不只是单纯的物理价值，而是可以在故事的基础上形成品牌或产品的情感价值。同样的，一个人一旦拥有了故事，公众就会对他产生情感的倾斜和认同。就像我们经常看到的选秀节目，在选手表演之前，往往都会先讲一个感人的故事，以此博得公众的情感倾斜。

那些能够打动人的故事都有一个特点，那就是能唤起听者内心的共鸣。一个好故事之所以能够引起听众的共鸣，在于激发了人们内心深处的情感，让听众有一种感同身受的代入感，从而让品牌和消费者之间有了价值观和情感的同频共振，实现了故事与现实在内心的互动。

久而久之，听众就会对你的产品表示认同。尤其是在产品同质化愈演愈烈的当下，如果一个品牌或产品，你从来没听过，很难一下子记住，这时就需要通过塑造产品和人的故事来帮助消费者加深印象。

情感故事的主人翁可以是不同的角色，品牌创始人、代理商和消费者等所有与产品有关联的人物都可以是故事的主角。至于要如何讲故事，以及讲什么样的故事，品牌方可以好好思考下。

通过上述讲解，我们一共介绍了提升品牌产品价值的六种衬托策略。在现实的品牌运营中，还有很多更有深度的衬托策略。对于品牌方而言，这些提升品牌价值的策略仅仅是理论知识，想把品牌运营好，需要把这些理论知识合理的运用到实战中。例如，在日常的产品开发、营销宣传和活动策划中都可以运用到这些策略，怎么用好这些策略就需要品牌方自己下功夫去琢磨。

13

第十三课

如何和品牌客户建立信任感

老顾是某品牌的创始人，最近有个问题一直困扰他。老顾和我说，他品牌的代理商在招商和销售过程中，普遍缺乏和潜在客户建立信任的能力。具体表现为很多潜在客户不敢在代理商那里购买产品。不敢的原因呈现多样化，总结起来就是怕上当受骗，不太信任代理商。于是他问我，在日常运营中，应该如何和品牌客户建立信任？

我们都知道，移动互联网下的新零售是以人为中心，以社交关系为载体的商业模式。可见人与人之间的关系在新零售的运营中起着非常大的作用。想成交客户，我们就必须和客户先建立信任，而建立信任最好的办法就是和客户成为朋友。这一堂课，我们就来讲一讲如何和客户成为朋友，赢得客户的信任？

由于新零售模式没有类似于电商那样的信任担保机制，因此新零售从业者在成交客户之前需要和客户先建立信任。在建立信任和转化成交的比例关系中，我们需要花 80% 的时间和客户建立信任，花 20% 的时间来成交客户。

当信任感建立起来后，成交就是水到渠成的事情。信任感越强，成交起来就越轻松。

这就好比男生在追求女生的时候，我们需要花大把的时间去和女生建立关系，以此来赢得女生的好感。当这种好感关系建立起来后，男生追到女生的成功率将会很高，很多时候也许就差男生的一个深情表白。

在新零售的营销中，我们销售的产品，别人也可以销售；我们给的价位，别人也可以给；我们提供的服务，别人也可以提供。当客户面对同样的产品、同样的价位和同样的服务时，究竟会跟谁买呢？我想如果可以选择的话，客户一定会跟关系好的那位买。

所以，新零售从业者之间的竞争到最后都会演变成人际关系的竞争。在当下产品同质化愈演愈烈的市场环境中，客户之所以会选择你的产品，是因为客户信任你，和你的关系更好。这种因信任而成交的逻辑关系，无论是放在日常产品招商中，还是放在日常产品销售中，都是一样成立的。

想和客户建立起信任感，从长期的品牌运营经验来看，我认为可以从亲和力、个人品牌、事实见证和附加价值这几个方面来培养。在这些培养要素中，个人品牌打造是最为关键的要素。接下来，我们具体分析这些建立信任的要素。

13.1　亲和力的培养方法

所谓亲和力，就是指亲近与结合的力量。通俗地讲，就是一个人在群体心目中的亲近感。我们的亲和力越强，客户就越愿意和我们亲近接触。亲和力可以方便我们和陌生客户之间更好地沟通和交流，毕竟人都是有感情的，情感的沟通和交流能够让我们和陌生客户之间建立起一座信任的桥梁。

新零售从业者想塑造亲和力，我认为需要具备五个要素，分别是倾听、赞美、认同、记忆和共性。凡是具备这五个要素的从业者，无论是品牌方还是代理商，从我们长期的观察和分析来看，都能够和客户建立起良好的信任关系。

有些同学也许会问，这几个要素该从哪里体现出来呢？很简单，从和客户的互动沟通中体现出来。这五个要素考验的是品牌方和代理商的综合智商及情商，需要反复地自我锻炼，直至做到在和客户交流时能脱口而出。

13.1.1　要善于倾听客户

营销大师乔·吉拉德说过："你倾听得越久，对方就会越接近你。"在这个世界上，每个人都认为自己是世界上最重要的人，每个人都希望被别人重视，每个人都希望得到被重视的感觉。所以，每个人都希望别人听他讲。

既然人性如此，作为新零售从业者的我们，就要满足客户的期望，在和客户的沟通交流中，要认真地倾听客户的心声。例如，品牌方在和代理商聊天时，要善于倾听代理商的心声；代理商在和消费者聊天时，也要善于倾听消费者的心声。

在痛点营销三部曲中，我说过新零售从业者要多问和多说，占据问的主动权，但这并不意味着我们要一直问和一直说。在问的过程中，客户肯定会回答。当客户回答的时候，我们就要认真地倾听，了解客户的需求和痛点。在说的过程中，我们和客户之间一定要有互动，不能我们一直说，客户一直听。当客户说的时候，我们就要认真地倾听。

倾听不是简单地用耳朵来听，它是一门技巧。倾听不仅要听说话者的言辞，还要全身心地感受对方在谈话过程中表达的言语信息和非言语信息。至于如何有效倾听，不是我三言两句能够讲明白的，感兴趣的同学可以课后去学习研究相关知识。

13.1.2　要多加赞美客户

在这个世界上，每一个人都喜欢听到好话，每一个人都喜欢别人的肯定和赞美。作为新零售从业者，要学会赞美自己的客户。恰如其分的赞美可以增进我们和客户之间的情感，因为每个人都喜欢和赞美自己的人交朋友。这里简单分享两个赞美的注意事项：

第一，赞美一定要真诚，而不能虚伪。

讲出别人有的而自己没有的优点，这叫真诚的赞美。例如，如果自己的皮肤不好，而看到对方的皮肤好时，我们就可以赞美对方的皮肤好。虚伪的赞美就是自己皮肤明明比对方好，却还赞美对方皮肤好，这会让客户觉得很虚伪，甚至会误认为是一种嘲讽。

第二，赞美不要太笼统，要学会拆解。

笼统的赞美会被别人误认为是套话和客气话，很多被夸的人也许已经免疫了。夸人要夸到点子上，最好的办法就是要学会拆解优点，把笼统的优点拆解开，针对某一个具体小点去夸。

例如，当我们想夸赞某培训老师讲课很精彩时，大多用语都是"课程讲得很不错""课程讲得很详细""课程让我收获很大"等。这样笼统的夸赞，听多了就会觉得是客套话，不痛不痒，不会给老师留下多深的印象。

如果运用上面说的拆解方法，我们就可以这么夸，比如"老师课程讲得很精彩，尤其是招商流程这块知识，是我目前听到的最详细的讲解了"。这么一说，老师就会觉得你是真的用心在听了，可以说出一个具体的课程内容板块。如此一来，老师对你的印象就会比其他人深刻很多。

上面是两个赞美的小技巧，赞美的技巧还有很多，大家可以去买一些相关的书籍看看。总之，大家一定要明确赞美的意义和目的是什么，那就是为了获得赞美对象的好感，加深对方对你的印象。如果你的赞美不能实现这个意图，那赞美就是无效的。

13.1.3　要学会认同客户

每个人都希望自己的观点、心情或想法被别人认同和理解。每个人都喜欢和懂自己、理解自己、认同自己的人成为朋友。所以，当客户在向我们阐述观点、道理、心情或想法的时候，我们一定要给予认同和理解，让客户知道我们和他是同一条战线的战友。

常见的认同语句有：你这个问题问得很好；你讲得很有道理；你分析得很对；你讲得很对；我理解你的心情；我懂你的意思；我认同你的观点；我尊重你的想法。这些认同的话语有助于我们获得对方的好感，加深印象。

当然，我们不一定非要认同客户的所有观点，如果我们认为客户的观点或想法不对时，也不要直接否认，而是应该使用"YES—BUT"法则。即先以"YES"的回答来接受客户的意见，接着用"BUT"的方式来陈述反对的意见。

例如，当有客户觉得我们销售的睫毛膏产品用上去比较干的时候，可以说："您刚才说睫毛膏用上去比较干，的确有这样的情况，但如果您每次使用之前来回拉动几下，让膏体充分附着在刷上，那样就不会感到干了。"

13.1.4　要留存客户记忆

有人说，世界上最好听的声音就是从别人嘴巴里说出你的名字。当客户告知自己的名字后，我们一定要永远记住客户的名字，千万不要在未来某个时间点再询问第二次。否则，客户会认为你对他不够重视。

这就好比你喜欢一个女孩，好不容易和她有一次互动的机会。等到下一次见面打招呼的时候，她来一句："你是谁？"请问你作何感受？会不会瞬间感觉很失望？相反，如果她能脱口而出你的名字，你会不会内心有点小窃喜？虽然客户不是在和我们谈恋爱，但很多感受可以用恋爱的感觉来感同身受。

当我们和客户第一次聊天的时候，得知了客户的名字，在下一次聊天的时候，如果我们可以脱口而出客户的名字，客户一定会认为在我们的心中，他真的很重要。要知道，每个人都喜欢和重视自己的人做朋友。

除了记住客户的名字外，我们还要记住客户的一些关键信息，比如生日、故乡等聊天的内容。你记住的信息越多，客户越觉得自己被重视，就越愿意和你成为朋友。

有些同学也许会问，我的记忆力不好怎么办？这里不一定非要记忆力好，好记性不如烂笔头，我们可以利用微信自带的备注名、标签分组和描述等功能，或用 Excel 表格、有道云笔记等软件将客户的关键信息做好记录。

像我就喜欢记录客户的一些关键信息，这样无论客户什么时候联系我，我都可以通过这些记录快速回想起以前聊天的内容，和客户互动起来。至于用什么方式去做到快速地记录信息，记录哪些信息，每个人也许都有自己的方法，这个大家自己去探索。

13.1.5　要寻找客户共性

我们常说物以类聚、人以群分。这说明人们总是喜欢与自己相似或有共同点的人在一起。当我们和客户拥有相似的经历、相似的痛点或共同的爱好时，彼此之间才有共同的话题。在和客户的交流中，我们要善于寻找和客户的相似点或共同点，聊客户感兴趣的话题。这里我提供几种寻找相似点或共同点的话题，分别是地点、爱好、经历或痛点。

当我们和客户都在某一地点停留过时，彼此之间就有了共同的话题。例如，我们和客户是老乡或校友的关系，我们就可以聊一聊家乡和学校；我们和客户都在某个城市生活过，都曾去过某个地方旅游，我们就可以聊一聊那个城市或旅游地。共同的回忆会加速我们和客户之间友谊的进程。

当我们和客户有相同的爱好时，客户就会把他对这个爱好的感情和好感全部投射到我们身上，这时我们和客户之间就有聊不完的话题，正所谓"千金易得，知己难求"。有些同学也许会问，怎么知道对方的爱好呢？我们可以去对方的朋友圈里找一些线索。

例如，客户经常晒孩子，我们就和客户聊聊孩子；客户经常晒萌狗，我们就和客户聊萌狗。客户经常晒什么，我们就投其所好聊什么。当然，聊之前，我们要做好功课，千万别不懂装懂。

当我们和客户有相似的经历或痛点时，客户就会和我们有一种惺惺相惜或同病相怜的感觉。如果我们从相似的经历中获得了成功，或者成功地解决了痛点，客户就会对我们的互动越发地产生兴趣。

例如，作为老从业者，我们在和新从业者聊天的过程中，一定要尽量多地讲述自己作为小白时，遇到过哪些困难或存在哪些问题；然后再讲述自己是如何一步步克服困难和解决问题的。当我们描述的困难或存在的问题和他们此刻的境遇越相似，他们就越愿意和我们产生互动，越容易信任我们。

同样的，对于有痘痘的人群，我们可以和他们讲述自己曾经长痘痘的经历以及如何解决痘痘的过程。对于肥胖人群，我们可以和他们讲述自己曾经肥胖的经历以及如何减肥的过程。在和客户的聊天中，要站在客户的角度思考问题，要学会感同身受。

我一直认为，最好的感同身受就是自己也同样经历过客户相似的问题，只有这样才能真正地做到感同身受。有些同学也许会问，如果我没有类似的经历或痛点怎么办？那就讲述一个和你有关联或亲眼见证过的人物故事。

以上就是培养亲和力需要具备的五个要素，我们在和客户的沟通互动中，要熟练掌握这些聊天技巧。在我的社群里，有很多的品牌方和代理商，通过和他们聊天发现，凡是表现优异的品牌方和代理商都熟练地掌握了这些要素，他们能够相对轻松地获得客户的信任。

13.2　如何打造个人品牌

针对新零售行业未来趋势分析这个话题上，我曾在一次座谈会上提到过新零售从业者网红化趋势。所谓新零售从业者网红化，是指新零售从业者通过在社交媒体上聚集人气创造影响力，依托粉丝群体进行定向营销，从而将粉丝转化为购买力，实现商业变现的过程。

简单地理解，就是新零售从业者要学会打造自己的个人品牌，成为客户心目中的网红达人，通过个人在相关领域的专业度和影响力，实现商业变现。例如，我自己经过长期的个人品牌打造，在新零售领域有了一定的专业度和影响力，通过输出品牌运营策划、品牌营销推广和知识社群等项目实现了商业变现。

移动互联网是粉丝经济的时代，一个品牌想要起盘成功离不开粉丝的支持，但品牌只是一个没有情感的商标概念，要如何获得粉丝的认可呢？其实方法很简单，那就是将品牌拟人化。

所谓品牌拟人化，就是要将粉丝对品牌的认可演变为粉丝对品牌人物的认可。因为品牌人物是活生生的有情感的人，更容易获得粉丝的情感认可。

当粉丝从情感上认可了品牌人物，也就顺其自然地认可了品牌本身。这是移动互联网时代品牌获取粉丝认可的最快路径。

这里的品牌人物包含以品牌创始人为核心的品牌方和品牌代理商。所以，品牌拟人化的实施步骤很简单，就是要打造这些品牌人物的个人品牌。例如，品牌创始人或代理商要学会打造自己的个人品牌，通过专业度和影响力来实现招商或动销业绩的增长。

13.2.1　品牌从业者职业类型

在品牌运营中，我们会发现同一品牌的不同代理商之间，业绩会相差甚远。同样是代理商，同样是每天起早贪黑地拼命吆喝，但是团队发展的速度却不一样。同样的起点，若干时间后，有的团队突破万人，有的团队依然原地踏步。

为什么相差这么大呢？原因也许有很多，但通过调查分析，我们发现做得好的代理商在个人品牌打造上都下足了功夫，做得不好的代理商在个人品牌打造上都一塌糊涂。

作为新零售从业者，在职业的发展上，我们有两种选择：一种是做营销型从业者，另一种是做销售型从业者。有些同学也许会问，这两者有什么区别吗？两者虽然都是新零售从业者，都是在卖产品，但两者的侧重点不一样。

从字面上理解，营销在于"营"，而销售在于"销"。营销的核心是吸引，而销售的核心是推销。一个是被动的吸引，一个是主动的推销。从买卖势能上来说，营销型从业者往往势能很强，在势能上要大于客户，往往会自发性的吸引很多客户。而销售型从业者，在势能上要小于客户，往往需要去主动寻找客户。

所以，营销型从业者的特点是会打造自己的个人品牌，会塑造自己的专业形象，利用自己的影响力，让别人主动来购买产品。而销售型从业者就像一名推销员，每天要重复推送产品广告、刷朋友圈和打推销电话，一不小心就会惹人厌、惹人烦。

在职业发展的选择上，我相信大部分从业者都想成为营销型从业者，将自己塑造成专家形象。这里所谓的专家，是指在某一领域拥有专业知识的人。想成为专家，我们就要学会打造个人品牌。试想，如果每一位品牌代理商都能打造好自己的个人品牌，那品牌产品的招商和动销业绩就会呈倍增式的增长。

13.2.2　个人品牌打造的意义

在我的记忆中，打造个人品牌并不是什么新鲜的概念。在移动互联网出现之前，其实就有一部分人在打造个人品牌。只是那个年代传播媒介不像现在这样多样化，因而只有少部分人能打造个人品牌。

随着移动互联网时代的到来，每一个人都可以打造属于自己的个人品牌，都可以在自己的圈子领域成为粉丝心目中的网红达人。这个时代给了我们每一个平凡的人更多的可能。

既然时代赋予了这样的机遇，我们就要好好地把握住，但在品牌运营中，依然有一些品牌方和代理商还在走"销售型从业者"的运营路线，压根不重视个人品牌的打造。从因果关系来看，"销售型从业者"路线肯定是走不长的，会很快被懂打造个人品牌的"营销型从业者"取代。

我社群里有很多的品牌方和代理商，通过长期的深入交流会发现，很多不注重打造个人品牌的从业者大多是由于知识的局限，不知道打造个人品牌的意义是什么。在我看来，打造个人品牌最大的意义在于，有效降低营销成本和信任成本。拥有个人品牌是和客户建立信任最好最快的方式。

我一直认为，新零售从业者卖的不是产品，而是一份解决客户痛点或满足客户需求的方案。客户想买的也从来不是产品本身，而是产品给他带来的结果，这个结果必须能帮助客户解决痛点，或满足客户的需求。所以，无论是我们卖，还是客户买，其最终结果都是为了解决客户的痛点，或满足客户的需求。

在新零售运营的过程中，如果我们打造了个人品牌，塑造好了专家形象，客户一定会优先选择购买我们的产品。因为在客户的心目中，能够提供专业解决方案的一定是专家，而不会是推销员，至少专家的方案要比推销员的更可靠。所以，在激烈的市场竞争中，谁能够成为客户心目中的专家，谁就能够赢得客户的青睐。正如有句话说得好："要想成赢家，必先是专家。"

举个简单的例子，我和你同样是某品牌的代理商，我在新零售领域有一定的影响力，大家都知道我懂招商、懂销售、懂怎么运营产品，而你只是一个默默无闻的新零售小白。请问，潜在代理商是愿意和你干，还是愿意跟着我干呢？不傻的都会跟着我干，因为我可以给他们带来更多的可能和前途。

如果你想在新零售领域做一名成功的营销型从业者，一定要记住，永远不要以业务员的身份去和别人谈生意，而是要以专家和老师的身份去给别人解决问题。当客户感知到你在他所需求的领域足够专业时，你再去和客户沟通，成交就会变得轻松很多。

我认为，一个成功的商人，首先卖的是自己而不是产品。当把自己"卖"好后，产品便可以做到不销而销。总结起来，可以概括为十个字：自我营销方能不销而销。

13.2.3 个人品牌打造的目的

在我看来，新零售从业者打造个人品牌的目的在于提升竞争力，让成交变得更轻松。举个简单的例子，假设小红是一个在粉丝群体中懂护肤保养知识的网红达人，她和没有打造个人品牌的小明都在销售某品牌的护肤品。请问，如果你是消费者，你会购买谁的产品呢？相信大部分人都会选择购买小红的产品。

因为没有打造个人品牌的小明在消费者的认知中只是一个销售员的角色，但懂护肤保养知识的小红不仅能提供产品本身，还可以提供更多的与产品相关的附加服务，比如教客户怎么在日常做好保养，怎么搭配产品能更好地护肤等。

我前面说过，消费者想要的从来不是产品本身，而是产品带来的结果。购买护肤品的消费者，要的结果是让自己的肌肤变得更好。很显然，小红作为懂护肤保养知识的达人，能给消费者带来想要的结果。

我们再退一步，假设小明也是一个懂护肤保养知识的人，但消费者并不知道她有这样的知识储备，因为她没有宣传分享过，只是一味地埋头苦学。而小红在护肤保养的知识储备上和小明其实差不多，但小红平时喜欢通过社交媒体进行宣传分享，逐渐在社交圈中形成了一定的影响力。

请问，这个时候，如果她们都在销售某护肤产品，消费者会选择向谁购买呢？相信答案还是一样，会向小红购买。因为在消费者的潜意识中，她们会认为作为护肤达人的小红能够给她们带来想要的结果。

有些同学也许会说，小明也一样可以给到，毕竟她们知识储备差不多。没错，小明其实也可以给到消费者同样的结果，你之所以知道是因为我告诉了你这样的前提，但消费者并不知道小明也懂护肤保养知识。

从案例中可以发现，打造个人品牌的目的并不是为了让你懂得多少知识，而是要让别人知道你拥有多少知识。简单地理解，打造个人品牌就是要打造影响力。学习知识只是打造个人品牌的基础，分享知识并形成影响力才是终极目的。在个人品牌打造中，你能影响多少人，你就有多少竞争力。

13.2.4　个人品牌的定位路径

想打造好个人品牌，我们必须先给自己来个定位，因为只有做好了定位才能实现聚焦。简单地理解，所谓的个人品牌定位就是我们希望自己成为哪方面的专家，希望自己在哪个领域有影响力。对于新零售从业者而言，一般有两个定位路径，分别是招商方向和零售方向。

如果我们想招到更多的代理商，就必须掌握新零售运营相关的知识，教会代理商如何做好新零售。如果我们自己都不知道怎么做新零售，我们要如何说服别人成为我们的代理商。所以，一个想打造好个人品牌的新零售从业者，必须先成为新零售运营领域的专家。

如果我们想更好地销售产品，给客户提供专业的解决方案，必须成为产品相关领域的专家。至于是哪个产品领域的专家，取决于我们对产品的定位。如果是销售减肥产品，我们就要成为减肥领域的专家；如果是销售护肤产品，我们就要成为护肤领域的专家；如果是销售母婴产品，我们就要成为母婴领域的专家。

每一个新零售从业者都必须成为两个领域的专家，即新零售领域的专家和产品领域的专家。打造新零售领域的专家是为了成为代理商心目中的专家，打造产品领域的专家是为了成为消费者心目中的专家。

在日常运营中，我们需要对两个领域进行主次划分，究竟侧重于打造哪个领域的专家，取决于自己的运营方向。如果是以招商为主，我们就侧重于打造新零售领域的专家；如果是以零售为主，我们就侧重于打造产品领域的专家。

两个侧重点没有好坏之分，关键取决于自己的运营定位。当个人品牌的定位路径规划好后，接下来要做的就是学习和分享规划好的路径。学习和分享是打造个人品牌至关重要的两个环节，是每一位想打造好个人品牌的创业者都需要经历的过程。

13.3　个人品牌学习理论

在打造个人品牌的过程中，当我们做好了运营定位后，我们就要开始下一步，那就是学习。学习在个人品牌的打造中起着重要作用，它是决定我们是否能成为专家的关键一步。作为新零售从业者，我们要不断地学习专业知识，不断地充实自己，让自己有真才实学。

当我们掌握了专业知识后，就可以通过分享知识让周围更多的人认识我们，从而形成一定范围内的影响力。我们也只有掌握了实实在在的专业知识后，才能帮助潜在目标人群解决面临的困扰和问题，从而在他们的心目中树立良好的专家形象。

新零售从业者打造个人品牌需要学习的方向和运营的定位路径是一致的，分为招商和零售两个学习方向。在学习深度的侧重点上，也需要和运营定位方向一致。在条件允许的前提下，两个学习方向都要尽可能地均衡精通。

在招商方向上，我们需要学会新零售相关联领域的知识。例如，私域引流知识、社群运营知识、招商动销知识、团队管理知识等。从实体、电商和新零售相融合的趋势来看，新零售从业者要学习的运营知识范围将越来越广，不局限于新零售领域。像在日常学习中，凡是涉及运营或营销的知识，我都会去学习。

在零售方向上，我们需要学会产品相关联领域的知识。例如，做护肤产品的从业者要学会护肤保养知识，做减肥产品的从业者要学会膳食营养知识，做母婴产品的从业者要学会早教育儿知识。总之，你销售的是什么产品，就去学习那个产品相关领域的知识。掌握的知识越多，就越容易被消费者认可和青睐。

13.3.1　个人品牌的学习渠道

在明确了学习方向后，接下来要做的就是学习渠道的选择，即我们要从哪些渠道获取需要的知识。移动互联网时代，获取知识的渠道呈现多样化，我们可以根据自己的需求自由选择学习的渠道。这里提供几种常见的学习渠道，这些渠道也是我获取知识的主要渠道。

购买专业书籍

巴菲特曾说过："每个人终其一生，只需要专注做好一件事就可以了。"而终生读书和学习，就是巴菲特坚持了一生的习惯和信仰。当你在时间的长河中坚持不懈地终生学习，你的知识将会持续地累积和增长，最终的收获和回报会远远超出你的想象。而实现终生学习的最佳途径，就是阅读大量优秀的书籍。

购买书籍的渠道有很多，如果所在城市有实体书店，可以在书店购买。没有书店的城市，也可以在当地的图书馆借阅书籍。除此之外，还可以在京东、淘宝和当当等电商平台购买书籍。像我一般会首选在京东购买书籍，因为京东书籍的种类相对比较齐全。

在生活中，我们会看到有些人也买了很多书，摆满了书柜，让别人以为自己出身于书香门第，让别人以为自己温文尔雅，让别人以为自己是一个喜欢学习的人，是一个有修养的人，是一个博学多才的人，但所有的一切都只不过是一场精心的装扮，而不是真正愿意去学习。要记住，你有多少本书不重要，重要的是你读了多少本书，学到了多少知识。

自媒体平台学习

移动互联网时代，人人都是自媒体。很多领域的知识大咖为了打造个人品牌，都会在自媒体平台中分享一些干货知识，这些知识就可以成为我们学习的内容。

常见的综合类自媒体平台有公众号、百家号和头条号等，短视频类自媒体平台有抖音、快手和视频号等，移动电台类自媒体平台有荔枝、喜马拉雅和千聊等。我们可以在这些自媒体平台中通过知识关键词直接搜寻相关的内容，也可以关注相关领域的专家号。

同一类型的自媒体平台有很多，其实没有必要去关注每一个平台，我们根据自己的喜好选择一个平台重点关注即可。例如，综合类自媒体平台，我会选择公众号；短视频类自媒体平台，我会选择抖音；移动电台类自媒体平台，我会选择喜马拉雅。

参加付费学习

如果我们想学习更有价值的知识，也可以付费参加相关培训，比如付费加入一些在相关领域比较专业的知识社群，里面会输出很多的专业知识，这些知识相比上面那些免费渠道获得的知识要精华很多。

在新零售的学习过程中，付费学习是一种最常见且有效的学习方式，它的优点在于能够快速掌握相关领域的知识。如果说免费学习渠道的知识是基础教育，那么付费学习渠道的知识就是进阶教育。

付费学习的课程一般都有专业的老师讲解，不懂的地方能够给予及时的指导，能够让学员更全面且深入地掌握所学知识。像我的社群会员会咨询我很多关于品牌运营的问题，而这些问题都是品牌运营过程中经常会遇到的，一般我都能够及时地给到有效的解决方案。

13.3.2　参加付费社群的意义

学习是需要同伴效应的，没有同伴的圈子，很多人是难以坚持的，尤其是我们这种没有人监督的自我学习。但有了同伴的学习圈子，在遇到退缩的时候，就可以一起相互打气和相互激励。例如，一个人学习也许打不起精神，如果有一群人陪你学习，感觉就会立刻不一样，圈子氛围在这里面起到了关键的作用。

当你身在新零售的社群里面，你会时时刻刻感受到新零售的氛围，就像线下的会销课程往往会伴随着音乐和肢体动作。如果没有圈子氛围，我们可能会慢慢地遗忘自己所从事的行业，存在感会渐渐消失。

就像新零售这个行业一样，如果你加入一个新零售领域的知识社群，你会发现身边处处是新零售从业者。如果你没有加入任何的新零售社群，你会发现新零售行业似乎已经消失在这个世界上了。当你感受不到一个行业的圈子氛围时，你就会潜意识地认为这个行业已经消退了，长久下去你就会退出这个职业。

然而，事实并不是这个行业消退了，而是你没有融入这个行业的圈子里面来，没有感受到这个圈子的氛围。所以，圈子氛围很重要，我们每个人都需要活在自己的行业圈子里，感受到圈子的氛围，这样我们才能够更快的学习、进步和成长。

加入付费社群的理由

有些品牌方愿意花几百万去生产产品，有些代理商愿意花几十万去代理产品，但却不愿意花几百几千元去加入一个能让他提升知识的社群，这实在让人匪夷所思。

也许有些人认为货源再贵毕竟有实物，可付费加入社群得不到任何的实物。这是典型的传统思维，他们依旧活在自己的世界中，经营着自己的小买卖，就像实体杂货铺那样独来独往。但是在新零售的圈子中，这种思维显然行不通。

有了产品未必就一定能卖出去，因为成交是需要知识和经验的。有些品牌方天真地以为产品只要生产出来了就可以顺利地销售出去。运营要这么简单，就不会有那么多创业失败的人了。我遇到过很多品牌创始人，觉得自己有强大的资源和人脉，压根不需要学习，一股脑地按照自己的想法去运营，结果品牌运营一段时间后就不行了，资源和人脉也都消耗完了。

这里我用三个理由告诉你，为什么你要付费加入社群。

第一个理由：这个世界上没有免费的午餐，有也是别人剩下的。虽然我们可以获得很多免费的知识，比如免费收听电台里面的大咖分享，免费阅读公众号文章等。但是我们要永远记住：没有一个大咖会真正的愿意把所有的知识，尤其是精华的知识，免费分享给听众。因为在这个知识付费的时代，精华的知识尤为值钱。如果通过免费获得的知识就可以做好新零售，那这个世界上就不会有那么多失败的创业者。

免费的知识，是一种基础知识的普及，你学会了免费的知识就相当于完成了九年义务教育。但如果你想继续学习更多的知识，就需要通过付费的方式去学习，而加入付费社群就是一种很好的选择。免费的知识终究是有限的，付费的知识才有无限的可能。

第二个理由：获取知识只是付费社群的其中一个功能，但社群的功能远不止如此。在社群中，我们可以获得很多优质的人脉。人脉对于创业者很重要，产品、服务、平台、项目，都需要靠人来链接，一切都需要靠人来运作。

在新零售的世界中，没有人脉很难做好生意，你的潜在客户也许就在你加入的社群中。除了人脉外，社群还可以让我们获得很多宝贵的经验。集思广益是获取经验的最好方法，而社群满足了集思广益的可能性，这些经验可以让我们少走很多弯路。

第三个理由：如果一个人不愿意付费去学习，将来也不可能有人来为他付费。因为付费和免费的营销过程是完全不一样的，没有为学习付过费的人永远不会知道付费的购买流程和付费者的心理需求。就好比你从来没有购买过高价值的产品，你将来也不可能卖出高价值的产品，因为你不知道高价值产品的购买流程和购买者的心理需求。

付费本身就是一次学习的过程，在付费的过程中，我们可以完整的体验付费的购买流程和付费者的心理需求。当我们思考为什么要付费，付费的需求是什么的时候，我们才能真正体会到营销的奥妙，这种体验将会为我们将来的成交做好铺垫。

例如，当我们付费加入培训社群，我们就可以体验到参加付费培训的整个流程，可以感受到作为一个学员付费时的心理需求。当我们自己开展付费培训的时候，我们就知道整个流程应该怎么做，知道如何去吸引学员为学习而付费。

不愿付费学习的原因

在我接触到的品牌方和代理商中，大部分人还是愿意付费学习知识的，但也有小部分人是不愿意的，大致原因有两种：第一种原因是舍不得花钱学习，想尽可能地去获取免费的知识。第二种原因是付费学习后发现上当受骗，从而觉得所有的付费学习都是骗局。

针对第一种原因，我想说的是，付费就是付费，免费就是免费，付费和免费一定是有区别的。那些我们在免费渠道能够获取的知识，实际上也是分享者为了实现后端变现而采取的前端引流手段而已。作为一名创业者，如果你期待着通过免费渠道获得你想要的所有知识，那你就太天真了，进一步证明了你可能不太适合创业，至少创业失败的概率要相对较高。

针对第二种原因，我想说的是，付费学习的渠道是需要筛选的，的确有些学习渠道存在坑蒙诱骗的情况，但正如我经常和学员说的：如果你真心觉得付费学习是有意义的，即使你被骗一百次，你依然要不忘初心，只不过下一次要擦亮自己的眼睛。话说回来，作为一名创业者，如果在付费学习上经常被人骗，我觉得你可能也不太适合创业。话虽难听，但值得细品。

13.3.3　品牌方学习范围界定

学习是一个漫长的过程，并不能一蹴而就。如果你是新零售小白，或者目前创业不是很顺利，遇到了一些阻碍，不妨先将自己的心沉淀下来，找一个适合自己的学习渠道，去学习原本应该掌握的知识。

我这里讲的新零售从业者，不仅仅指代理商，也包含品牌方。很多品牌方觉得，我只需要去学习一套品牌运营知识就够了，其实远远不够。作为品牌方，我们不仅要学会品牌运营层面的知识，还要学会代理商需要掌握的诸多知识。

因为新零售品牌的运营畅通是需要靠代理商来共同完成的，单靠品牌的顶层畅通是没有用的，你还需要让代理商知道如何让中底层畅销。这也是为什么我在这本书中讲了很多非品牌运营层面的新零售运营知识，因为这也是品牌方需要学习的知识领域。

品牌方只有掌握了这些代理商该掌握的知识，才能更好地把知识传承给代理商。因为很多代理商可能无法系统地去学习，那品牌方就需要搭建自己的品牌商学院，开发一些代理商培训课件。如果品牌方自己都不知道代理商该学习什么知识，那如何去开发课程呢？

在品牌运营中，代理商的知识学习一方面需要靠个人的自觉学习，但更重要的方面来自品牌商学院的课程输出。所以，想搭建好品牌商学院，开发出完善的课程，品牌方需要掌握的知识一定要全面。

再者，我口中的品牌方是一个概念集合，它包含品牌创始人和品牌操盘手等在内的所有服务于品牌企业的工作人员。既然品牌方分解后是单独的个人，那其实也应该承担和代理商一样的学习职责，学习代理商该学习的知识，毕竟品牌方和代理商都属于新零售从业者。

很多品牌方之所以创业失败，就是因为缺乏专业系统的知识，仅凭一腔热血就盲目地开启创业。移动互联网开创了知识经济的新形态，一个人如果没有专业的知识储备，将很难在新零售行业中立足。

作为新零售从业者，学习是一件刻不容缓的事情，也是一件无法逃避的事情。你以前有没有知识不重要，重要的是你现在要开始学习知识，你未来要掌握丰富的知识，你的知识要能够匹配你塑造的专家形象。

13.4 个人品牌分享理论

管理大师查尔斯·汉迪在他的自传《思想者》中写过这么一段话："最好的学习方法就是教会别人。因此，我很肯定，我比学生们学到的东西更多。教学过程总是充满乐趣，因为你在跟一群聪明人共事，为了共同的利益解决问题。"

分享是新零售从业者打造个人品牌的最后一步，也是最重要的一步。学习是为了更好的分享，而分享的过程又是再学习的过程。如果你看过我的视频节目《小胖微商课堂》，应该知道我有一句口头禅："越分享，越懂分享。"每一次的分享，都是对原有知识的再次学习，温故而知新。

在分享之前，我们需要整理归纳已学习过的知识，这个过程会让我们对已有的知识有一个更深层次的理解和领悟。我们越分享，对知识的理解和领悟就越深刻。反过来，随着我们对知识的理解和领悟越来越深刻，我们分享的内容也会越来越精彩。如此反复，反复分享，我们就会真正领悟到"越分享，越懂分享"这句话的真谛。

分享是需要有对象的，而对象的选择要根据学习的方向来决定，可以分为招商方向和零售方向。招商方向主要分享的对象是潜在代理商，分享的内容是新零售领域的知识。零售方向主要分享的对象是潜在零售客户，分享的内容是产品领域的知识。

在招商方向和零售方向上，我们要根据自己的定位和特长选择适合自己的分享领域。如果注重招商方向，就应该侧重于新零售领域的知识分享，平时多关注一些与新零售领域相关的圈子。如果注重零售方向，就应该侧重于产品领域的知识分享，平时多关注与产品领域相关的圈子。

13.4.1 分享的有效理论解析

在打造个人品牌的过程中，很多人一想到分享，内心就会存在着诸多的犹豫和胆怯。有些人会觉得自己在班门弄斧，不好意思分享；有些人会觉得自己性格内向，不适宜公开分享。作为品牌方，我们要做好带头示范作用，同时也要鼓励代理商多分享。

有些同学也许会问，个人品牌打造已经提倡很多年了，该分享的知识前人都分享过了，现在分享还有作用吗？我的答案是肯定的，在知识经济时代，无论什么时候分享都有用，这里我给大家论证下分享的有效性。

两个永恒的定律

第一个永恒的定律：在这个世界上，由于信息的不对称，我们知道的知识一定有一群人是不知道的。否则，也不会出现"老师"和"学生"这两个词。

有人说，互联网解决了信息的不对称，大家都可以在互联网中获取知识。在我看来，那只不过是一群互联网人造势的说辞。在某种程度上，互联网的确解决了一些不对称的信息，但那些信息都是碎片化的，这些碎片化的信息并不能形成完整的知识体系。所以，当我们懂得的知识比别人更完整时，我们的分享就有价值。

第二个永恒的定律：在这个世界上，新旧交替、万物更新是大自然的规则。由于受年龄、职业、环境等因素的影响，每个行业都有老人和新人，每个领域都有先来者和后到者。

正如每年都会有新的大学生，每年都会有新的毕业生，每年都会有新的宝妈，每年都会有新的创业者，每个行业每个领域每时每刻都会有新来的人。随着行业的蓬勃发展，新来的人一定会越来越多，就像越来越多的人加入新零售行业一样。当我们先来者提前比别人获取了知识时，我们的分享就有价值。

如果你认同上面两个永恒的定律，那分享的有效性便成立了。今天的你作为后到者，正在学习着作为先来者的我分享的知识。在未来的某一天，当你学有所成后，你也会作为先来者，把你获得的知识分享给比你晚加入这个行业的后到者。

所以，我们永远不要质疑分享的有效性，分享是一定有用的，它是打造个人品牌的关键环节。作为分享者，我们要把关注点放在如何有效分享，如何将分享的效果最大化。当然，在成为分享者之前，我们必须具备分享的勇气，要敢于分享，不怕丢脸。

敢于分享的勇气

我和一些行业导师和大咖也有过深度交流，在他们还是小白的时候，分享的环境比我们差很多，当时新零售还没有被社会大众所认可，分享的渠道和受众人群也没有现在这么多，但是他们还是敢于分享、愿意分享。

记得我还是一个新零售小白的时候，我特别喜欢分享，只要是能够分享的渠道，无论是线上还是线下，我都会为自己争取分享的机会。虽然当时的知识和经验并不足，分享的内容也不够精彩，但总会有那么几个听众会为我点赞和喝彩。

当然，也有些时候是没有掌声和喝彩的，甚至有些听众对我不屑一顾。但那又怎样，就算没有观众，我也会为自己喝彩；就算没有掌声，我也会为自己谢幕。因为我内心知道，唯有分享才能让自己不断成长。即使没有掌声和喝彩，但至少我锻炼了自己的勇气和口才，明天的我一定会在今天的基础上有所提升。

如今的商业环境相比之前改善了很多，新零售这个行业也逐渐被社会大众所认可，越来越多的创业者加入新零售行业。随着移动互联网的发展，分享的渠道也会变得越来越多。这个时代给了我们更好的机遇，一定要把握住。

我在和一些培训机构的负责人做对接时，他们告诉我新零售培训市场的缺口很大，每天新增的学员远远超出了他们的培训量。我感觉到，新零售从业者对知识的需求量很大，由于教育培训资源不足，很多从业者都处于缺乏知识的状态。

从某种程度上说，只要你敢分享，就一定会有人听。你也无须担心内容是否精彩，因为对于那些缺乏知识的人而言，再简单的知识也有价值。我们唯一需要做的就是找对分享的对象和渠道，掌握分享的技巧和心态。

13.4.2　分享的人群圈子定位

如果我们希望自己分享的知识获得听众的点赞和认同，一定要遵循知识不对称的分享原则。即我们分享的知识必须是分享对象不知道的，或者分享对象知道的比我们要少。如果我们分享的知识对方已经知道，甚至知道的比我们还多，那我们的分享就没有意义了。

分享的目的是在听众心目中塑造专业的形象，从而打造个人品牌，为后期的招商和零售做好铺垫。前面我们提到过两个永恒的定律，正是因为有这两个永恒定律的存在，才让我们有机会分享自己的知识，才有机会让听众接受我们的分享。

有些同学也许会问，怎么样才能遵循知识不对称的分享原则呢？很简单，只需要做到六字方针即可：跨圈子，降级别。

跨圈子

所谓跨圈子，是指我们跨越自己的知识圈子，去别人的圈子里面分享知识。我们知道别人不知道的，我们就是他们的专家。

例如，我擅长新零售领域的知识，但我这个圈子里的人都和我知识储备差不多，我的竞争力无法放大。那我就可以跳出我的圈子，去其他的圈子分享新零售知识。例如，我时常会去传统企业分享新零售知识，去大学给大学生分享新零售创业的知识。

跨圈子遵循的是第一个永恒的定律：我们知道的知识一定有一群人不知道。对于那些不知道的人，如果他们愿意了解我们的知识，我们就可以尽情地去分享。

降级别

所谓降级别，是指我们在自己的同行圈子里，向比自己知识水平低的人群分享知识。我们知道的比别人多，我们也是他们的专家。

正常情况下，一个圈子的人群按照知识水平大致可以划分为三个级别：知识水平低于我们、知识水平和我们相同、知识水平高于我们。而我们需要分享的对象就是知识水平低于我们的人群。例如，小胖在新零售圈子里面，可以向一些新手或低于我知识水平的从业者分享知识。

降级别遵循的是第二个永恒的定律：由于受年龄、职业、环境等因素的影响，每个行业每个领域每时每刻都会有新来的人。所以，我们不用担心找不到比自己知识水平低的分享对象。一个行业的前景越好，加入的新人就会越多，我们分享的对象也会越多。

13.4.3　个人品牌的分享渠道

随着移动互联网的到来，个人品牌打造的分享渠道呈现多样化。前面提到的学习渠道，其实都可以转变为分享的渠道。这里简单地介绍下，我在打造个人品牌的过程中，常用的几种分享渠道。

出版专业书籍

在打造个人品牌的过程中，出书是难度最大，也是风险最大的一种分享渠道。因为出书需要有深厚的知识积累，写书需要花费较大的精力和时间。即使自己的作品问世了，也不代表就一定能够畅销，最终还是要由内容来决定。但风险往往是和回报是成正比的，如果书的内容优质，成了畅销书，自己也可能一夜成名。

如果你具备出书的条件，也可以和我一样，通过出书来分享自己的知识。可以说，出书是分享渠道中最有效的一种方式，也是塑造个人品牌和私域引流的最佳渠道。因为书籍自带信任，一本书中出现的人事物，都会让读者倍感信任，这是书籍与生俱来的优势。

例如，我通过前面出版的几本运营书籍，获得了源源不断的私域流量。这些流量人群的质量都非常高，不仅精准且黏性很高，大部分读者对我的信任感很强，遇到问题的时候也愿意向我咨询沟通。

自媒体平台分享

如果自身不具备出书的条件，我们也可以写一些在相关领域的专业文章，发表到自媒体平台。对于针对招商领域，我们可以写一些新零售相关领域的文章；针对零售领域，我们可以写一些产品相关领域的文章。通过持续的专业输出，可以吸引到目标群体的关注，久而久之，就会形成一批自己的忠实粉丝。

常见的综合类自媒体平台有公众号、百家号和头条号等，短视频类自媒体平台有抖音、快手和视频号等，移动电台类自媒体平台有荔枝、喜马拉雅和千聊等。我们可以根据自身的情况，选择适合自己的自媒体分享渠道。

我目前在各大自媒体平台都有干货输出，输出方式有图文、音频和视频三种形态，收获了很多粉丝。通过在自媒体平台预留的联系方式，这些粉丝也被导入我的私域流量池，为后端的商业变现奠定了流量基础。

社群圈子分享

除了上面介绍的分享渠道，我们还可以创建相关领域圈子的社群，邀请目标人群前来学习。分享的方式可以是付费的，也可以是免费的，这取决于自己在圈子中的影响力。分享的场所可以选择在线上，也可以选择在线下。线上分享可以选择在微信群或直播平台，线下分享可以组织一些小型的沙龙或培训班等。

上面就是我自己这一路来亲身实践过的打造个人品牌比较有效的分享渠道，每一个立志于打造个人品牌的创业者都要找到适合自己的分享渠道，并持之以恒地将分享进行到底。当你分享的知识能够影响到一群人的时候，在那群人心目中，你就是他们的专家。

我一直认为，即使你是一个才华横溢、拥有丰富知识的人，只要你不说出来，别人就压根感受不到你的厉害。因为你没有把你的知识分享出来，让别人有机会知道你的厉害。你必须学会把你的知识、你的价值，把你想表现的一切，让你的粉丝知道，向他们分享出来，这样你才能成为他们心目中的专家。

很多人觉得自己的知识不够，不敢分享，怕被别人笑话，总感觉自己不够完美，不够好。我想说的是，当你觉得自己很完美的时候才行动，也许一切都晚了。

我一直相信，那些我们认为很成功的导师或大咖在知识层面不一定是最优秀的，我还相信一定有人比他们的知识更丰富。而他们之所以能够成为导师或大咖，很大程度上是因为他们敢于分享。你不分享，别人永远不知道你多牛；你分享了，别人才知道。

13.4.4　分享渠道的有效扩散

在分享的时候，我们要学会多渠道分享，尽量扩大自己的分享渠道。例如，同一干货知识，我们可以在自媒体平台分享，也可以在社群圈子中分享，甚至还可以把之前发表过的知识汇总起来出版书籍。

不仅要多渠道分享，还要同渠道多平台分享。例如，同一篇干货文章，我们可以发表在公众号，也可以发表在百家号和头条等自媒体平台；同一段移动电台录音，可以上传到荔枝，也可以上传到喜马拉雅和千聊等移动电台；同一个短视频，可以在抖音分享，也可以在快手或视频号等短视频平台分享。

多渠道多平台分享，可以将我们的知识最大化地扩散，无非就是多花一点时间。既然我们无法决定公众去哪里学习，那我们就把公众常去学习的地方都占领了，广撒网才能多敛鱼。

在分享知识的过程中，我们不能仅仅依靠分享平台自身的流量来获取粉丝，还需要学会推广引流。随着移动互联网的发展，分享平台的流量红利逐渐消失，我们在关注分享内容的质量时，也要把注意力转移一部分到推广的方法和渠道上。

很多同学也许有这样的疑惑：为什么我坚持在各种自媒体平台分享知识，依旧没有什么成效，粉丝依然很少，关注的人寥寥无几呢？其实并不是你做得不够好，而是少了一个关键的环节，那就是推广。

在我的社群中，有一位执行力很强的会员，文采也非常好，学了我的个人品牌打造课程后，便积极地在各大自媒体平台输出干货，但是结果和大部分人一样，关注的粉丝并不多。

后来她请我帮忙做诊断分析，我只让她在原有的基础上增加了一个动作便让她的粉丝数量裂变倍增。其实这个动作很简单，就是把在平台中分享的内容推广出去，让别人知道你在做这件事情，让别人知道这个平台中有你分享的精彩内容。

很多人习惯性地认为，我只要在分享平台把内容做好，持之以恒地坚持下去就会有很多粉丝来关注我。事实上，你只是这个平台中很渺小的一名分享者，平台越大，分享的人越多，你就越渺小，渺小到没有人知道你的存在。你的分享无论多么精彩，如果没有人知道你的存在，一切都是徒然。所以，当你在平台分享完后，一定要到平台外去推广你的分享。

例如，我们在自媒体平台输出干货后，可以把这些干货通过外链的形式分享到社群、朋友圈等其他平台，还可以设置一些奖励机制让微友帮我们转发扩散。在社群圈子讲课的时候，可以顺便介绍下某自媒体平台的账号，方便听众去搜寻关注。

在分享平台的推广中，由于时间和精力有限，我们不可能把自己所有平台的账号都有效地推广出去，为此要学会集中推广头部自媒体平台。例如，短视频类可以集中推广抖音，图文类可以集中推广公众号，移动电台类可以集中推广喜马拉雅。

我一直认为：与其花时间在平台分享 100 篇干货，不如分享一篇干货，把剩下 99 次分享干货的时间花在推广这一篇干货上。当然，前提是这篇干货要有价值。我们要知道：**在分享知识的过程中，推广比内容本身更重要。**

13.4.5　个人品牌打造之证明

在打造个人品牌的过程中，为了增加实力光环，新零售从业者可以去报考相关岗位的职业技能证书。职业技能证书是证明自己在相关领域具备专业知识技能的有效证据，能够提升自己在粉丝群体中的实力形象。

例如，在零售方向上，做母婴用品的从业者可以报考家庭教育指导师、母婴护理师和育婴师等证书，做减肥的从业者可以报考健康管理师、公共营养师和体重管理师等证书；在招商方向上，可以报考创业咨询师、互联网营销师、电子商务师等职业技能证书。

目前市场中的证书项目参差不齐，各种骗局也层出不穷，为了防止新零售从业者上当受骗，我们团队和相关职业技能评价机构开展了合作，可协助新零售从业者申报证书项目。截至目前，我们成功地帮助了诸多新零售从业者申报职业技能证书，增强了这些从业者在粉丝群体心目中的个人品牌形象，也同步提升了他们在各自业务领域的招商和动销业绩。

作为品牌方，代理商个人业绩的增长能够加速品牌的发展壮大，为了帮助代理商更好地打造个人品牌，品牌方需要积极鼓励并协助代理商申报相关证书。这里简单地讲解下品牌方申报证书的两种常见方式：

第一种方式，品牌方可协助代理商集中申报。至于费用由谁来承担，可根据品牌方的自身情况来定，可以由代理商独自承担，也可以由品牌方和代理商共同承担。即使代理商独自承担，费用也比个人单独申报划算，因为品牌方集中申报有一定的费用优惠。

第二种方式，品牌方可以自费为代理商申报，将证书申报资格通过一定方式奖励给代理商。例如，对业绩考评中优秀的代理商或在品牌培训课中表现优异的代理商奖励证书申报资格等。品牌方以往给代理商的奖励大多是物质上的奖励，但我觉得奖励什么都不如奖励一个证书，因为证书能助力代理商在相关领域打造个人品牌，提升代理商日常招商和动销业绩。

目前和我们合作的品牌方，一般会采用两种方式相结合，尽最大可能帮助代理商打造好个人品牌。作为品牌方，如果你以前不重视代理商的个人品牌打造，那从现在开始一定要重视起来。有些品牌方总是抱怨代理商不会运营，其实很多时候是品牌方自己不会运营。

移动互联网时代，帮助代理商打造好个人品牌，就是帮助品牌提升竞争力。拥有个人品牌的代理商，能够快速地和客户建立起信任，让成交变得越发轻松。当每一个代理商都拥有一定的粉丝后，品牌方后期开展任何品牌活动，都能产生一呼百应的效果，这是品牌持续发展的流量源泉。

13.4.6　创始人个人品牌打造

在移动互联网时代，越来越多的创业者都在打造属于自己的个人品牌，因为个人品牌是产品不销而销的终极武器。在现实的品牌运营中，我们不可能做到让所有品牌方工作人员和品牌代理商都把个人品牌打造好，但我建议品牌创始人和品牌顶层代理商一定要努力把个人品牌打造好，尤其是品牌创始人。

也许有些品牌创始人会问，是不是不打造个人品牌，品牌就做不起来呢？我们可以这么理解，在同等前提下，打造了个人品牌的创始人一定会比没有打造个人品牌的创始人，在品牌运营上要轻松很多，起盘成功的概率也要大很多。创业本身是有风险的，个人品牌就是你的保险。

对于一个品牌而言，创始人的个人品牌打造尤为重要。一个品牌之所以能够成功，很大程度上得益于品牌创始人的魅力。代理商在选择品牌的时候，除了看中品牌实力本身外，创始人的因素也很大。

在新零售品牌运营中，我们会发现品牌创始人经常抛头露面，亲自讲课、亲自开展活动、自己做品牌的代言人。因为他们清楚，自己才是品牌发展壮大的根源。每一位品牌创始人都要努力成为代理商的崇拜对象，成为他们心目中有影响力的人。只有这样，你才能留住代理商。

创始人个人品牌案例

在品牌运营中，代理商很多时候跟随的并不是某一个品牌，而是一个人。我有一位生活中的朋友叫老李，他之前和一位传统老板合伙做新零售品牌，大致的分配原则是老李负责运营，合伙人负责出钱。在我们团队的协助下，该品牌做得风生水起，起盘非常成功。

后来由于利润分配等种种原因，老李和合伙人之间产生了矛盾，后来被合伙人用一些手段踢出局了。当然，作为他朋友的我们，也自然一起被踢出了局，不再找我们团队操盘了。

但老李通过这一段时间的品牌运营，积累了大批的人脉资源，尤其是品牌的顶层代理商都是他一手培养起来的。在和我商量后，老李决定重新起盘一个自己的新零售品牌，在我们团队的协助下也顺利起盘成功了。

起盘成功的因素里面除了我们团队的操盘实力外，还有一个因素也很重要，那就是原有品牌的顶层代理商，绝大部分都愿意跟着老李做新品牌，否则他也不敢轻易尝试重新起盘新品牌。这就是个人品牌的影响力，你在哪里，代理就在哪里；你去哪里，代理就去哪里。

而之前那个合伙的品牌，随着代理商的流失和诸多运营问题的产生，很快就崩盘了。上述案例其实很普遍，也许很多品牌创始人都遇到过类似的情况。如果当初我没有让老李一开始就打造个人品牌，他很难在被踢出局后涅槃重生。这也是我强烈建议品牌创始人要打造个人品牌的原因之一。

我一直认为，一个品牌是否能做起来，创始人是一切的根源。创始人和代理商之间的关系决定了代理商的忠诚度和品牌的成败。从某种程度上来说，创始人的个人品牌比品牌本身更重要。

人人都可以是网红

随着移动互联网的发展，现在行业内流行"新零售从业者网红化"这个内卷概念。这个概念其实就是我们上面说到的个人品牌打造，只是换了一个时髦一点的叫法。其实我不太喜欢用"网红"这个词，因为这个词往往会让新零售从业者陷入一种误区。

有些从业者听到网红概念后，首先会联想到娱乐网红，于是问我：是不是应该去开一个直播间，唱唱歌，跳跳舞，说说段子？还有些从业者认为，网红就是在行业内知名度很高的大咖或导师，有些从业者认为自己没那个本领，甚至有点心灰意冷，觉得自己没有前途。

实际上，我们这里提到网红概念，是希望新零售从业者在创业的过程中要有网红思维，即先卖人，再卖产品，通过分享有价值的知识，吸引粉丝的认同，最终将粉丝转化为消费者或代理商。整个变现路径中，我们更多是以人为中心而不是以产品为中心，这个就叫网红思维。

关于网红，我更提倡网红生活化和网红周边化。我们只需要做我们生活圈子里面的网红，做我们粉丝群体里面的网红，做我们周边人的网红就可以了。如果我们这么理解网红的定义，那么人人都可以做网红，人人都有机会成为别人心目中的网红。

这也是我对网红的定义，我们只需要在我们的圈子里面打造好个人品牌即可，不需要把这个圈子群体无限扩大。就像我自己，我不需要成为新零售行业的超级导师或大咖才是网红，我只需要获得一批粉丝的认同就可以了。这群粉丝有多少不重要，只要有，我就是他们心目中的网红。

曾经在一次线下活动中，我认识了几位品牌创始人，经过一番深谈后，发现他们品牌业绩做得挺好的，比我熟知的一些大品牌做得还要好。说起来很惭愧，在接触他们之前，我其实根本就不知道有这些品牌的存在，创始人的相关信息在互联网上也搜寻不到。

当然，这个并不稀奇，人外有人，山外有山，我们不知道的人和事还有很多。那他们是不是网红呢？我认为他们依然是网红。事实上，这些人在他们的圈子里面，都是很有影响力的。只是他们不像我们印象中的网红那样，在互联网或行业内知名度那么大而已。

我相信，类似这样能够赚到钱，但知名度不大的创业者，其实还有很多。虽然这群人不像我们印象中的网红那样有知名度，但他们同样也是网红。所以，人人都可以成为网红，只要我们愿意把自己有价值的经验和知识分享给他人，让他们有所收获，我们就是他们心目中的网红。

随着移动互联网的发展，无论是品牌创始人还是代理商，都要学着做一名网红。我们要学会通过社交工具传递价值给粉丝，打造好属于自己的个人品牌。例如，我们合作的很多品牌方，从品牌创始人到代理商，都在各种分享渠道传递价值给身边的人。通过持续打造个人品牌，实现前端精准引流、后端运营畅通的良性循环生态。

一个品牌想要长久稳定地发展，一定要设计出一套适合品牌调性的个人品牌打造方案。在执行方案的过程中，要做到品牌方带头参与，代理商共同参与。从某种程度上来说，个人品牌既是个人竞争力的体现，也是品牌整体竞争力的体现。在未来的市场竞争中，哪家品牌诞生的网红更多，哪家品牌的竞争力就越强。

13.5　如何塑造外在形象

新零售从业者想要打造好个人品牌，需要从内在和外在两个方向去共同努力，也就是内外兼修。我们上面讲解的内容可以理解为是个人品牌打造的内在修炼，接下来再讲一讲个人品牌打造如何做好外在修炼。

有一句话说得好："你是谁并不重要，你像谁很重要。"这句话告诉我们，做一行要像一行。在打造个人品牌的过程中，个人外在形象至关重要，它是我们给公众的第一印象。你告诉别人你是某个领域的专家，别人不一定相信你就是专家，你还得有那个领域专家的外在形象。

例如，一个从业数十年穿着牛仔服的老医生和一个刚入行穿着白大褂的新医生，如果你是病人，你会选择哪个医生看病呢？很显然，大部分人会选择穿白大褂的医生，因为他看起来更像是医生。

13.5.1　线上外在形象的塑造

随着移动互联网的发展，人与人之间的沟通方式更加多元化，微信作为移动互联网沟通的工具载体扮演着重要的角色。在品牌运营中，我们和客户之间的沟通，大部分都是通过微信来实现的。

可以这么说，我们展示给客户的第一印象，很多时候就是从微信开始的。所以，微信的装修就显得格外重要，相当于我们个人的穿着打扮。微信装修总的原则是，我们希望成为哪方面的专家，就要将微信装修成专家应有的风格。

微信需要装修的六大宝地分别是微信号、微信名、微信头像、个性签名、相册封面和发圈内容。其实装修的目的无非是让别人感受到你很专业，这种专业度会给人带来一种良好的视觉感受，也更容易让别人记住你和信任你，而专业度对于打造个人品牌有着极其重要的作用。

即使你现在是一个新零售小白，你依然要按照大咖的标准来装修自己的朋友圈。你期望自己将来会成为哪种人，你就要按照那种人的标准来要求自己。你期望自己将来成为某领域的专家，你就要按照那个领域专家的标准来装修自己的朋友圈。

作为新零售从业者，你可以把微信装修理解为自己在现实生活中的穿着打扮，也可以理解为是自己门店的装修。不管你是理解为穿着打扮，还是理解为门店装修，想让客户和你做生意，想让代理商追随你，你最起码也要把自己打扮得端庄正式一点，像个做生意的样子，或者把自己的门店装修得像个店面，让客户愿意进来买东西。

对于新零售从业者而言，微信不仅是一个简单的聊天工具，它相当于我们在客户面前的穿着打扮，相当于我们在线下开的门店。我相信，如果你是在线下，在生活中，你一定会重视你的穿着打扮和门店装修。所以，你也要同等重视线上装修。

虽然我们是用微信在做生意，不需要经常面对面地在线下和你的客户或代理交流，但是我们同样需要按照现实生活中的为人处世标准去装修自己在微信中的形象。如果说，你以前不知道自己的微信形象这么重要，那么从现在开始，请你改变自己的形象。

个人形象照的意义

个人形象照会出现在不同的微信装修内容中，比如微信头像、相册封面和发圈内容都会出现个人形象照。因此，一定要重视个人形象照，它是我们给客户的第一印象来源。要知道，当我们在线上向听众分享知识的时候，我们的形象照会被无数的人点击查看。

一个人的形象照会无形地向听众传递一种专业的信息，尤其是第一次听你分享的听众，他们往往会通过形象照来评判一个人的专业度。当然，这种评判也许不够科学，有点以貌取人，但人们在不了解你的时候，只能以貌取人。既然这样，那我们不如将计就计，用一张专业的形象照塑造自己的专业形象。

作为创业者，如果你真的想打造好个人品牌，我强烈建议要拍一组专业的形象照，尤其是品牌创始人和大团队长。当自己的形象改变后，自信心也会随之增长。我们都知道，创业者的心态和自信很重要。不要小看形象照，它真的可以改变一个人的心态和自信心。要记住，你的形象价值百万。

作为品牌方，我们要带头示范并鼓励代理商去拍形象照，装修好自己的微信。像和我们合作运营的品牌方，我们都会建议他们主动组织代理商去集体拍形象照活动。如果品牌方制定了代理商日常考核制度，也可以将形象照纳入考核项目。

在打造个人形象的过程中，我们要明白一个道理：**你有多少钱不重要，重要的是别人认为你有多少钱，你的形象在别人眼里值多少钱。事实上，你口袋里有多少钱没有人知道，但是别人会根据你看起来值多少钱，决定给你多少钱的机会。**

所以，作为一名新零售从业者，一定要学会包装自己，舍得投资自己。当你看起来值钱以后，你才会真的值钱，真的赚到钱。拍个形象照，花不了多少钱，这个钱都不愿意花，只能说明你创业的态度不够积极，还只是抱着试一试的态度。

13.5.2　线下外在形象的塑造

随着新零售行业融合化和本地化的发展，品牌运营更加注重线上和线下相结合，越来越多的品牌方都注重本地化的业务拓展，比如布局线下体验店、开展线下地推引流和线下沙龙活动等。如此这般，那线下的个人外在形象也就显得格外重要。

外在形象包括一个人的仪容、仪表、仪态，也就是一个人的相貌、穿着打扮、言谈举止。在线下活动中，我们的外在形象将出现在公众的视野里，并留下深刻印象。

人们常说："佛靠金装，人靠衣装。"要想成为别人心目中的专家，我们就要在服饰、发型、佩带等穿着打扮上符合专家的形象。要想是什么，先得像什么。在我们的印象中，医生总是穿着白大褂，白领总是西装革履。如果让医生和白领穿着吊儿郎当的服饰，专业性显然就会大打折扣。

想打造好个人品牌，我们就要舍得投资自己，塑造我们的形象。虽然以貌取人不对，但是每个人从小到大一直都在以貌取人，因为我们在对一个人不了解的情况下，只能凭借穿着打扮去窥探一个人的基础情况。

我们未必非要穿得高大上，但至少要端庄、整洁，要有时尚的审美意识。要知道，客户会根据你看起来值多少钱，决定给你多少钱的机会，当你看起来值钱后，你才会真正的赚到钱。

13.5.3　价值百万的塑造秘诀

最后，我分享一个多年来总结的经验，这个经验价值百万，那就是"人们看到的世界，是你塑造的世界"。对于一个不熟悉你的陌生人而言，他们不会花时间去分析你塑造的世界究竟是真实还是虚假的，你塑造的是什么，他们就认为是什么。

简单地理解，如果你的客户不是你生活中的朋友，他只能通过你的微信装修和朋友圈内容来判断你是什么样的人，你是否和他具有相同的价值观。从某种意义上来说，他们看到的世界，是你塑造的世界，因为向外传播发布内容都是出自你之手。

例如，我们喜欢一个明星，其实不是喜欢现实中的他，而是导演塑造的电影世界中的他，大家可以回想下是不是这样。韩剧《来自星星的你》中，那个"长腿欧巴"为什么这么受女性追捧呢？

真正的原因是女性心目中都向往拥有这样的男友：高富帅，又会体贴人，打不还手骂不还口，随叫随到，有危险立刻出现保护自己。所以，都教授的出现，让很多女性为之疯狂。很多人喜欢明星，其实喜欢的不是明星生活中的形象，而是影视剧中塑造的角色形象。

人们看到的世界，是你塑造的世界。你希望成为什么样的人，你希望客户看到一个什么样的你，你就要通过你塑造的形象向别人展示那样的自己。

还是那句话，你现在有多少钱也不重要，重要的是别人认为你有多少钱，你的形象在别人眼里值多少钱。事实上，你口袋里有多少钱没有人知道，但是别人会根据你看起来值多少钱，决定给你多少钱的机会。那怎么样才能看起来值钱呢？就是要学会塑造好自己的线上和线下形象。

13.6　事实见证和附加价值

在新零售品牌营销流程中（吸粉引流—建立信任—转化成交—复购裂变），转化成交之前要和客户先建立信任，那是否在培养了亲和力和打造好了个人品牌后，我们和客户之间的信任就已经建立好了呢？

很多同学也许会疑惑，我们和客户之间的信任度要达到什么样的程度才能去转化成交呢？我认为，和客户之间的信任程度肯定是越高越容易成交。要知道，我们也许只有一次机会去成交客户，一旦成交失败，可能再次成交就会变得愈发困难。所以，每一次成交新客户之前，建议要把信任度尽可能地提高。

除了从提升亲和力和打造个人品牌这两方面去提升信任度外，我们还可以从事实见证和附加价值这两个方面去努力。

13.6.1 用事实来夯实信任

我们前面说过，客户想买的从来不是产品本身，而是产品给他带来的结果，这个结果必须能帮助客户解决痛点，或满足客户的需求。即使我们和客户的感情再好，如果产品本身不能给客户带来想要的结果，也无法成交。

所以，在转化成交客户之前，我们还要让客户感受到产品可以帮助他解决痛点或满足他的需求。但问题是，我们要如何让客户感受到产品可以帮助他解决痛点或满足他的需求呢？方法很简单，那就是需要用一系列的事实见证来让客户感受到。

在日常生活中，如果客户不是我们线下的亲朋好友，那客户能了解到我们日常状况的渠道也许只有朋友圈了，至少大部分信息是从朋友圈获取的。所以，想让客户感受到事实见证就要求我们会晒朋友圈，通过朋友圈晒的内容让客户感受到产品能给他带来想要的结果。

例如，我们可以晒客户使用产品的反馈，晒使用产品的客户数量，晒产品的检测报告等。通过在朋友圈持续晒有效的内容，可以逐渐培养客户对我们和产品的信任。至于要如何有效地晒朋友圈，朋友圈该晒哪些内容，由于篇幅的限制，这里不再具体拓展。

13.6.2 用情感去增进价值

在和客户的交往中，我们不仅要给客户提供专业领域的帮助，还要学会给客户提供附加价值，这种附加价值更多地体现在日常情感中。我们想在客户心目中建立信任感，必须把客户真心的当成朋友，和客户真诚相待。当客户在生活中遇到困难需要帮助的时候，我们要义不容辞地提供帮助。

我社群一位会员叫王姐，她是某品牌的创始人，她曾经和我说，她品牌业绩最好的一个代理商小刘跟了她快六年。在这六年中，小刘的代理商资源逐渐丰满，有人劝小刘自立门户做自己的品牌，有人开出丰厚的条件想挖小刘来加盟自己的品牌，但都被小刘拒绝了。

拒绝的原因很简单，小刘只愿意跟着王姐打拼事业。之所以小刘如此忠心，是因为王姐当初在小刘遇到困境的时候帮助过她，小刘怀着感恩的心愿意跟着刘姐一起打拼事业。人与人之间不仅有利益，还有情感。对于心怀感恩的人而言，情感在某些时候会超越利益。

在日常生活中，当我们发现好友需要帮助的时候，我们一定要乐于助人，在能力范围内尽可能地帮助他人。我一直坚信，当某天我们需要得到帮助的时候，那些曾经我们帮助过的人，一定会像当初我们帮助他那样地帮助我们。

一个人想把事业做好，一定要先学会做人。当你学会做人后，你会发现，做事业将变得非常的轻松。从营销的角度来说，我们可以把帮助人理解为一个"前端免费，后端盈利"的事情。

上面就是和客户建立信任的常见方法，这些方法在诸多实践中都证明是有效的。但为什么还有很多品牌方和我反馈说，他们的代理商不会和客户建立信任呢？答案很简单，因为很多代理商并不知道这些建立信任的方法。代理商不知道方法是谁的责任呢？我认为是品牌方的责任，因为品牌方没有把这些方法传授给代理商。

所以，我建议品牌方要多去学习代理商需要掌握的知识，然后把这些知识归纳整理后形成一套属于自己品牌的知识体系，再通过品牌商学院把这套知识分享给代理商，让代理商去实践并形成变现能力。

14 第十四课

如何有效借鉴电商运营经验

老段是某电商品牌的创始人，在天猫和京东等电商平台都有品牌旗舰店，品牌业绩做得挺不错的，现在打算重启一个新品牌走新零售渠道。老段和我探讨了很多品牌运营方面的经验，他还问了我一个很有建设性的问题，电商平台有哪些运营经验值得新零售品牌借鉴？

虽然新零售和电商在营销流程和销售渠道上有所不同，但电商在很多运营策略上是值得新零售品牌方学习和借鉴的。例如，电商在服务承诺、超值赠品、支付保障和会员营销的运营策略上，要比新零售行业完善很多，这主要得益于电商的平台化优势。

这一堂课，我们就来讲一讲新零售品牌方应该如何有效地借鉴电商平台的运营经验，将服务承诺、超值赠品、支付保障和会员体系，运用到新零售品牌的日常运营中。希望借此给新零售品牌方一些运营参考，并通过有效借鉴和举一反三，让新零售品牌的运营更加完善和精细化。

14.1 品牌服务承诺策略

在电商平台中，我们可以看到很多的商家都开通了服务承诺，比如正品保证、七天无理由退换、极速退款、过敏包退等服务承诺。正因为有了这些服务承诺，客户才敢于放心购买。同样的，品牌方在制定产品销售或售后制度的时候，也可以做出一些让客户放心购买、无后顾之忧的服务承诺。

对于品牌方而言，做出让客户购买无忧的服务承诺不仅是一种责任，更是一种义务。敢于对产品的结果负责，敢于对客户的承诺负责，敢于把客户的风险转移到自己身上，是一个新零售品牌能否做大做强的标志。接下来，我们来简单地探讨下制定无忧服务承诺需要思考的要点。

14.1.1 品牌服务承诺的事项

在承诺的事项上，我们要根据客户的顾虑有针对性地做出相关承诺。如果客户担心产品的效果，我们可以承诺在使用产品某段时间内，如果产品达不到描述的效果，将无条件退款。例如，祛痘产品，我们可以承诺在使用多少天或多少量后，如果产品达不到描述的效果，将无条件退款。

在承诺效果的时候，我们要注意两个变量，分别是承诺的时间和描述的效果。这两个变量需要根据产品具体设计。

承诺的时间

承诺多长时间取决于产品见效的时间，想知道产品见效的时间，需要对产品进行一系列的测试，然后在有效的范围内取一个承诺值。这个承诺时间一定要把握好，不要为了争取销量而缩短时间。例如，产品见效时间明明是三个月，你非要承诺一个月见效，这种行为必然会带来售后的纠纷，更不利于口碑的传播。

描述的效果

很多人在描述效果的时候，喜欢用一些模糊的词语。例如，在某某时间内，如果产品达不到让客户满意的效果，将无条件退款。这里的"满意"就是一个模糊的词汇，不同的人对满意有不同的定义，有的人看到初步效果后就很满意，有的人要完全解决问题后才会觉得满意。因此，在描述效果的时候，我们要描述清楚，越具体越好。

同样的，如果客户担心产品的真伪，我们可以承诺假一赔三等正品承诺；如果客户担心产品的质量，我们可以承诺相关的质量赔偿。除了上面的承诺内容，我们也可以承诺 7 天无理由退换货等。总之，客户担心什么问题，我们就通过相关的承诺来解除客户的顾虑。

关于产品真伪，品牌方肯定是不会存在卖假货一说，假冒产品只会存在于代理商的销售环节。为了杜绝假冒产品扰乱市场，建议品牌方建立产品防伪溯源机制。关于质量赔偿，品牌方可以和相关保险机构合作，购买产品责任险种，由保险公司对产品进行承保，这样更加具有说服力。

服务加倍承诺

在电商平台中，我们可以看到有些店铺在原有平台服务承诺的基础上，会做出进一步的加倍承诺。例如，有些卖数码产品的电商商家，会在产品全国联保的基础上，额外增加店内保修时间；有些商家在平台假一赔三的服务承诺上会加码承诺假一赔十；有些商家承诺运输中产品若破损将直接补发双倍数量。这些服务承诺，我们一般定义为"服务加倍承诺"。

服务加倍承诺是升级版的服务承诺，被电商商家广泛运用，目的在于进一步让客户放心购物，增强自身的竞争力。这种加倍承诺多是商家根据自身的产品特点，有针对性地制定承诺事项。

新零售品牌方在制定产品服务承诺的时候，也可以运用加倍承诺来进一步增强客户的购物信心。例如，我们可以承诺，在某时间段内，使用产品后达不到描述的效果，将双倍赔偿。总之，无论承诺的内容是什么，结果必须让客户购物无忧。

在品牌实际运营中，加倍承诺更多运用在一些代理商的个人承诺中，品牌方可以协助符合加倍承诺条件的代理商制定相关的承诺事项。除此之外，品牌方在开展动销活动的时候，也可以利用加倍承诺来提高活动的业绩。

14.1.2　品牌服务承诺的条件

在电商平台中，每一项服务承诺的兑现都是有前提条件的，只有满足前提条件才能兑现承诺。例如，天猫平台的"七天无理由退换货"承诺兑现的前提条件是商品不影响二次销售。同样的，新零售品牌方在制定服务承诺的时候，也可以设定兑现服务承诺的前提条件。

例如，当我们承诺产品效果的时候，前提条件必须是客户要按照我们提供的方法或步骤来执行，否则肯定达不到描述的效果。试想，如果客户把产品买来后一直不用，再好的产品也无法实现承诺的效果。

为了检验客户是否按照设定的前提条件去执行，我们可以给客户提出一些合理的要求，这些要求将成为兑现承诺的依据。例如，在使用产品的过程中，客户需要按照相关约定定时反馈使用效果，反馈方式包括但不限于视频反馈和图片反馈等。

如果客户是真的需要我们帮他解决问题，一定会答应我们的合理要求。因为我们的要求都是为了帮助客户更好地解决问题。通过提出合理要求，可以规避掉一些投机取巧或爱占便宜的人。

14.1.3　品牌服务承诺的顾虑

很多品牌方不敢制定服务承诺，尤其是承诺产品的效果，大部分原因都是担心客户会无理取闹，担心自己承担的风险太大。的确，当我们做出承诺后，也许会有一些无理取闹或爱占便宜的客户会来找我们退款或赔偿，但这部分人只占很小的一部分。毕竟这个世界上还是君子多、小人少，我们完全没有必要把这一部分人通过退想无限扩大。

事实上，更多的客户会因为我们的承诺而选择购买产品，即使产品在使用过程中有一些瑕疵，这些客户也会选择宽容和理解。就好比我们在淘宝购物的时候，经常收到有瑕疵或稍许不满意的产品，但是我们大部分情况下都是选择宽容和理解，毕竟退换货太麻烦了，人都有一种懒惰的心态。当然，前提必须是商家提供了良好的售后服务，当客户对产品有稍许的抱怨时，我们一定要妥善地处理，赢得客户的好感。

我有一位做新零售的朋友，原本每天平均只能卖3个产品，当做出无忧承诺后，平均每天可以卖8个产品。无忧承诺的时间是一个月，产品每月平均退货的数量在20个。我们来算下，如果不做无忧承诺，一个月只能卖掉90个产品；当做了无忧承诺后，一个月可以卖240个产品。除去退货的，一个月可以卖220个产品。实际上，退款的原因有一半是因为服务不到位导致的，如果这一块得到改进，退货率是可以继续降低的。

上述案例表明：当我们做出承诺后，销量增加的收入要远远大于退款的损失。类似这样的案例还有很多。当然，个别案例不代表全部，如果你想知道无忧承诺是否适合自己的品牌产品，不妨尝试去做一些承诺测试。

在服务承诺的过程中，如果有退款退货等现象，一定要认真分析其原因。很多时候客户不满意并不是因为产品本身，而是因为售后服务不到位。

例如，代理商没有及时告知客户正确使用产品的步骤，或使用过程中的禁忌事项，最终导致产品无法发挥正常的效果。再例如，当客户进行售后咨询的时候，由于代理商服务不到位，客户产生了不满情绪，最终无理由退款退货。

如果是因为售后服务不到位产生的退款退货，我们完全可以在后续的销售过程中进行优化，对代理商进行统一的售后服务培训，完善产品售后过程中出现的各种问题。

很多时候，品牌方做出服务承诺更多的是表达一种态度，一种对产品有信心的态度，而客户要的就是我们的态度。如果我们对自己的产品都没有信心，客户凭什么要对我们放心。我们自己都不愿意承担风险，客户凭什么要来承担风险。从某种意义上来说，不敢对产品的结果做承诺的品牌，只能说明自己心里很虚，因为品牌方自己对产品都没有信心。

14.1.4　品牌服务承诺的兑现

兑现承诺，是一种契约信守精神。既然品牌方做出了承诺，当产品不能让客户满意的时候，就一定要兑现承诺。我们要知道，在这个世界上，没有一个人能让所有人满意。同样的，也没有一款产品能让所有人满意。所以，当我们做出产品承诺后，一定会有人来索取承诺，只是这部分人很少而已。

当遇到有客户来索取承诺的时候，我们只需要做两步：

第一步，检验兑现承诺的合理要求是否满足；

第二步，立刻马上无条件地给客户兑现承诺。

品牌兑现服务承诺可以由品牌方来执行，也可以由代理商来执行，主要看品牌方在制定服务承诺时是如何规定的。考虑到售后服务的连续性和检验承诺条件的便利性，由代理商执行承诺兑现更为合适，特别是一些功效性产品。

为了让代理商能够快速地兑现服务承诺，品牌方需要制定出一套完善且自下而上畅通的服务承诺兑现处理流程，这套处理流程是考验品牌售后处理能力的重要指标和衡量依据。正常情况下，如果品牌方合作了操盘机构，可以让操盘机构协助制定这套 SOP 流程。

通过长期调研观察，在兑现服务承诺的时候，品牌方会呈现三种状态：

第一种状态，死不认账。

新零售和电商的服务承诺不一样，电商的服务承诺有电商平台方做担保，如果电商商家拒绝兑现承诺，买家是可以投诉举报的。经核验属实后，平台方会强制商家兑现承诺。而新零售由于没有第三方担保平台，兑现承诺往往需要靠品牌方自我约束来进行。

拒绝兑现承诺的品牌方，往往只注重眼前利益，没有长远的眼光，看不到客户的终身价值，这样的品牌很难做好客户的复购裂变。品牌方拒绝兑现的行为会让代理商左右为难，久而久之会导致代理商的逐渐流失，甚至会面临代理商的集体投诉和维权。

在移动互联网中，口碑的传播速度是非常迅速的，裂变的范围也会非常广泛。所谓"好事不出门，坏事传千里"，一个品牌如果不守信用，随着口碑的传播，将无法在市场中立足，也将被客户所唾弃。

第二种状态，拖拖拉拉。

有的品牌方在兑现承诺的时候，喜欢拖拖拉拉，客户催一下，他就处理一下，客户不催，他就不处理，或者找一堆借口延迟兑现承诺的时间。

在我看来，品牌方在做服务承诺的时候，要么就干脆利落地兑现承诺，要么就不要承诺。拖拖拉拉的品牌，结果兑现了承诺，还给人留下一个拖拉的坏印象，这就是典型的吃力不讨好。

有一次，我在某淘宝店铺买了一个可以刻字的 DIY 的杯子。当我收到产品后，感觉杯子的品质很好，但有一个小小的遗憾，就是有个字刻错了。经过和店家沟通，店家答应帮我补发一个，原有的杯子也不需要我寄送回去。

当时我觉得店家的服务很周到，但是过了一周以后，我还是没有收到杯子，于是便去问店家什么情况，店家只是说很快会补发。可是又过了一周，我依然没有收到杯子，于是我又去问店家什么情况，店家给我的解释是忙忘记了。经过一番催促，后来店家还是给我补发了一个杯子，但是给我的印象却大打折扣。

原本我是想把这个 DIY 杯子作为社群会员线下聚会的赠品，买一个杯子是想检验其品质。一个杯子寓意"一辈子"，每一个杯子上都刻有专属的名字和祝福语，我认为是一件很不错的赠品。如果这个店家及时地给我补发了杯子，不需要我一而再再而三地去催促，我是百分之百会给他这笔生意的。但店家拖拖拉拉的行为，让我放弃了这个念头。

当然，店家本身是不知道我买杯子的用意，如果知道后续还有这么一笔生意，肯定会及时地补发。所以，如果我们想把生意做好，必须把握每一次承诺的兑现，也许承诺兑现的背后有一个巨大的商机在等着你。

第三种状态，干脆利落。

当客户要求兑现承诺的时候，只要客户满足兑现承诺的条件，品牌方就应该立刻马上兑现承诺，以便在客户心目中树立一个良好的印象。据调查统计，在客户复购和转介绍环节上，这些诚实守信的品牌方往往会取得较好的业绩。

有些不愿意兑现承诺的品牌方也许在想：反正客户对我们的产品不满意，即使我现在兑现了承诺，客户也不会再来买我品牌的产品了，与其这样，还不如不兑现，这样还可以减少一些损失。实际上，上述想法是错误的：第一，没有考虑到坏口碑的传播速度给品牌带来的负面影响；第二，以小人之心度君子之腹，没有站在客户的角度深思熟虑。

事实上，及时兑现承诺不仅没有坏处，还有极大的好处：第一，品牌方在客户的心目中树立了诚实守信的良好印象，随着客户口碑的传播，品牌会赢得更多客户的信任；第二，如果客户对产品不满意，对于同一款产品，也许不会再次购买，但品牌方不可能只开发一款产品。当品牌后续有新品的时候，客户也许会再次购买。因为前一次的良好印象，客户没有了后顾之忧，可以放心地购买产品。

14.1.5　品牌服务承诺的前提

服务承诺对于增强客户的购买信心和加速客户的购买行动有着非常大的帮助，但并不意味着品牌方做了服务承诺后，客户就一定会购买产品。想实现产品销量倍增，还必须满足两个前提条件：

第一，产品对客户要有价值。

只有当产品有价值，客户需要某款产品的时候，服务承诺才能起到消除客户顾虑和加速客户购买行动的作用。如果产品对于客户而言没有价值，客户不需要这款产品，即使服务承诺再好，也起不到任何作用。

所以，服务承诺只能起到加速客户购买行动的作用，它并不是客户必须购买产品的理由，产品对于客户有价值才是客户购买的前提。只有当客户需要某款产品的时候，服务承诺才能发挥应有的作用。

第二，和客户有信任的基础。

在天猫或京东平台，我们之所以相信平台的服务承诺，是因为我们和天猫或京东平台之间已经建立了一定的信任。如果换作另外一个闻所未闻的电商平台，即使平台的服务承诺再好，我们也不敢去轻易购买，因为我们和这个平台之间没有信任。

同样的，品牌方想加速客户的购买行动，也需要和客户之间建立一定的信任基础。这里的信任来自两方面：一方面来自客户对品牌的信任，另一方面来自客户对代理商的信任。客户对品牌和代理商的信任需要通过日常的积累来完成，并不能靠服务承诺来实现。

综上所述，服务承诺在品牌营销过程中，只是成交的加速剂，并不是强心剂。品牌的任何营销行为都必须建立在价值需求和客户信任的基础上才有存在的意义。简单地理解，只有当价值需求和客户信任都满足的前提下，服务承诺才能发挥应有的作用。

14.1.6 品牌服务承诺的规范

当品牌方对服务承诺有了一系列的构思后，接下来要做的就是把构思形成文字版的规范。规范内容大致可以分为服务承诺定义、服务承诺内容、兑现承诺流程和服务相关说明这四大板块。

服务承诺定义需要告知消费者某项服务承诺是什么；服务承诺内容需要告知消费者某项服务承诺有哪些保障；兑现承诺流程需要告知消费者兑现承诺需要采取哪些行动步骤；服务相关说明需要告知消费者与服务承诺相关的注意事项和附加说明。

这里建议品牌方可以参考一些电商平台的服务承诺说明，大致的板块内容都差不多。例如，品牌方可以去天猫平台搜寻下《正品保障服务规范》《七天无理由退换货规范》《30天放心退服务规范》《坏单包退服务规范》等规范，这些规范写得非常详细，可以作为参考借鉴的模板。

品牌方对服务承诺进行规范后，可以将规范内容展示在品牌官方媒介渠道，比如品牌官网、品牌官微或官方公众号等官方媒介。除此之外，也可以将服务承诺通过简短文字和二维码相结合的方式印刷在产品包装上，这里的二维码一定要用活码，方便后期对二维码里面的相关内容进行修改。

在制定品牌服务承诺后，品牌方需要对代理商进行相关的服务培训，以便代理商清晰地知道服务承诺的相关规范内容。在品牌运营中，品牌服务承诺需要在长期的实践中不断更新优化，以此增强品牌产品的竞争力。

14.1.7　品牌招商的服务承诺

品牌服务承诺除了可以运用在产品零售上，也可以运用在品牌的日常招商加盟中。在品牌招商过程中，担心产品囤货难销是很多潜在代理商恐惧加盟的原因之一。作为品牌方，如果我们可以做出相应的服务承诺，让代理商无积压产品的后顾之忧，招商将会变得更加顺利和轻松。

例如，品牌方可以建立相应的产品回收机制，减少代理商囤货难销的状况，以此来提高品牌的美誉度和代理商的忠诚度。这种服务承诺有利于品牌方快速拓展新零售渠道和裂变代理商，从而加速品牌起盘成功的进度。特别是对于那些有顾虑的潜在代理商，类似的服务承诺可以快速化解潜在忧虑，加速了他们加盟品牌的行动力。

在现实生活中，也有一些品牌方不敢制定产品回收机制等服务承诺，主要原因在于怕承担恶意退货带来的潜在风险。从我了解的情况来看，这种风险的确存在，一些素质不高的代理商或竞争对手有可能会出于种种目的恶意退货，但我们不能因为存在风险就去否定服务承诺机制的有效性。

为了解决这种恶意退货的风险，品牌方可以制定相应的兑现承诺条件，比如品牌方安排的学习或实践任务要按要求完成等。当代理商要求退货时，我们可以检验兑现承诺的合理要求是否满足，这样就可以有效地避免风险的发生。

长期观察会发现，制定产品回收等类似的服务承诺，对于品牌方和代理商而言，是一种双向的自我激励。一方面，潜在的退货风险会加速品牌方更好地运营品牌，更用心地帮助代理商成长。另一方面，兑现承诺条件的制定可以让品牌方更容易管控代理商，也调动了代理商行动的积极性。正如我们常说的，如果不逼自己一把，永远不知道自己有多么优秀。

14.2 品牌超值赠品策略

在电商平台中，产品的同质化越来越严重。同类型的产品，我们可以在很多网店购买到。为了吸引客户的购买，很多电商商家往往会在主营产品的基础上搭配赠品来销售。同样的产品，同样的价格，客户选择跟谁购买，很大程度上取决于谁的赠品更有吸引力。同样的，新零售从业者在销售产品的过程中，也可以通过赠品来增强自身的竞争力，加速客户的购买行动。

14.2.1 品牌超值赠品的设计

新零售行业的从业人数目前远远超过了电商行业的从业人数，这也就意味着，新零售市场的竞争会比电商市场更加激烈。在新零售市场中，赠品的设计方可以由品牌方来主导，也可以由代理商来主导。

由于新零售品牌方常常实行统一零售价政策，代理商想要在竞争中掌握主动权，往往会设计一些赠品搭配主营产品销售，这种赠品的设计更多用于日常的销售中。品牌方设计赠品大多是为了配合品牌相关活动的开展。例如，品牌动销活动期间可以设计一些赠品帮助代理商更好的销售。

无论是由品牌方主导还是由代理商来主导，想在同质化愈演愈烈的市场竞争中脱颖而出，赠品的设计无疑成为一个关键性的突破口。在我看来，一款有诱惑力的赠品必须具备超值属性。在设计超值赠品的时候，并不是随意选择一款产品都能满足超值的属性，这款产品必须具备四个要素才能称得上是超值赠品。

第一，赠品本身要有价值。

我们设计的赠品一定要有价值，没有价值的产品，即使是免费的，别人也未必会要。在销售过程中，我们不仅要塑造好主营产品的价值，还要学会塑造赠品的价值，这样才能让产品搭配销售的效果更好。

塑造赠品价值最好的方法就是赋予赠品一个可衡量的标准。例如，赠品在没有成为赠品之前，它一定有一个价格，这个价格就是一个可衡量的标准。所以，我们在塑造赠品价值的时候，一定要让客户知道这个赠品本身价值多少钱。

第二，赠品要对客户有价值。

赠品不仅要有价值，还要对客户有价值。这里要注意的是，产品有价值和产品对客户有价值是两个不同的概念。产品有价值是一个相对的概念，一个产品是否有价值需要看对谁而言，我们认为有价值的产品，但是客户不需要，那这个产品对客户而言就没有价值。

例如，如果我们设计的赠品是免费加入胡小胖社群，对于新零售从业者而言，这个赠品有价值，但对于不做新零售的人而言，这个赠品就毫无价值。所以，我们必须送对客户有价值的赠品，而不是我们认为有价值的赠品。

第三，赠品要和产品有关联。

设计赠品就是为了更好地销售我们的主营产品，因此赠品必须与产品有关联，最好是搭配使用可以产生互补或更好的效果，以此加深客户的体验。例如，买咖啡送咖啡伴侣，买西装送领带。

如果因采购成本或某种客观原因，赠品实在做不到和产品有关联，但至少要和主营产品消费人群有关联。因为赠品只有和主营产品消费人群有关联，才能满足对客户有价值的要求。例如，买母婴产品可以送护肤品。

第四，赠品要让客户感觉超值。

我们设计的赠品一定要让客户觉得超值，同样是赠品，普通的赠品和超值的赠品，客户肯定选择超值赠品。这里的超值指的是价值而不是价格，所以赠品不一定非要价格很贵，也可以是一些低成本高价值的产品，比如信息产品。

像一些知识干货、培训服务和咨询服务等都属于信息产品。信息产品的销售成本非常低，但对于需要它的人而言，价值却非常高。每一个新零售从业者都要学会设计自己的超值信息赠品，为此要努力学习相关领域的专业知识，打造好个人品牌。例如，卖护肤品的从业者，如果搭配送一套美容护肤课程作为赠品，客户一定会觉得超值。

像和我们合作运营的品牌方，我们会建议开发一套与产品人群相关的知识课程，以此来提高品牌和客户之间的黏性。这里的课程设计要有讲究，比如课程要有互动性，要让客户有参与感；课程要让客户更好地认知品牌，让客户有更好的产品体验等。

课程可以是线上的，也可以是线下的。线上的要如何开展，线下的要如何开展都有要求。具体细则就比较复杂，这里就不再拓展，感兴趣的同学可以私下找我沟通交流。

总之，想在产品同质化愈演愈烈的市场竞争中获得主动权，就必须做到你无我有，你有我优。你没有赠品，我有赠品，客户会选择我；你有普通赠品，我有超值赠品，客户还会选择我。

在品牌运营中，主营产品在产品生命周期内是一个不变量，我们无法轻易更换主营产品，但超值赠品是可变量，我们可以灵活地根据实际情况设计超值赠品。所以，在某些时候，超值赠品也许就是解决产品同质化问题的一颗解药。

14.2.2　超值赠品赠送的策略

超值赠品设计好后，接下来就要思考赠送策略。赠送策略有很多种，至于品牌方和代理商适合哪种赠品策略，需要结合赠品本身和赠送意图来综合设计，这里简单地讲解六种常见的赠送策略供品牌方参考。

买 A 赠 A 策略

买 A 赠 A 就是买主营产品送主营产品，这里的主营产品本身就是赠品。这种赠送策略在电商平台可以经常看到，新零售从业者也可以借鉴。例如，买 500ml 精华液送同款 500ml 精华液。赠送的产品可以是同规格产品，也可以是低规格产品。例如，买 500ml 精华液送 100ml 精华液，买一瓶 500ml 精华液送三瓶 100ml 精华液。

在品牌动销活动中，赠品促销策略一般情况下要比降价促销策略更好。因为降价促销策略会让客户质疑产品的质量或引发客户对产品负面信息的猜想，而赠品促销策略会让客户觉得超级划算，占到了便宜。

买 A 赠 B 策略

买 A 赠 B 策略就是买主营产品送一个非主营产品，这里的赠品选择就至关重要，必须满足上面提到的超值赠品四大要素。买 A 赠 B 是目前最常用的赠送策略，在电商平台中可以经常看到，新零售从业者也可以借鉴。

这里的赠品可以是实物产品，也可以是虚拟产品，或者信息产品。赠品可以是和主营产品同品牌的产品，也可以是其他品牌的产品。例如，买 X 品牌 A 产品，送 X 品牌 B 产品；买 X 品牌 A 产品，送 Y 品牌 C 产品。

赠品若为其他品牌产品，一般建议选择非新零售渠道的产品，比如可以选择电商或实体渠道的品牌产品。对于品牌方而言，新零售市场的竞争是超越品类的竞争，只要是新零售产品，不管是什么品类，都是你的竞品。若品牌方实行多品牌战略，不同品牌产品之间可以互为赠品。

借力赠送策略

在设计赠品的时候，我们可以通过借力的方式将他人的产品作为自己的赠品，而他人又可以通过赠品来实现前端引流，以此达到双方互惠互利的效果。例如，我之前给某品牌方设计过一个招商的赠品，思路很简单，只要加盟某品牌，就可以免费参加某培训机构的课程。

作为品牌方，我们可以挑选一些针对潜在代理商感兴趣且有价值的培训课程，作为加盟的福利赠品。挑选课程是一门技术，需要我们对潜在代理商的人群画像进行分析。课程选好后，就可以去找培训机构谈合作。

培训机构需要源源不断的流量来变现，而品牌方正好给他们免费送来流量，何乐而不为。作为培训机构，给品牌方的课程可以设计为专门引流的体验课程，也可以是正规课程的前几节课，从而实现"前端免费，后端收费"的变现路径。

具体课程需要品牌方和培训机构相互协商，达到一个互利共赢的契合点。利用这种借力策略，品牌方获得了培训机构免费提供的超值赠品，可以作为品牌招商的砝码，培训机构也获得了后端变现的流量，双方互惠互利。

同样的，针对消费者也可以设计借力赠品，比如销售彩妆产品可以赠送某化妆培训机构的课程；销售吉他可以赠送某吉他培训机构的课程；销售减肥产品可以赠送某健身机构的会员卡。赠送的具体信息需要双方相互协商，争取做到双方利益最大化。

借力赠送如果反过来用，让品牌方的产品成为别人的赠品，就可以帮助品牌方实现精准化的引流，这种策略叫作"反借力赠送策略"。例如，参加某培训机构的课程就可以免费加盟某品牌；成为某健身机构的会员可以免费赠送某减肥产品。

当然，如果不想自己的产品免费赠送，也可以通过一定的折扣来赠送。例如，参加某培训机构的课程就可以半价加盟某品牌，成为某健身机构的会员可以半价购买某减肥产品。至于具体要用什么样的折扣来赠送，需要品牌方自己去思考设计。

这里的赠品不一定非要是信息产品，也可以是实物产品，具体案例可以参考我在本地化课程中讲到的店铺合作引流相关内容。借力赠送策略可以由品牌方统一规划，也可以由代理商结合本地实际情况选择借力对象。如果是由代理商来设计，需要品牌方做好相关的知识培训。

买实赠虚策略

买实赠虚策略是指消费者购买主营产品后赠送超值信息产品。这个策略和借力策略中赠送信息产品类似，但这里赠送的信息产品不是借力，而是由自己创造。例如，买彩妆产品赠送化妆培训课程，买吉他赠送吉他培训课程。这里的培训不是去寻找相关的培训机构合作，而是销售者自己开发的培训课程。

很多时候，客户买产品并不是看中了产品本身，而是看中了产品给他带来的结果。例如，买彩妆并不是为了产品本身，而是为了能够让自己变得更美丽。所以，客户买了彩妆以后，还有一件比买彩妆产品更重要的事情需要去做，那就是学习化妆。从某种意义上来说，学会化妆比买彩妆产品更重要，因为不会化妆，彩妆产品对客户而言就失去了价值。

如果我们能够帮助客户解决后续的学习问题，帮助客户更快地实现产品带来的结果，客户就会觉得非常超值，成交也将变得更加轻松。同样的，买吉他是为了弹出优美的音乐，如果我们能赠送客户免费的吉他培训，帮助客户更快地实现音乐梦，成交也会变得更加容易。

在超值信息赠品的实现上，自我创造要比借力更可靠。一来是因为我们借力的对象，有可能成为竞品引流的对象。要知道，借力的对象，我们可以合作，竞品也可以合作。如果竞品采用反借力赠送策略，那我们的流量就有可能被竞品截走。

二来是因为别人的终归是别人的，自己拥有才是王道。在这个人人都想起盘自己产品的时代，说不定哪天借力对象也会成为我们的同行。如果那天真的到来，我们现在的借力赠送策略就是在为将来的竞品送流量。所以，为了降低此类风险，品牌方要尽量自己创造信息赠品。当然，这里不是说借力赠送策略就一定有风险，这里只是阐述了存在风险的可能性。

作为品牌方，我们可以开发一些与产品有关联的培训课程，将产品信息巧妙地植入课程中。这样的超值赠品不仅可以给客户带来价值，还可以提升品牌在客户心目中的影响力，必将带来持续的复购和裂变。如果品牌方目前没有类似的规划，也可以鼓励代理商在打造个人品牌的过程中去开发类似的培训课程。

在前面的内容中，我提到过品牌方需要在线下布局品牌服务中心，服务中心要具备体验、服务和培训三效合一的功能。如果品牌方有类似的线下布局，可以把相关的培训课程放到服务中心来开展。

如果品牌方暂时没有线下服务中心规划，可以鼓励代理商开设本地体验店，把培训课程放到体验店中来开展。这种操作类似于汽车行业的品牌布局，品牌服务中心类似于现在很多造车新势力品牌开设的品牌直营店，代理商体验店类似于传统汽车品牌开设的 4S 店。

买虚赠实策略

买虚赠实策略和买实赠虚策略正好相反，即买超值信息产品，赠送主营产品。这种策略是一种间接的产品销售策略，销售信息产品为虚，赠送主营产品为实。

品牌方可以开发一套和产品有关联且吸引潜在客户的培训课程，然后收取一定费用，凡是报名学习的学员都可以获得品牌方开发的主营产品。在课程中巧妙地植入产品相关信息，可以提升学员对品牌的认知，为后续复购和裂变做铺垫。

例如，做彩妆产品的品牌方可以开发一套美妆课程，在教学过程中使用自家的产品来做演示，让学员更好地了解产品的诸多属性，加深对产品的印象。为了更好地实施此策略，品牌方需要注意几个事项：

第一，品牌方需要单独成立培训部门，对外打造成一个独立的培训机构，最好不要与品牌方有关联。试想，如果学员知道这个培训机构是某品牌开设的，然后还免费赠送自家的产品，这种印象会让学员产生戒备感，影响培训课程的招生，也不利于教学过程中品牌的植入感。

第二，这个培训机构不需要以盈利为目的，做到盈亏平衡即可。甚至为了后端更好变现，前端引流亏点本也是可以的。当然，如果能实现盈利肯定是最好的结果，这取决于培训机构的运营能力。

如果品牌方没有类似规划，也可以鼓励代理商打造好自己的个人品牌，开设相关的培训课程。除了自己开设课程外，代理商也可以加入一些培训机构的讲师团，通过输出自己的价值来间接地招商和零售。

买低赠高策略

买低赠高策略是指消费者购买低价值产品后赠送高价值产品。例如，市场中常用的"买袜送鞋"和"买醋送螃蟹"活动就是此类策略。考虑到赠品的成本，这种赠送策略无法常态化的进行，更多出现在品牌方开展的招商或动销活动中。

品牌方开展买低赠高活动的目的更多是为了制造噱头，从而引发潜在目标人群的关注。这种策略一般不会单独开展，往往会与其他活动策略并行开展，比如通过抽奖活动实施买低赠高策略。例如，购买某品牌产品可以获得抽奖机会，其中某一奖项就是赠送某超值产品。

上面介绍的都是目前品牌方常用的赠送策略，至于你的品牌适合使用哪种策略，该如何具体的运用，需要根据品牌自身的情况来定。凡是和我们合作运营的品牌方，我们都会根据品牌方的具体情况量身制定合适的赠送策略。

14.2.3　超值赠品的赠送条件

在电商平台，大部分赠品都是免费赠送的，只需要购物即可获得。但也有些赠品是有条件赠送的，比如有些电商商家会要求买家带字好评后才能获得赠品。在新零售运营中，我们其实也可以借鉴类似的玩法，这里简单地列举两种有条件的赠送策略。

加钱赠送策略

加钱赠送是指当客户购买产品后还不能马上获得赠品，需要再补交一定数额的费用后才能获得赠品。例如，购买某品牌精华液后支付 10 元钱，可以赠送 50ml 洁面乳。

这里额外补交的费用一般要远低于赠品的原本价格，如果赠品本身也是客户需要的产品，客户都愿意额外补交费用获得赠品。品牌方可以借此策略推广品牌旗下新上市的产品，让客户有更多体验新品的机会，从而提高后期的新品复购率。

加钱赠送还有另外一种玩法，就是在原有赠送的基础上补交一定数额的费用后，可以获得加倍的赠品。例如，购买某品牌精华液后可以赠送 50ml 洁面乳，额外支付 10 元可赠送 100ml 洁面乳。

加钱赠送主要有两个目的，分别是增加产品销售利润和增加赠品价值感。如果品牌方想开展赠送活动，但又不想因赠品压缩整体产品利润，就可以采用加钱送赠品策略。这里建议赠品价格按照成本价来核算即可，无需加价太多，否则赠送活动的吸引力会大打折扣。

对于客户而言，在付出一定费用后得到的赠品，往往会比免费获得的赠品要倍加有获得感，赠品在客户心目中的价值感也会更强，有利于客户更好地体验赠品，从而提高后期的复购率。

做事赠送策略

做事赠送是指当客户购买产品后，需要做一件事情才能获得赠品。例如，购买某品牌精华液后，客户若转发某一指定消息内容到朋友圈，即可获得洁面乳赠品。这一条指定的朋友圈消息可以是品牌促销的消息，也可以是其他需要扩散的消息。当然，除了发消息到朋友圈，也可以是其他规定的事情，具体看品牌方的需求。

品牌方可以利用做事赠送策略来实现某品牌活动消息的快速扩散，从而实现活动效果的倍增。例如，品牌方在做动销活动的时候，可以设计一款活动裂变海报，搭配做事赠送策略就可以快速扩散。在品牌运营中，我们给品牌方做招商活动之前，往往会提前做一个产品动销活动，目的就是通过在动销活动中采用做事赠送策略来实现招商活动前期的邀约人员裂变。

要注意的是，我们只能让客户做一件事情，且事情的难度不要太复杂，操作越简单越好，否则赠送活动的吸引力将会大打折扣。如果我们需要客户帮我们多做几件事情，赠送力度也应该相应加大，赠品要能够匹配做事的难度。

14.2.4　超值赠品的赠送时间

赠品的赠送时间大部分是购买主营产品后才赠送，但也有些赠品会在购买主营产品之前赠送。买前赠送赠品实际上是一种引流玩法，这种赠品类型叫作"引流赠品"。赠品引流原理很简单，即先赠送引流赠品将潜在客户导入私域流量池，后端再通过一系列的客户培育策略引导客户购买主营产品。

引流赠品的类型可以是实物产品，也可以是虚拟产品。像开展地推的时候，引流赠品往往是实物产品。虚拟产品更多的是信息产品，常见的策略是通过免费提供有价值的培训课程引流潜在客户，然后在课程中巧妙植入产品相关信息来促成后端产品的成交。

这里举一个我们服务过的品牌方案例，该品牌主营产品为化妆品，旗下有彩妆系列产品和护肤系列产品。在我们的策划下，品牌方开设了线上和线下两大免费课程，主要内容是教潜在客户如何化妆和护肤。

线上课程通过录播和直播两种方式来教学，线下课程以美妆沙龙的形式来教学。线上课程容易邀约学员，流量相对较大。线下沙龙互动和体验感更好，更容易在后端成交。在课程布局上，我们采用"线上导流＋线下成交"的玩法，线上课程采用社群邀约裂变玩法，鼓励并引导线上学员积极参加线下沙龙，整体成交业绩非常好。

成交的思路很简单，学员参加美妆培训课程，讲师可以利用自家产品作为演示道具，巧妙地让学员看到产品的效果。在课程结束后，可配合免费的样品试用，美其名曰课后实践练习。在产品品质和效果都较好的前提下，学员客户后期复购率会很大。如果配合后续的招商活动，有很大概率转化部分学员客户为代理商。

14.2.5 品牌超值赠品的数量

在赠送活动中，赠品需要准备多少数量没有统一的规定，需要视品牌方的需求而定。从满足客户多样性的角度来看，肯定是越多越好，一般建议选择三款左右比较适宜。如果准备多个赠品，赠品之间要有一定差异性，因为不同的客户有不同的需求。

在赠品类型上，我们建议实物赠品和虚拟赠品都可以安排上。要知道，并不是每个客户都需要超值信息赠品，这时候我们就可以送一些客户感兴趣的实物赠品。与此同时，考虑到信息赠品的低成本属性，我们也可以实物和虚拟赠品一同赠送。至于具体怎么赠送，品牌方根据自己的需求而定。

14.2.6 超值赠品的搭配策略

在品牌运营中，超值赠品可以和无忧承诺、限时限量和免费体验等策略搭配起来使用，这样的营销威力将会变得更强大。例如，上面案例中讲到的，免费赠送美妆培训课程，加免费体验美妆产品，就是免费赠送和免费体验的搭配策略。这里再分享几种常用的搭配策略：

超值赠送 + 限时限量

在规定的时间或限定的数量内购买某主营产品，将可以获得某超值赠品。例如，当天 24 点前购买某精华液的客户，将赠送保湿面膜一盒；或前 100 名购买某精华液的客户，将赠送一盒保湿面膜。

超值赠送 + 无忧承诺

购买某主营产品即送某超值赠品，如达不到描述的效果，将无条件退款，赠品无需退还。例如，购买某祛痘产品可赠送一盒保湿面膜，若使用后达不到承诺的效果，可享受无条件退款，且赠品无需退还。

超值赠送 + 免费体验 + 无忧承诺

购买某主营产品即送某超值赠品，还送某产品免费体验。如主营产品达不到描述的效果，将无条件退款，赠品无需退还。例如，购买某彩妆套装即赠送一套美妆培训课程，还赠送一盒保湿面膜体验。如彩妆套装使用后达不到描述的效果，将无条件退款，且赠品无需退还。

超值赠送 + 限时限量 + 无忧承诺

在规定的时间或限定的数量内购买某产品，将赠送某超值赠品。如产品达不到描述的结果，将无条件退款，且赠品无需退还。例如，前 100 名购买某祛痘产品的客户，可赠送一盒保湿面膜，若使用祛痘产品后达不到描述的效果，可享受无条件退款，且赠品无需退还。

以上是一些简单的搭配策略，品牌方一定要学会不同的搭配促销策略，以此来刺激客户的购买欲望，加速客户的购买行动。至于你适合用哪种搭配，需要自己去测试。没有最好的，只有适合自己的。

14.3　品牌支付保障策略

在电商品台中，消费者能够放心交易，很大程度上是因为电商平台充当了支付担保的中介。买家支付的货款并不会直接进入卖家口袋，而是由电商平台代为保存，直至买家满意且确认收货后，卖家才能收到货款。

在新零售品牌运营中，直营或分销模式的品牌方会搭建类似电商平台的购物流程系统，在一定程度上能够起到支付担保的作用。而代理模式的品牌方，现阶段大部分采用的交易方式是建立在信任基础上的直接支付，比如通过微信或支付宝转账等。

从目前的市场调查来看，大部分品牌方采用的运营模式都是代理模式，而这种运营模式的交易方式往往会让一些客户在支付的时候产生顾虑，尤其是第一次合作的客户。接下来，我们就来讲一讲采用代理模式的品牌方应该如何去解决这些客户的顾虑。

14.3.1　品牌支付保障的解决

对于品牌方而言，目前常见的解决客户支付顾虑的方式有两种，分别是借用第三方购物平台和开发品牌购物商城。第一种方式比较灵活，能够在一定程度上缓解客户的支付顾虑，第二种方式需要一定的开发成本，但可以有效解决客户的支付顾虑。

借用第三方平台

品牌方如果暂时没有开发统一的品牌购物商城，可以要求代理商统一采用拥有支付担保功能的第三方购物平台。类似的购物平台有很多，比如可以让代理商去开个淘宝店、拼多多店；或专门为新零售开发的微网店，比如微店、微信小商店等；还可以去短视频平台开设一个带货店，比如在抖音、快手和视频号里面都可以开店铺。

在这些购物平台开店成本很低，有些仅需实名认证即可，有些需要缴纳少许的保证金。通过借用第三方购物平台来达成交易，可以有效地缓解客户购物顾虑。尤其是首次购物的新客户，有担保机制的支付方式能够加速客户的成交行动。

借用第三购物平台的玩法，每个代理商都可以单独进行。但考虑到品牌行为的统一性，建议品牌方事先考察不同的第三方购物平台，然后选择一个合适的购物平台作为代理商的统一交易平台，这样方便后期对代理商店铺进行相关属性的统一指导。

例如，品牌方可以根据购物平台的店铺装修规则，设计出若干套适合品牌产品风格的店铺装修模板，包括但不限于店铺配色方案、店铺首页图片、店铺描述文案、店铺产品图片和产品详情页等。在后期开展品牌活动的时候，品牌方也可以根据需要设计出相应活动的店铺装修模板，方便品牌活动的统一宣传。

开发品牌购物商城

借用第三方购物平台作为支付保障是一种临时的应对方法，适合一些在起盘初期资金相对紧张的品牌方。一旦品牌起盘成功后，我们建议品牌方可以开发属于自己的品牌购物商城。这里提到的品牌购物商城类似于上面说的第三方购物平台，每个代理商都可以在品牌购物商城里面开设属于自己的店铺。

目前和我们合作运营的品牌方，很多都已经搭建了类似的品牌购物商城，有效解决了客户在交易时的支付顾虑，同时也加强了品牌方对产品销售渠道和价格的统一管控。品牌购物商城可以找软件机构负责开发，在微匠派联盟内，有很多软件服务商都可以根据品牌方的需求定制开发购物商城。

14.3.2　支付保障的主动告知

在销售产品的过程中，我们一定要通过主动告知的方式让客户知道，我们可以提供有保障的交易方式，而不能等客户心存顾虑问我们的时候才告知客户。事实上，当客户主动询问支付方式的时候，我们可能已经流失掉了一半的客户。因为有些客户喜欢自我判断，我们不说，客户就默认为我们没有。毕竟，传统的新零售交易方式就是用微信或支付宝直接转账。

新零售和电商不一样，电商的服务承诺、促销方案和支付方式等，在买家打开店铺主页或产品详情页的时候，买家就已经全部知晓。甚至很多时候，我们都不需要和店主沟通就可以直接购买产品。这是电商平台化带来的优势，显然新零售行业目前还不具备这样的优势，即使在朋友圈发布了相关信息，也是碎片化的信息，我们不能期待客户去整理这些碎片化的信息。

所以，当我们和客户交流的时候，必须主动让客户知道，我们为产品准备了哪些无忧承诺、促销方案和支付保障等服务。主动是一种姿态，更是一种竞争优势。支付保障是成交能否顺利达成的关键因素，如果我们不能让客户放心地支付，那么无忧承诺和超值赠品将失去应有的作用。

对于开发了品牌购物商城的品牌方，上面提到无忧承诺、促销方案和支付保障等服务，在客户打开店铺主页或产品详情页的时候就可以全部知晓。这类似于电商平台呈现的效果，商家的相关服务都会在店铺内直观展示。如此这般，就减轻了代理商的工作量，这也是我强烈建议品牌方要开发品牌购物商城的原因之一。

14.4 品牌会员营销策略

在《引爆会员经济》一书中，巴克斯特将会员经济定义为："会员经济就是个人和组织或企业之间，建立一种可持续可信任的正式关系。这种关系是相互的，企业将提供给会员更好的福利，会员则有更高的忠诚度，甚至提供建议，帮助企业改善产品。"

在产品同质化和竞争白热化的市场环境中，如何有效黏住客户，提高客户的忠诚度，值得品牌方深思。新零售红利期结束后的当下，品牌方获取新客户的成本越来越高，难度也越来越大。在如此境况下，我认为与其花大量的时间和金钱去获取新客户，不如深耕老客户，为老客户提供增值福利和优质服务。

这么做有两个好处：一来可以留住老客户，产生持续的复购；二来可以借此打造品牌口碑效应，实现老客户转介绍新客户。想要留住老客户，就需要有一套行之有效的留客策略。在品牌运营实践中，我们发现会员营销策略是最有效的留客手段。

所谓会员营销，是一种基于会员管理的营销方法，品牌方通过将普通客户变为会员，从而可以分析会员消费信息，挖掘客户的终身消费价值，并通过客户转介绍等方式，可以将一个客户的价值实现最大化。

会员经济概念开创者巴克斯特说过："忽视会员经济这种模式的领导者将像马车制造商一样被时代湮没。然而，令我深感惊讶的一点是，很多人还没有意识到这一重大转变。"

从目前新零售品牌发展的现状来看，很多品牌的会员营销体系搭建并不完善，甚至有些品牌还停留在萌芽前阶段，压根还没开始。接下来，我们从电商和实体的会员营销策略入手，简单探讨下采用代理模式的品牌方该如何开展会员营销策略。

14.4.1 电商会员营销策略

出于电商行业的平台化优势，会员营销策略在电商平台已经运营得很成熟。这里我们以某电商平台为例，该平台的商家后台都有一个针对买家的店铺会员营销系统，这套系统由平台方提供，商家只需要简单地设置好会员自定义信息即可。会员自定义信息的设置包括三部分：会员等级、满足条件和专属特权。

店铺会员等级

在某电商平台，店铺会员有四个级别：

模式一：普通会员、高级会员、VIP 会员、至尊 VIP
模式二：银卡、金卡、白金卡、钻石卡

会员级别名称和新零售品牌的代理级别名称实际上是一样的，它只是一个划分层级的概念，可以有无数种的名称划分方式。从低到高，会员级别逐级递增。

会员满足条件

在某电商平台，店铺会员等级满足条件有两种：

1. 累计消费金额达到 ×× 元。

2. 累计消费次数达到 ×× 次。

满足以上会员等级条件中任意一个条件即可。

在会员等级满足条件中，消费金额和消费次数将随着等级的提升而逐渐递增。

会员专属特权

在电商平台，不同的会员等级可以享受到不同的专属特权。例如，会员折扣、专享活动、优惠券、贵宾专线。在专属特权的设置上，一定要体现出会员等级的差异化。基本的原则是：会员等级越高，享受的专属特权越多、力度越大。至于具体的专属特权有哪些，商家可以按需自定义。

平台级会员营销

电商平台的会员营销体系主要分为两种，上面讲解的是其中一种，它是电商平台针对平台商家搭建的会员营销体系，目的在于帮助商家构建店铺会员营销体系，增加客户对商家店铺的黏性。

还有一种是电商平台针对平台本身开发的会员营销体系，目的在于向平台核心客户提供更优质的购物体验，在购物时享受专属平台特权，实现平台生态共享。例如，淘宝 88VIP 会员和京东 PLUS 会员就属于这种平台级别的会员营销体系。

平台级会员营销的目的更多在于挖掘核心消费群体，因此客户想加入平台会员，往往需要满足相应的门槛要求。例如，淘宝 88VIP 会员有两种开通方式，淘气值 1000 分以上专享 88 元开通 88VIP 会员，淘气值 1000 分以下享受 888 元开通会员；京东 PLUS 会员仅面向已实名、综合分高于 90 分且未达到续费上限的个人用户开放。

通过对平台会员的运营，淘宝 88VIP 会员和京东 PLUS 会员不仅变成了平台商家加速交易达成的催化剂，还成了平台商家实现粉丝运营和粉丝营销的平台，极大地带动了平台生态能量。

14.4.2　实体会员营销策略

会员营销策略最早出现在实体商业中，实体商业范畴较大，这里以常见的实体店为例来进行讲解。实体店的会员营销策略相比电商而言，要更加地丰富和多样化。我们从实体店会员卡类型和会员卡形态两方面来简单地讲解下。

会员卡类型

常见的实体会员卡类型分为积分卡、充值卡和优惠卡三种。

积分卡采用的是会员积分模式，常见的积分模式是积分兑换，即根据客户的购物金额产生相应的会员积分，当购物积分满足一定的条件，就可以兑换相应的奖品或抵扣现金。积分卡最频繁出现的地方就是超市，相信经常在超市购物的人都办理过类似的会员卡。

充值卡采用的是会员充值模式，常见的充值模式是充值赠送，即充值一定的金额，将赠送相应的金额。例如，某店铺充值 300 元送 100 元。会员充值模式是目前实体店最常用的会员模式，也是最容易锁定客户的模式。例如，美容院、快餐店、理发店等都有办理会员充值卡的业务。

优惠卡采用的是会员优惠模式，常见的优惠模式是购物折扣模式，即客户办理优惠卡后，购物将享受一定的折扣优惠。例如，办理某店铺会员优惠卡后，可享受全店任意消费 8 折优惠。

很多时候，这三种类型的会员卡对应的会员模式是可以相互组合搭配的。以充值卡为例，充值卡除了可以采用充值赠送模式外，也可以采用充值优惠模式，即充值一定的金额后，购物将享受相应的折扣优惠。例如，在某店铺充值 200 元，购物可享受 8 折优惠。

除此之外，还可以采用充值赠送优惠模式，即充值一定的金额，将赠送相应的金额，同时还享受购物优惠的专属特权。例如，在某店铺充值 200 元送 50 元，且购物可享受 8 折优惠。

在会员卡获取方式上，充值卡的获取方式是充值商家规定的金额数即可获取，积分卡和优惠卡可根据商家的需求来自定义获取方式。例如，商家可免费赠送积分卡和优惠卡，也可以是购任意产品即可赠送，或购物达到一定金额才赠送。

如果把积分卡或优惠卡理解为赠品，也可以采用前面超值赠品中讲到的做事赠送策略，比如转发商家指定的信息就可以获得积分卡或优惠卡。这样一来，会员卡就可以起到信息扩散的作用。至于积分卡或优惠卡该如何获取，商家可根据需要自定义。

会员卡形态

实体店的会员卡一般都是实物会员卡，常见的实物会员卡有磁条卡、芯片卡和条码卡。由于实物卡存在一些弊端，比如容易丢失、忘记携带或携带不便等，现在很多实体店采用了电子会员卡。

在办理电子会员卡的时候，客户只需要将自己的手机号或微信号等身份识别标志，通过与商家的会员管理系统绑定即可。在购物的时候，商家只需要验证客户的手机号或微信号就可以轻松地识别会员身份。随着移动互联网的发展，电子会员卡将成为一种趋势和潮流，谁能够让会员客户轻松的购物，谁就能够在会员营销中获得优势。

关于实体会员营销策略，由于篇幅的关系，我这里只能简单地讲解下实体会员卡的类型和形态。涉及实体店的具体会员营销策略，如果要详细地讲解，我可以写一本书的内容。虽然这里不做拓展，但作为品牌方，我们一定要重视和掌握实体店的会员营销策略，因为随着新零售融合化的发展，越来越多拥有实体店的商家将加入新零售行业，我们简称"实体新零售从业者"。

实体新零售从业者是一类特别的群体，是品牌方最佳的招商群体。实体新零售从业者拥有可观的实体店客户资源，只要实体店经营得当，新零售渠道就会有源源不断的私域流量。所以，如何帮助这些实体新零售从业者更好地经营实体店，以及如何维护好实体店的客户是品牌方需要思考的问题。

在实体店的经营上，运用好会员营销策略是实体店能否经营好的关键环节。品牌方需要在课后去学习和掌握好实体会员营销策略，把相关知识传授给这些代理商。

14.4.3　新零售会员式营销

电商和实体的会员营销策略给新零售品牌提供了宝贵的经验，新零售品牌方在某种程度上可以有效借鉴，但也要意识到三者之间的差异性。在会员营销体系的搭建上，电商的搭建主体是电商平台，平台商家没有太多的自主权；实体店的搭建主体是商家自己，自主权相对较大；新零售的搭建主体可以是品牌方，也可以是代理商。

对于没有搭建会员营销体系的品牌方，代理商可以自行搭建自己团队的会员营销体系。但从品牌长远运营的角度来看，我们建议品牌方要积极构建品牌会员营销体系。一来可以节省代理商不必要的成本开支，二来可以实现品牌会员客户的统一管理。

品牌方想要搭建好自己的会员营销体系，必须开发一套品牌会员管理系统来匹配对应的会员营销策略，而会员管理系统必须建立在品牌购物商城的基础上才能有效使用。这也是我前面建议品牌方开发品牌购物商城的原因之一。

正常情况下，我们建议品牌方在开发品牌购物商城的时候，一并将会员管理系统搭建好。商城和会员两套系统建议由同一家软件机构开发，以便获得更好的系统匹配。

14.4.4　品牌会员充值模式

在品牌运营中，零售的畅通是品牌持续发展的基础，而会员营销将成为促进品牌零售增长的一个有力武器。让客户成为品牌会员，享受品牌提供的专属特权，目的在于培养客户的消费习惯，从而长期锁定客户。

新零售品牌会员模式主要有两种：一种是会员消费模式，即通过客户消费金额或消费次数来划分会员等级，这类似于上面提到的电商平台店铺会员模式；另一种是会员充值模式，即客户想成为会员必须充值相应的金额，这是实体店用得最多的会员模式。

从目前来看，以充值为基础的会员模式将成为新零售品牌会员营销模式的突破口。因为会员充值模式在精准锁定客户和培养客户消费习惯上，相比其他会员模式有着天然的优势。接下来，我分享几种常见的会员充值营销策略：

（1）充值送现金，即充值一定金额，送相应金额。

例如，在品牌购物商城充值 200 元赠送 100 元。

（2）充值送积分，即充值一定金额，送相应积分。

积分可用于兑换奖品或按照相应规则抵扣现金。

（3）充值送赠品，即充值一定金额，送相应赠品。

赠品的选择可以参考前面超值赠品的相关内容。

（4）充值送优惠，即充值一定金额，购物享优惠。

充值金额在品牌购物商城消费将享受折扣优惠。

当然，现金、积分、赠品和优惠也可以进行组合搭配，比如充值200元赠送100元，再送200积分。至于该怎么搭配，就要看品牌方的具体需求。例如，做促销活动的时候，充值赠送力度可以大一些；在日常销售中，赠送力度可以小一些。

关于品牌促销活动时的充值营销方案，可以参考一些实体门店的同类方案，比如可以采用充值赠送回流产品等策略。品牌方想把会员充值营销策略设计好，一定要学会用后端思维看待客户的终身价值，这样才能让营销策略更加具有诱惑力。

14.4.5　充值模式基础条件

在所有品牌会员营销模式中，从品牌长远发展的角度来看，充值模式虽然是效果最好的，但也是最难的。难就难在并不是所有的客户都愿意办理充值服务，它需要具备两个条件，即以信任为基础，以价值为前提。

以信任为基础

在实体门店中，客户之所以敢办理充值服务，是因为门店作为固定资产给了客户一种间接的信任背书。即使有这样的信任背书，也还是偶尔会出现一些实体商家因经营不善而卷款潜逃的事件。而新零售品牌购物商城对于消费者而言，就相当于是电商平台中的某个品牌旗舰店。它没有线下门店做背书，只是一个线上的购物商城。

同样是线上购物商城，电商平台中的品牌旗舰店有电商平台做信任背书，而独立的新零售品牌购物商城并没有第三方平台来做信任背书，它需要品牌方自己给自己背书。会员充值实际上是提前预支消费，这需要客户对品牌有一定的信任基础，否则客户对充值会存在顾虑。

作为品牌方，想解决客户的充值顾虑，就需要做好品牌背书，从而让客户更好地了解品牌，对品牌有足够的信心。只有让客户觉得品牌有持续发展的可能性，客户才愿意去预充值消费。至于品牌方要采用哪种背书方式，取决于品牌方的资金实力。

以价值为前提

客户对品牌有了信任基础就会充值吗？答案是不一定。充值的终极目的在于消费购物，而客户购物的前提必须是对产品有价值需求。即使品牌背书强劲，但如果购物商城的产品对客户而言没有价值，客户依然不会去充值消费。

想提高客户在品牌购物商城的消费欲望，品牌方需要从三个方面去努力：第一，优化前端引流策略，提高客户人群的精准度；第二，加大产品研发投入，提升产品竞争力；第三，优化会员充值策略，增加客户充值消费的超值体验感。

14.4.6 品牌会员专属特权

当客户成为品牌会员后，一定要得到相应的会员专属特权服务。这种会员服务一定要和普通客户有差异性，这种差异性要体现在售前、售中和售后的每一个环节。

品牌方在搭建购物商城的时候，要多学习参考电商平台。在我看来，品牌方和代理商的关系类似于电商平台和平台商家的关系。品牌方搭建品牌购物商城，代理商在购物商城开属于自己的店铺。和电商平台不同的是，电商平台内的店铺产品是百花齐放，而代理商店铺的主营产品都是同一个品牌。

品牌会员体系搭建

在品牌会员体系搭建上，品牌方可以参考电商的会员等级体系，可根据充值金额、消费金额或消费次数等依据将会员划分为不同的等级。不同会员等级将享受不同的专属特权服务，包括但不限于购物折扣、分销权益、会员关怀和超值赠品等。

在电商平台，每个店铺商家都可以自定义会员等级和门槛，但放在品牌购物商城，我们建议会员等级划分及相应门槛由品牌方统一设定。与此同时，涉及会员购物折扣等事关品牌产品定价上的权限也应该归品牌方统一设定，这样可以有效防止代理商乱价行为的产生。

关于代理商店铺自定义权限的问题，品牌方需要权衡思考，不能取消代理商的一切自定义权限，也不能任由代理商自定义一切。品牌方需要把控一个度，涉及品牌统一层面的权限应该由品牌方来统一设计，涉及一些个性化的权限可以由代理商来自定义。

异业联盟会员特权

在实体会员营销中，我们会经常搞一些异业联盟合作，即不同行业实体之间相互合作，以实现互利共赢的目的。不仅是实体商业，电商平台在会员营销中也会搞一些异业联盟合作，让会员享受多平台联合会员等特权。

例如，淘宝88VIP会员可享受网易云音乐、优酷视频、夸克网盘、高德打车、飞猪旅行和淘票票等多平台的会员特权。京东PLUS会员可享受京东读书、爱奇艺、百度文库、喜马拉雅、QQ音乐、腾讯视频等多平台会员特权。

新零售品牌方可以借鉴实体和电商的玩法，完善品牌方自己的异业联盟策略,给品牌会员创造更多价值。品牌方需要分析好品牌客户群体的画像属性,筛选一些客户群体感兴趣的机构合作共赢。例如,做减肥产品的品牌方可以和健身房合作,做母婴产品的品牌方可以和育儿机构或游乐场等合作。

14.4.7 会员营销意义浅析

巴克斯特曾这样描述会员和店铺的关系:"想象一下,我以陌生人的身份走进一家店,可能只是买样东西就离开了,很难成为这家店的回头客。但是,如果我和店铺之间建立了会员关系,我就会把进入店铺当作习惯,店铺也更有机会为我提供个性化的定制产品和服务。"

简单地理解,通过提供相比普通客户完全不同的个性化专属会员服务,可以有效增强会员客户对品牌的黏性并能深挖潜在客户的终身价值,与此同时,还能培养客户的场景化购物习惯,有利于客户对品牌忠诚度的形成。

作为品牌方,在设计会员专属服务的时候要遵循三个基本原则,即稳定性、实用性和差异性。稳定性要求每一项会员权益能持久稳定地开展下去,不能今天有明天没有,否则会让客户觉得品牌不可靠。实用性要求每一项会员权益都是为会员精心设计的,能够为会员创造实实在在的价值,不能搞一堆虚头巴脑的对客户毫无价值的权益。差异性要求每一项会员权益都要和普通客户有差别,以此彰显会员的专属特权身份。

移动互联网时代,品牌方可以为会员客户创造多样化的服务体验,会员经济会为品牌带来巨大红利,但会员身份只是一张入场券,如何挖掘品牌会员的深层次价值是品牌方需要认真思考的问题。

在开源成本居高不下的当下,留住老客户比招揽新客户更重要,因为留住老客户可以让你节约更多成本,有利于缔造持久的交易,所以节流就显得更重要。而留住老客户最好的方式就是让老客户成为会员,尤其是成为老会员。

14.4.8　品牌购物商城开发

会员营销系统的搭建离不开品牌购物商城的开发，没有品牌购物商城，就无法有效搭建会员营销系统。提到品牌购物商城，很多采用代理模式的品牌方可能对此比较陌生，因为在传统的品牌运营中，只有分销和直营模式的品牌方才会开发使用品牌购物商城，采用代理模式的品牌方很少会用到品牌购物商城。

从我了解到的行业发展趋势来看，品牌购物商城的开发对于采用代理模式的品牌方同样有着非常重要的意义，它是搭建会员营销系统不可或缺的环节，有利于品牌方集约化地管控代理商，是实现品牌可持续发展的重要平台。

在我看来，每一个新零售品牌都是一家独立的移动电商平台，通过品牌购物商城和会员营销系统的搭配组合，将实现品牌方、代理商和消费者三者之间的深度链接和生态循环。作为品牌方，如果你希望品牌能够持久发展，我强烈建议你加速品牌购物商城的开发。

结算方式的演变

在传统的品牌运营中，代理商和消费者之间的支付结算都是单独进行的，有了品牌购物商城后，品牌方就可以通过平台数据跟踪会员的购买行为和消费习惯，进而帮助品牌方创建产品路线图。

值得注意的是，消费者在品牌购物商城的支付结算要由品牌方统一管控，这类似于电商平台的结算方式，即消费者购物—代理商发货—消费者收货—代理商回款。这种结算方式有利于避免代理商偷逃税行为的产生，但也给品牌方在财税管控上带来更高的合规性要求。

很多对这块不太懂的品牌方，一听到这些结算方式，就觉得超级复杂，一觉得复杂就不想开发品牌购物商城。其实，这些外行看上去很复杂的板块，在我们内行看来都是很容易解决的问题。处理方式也很简单，结算支付等商城开发问题交给专业的软件机构来处理，结算方式带来的财税合规问题交给懂行的财税机构来处理即可。

作为品牌方，我们要深知"闻道有先后，术业有专攻"的道理。在品牌运营中，为了集中精力运营好品牌，有些非运营板块的事情，品牌方没有必要事事精通。我们要善于把专业的事情交给专业的机构来做，比如品牌运营中涉及的软件开发、美图设计、文案撰写、财税合规和霸屏背书等板块都可以交给专业的第三方机构来负责。

代理和分销结合

在品牌分销模式中，品牌购物商城是搭建分销模式的基础，因为分销的相关环节和功能必须通过购物商城来实现。经常关注我公众号文章的同学应该知道，品牌代理模式和分销模式都有各自的优劣势，如何将两者的优点结合起来是整个行业一直在思考的问题。

在传统的品牌代理模式中，由于品牌购物商城的缺失，品牌方很难将分销模式和代理模式相结合，因为很多品牌方压根没有开发商城，而没有商城就不存在分销一说。但现在如果采用代理模式的品牌方也开发了品牌购物商城，那分销功能就可以很轻松地添加进来，无非就是让软件机构用键盘敲几个代码的事情。

品牌购物商城一旦加入分销功能，加之会员营销系统的配合，品牌势能将会呈现倍增式的爆发。一方面，品牌方可以将分销返利功能作为会员的专属权益，增强客户加入品牌会员的行动力；另一方面，分销返利功能可以有效地将客户会员转化为分销商，提高客户会员对品牌的忠诚度，为后面的招商加盟做好前期铺垫。

15 第十五课
品牌服务营销和复购裂变机制

　　老许是某品牌的创始人，做的是功效性化妆品。他告诉我，他们品牌的产品是和某知名生物科技研究所联合研制的，产品效果挺不错的，价格也具有高性价比。在品牌背书宣传上，做了品牌霸屏和卫视广告，申请了多个产品专利，也承保了高达千万赔偿额的产品责任险。

　　通过高性价比的产品和强大的背书宣传，品牌在起盘阶段挺顺利的，产品进入市场后便获得了消费者的认可，大批代理商纷纷加盟品牌。但是到了增盘期，品牌发展遇到瓶颈，主要表现在产品复购率不高，老客户留存率较低，需要源源不断地砸钱来引流。

　　产品销量的走低，随之带来的是潜在代理商加盟意愿的降低和现有代理商的持续流失。于是他问我，自己的产品明明挺不错的，起盘初期也明明做得挺好的，为什么越做越不行了呢？

　　起盘阶段做得看似挺不错的品牌，但在增盘阶段会出现疲软现象是很多品牌方都会遇到的问题。品牌起盘成功的原因也许千千万万，但增盘失败的原因就那么几个。我认为出现上面问题的根本原因在于品牌方没有一套行之有效且系统性的运营方案。

经过我多方了解后，发现案例中的品牌方其实并没有找专业的操盘机构来协助运营。老许原本是做传统行业的，本身有自己的运营部门，但运营人员对新零售品牌的运营其实不太懂，品牌模式和运营方案都是借鉴摸索形成的。

老许的公司其实运营资金挺充足的，完全有条件找个操盘机构来协助运营。他说不找的原因是公司原本有运营人员，虽然运营人员之前没接触过新零售行业，但觉得新零售品牌运营其实挺简单的，找几个同品类品牌借鉴下就可以了。

这是一种非常错误的认知，也是很多传统企业老板普遍存在的认知。新零售品牌运营并没有想象中那么容易，凡是能借鉴到的都是表面的东西，很多内在的运营逻辑是无法有效获取的。

所以，如果品牌方资金条件允许，我强烈建议找专业的操盘机构来协助运营。作为品牌方，切记不要过于高估自己的跨行业运营能力。创业本身是有风险的，专业的事情交给专业的机构来做，可以有效地降低风险，增加品牌起盘的成功率。在创业资金的规划上，能省则省是好事，但该花的钱也一定要花。

凭借着产品优势和人脉资源，加上强势背书宣传，案例中的品牌在起盘初期的确挺顺利的。但由于没有专业系统的运营经验，随着时间的沉淀，很多深层次的运营问题逐渐暴露了出来。

在从业的这些年，我遇到过很多在起盘前期很顺利，时间一长就遇到瓶颈的品牌方。我一直认为，起盘前期顺利不一定就代表品牌方的运营能力强，我见到过很多压根不懂运营的品牌方凭借自己强大的人脉资源快速起盘的，但人脉资源一旦用完后，品牌就会出现各种运营瓶颈。

有些同学也许会问，如果品牌方不懂品牌运营，那起盘前期为什么会那么顺畅呢？答案很简单，因为品牌方拥有丰富的原始人脉资源，这些人脉资源都是潜在的种子代理。由于强关系的存在，这批人脉资源可能会凭借对品牌方相关人员既有的好印象，采取盲目从众地跟随选择。

例如，我们经常看到某个老板传统生意做得挺好的，生意场人脉资源丰富，在起盘新零售品牌后，很多传统生意的伙伴都会纷纷加盟做第一批种子代理，觉得也能跟着一起赚到钱。但往往一段时间后，如果发现新零售行业并没有想象的那么好赚钱，这群种子代理商大多就会选择放弃，不再盲目跟随。

所以，检验品牌方是否真正具备运营能力，不要看起盘前期的一时，而要看一世。一世指的是一款产品的完整生命周期。如果品牌方可以把起盘产品完整地运营一个生命周期，且品牌还保持着竞争力，才有资格说该品牌方具备一定的运营能力。

回到案例本身，经多方了解，我身边的一些朋友和社群会员曾经也有代理或购买过这家品牌的产品，和他们聊过一番后，发现消费者复购率和留存率不高的主要原因并不在于产品本身，而在于品牌的服务营销做得不够好。

正所谓"路遥知马力，日久见人心"，加之同品类竞品在服务营销上的强势优化，导致很多消费者逐渐流失，更倾向于选择竞品。消费者的流失行为很好理解，在产品同质化的前提下，消费者肯定会优先选择服务更优的品牌产品。在零售不畅通的窘境下，失去消费者的代理商也会随之被竞品挖了墙脚。

所以，我给老许的解决方案很简单：第一，找一家专业的操盘机构协助运营，对品牌现有模式和制度进行优化完善，制定品牌整体的运营规划和相应节点方案。第二，对品牌服务营销板块进行重点整改优化，完善品牌商学院，开发服务营销板块的相关培训课程，对代理商进行集中服务培训并落实到实践中。

在上面的案例中，我们提到了服务营销的概念。那这一堂课，我们就来聊一聊服务营销。所谓服务营销，是指以营销为辅导工具的方式来满足客户需求，超越客户消费期望值，在提高客户满意度的情况下，刺激客户重复消费，并形成口碑传播的一系列营销活动。

在品牌运营中，有一句很经典的话：做好了服务就不用做营销，因为服务就是最好的营销。换句话来理解，营销的一切目的，都需要通过服务来产生。一个完整的品牌服务流程包含售前服务、售中服务和售后服务。

售前服务的目标是提高客户对品牌的信任度，因为成交是建立在信任基础之上。售中服务的目标是成交客户，因为服务会提高产品附加价值，加速客户成交行动。售后服务的目标是提高客户对品牌的满意度，因为满意会让客户产生复购和转介绍行动。

15.1　品牌售后服务体系

在产品同质化和竞争白热化日益严重的当下，售后服务作为品牌营销的一部分，已经成为品牌争夺客户心智的重要领地，售后服务有没有做好直接关系到了客户的复购率和转介绍率。接下来，我们来聊一聊品牌方该如何做好售后服务。

当想强调售后服务的重要性时，我们常常会说："开发十个新客户不如维护好一个老客户，因为每一个维护好的老客户都可以为你带来十个新客户。"我把这个概念定义为"维一带十定律"。"维一带十定律"并不是空口无凭的说辞，它有两个出处：一个是乔·吉拉德的"250 定律"，另一个是罗宾·邓巴的"150 定律"。

250 定律

著名的营销大师乔·吉拉德认为：每位客户的背后都大约站着 250 个人，

包括同事、邻居、亲戚、朋友等。如果有一个客户对他的态度感到不愉快，这个客户就有可能将这种不愉快讲给背后的 250 个人听，结果将会有 250 个人不再和自己打交道，转而投奔竞争对手的怀抱。

反过来也是一样，如果你能够赢得一位客户的好感，使得他能够在背后的 250 个人面前替你美言，或者对你的个人表示欣赏，或者对你的产品表示认可，那么这就意味着你可能赢得 250 个人的好感。

150 定律

150 定律，即著名的"邓巴数字"，由英国牛津大学的人类学家罗宾·邓巴提出。该定律根据猿猴的智力与社交网络推断出：人类智力将允许人类拥有稳定社交网络的人数是 148 人，四舍五入大约是 150 人。

150 定律还告诉人们，每一个人身后，大致有 150 名亲朋好友。如果赢得了一个人的好感，就意味着赢得了 150 个人的好感；反之，如果得罪了一个人，也就意味着得罪了 150 个人。

无论是"150 定律"还是"250 定律"，又或者是延伸出来的"维一带十定律"，它们都在告诉我们一个浅显易懂的道理：在品牌运营中，做好售后服务可以赢得客户的良好口碑，良好的口碑又可以为品牌带来客户的复购裂变。

据相关调查表明：当客户对某产品和服务感到满意，通常会持续购买该产品；当客户因服务感到不满意，96% 的客户并不会告知商家或进行投诉，但其中 90% 的不满意客户会选择不再购买该商家产品，或将他们的经历告诉另外至少 9 个人，13% 有过不满意经历的消费者会将他们的经历告诉 20 个人以上。

作为品牌方，我们一定要知道，客户买的不仅仅是产品，还有我们的服务精神和态度。每一次的售后服务都是下一次销售的售前服务。售后服务是提升客户满意度和忠诚度的有效方式，也是塑造品牌口碑和传播品牌形象的重要途径。

品牌方想做好售后服务，我认为需要从五个方面来进行优化处理，分别是发货跟踪、客户档案、回访客户、售后纠纷和情感关怀。

在品牌售后服务体系中，品牌方和代理商的分工具体表现为：代理商负责具体执行，品牌方负责指导监督。因为和客户打交道的更多是代理商，品牌方在售后服务体系的搭建中主要承担的是制定服务章程和指导监督代理商的职责。

15.1.1　品牌发货跟踪服务

品牌发货跟踪服务是品牌售后服务的起始环节，是品牌树立良好售后服务形象的第一站。从相关调查来看，很多品牌方会直接忽视这个环节，大多觉得这个环节不重要。但事实是，这个环节恰恰是最容易树立品牌良好售后服务形象的环节。

道理很简单，绝大部分品牌都不重视的售后环节，如果你重视了，消费者就会觉得你与众不同，更容易被消费者记忆和关注。在发货跟踪环节，我认为品牌方需要从以下三个步骤来优化：

第一，在交易达成后，要及时对产品进行打包处理。

在产品打包的过程中，我们要将整个产品打包的过程，通过照片或视频的形式发送给客户，让客户亲眼看到产品打包的全过程。

在拍摄的过程中，我们一定要让客户看到两个信息：第一，产品完整无缺的形态，比如产品有没有破损、标签有没有污迹等都要让客户看到；第二，包装过程中使用的材料，比如打包用的纸盒、防破损的气泡膜等。

这么做的好处有两个：一来可以让客户感受到我们周到的服务；二来可以避免售后纠纷。在快递运输的过程中，有可能会存在包裹被颠簸挤压或暴力分拣的现象，客户收到包裹后如果发现产品有破损，可能会把责任归咎于商家。

如果我们在发货前就把打包的全过程让客户看到，当出现产品破损的情况时，就可以很轻松地化解客户的不满。与此同时，打包过程中的照片或视频也可以作为晒朋友圈的素材，这一招可谓是一举多得。

第二，在产品发货后，要及时将物流信息告知客户。

物流信息的告知方式，这里建议同样用照片或视频的形式发送给客户。一来可以让客户感受到我们的贴心服务，二来可以作为晒朋友圈的素材。

这里要注意的是，我们的贴心服务不仅仅要让客户感受到，还必须让潜在客户感受到。最好的方式就是把我们每一次的贴心服务都在朋友圈晒出来。记住，我们不晒出来，别人永远不知道；只有晒出来，别人才知道。

在品牌运营中，第一步和第二步往往是同步进行的，这里简单讲解下这两步应该如何具体运用。如果品牌方搭建了品牌购物商城，客户可以在商城后台看到物流信息及相关动态。这时候，我们可以在产品发货后给客户发送一段模板信息，并随后配上快递单或产品打包过程的照片或视频。

参考模板一：

亲，你的产品已经打包发货了哟，为了让你放心，打包发货的过程我们都拍摄了下来。

产品的物流信息及动态在商城后台都可以查看到，如果亲不知道怎么查看，俺为你准备了操作演示，点击下面的公众号图文消息即可。

在收到包裹后，亲一定要及时地检查产品是否有破损，如果有破损记得及时联系俺，俺将对你负责到底。

模板一中涉及的操作演示，需要我们事先准备好，不一定非要用公众号图文消息，也可以用其他的方式。品牌方也可以让软件机构增设一个物流短信自动发送模块，这样就可以减少代理商的机械操作。

对于暂时没有搭建品牌购物商城的品牌方，也就没有所谓商城后台物流动态一说，因此，我们需要在模板消息中将物流信息及查询物流信息的方式告知客户。

参考模板二：

亲，你的产品已经打包发货了哟，为了让你放心，打包发货的过程我们都拍摄了下来。你的产品将由中通快递派送，快递单号：************。

物流信息及动态可以在快递网站查询，亲在打开网站后，将快递单号输入查询框，点击查询按钮即可。

在收到包裹后，亲一定要及时地检查产品是否有破损，如果有破损记得及时联系俺，俺将对你负责到底。

事实上，我们可以将模板二中的查询方式进行优化处理，只需要将快递100的网站链接绑定到公众号的自定义菜单中即可。这样我们可以引导客户关注品牌公众号，通过自定义菜单的跳转网页功能让客户查询物流信息，同时也增加了品牌公众号的粉丝量。

第三，在物流运输中，要持续跟踪产品的物流动态。

当我们告知客户物流信息后，并不意味着我们就可以撒手不管了。有些时候，快递会出现配送延迟的现象。正常情况下，快递从收货到派送的过程大概需要三天（具体时间要视距离决定），如果在正常时间范围内，客户还没有收到产品，内心一定会着急。

因此，我们需要持续跟踪物流信息，如果快递在正常的时间内没有派送，我们应该主动向快递了解情况，并将信息及时反馈给客户。事实上，即使我们不主动反馈信息给客户，客户也会主动来找我们询问。一个是主动告知，一个是被动告知，其结果会让我们在客户心目中的形象完全不一样。

当物流信息显示产品已经到达目的地的时候，我们需要及时地告知客户，让客户做好签收的准备。当客户收到产品后，我们就要做好下面即将讲到的第一次客户回访工作。

以上就是发货跟踪的三部曲，看似很简单，每个人都能想到，但扪心自问，又有多少人能够做到呢？即使做到了，又有多少人能够坚持做下去呢？很多代理商在发货跟踪环节，只会给客户一个物流单号，其他的步骤都没有。

有些代理商甚至觉得做不做都无所谓，做了和没做的也看不出来有什么区别。的确，发货跟踪环节的售后服务，在显性结果上并没有多大的体现，但在隐性结果上一定会给客户留下深刻的印象。这些看似不起眼的操作流程，都是品牌在客户心目中树立良好服务印象的宝贵机会，也是极致服务的具体表现。

为此，品牌方需要向代理商诠释清楚这么做的意义，只有让代理商知道做一件事情的意义是什么，代理商才愿意自觉去做。在我服务的诸多品牌方中，上面这些发货跟踪环节都是品牌标准化的服务流程。在我的认知中，新零售从业者不仅是销售者，还是服务者。只有把服务过程中的每一个细节做好，销售才有可能做好。

15.1.2　品牌客户回访服务

客户回访是品牌售后服务的重要环节，做好客户回访是提升客户满意度的有效方法。我前面说过，客户买的不是产品，而是解决方案；客户买的不是产品本身，而是产品带来的结果。当客户收到产品后，解决方案并没有完成，产品也没有给客户带来结果。所以，我们必须进一步地帮助客户完成解决方案，帮助客户实现产品给他带来的结果。

在回访客户的次数上，不能太频繁，频繁的回访可能会适得其反，让客户感到厌恶。我们建议回访的次数以三次为宜：第一次，在客户刚收到产品后；第二次，客户使用产品一段时间后；第三次，客户即将使用完产品。

第一次客户回访

当客户收到产品后，我们要帮助客户更好地了解产品，让客户知道产品的正确使用方法，以及在使用的过程中需要注意哪些事项。虽然产品会附带说明书，但这些死气沉沉的文字远不及我们亲自讲解来得贴心。

在回访客户的时候，我们一定要告知客户：在产品使用过程中，有任何不懂的问题，要及时和我们联系，我们将竭诚为你服务。这句话是售后服务必讲的专业术语，目的在于体现商家服务的专业性。即使我们不讲这句话，客户遇到问题了也会主动来联系我们。还是那句话，主动提出和被动接受，在客户心目中，那完全是两回事。

第二次客户回访

在回访的过程中，我们不能回访一次就结束了，而是要持续回访，即使客户没有任何问题需要咨询我们，我们也要将回访进行到底。回访的过程其实就是互动的过程，每一位老客户都是下一次购物的潜在客户，不能因为客户已经购买产品，我们的互动就减少了。其实，在客户购买产品后，我们和客户会有更多的互动话题。

当客户在使用产品一段时间后，我们可以再次回访，询问客户产品的使用效果。如果客户对产品的使用效果不满意，我们要了解清楚是什么原因导致效果不佳，并有针对性地给客户提出新的解决方案。

事实上，很多客户在产品使用不满意后，并不会告知商家。如果商家不来回访，可能就会导致客户的流失；如果商家能够及时回访，并且解决了客户遇到的问题，一定会赢得客户的好感。

第三次客户回访

当客户即将使用完产品，我们要主动提醒客户，询问客户是否要继续购买。如果客户不再购买，我们要询问客户不购买的原因，并有针对性地进行改善。如果是产品本身的问题，代理商要及时地反馈给品牌方；如果是服务不到位，我们要及时地改善服务并向客户致以歉意，赢得客户的谅解。

有些品牌方可能觉得没有必要进行第三次回访，理由是客户用得好自然会买，用得不好问了也不会买。这种说辞看上去很合理，但我认为并不正确。因为对客户进行回访是品牌树立良好服务的一种表现，这与客户是否继续购买产品无关，这是一种品牌服务姿态。

如果客户对产品不满意，有可能会给品牌带来坏口碑。而通过回访，我们可以及时地处理客户的不满。如果是使用方法不当造成的不满，只要我们解决了问题，客户也许会再次购买。即使客户不再购买产品，但也不会给品牌带来坏口碑，反而会传播品牌良好服务的口碑。

以上就是三次回访的相关事宜，但要说明的是，回访次数只是一个建议数，具体要回访多少次才合适需要根据产品的特性，以及代理商和客户之间的关系而定。品牌方在制定相关服务章程的时候，需要因地制宜，不要让章程制度过于机械。

客户问卷调查

为了最大限度地了解客户对产品和服务的满意度，在回访的过程中，我们需要收集客户的反馈意见。为此，品牌方需要制作统一的问卷调查表。要强调的是，这里必须由品牌方统一制作，目的在于统一收集数据，方便品牌方及时了解产品反馈信息和代理商的服务质量。

问卷调查表的制作可以借助第三方平台，比如金数据、问卷网等平台。如果品牌方开发了品牌购物商城，可以在商城后台增加一个客户问卷调查系统，将问卷调查系统绑定客户购买的商品，这类似于电商平台的商品评价系统。

为了提高客户对问卷调查的配合度，我们可以准备一些超值赠品给客户，或者下次购物可以给予适当优惠。如果品牌方开发了品牌购物商城，可以在后台直接设置相应的福利措施，比如赠送电子优惠券和商城积分等。

15.1.3　品牌售后纠纷处理

在售后服务过程中，客户对我们的产品和服务都满意，这是皆大欢喜的结果。但这个世界上，没有一款产品能让所有人都满意，也没有一个人的服务是十全十美的。一定会有客户对产品或服务不满意，售后纠纷也是一件不可避免的事情。

品牌方在销售产品之前，应该建立好解决客户售后纠纷的处理预案，这样可以在售后纠纷真正到来的时候，以不变应万变。售后纠纷处理预案大致可以分为两部分：第一，树立正确的心态；第二，提供满意的解决方案。

售后纠纷心态

当客户对产品或服务不满意和抱怨的时候，我们要做的不是一味敷衍搪塞，而是要用心倾听和真诚道歉。当客户抱怨的时候，我们应该站在客户的角度去思考问题，体会客户当下的心情。在处理客户售后纠纷的时候，要永远记住：不要做过多地辩解，只需要诚恳地道歉和耐心地倾听。

要记住，永远不要和你的客户发脾气，要学会控制情绪，做一个高情商的人。我曾见到过一些人在客户尚未表露不满时，就很焦急地想找借口应付客户，这显然是错误的做法。如果一再地辩解，客户会产生反感，事情就会向坏的一面发展。很多时候，客户要的并不是解决方案，而是我们的态度。

总之，面对客户的不满和抱怨，我们一定要耐心多一点，态度好一点，要做到客户虐我千百遍，我待客户如初恋。当我们在处理售后纠纷而无法保持正确的心态时，只需要想一想我之前讲的"维一带十定律""250定律"和"150定律"。

提供解决方案

在售后过程中，遇到客户的不满和抱怨是再正常不过的。当客户对我们的产品或服务不满意的时候，不仅要平息客户的抱怨，更要了解不满的原因，化被动为主动。

在实际处理中，我们要鼓励客户尽情发泄心中的不满，耐心地听完客户的抱怨。当客户得到了发泄的满足之后，他们就能够比较自然地听进我们的解释和道歉了。这时候，我们需要把客户的抱怨点梳理出来，然后有针对性地解决客户的不满。

如果客户的抱怨点是产品本身，我们需要了解清楚客户具体对产品的哪些方面不满意，然后有针对性地解决。如果客户是因为产品出现了破损，或质量存在问题，或效果不佳而产生了不满，我们应该按照事先约定的售后服务流程来处理。

在效果不佳的处理上，我们还需要进一步地了解产品效果不佳的原因。因为产品效果不佳不一定是产品本身的问题，也有可能是客户使用不当造成的。如果是客户使用不当造成的，我们需要告知客户正确的使用方法，以及在使用过程中需要注意的事项。产生这种现象往往是由于售后回访不到位造成的，这就要求我们把客户回访工作做到位。

如果客户的抱怨点是服务不到位，我们需要了解清楚客户具体对服务的哪方面不满意，然后真诚地向客户道歉，赢得客户的谅解，在后续的服务中要避免产生同类错误。我们也可以准备一些赠品，作为道歉礼品送给客户，从而化解客户的抱怨。

作为品牌方，在制定售后服务流程的时候，一定要尽可能地考虑到售后可能会出现的客户纠纷并给出合适的解决方案。品牌方的服务流程制定得越清晰，代理商在应对纠纷的时候就会越轻松。

所以，在遇到售后纠纷的时候，一定是代理商根据品牌方的相关售后服务流程来处理，而不是让代理商看着办。看着办式的处理也许会越处理越混乱，容易得罪客户，也容易寒了代理商的心，是品牌方不作为的表现。

在电商平台，当买家对产品或卖家不满意的时候，可以在商城后台发起售后维权操作。如果买卖双方没有协商好，还可以申请由平台方介入处理。

如果品牌方开发了品牌购物商城，也可以参照电商平台的处理方式，在商城后台增设一个售后维权通道，如果代理商和客户无法有效解决，可以申请由品牌方介入处理。这样可以有效地规避因代理商处理不当而造成的后续问题产生。

通过解决客户的不满，不仅可以总结服务过程，提升服务能力，还可以了解并解决产品相关的问题，提高产品质量，更好地满足客户的需求。

15.1.4　品牌客户档案管理

所谓知己知彼，方能百战不殆。对于每一位成交的客户，我们都要建立详细的客户档案。也许很多新零售从业者已经学会了在微信中利用备注名、标签和描述等微信功能对客户进行档案管理。从某种意义上来说，这属于简单版的客户档案管理。接下来，我们来讲一讲复杂版的客户档案管理。

硬件和软件工具

复杂版的客户档案管理需要借助相应软硬件工具来完成。在硬件上，我们需要有一台电脑；在软件上，我们需要有一个建立和管理客户档案的软件工具。无论是台式电脑还是笔记本电脑，只要电脑屏幕是手机屏幕的 N 倍就可以。

为什么我要强调屏幕的大小呢？因为电脑的大屏幕可以让我们在录入和读取客户档案信息时更加的轻松和便捷。我一直坚持一个观点，那就是做新零售不代表就可以放弃使用电脑。在日常运营中，我们需要学会借助电脑提高自己的工作效率。

在不增加成本的前提下，我们推荐使用 Excel 表格作为建立客户档案的软件工具。Excel 表格的功能非常强大，可学习的地方很多，但我们只需要学会一些基础操作就可以，比如表格内容的信息筛选或排序功能等操作。

至于学习这件事，就需要在课后下功夫。这里我建议品牌方给代理商专门开一个 Excel 培训班。当然，除了 Excel 表格外，我们也可以付费购买一些专业的 CRM 客户管理软件，使用起来可能要比 Excel 表格更加轻松。如果品牌方开发了品牌购物商城，可以在商城后台增加一个 CRM 客户管理系统，这样可以减轻代理商手工操作的烦琐性。

客户档案信息内容

在建立客户档案的时候，我们需要确定客户档案的信息内容，即需要在档案上记录客户哪些信息。档案信息没有固定格式，需要根据自己的需求来决定，大致的原则是对客户信息的收集越详细越好。

我这里提供一个档案信息的参考模板，不妨借鉴一下：

基础信息：姓名、昵称、性别、生日、故乡、地址、籍贯、年龄、学历等

增值信息：母校、生肖、星座、身高、身材、喜好、性格、身体状况等

工作信息：工作单位、工作职位、工资收入、工作满意度等

城市背景：停留过的城市、旅游过的地点、喜欢的城市、想去旅游的地点等

联系方式：手机号、微信号、QQ号、邮箱等

家庭情况：配偶信息、孩子信息、父母信息、结婚纪念日、家庭地位等

购物情况：产品信息、购物次数、购物金额、售后服务、试用记录等

上面的内容只是参考，在实际运用中，我们还可以进一步拓展。这些信息需要动态跟踪、记录，当相关信息有变动，我们要及时地做好变更记录。关于客户信息的收集，我们可以在和客户聊天时，使用一些话术技巧来获得相关的信息。

建立客户档案的意义

在现实生活中，很多新零售从业者并没有建立客户档案的习惯。一个人不喜欢做一件事情，通常有两种原因：第一，懒惰的心态；第二，不知道做的意义。我相信大部分从业者没有建立客户档案是因为第二种原因。

新零售从业者建立客户档案，目的在于全面地了解客户信息，方便对客户进行精准化的管理和为后面的情感维系做足准备。接下来，我来列举两个

客户档案在现实中的应用场景。

在建立信任的环节中，沟通互动起到了重要作用。很多时候，我们和客户之间没有互动的话题，是因为我们对客户不够了解，当我们对客户足够了解后，就可以随时随地地开启互动的话题。从业者建立客户档案，就是为了全面了解客户。

例如，当我们即将去 A 城市旅游的时候，我们就可以在客户档案的"客户停留过的城市"和"旅游过的地点"这两个信息中筛选出满足 A 城市的客户。然后给他们群发一条消息，告诉他们自己即将去 A 城市旅游，让他们推荐一些 A 城市适合游玩的景点等。

参考消息：你好呀，我是胡小胖，咱俩有些日子没联系了。我记得之前你和我说过你曾经在 A 城市待过一段时间，正好我明天要去 A 城市旅游，所以想来问问 A 城市有什么可以玩的地方，或者有什么好吃的东西……

我们都知道，在群发消息的时候，要尽量让对方感觉到是在和他一个人聊天，毕竟没有人喜欢收到群发的消息。有了客户档案，我们就可以精准地群发消息，让对方感觉我们就是在和他一个人聊天。

例如，在某节日的时候，如果我们需要群发节日祝福，可以在客户档案中将同姓的客户都筛选出来，然后按照同姓群发的原则，在群发消息中以"姓+尊称"的方式来称呼对方。

最常见的尊称就是"同学"和"老师"，比如"王同学"或"王老师"。这里的同学和老师并不一定非要是真的同学和老师，只是象征的意义。同学表达着一种友情，老师表达着一种尊敬。

参考消息：今天是六一儿童节，胡小胖特来给王同学送上节日祝福，愿王同学童心常在，笑口常开，感谢王同学在微信中陪伴着我一步步地成长！

同样的，只要我们找到客户之间的一个共同点，就可以发送一条看似一对一互动的群发消息。例如，熟悉星座的人都知道，每个月都有星座运势，如果这个月白羊座的运势比较好，我们就可以在客户档案中筛选出白羊座的客户，然后给他们群发一条关于白羊座的本月运势。

除了上面两个应用场景外，还有很多场景都需要借助客户档案来实现和客户近距离沟通，比如后面我们即将讲到的情感维系就需要用到客户档案。虽然建立客户档案的过程比较烦琐，但在关键时候能够更好地帮助我们做好服务营销。

15.1.5　品牌情感维系服务

如果说和客户建立信任是为了达成交易，那么在交易完成后的情感维系，就是为了和客户再次达成交易。客户对产品复购的理由除了产品本身的因素外，售后的情感维系也占据着很大的权重。

怎么做好客户的情感维系呢？我认为很简单，只需要把客户当成是我们的恋人就可以了。我们怎么对待自己的恋人，就怎么对待客户。当然，像壁咚这类的不必要动作可以省去，我们只需要对客户保持一颗恋人的心即可。

当我们和恋人相处的时候，一定会经常向恋人嘘寒问暖，保持适当频率的互动。同样的，对待客户，我们也要嘘寒问暖，不能因为客户已经购买了产品而减少和客户的互动。相反，互动不能少，感情要升温。

每当情人节和七夕的时候，我们总是会和恋人说一些情话或送恋人一份爱的礼物。同样的，每逢佳节的时候，我们也要给老客户送上几句祝福或送一份精心准备的礼物。礼物不一定要多么贵重，但一定要让客户感觉到超值，礼轻情意重。

再比如，我们可以在客户生日的当天，给客户写一封感谢信，发送生日祝福或赠送超值赠品。如果当天过生日的客户比较多，我们可以建立一个客户生日群，在群里面开展祝福活动。

当然，对于客户而言，有意义的日子很多，不仅仅局限于生日。我见到过很多情感维系的高手，他们不仅仅在客户生日当天给予关怀，甚至在客户父母的生日、客户伴侣的生日、客户孩子的生日、客户和伴侣的结婚纪念日等重要的日子都给予客户关怀，关怀的形式可以是多种多样的。

这里要注意的是，我们在收集客户重要日子的时候，一定要搞清楚客户提供的日期究竟是公历还是农历，因为有些人喜欢用公历日期，有些人则喜欢用农历日期。如果祝福的日期搞错了，那就很尴尬了。

上面说的这些关怀日期，都需要建立在客户档案的基础上才能实现。这就是建立客户档案的意义之所在，可以更好地服务客户和关怀客户，最终促进产品的销售。所以，我们在建立客户档案的时候，应该尽量多地收集客户信息。

想收集更多客户的信息，我们在和客户聊天的时候，就不要把全部的话题都放在客户身上，而要适当把话题转移到客户的父母、孩子或伴侣身上。这里建议大家可以去找一些与聊天话术有关的书籍，多研究聊天的话术技巧。

情感关怀不仅仅运用在与客户有关的重要日子，还可以运用在客户生活中的各个方面。例如，前面课程中讲过的"附加价值"也是情感关怀。当客户或客户的亲人需要得到帮助的时候，我们应该给予一些力所能及的支持。如果我们能够给客户足够多的情感关怀，再难搞定的客户，内心都会被一点点地融化。只要我们足够用心，就没有征服不了的客户。

在品牌情感维系上，发挥主导作用的是代理商，因为直接和客户沟通交流的是代理商。品牌方需要为代理商做好情感维系方面的培训，使代理商树立良好的客户情感维系意识。如果品牌方开发了 CRM 客户管理系统，可以在系统中增设一个日期提醒功能，自动推送客户重要日期给代理商。

有同学也许会问，是不是每一个客户都需要做到同等的关怀程度呢？我认为没有必要做到同等关怀。我们可以根据相关指标给客户设定一个指数等级，然后根据客户等级设定相应的关怀程度。至于客户等级和关怀程度该如何设定，品牌方可以根据产品和客户属性进行自定义。

15.2　品牌极致服务营销

这个世界上，有两种口碑传播速度最快：一种是极好的口碑，另一种是极坏的口碑。至于那些不好也不坏的口碑，传播的速度只能算是很平庸，或者根本不会被传播，即使传播了也很快会被时间遗忘。

所以，想要品牌口碑传播速度快且持久，要么做到极致的好，要么做到极致的坏。显然，不会有品牌想留一个坏口碑，每一个品牌方都想获得极致的好口碑。而在客户的口碑传播中，产品和服务是传播次数最多的对象。

在产品日趋同质化的当下，想要在产品上树立极致的口碑，相对比较困难。如果品牌方想获得极致的好口碑，我建议从品牌服务入手，将品牌服务做到极致。

15.2.1　品牌极致服务定义

有人说，极致服务就是把售后服务做好；也有人说，极致服务就是把客户服务好。但我认为这些定义都不全面，极致服务不仅仅是要体现在售后服务上，而是应该贯穿于售前、售中和售后的每一个服务环节。

营销的本质是通过比别人更好地满足客户的需求，从而形成自己的差异化价值，而极致服务就是差异化价值在服务环节的具体表现。在我看来，极致服务就是差异化服务。在服务客户的过程中，做大部分人都会做的事情不叫极致服务，做大部分人都不会去做的事情才叫极致服务。

例如，在售后服务的发货跟踪环节中，主动告知客户物流信息是大部分人都会做的事情，但这不叫极致服务，只能算是普通服务。而能够将发货跟踪环节的三个步骤都做到，才叫极致服务，因为能做到的人并不多。

15.2.2　品牌极致服务作用

好口碑往往会带来好销量，极致服务就是为了获得客户的好口碑，从而获得好销量。有句话说得好：客户就是我们的代言人，我们希望客户怎么在别人面前说我们，我们就应该怎么用心对待客户。

只有当我们用心地服务好客户，客户才会心甘情愿地做我们的代言人，把亲身体验讲给背后的 250 个人听。我们经常说顾客是上帝，试想，如果连上帝都在替我们说好话，我们有什么理由做不好品牌呢？

有一次，我和两个朋友去一家中餐厅吃饭，这家餐厅的餐桌上有一个 30 分钟的倒计时沙钟，店家承诺，如果倒计时结束菜还没有上齐全，直接免单。当时我们有三个人，一共点了五盘菜，因正值午餐时间，餐厅高朋满座，结果店家花了 26 分钟将菜全部上齐。后来，这家餐厅经过我的口碑传播，在我的吃货圈中无人不知，很多吃货圈的朋友专程前往体验。

还有一次，我和几个朋友去一家火锅店吃火锅。在上菜的过程中，我的朋友因为感冒打了个喷嚏，服务员在了解情况后给我的朋友端来一杯冲好的感冒冲剂。这一行为让我朋友很感动。后来，我朋友只要吃火锅，就一定会去那家火锅店。

上面两个极致服务的案例告诉我们：极致服务并不一定非要花高额的成本才能实现，很多时候只需要我们在客户身上多用点心就可以了。

特斯拉 CEO 马斯克来华，接受记者采访时说道："对于特斯拉来说，我们没有任何广告预算。我们不会付给别人钱，去支持我们的产品。而且我们也从来不给任何人打折，每个人买车都是一样的价格。你提到做市场营销，我感到很惊讶，我们根本没有这方面的预算的。其实我觉得他们这么说很可笑，特斯拉的经费都花在产品研发、建设充电设施、服务等方面。这不是说我反对做广告，只是说我们特斯拉规模还太小，做广告还不是时候。"

"我想，我们的车卖得好完全靠的是口碑。一个人买了我们车，他很喜欢，他就告诉他的朋友。我们的销售就是这样增长的，而不是靠广告。"

从马斯克的描述中，我们可以得知，特斯拉如此火爆，主要靠的是口碑的裂变传播。这件事情告诉我们：做好了口碑就不需要广告了，因为无数的客户会自动传播，好口碑就是最好的广告。

谈到品牌服务案例，我们都会想到海底捞和蔚来。说实在的，海底捞的火锅和蔚来的车在和行业竞品的比较中，我认为价格稍贵了一点。但很多消费者还是愿意为这稍贵一点的溢价去买单，原因就在于这两家的品牌服务做得好。

由此可见，品牌极致服务不仅可以起到口碑快速传播的效应，还可以起到溢价的作用。所以，品牌竞争力不仅仅局限在产品本身，极致服务也是提升品牌竞争力的重要因素。

15.2.3　品牌极致服务标准

极致服务其实并没有具体的衡量标准，不同的客户对极致服务有着不同的理解。在我看来，所谓的极致服务就是要超越客户的期望，给客户意想不到的服务，让客户为之感动。想知道客户是否感动，不妨先问问自己是否感动，如果你的一个服务举动连自己都感动了，那客户自然也会为之感动。

我家附近有一个商业广场，在广场中有一家新开的小商店。在这之前，广场其实已经有很多的大商店，令我百思不得其解的是，小商店的生意看上去要比大商店兴旺很多。

有一次，我需要买一个美工刀片，我问了好几家大商店，结果都是只卖美工刀不卖刀片。当我去这家小商店询问的时候，得到的结果也是一样的。但不同的是，其他商店的老板仅仅是告诉我不卖刀片，而这家小商店的老板在告诉我不卖刀片的同时，建议我去附近的五金店购买，不仅如此，老板还为我指明五金店的大致方向。

由于我是一个路痴，找了一圈结果又转回了小商店。当我再次去咨询小商店老板的时候，老板直接骑着电瓶车把我送到五金店门口，结果我顺利买到了刀片。其实，五金店离这家小商店很近，但这不是重点，重点是我问了好几家商店，没有一个商店的老板能像这位老板一样给我极致的服务，大部分商店的老板都是自己不卖就事不关己。

故事还没有结束，买完刀片后，我为了表示对老板的感谢，特意去他的商店看看有什么东西是需要购买的，结果选中了一升装的可乐。在结账的时候，老板可能是见我比较胖，于是问我是不是自己喝，我说是，老板就建议我不要买可乐这类的碳酸饮料，说喝多了会让我胖上加胖，不利于身体健康。我坚持要买，老板又建议我买无糖型可乐……

这家商店的老板能够站在客户的角度，设身处地地为客户着想，是我感动的主要原因。后来，我也成了这家商店的忠实客户。同样的产品，我宁肯多走几步，也要去这家商店购买，冲的就是老板的极致服务。

我认识一个叫小宋的大团队长，她代理了一款非常火爆的产品，产品的火爆也导致了货源的紧张。有一次，她给下级代理商小张发货后，由于货物在快递中转的过程中出现了差错，原本货物要发往 A 处，却因误操作发往了 B 处，地点的错误必将导致货物送达的时间被延迟。

由于产品比较热销，她的代理商采用了预售的形式，如果产品不能按时送达，有可能会导致代理商的信誉受损，甚至会出现客户退款的现象。看着代理商焦急的心情，她立刻重新打包了一批产品，亲自开车给代理商送了过去，来回车程整整花了 5 个小时。

当她和我说这件事情的时候，其实我并不太认同她的处理方法，因为她完全可以通过代发的形式帮助代理商解决眼前面临的问题。但与此同时，我不得不佩服她对代理商的用心，虽然解决事情的方法欠考虑，但是她的行为在代理商心目中留下了良好的印象。

这件事情发生在很多年前，现在小宋创建了自己的品牌，而代理商小张跟着她一起创业，成了品牌合伙人。在小宋的带领下，这家品牌的代理商特别有凝聚力，品牌业绩也做得特别好。

其实，想做好极致服务并不难，只需要设身处地地为客户考虑，用心地为客户服务。现在很多新零售从业者面临的问题是：不是不知道怎么做，而是不愿意去做。究其原因是，他们没有全局观，只注重眼前的利益，看不到客户的终身价值。

我们不妨来做三个简单的测试：

测试一：如果客户要购买你的产品，但通过和客户的一番对话，你发现这款产品并不适合客户。请问，你会如实地告诉客户，让这单生意白白的流失吗？

测试二：如果客户要购买你的产品，但通过了解，你发现这款产品并不适合客户，但竞争对手有一款产品很适合这位客户。请问，你会告知客户，让竞争对手获得这单生意吗？

测试三：如果客户要购买你的产品，但你已经获悉这款产品下周就会降半价。请问，你会告知客户，建议客户下周来买吗？

上面这三件事情并不是我杜撰出来的，而是我作为一名客户亲身经历的。这些商家的选择是：会。也许很多人认为他们损失了生意，其实不然，他们赢得了客户的信任，获得了客户的好口碑，以后会有更多的生意等着他们。

作为新零售从业者，我们不仅要做好售后服务，还要做好售前服务。我们要用售前服务感动客户，让客户感觉不买产品都对不起我们，都不好意思，心里会内疚；要用售后服务感化客户，让客户心甘情愿地复购和转介绍。

即使客户没有购买我们的产品，或购买产品后没有复购，我们都要始终如一地给客户提供极致服务，持续地给客户提供价值，从而挖掘客户的终身价值。

很多品牌方经常问我有没有营销秘诀，其实最好的营销秘诀就是做好极致服务，只是很多人从来没有意识到，或者根本不愿意去做。**我一直认为，在营销的世界中，什么都可以模仿，产品别人可以模仿，价格别人也可以模仿，唯独服务不能模仿，因为服务的意识来自人的内心，需要由心出发，不是简单的复制粘贴能搞定的。**

所以，在品牌商学院的课程开发中，极致服务这堂课是一定要有的。我们要让代理商清晰地感知到什么是极致服务、极致服务该怎么做、做极致服务的意义是什么。极致服务是一件听起来很简单，但做起来很艰难的事情，品牌方需要为此下狠功夫，将极致服务的意识扎根到每一位代理商的心中。

例如，品牌方可以把极致服务作为代理商日常考核指标，对极致服务做得好的代理商进行重点表彰，并做成标杆榜样进行广泛宣传。总之，想把品牌极致服务做好，品牌方必须把极致服务的意识上升到品牌文化的高度才行，只有品牌方把极致服务当回事，才能引起代理商的关注和重视。

15.3 品牌复购裂变机制

我一直认为，最有效的商业模式必须在营销流程中构建可持续循环和裂变的环节，而新零售模式就是这种商业模式之一。在新零售品牌营销流程中，复购裂变是最后一个营销环节，也是决定品牌运营成败的关键环节。品牌复购裂变可以从三个方面来展开，分别是客户复购、客户转代理和客户转介绍。

15.3.1 品牌老客户复购

有位营销大师曾经告诉我：开发一个新客户的成本是维护好一个老客户的五倍，一个老客户贡献的利润是新客户的十六倍。从中我们会发现，留住老客户比招揽新客户更重要，因为留住老客户可以让你节约更多成本，有利于缔造持久交易。

将陌生人变成熟人，将弱关系转化成强关系，是新零售从业者在成交新客户的过程中必须经历的事情。在转化新客户的过程中，我们需要花费很多的成本去和客户建立信任。这里的成本不仅仅是资金成本，还有时间成本和精力成本。

同样是成交，老客户复购的成本要远远低于转化新客户的成本，因为老客户相对于新客户而言，在建立信任这个环节只需要简单的维护即可，我们和老客户之间已经有了信任的基础，再次成交将变得非常容易，至少要比成交新客户容易许多。

客户复购的条件

在品牌运营中，客户复购并不是无条件的，没有人规定客户买了第一次就必须买第二次。现实中，客户买了第一次就再也不来的现象屡见不鲜。所以，客户复购是需要具备相应条件: 第一, 客户对产品满意; 第二, 客户对服务满意。

只有当客户对产品和服务都满意的情况下，客户才会愿意复购，两者缺一不可。当客户对产品满意、对服务不满意的时候，客户可以选择在竞品那里购买同类产品，除非我们的产品是独一无二的，这显然不太可能。

当客户对服务满意、对产品不满意的时候，客户还是不会复购，因为客户买的是产品而不是服务，服务只是产品的附加值。无论我们的服务多么好，如果产品不能让客户满意，服务再好，客户也不会复购。

所以，想提高客户的复购率，必须让客户对产品和服务都满意。当客户复购率不高的时候，我们就应该从产品和服务这两方面来诊断。要么是产品出现了问题，要么是服务出现了问题，然后有针对性地优化改善。

要强调的是，虽然维护老客户的成本比开发新客户的成本低，但并不意味着开发新客户就不重要了。作为品牌方，我们必须把开发新客户和维护老客户放在同等重要的地位，要学会把维护老客户的经验运用在开发新客户的过程中，这样可以有效地降低试错成本。

15.3.2 品牌客户转介绍

我们常说"物以类聚，人以群分"，每个人都喜欢和自己兴趣相同、有共同话题的人做朋友。我们不妨回想下自己圈子里的好友是不是和我们有着相似的爱好、职业或目标等共同点。所以说，我们的潜在客户就在我们的客户身边，而我们要做的就是让老客户帮我们转介绍。

客户转介绍的条件

在前面的课程中，我说过"维一带十定律"，即每一个维护好的老客户都可以为我们带来十个新客户。作为品牌方，如果我们能够获得客户的认同，赢得好口碑，那么转介绍对于客户而言只是举手之劳的事情。和客户复购一样，没有人会无缘无故地帮你转介绍，转介绍也同样需要具备相应条件：第一，客户对产品满意；第二，客户对服务满意。

只有客户对我们的产品和服务都满意，客户才会愿意帮我们转介绍，这是转介绍得以实现的前提条件。当老客户帮我们转介绍后，如果转介绍的新客户对产品和服务不满意，必将损害老客户的信誉，也会影响我们在老客户心目中的形象。

所以说，对于品牌方而言，优质的产品和极致的服务，在任何时候和任何场合都是非常重要的。只有把产品做好，把服务做好，品牌才能够获得源源不断的口碑流量。

持久性的转介绍

客户一开始愿意帮我们转介绍，往往是出于对产品和服务满意的回馈，这是一种情感的驱动。但很多时候，情感驱动不足以让客户持久地帮我们转介绍，总有一天会消退。于是，很多品牌方都在思考一个问题，那就是如何能够让客户持久地转介绍呢？

想解决这个问题，我们必须有一个激励客户转介绍的机制，这个机制就是想办法让客户成为品牌分销商。简单地理解，就是当客户转介绍的对象购买产品后，我们要根据相关规则给客户回馈相应的福利。

至于这个回馈福利如何来设计，我们后面再来具体讲解，这里面涉及一些巧妙的玩法。所以，"情感＋利益"的组合，不仅让客户愿意帮我们转介绍，还能让客户持久地帮我们转介绍。

客户转介绍培训

愿意帮忙转介绍的客户实际上是品牌间接的销售人员，可以理解为是品牌分销商。转介绍的好坏取决于客户的销售能力。所以，当我们希望客户帮我们转介绍的时候，不能仅仅停留在口头上，而是要教会客户如何转介绍。

常见的培训机制有两种：第一，品牌方负责培训代理商，再由代理商来负责培训客户；第二，代理商上报品牌方，由品牌方直接培训客户。至于选择哪种培训机制合适，取决于品牌方的权衡考量。

作为品牌方，我们要重视客户转介绍这个环节，要搭建完善的转介绍客户培训机制，因为客户转介绍是客户转代理的前奏。想让客户转代理顺利进行，就要让客户先体验到转介绍的顺畅和由此带来的利益回报。

15.3.3　品牌客户转代理

在新零售品牌运营中，有一种现象叫"消费即代理"，意思是说购买产品的消费者有可能会成为产品的代理商。移动互联网时代，是一个全民创业的时代，人人都可以做新零售，既可全职亦可兼职。所以，产品的消费者成为产品的代理商是一件很顺其自然的事情。事实上，大部分品牌代理商原始角色就是消费者。

客户转代理的前提条件

和客户转介绍一样，没有人会无缘无故地愿意加盟某个品牌，尤其是从客户身份转变为代理商。所以，客户转代理也同样需要具备相应前提条件：第一，客户对产品满意；第二，客户对服务满意。要强调的是，这里指的是前提条件。

品牌方想将客户转化成自己的代理商，必须同时满足客户对产品和服务皆满意的前提条件。因为只要有一项不满意，即使客户想做新零售也不会选择加盟我们的品牌。新零售品牌有很多，客户选择品牌的余地也随之很多。

所以，品牌方做好产品和服务，不仅仅可以提高销售业绩，还能在无形中提高招商业绩。现在的新零售从业者都很精明，加之新零售市场太火爆，可选择的品牌太多，品牌方没有几把真刷子，是真的很难转化代理商。

客户转代理的基础条件

想让客户成功转化为品牌代理商，有两个前提条件还不够，因为这两个前提条件必须建立在一个基础条件之上，那就是客户有意愿做代理商。如果客户不愿意做代理商，即使对产品和服务都满意，也无济于事，最多只会产生复购和转介绍。所以，客户转代理要做的第一件事情就是培养客户的创业观。

在培养客户创业观的过程中，我们需要让客户对新零售行业有一定的了解。在现实中，有一些不做新零售的人，对新零售或多或少存在一些偏见，只有让客户了解什么是真正的新零售，客户才能以正确的姿态去接触新零售。这就要求我们在和客户互动的过程中，多和客户聊一聊关于新零售的那些事。例如，品牌方可以组织代理商在线下开展一些沙龙活动，邀请客户多聚一聚。

当客户对新零售创业有了一定的了解后，我们可以先让客户进入转代理的前奏，那就是前面说过的转介绍环节。当客户转介绍有了一定业绩后，我们可以尝试着邀请客户成为代理商。例如，品牌方可以组织开展一些低门槛招商活动，邀请客户来参加品牌招商课。

为什么要开展低门槛招商活动呢？原因很简单，客户转介绍是一个分享产品的行为，客户是不需要承担任何费用的，所以客户转介绍的接受度相对较高。而客户转代理是一个创业加盟的行为，客户是需要承担费用的，所以客户转代理的接受度相对较低，是对品牌综合实力的一种考验。因此，降低品牌加盟门槛，有利于提高客户转代理的接受度。

在客户转代理的过程中，我们要知道，并不是所有的客户都愿意成为我们的代理商。当客户对新零售创业不感兴趣，或者不愿意成为代理商时，我们要及时地停止转化，不必过于强求。与此同时，我们要一如既往地做好客户服务，不能因为转化不成功而对老客户产生负面情绪。

在复购裂变的过程中，无论是客户复购还是转介绍，又或是客户转代理，客户对产品和服务的满意永远都是复购裂变得以实现的前提。作为品牌方，我们一定要认真地做好产品，用心地服务好客户。唯有如此，才能在激烈的市场竞争中立于不败之地。

15.3.4　客户转介绍策略

我们上面说过，想让客户持久地转介绍，品牌方可以给客户回馈相应的福利。问题来了，这里的福利方案应该如何设计呢？目前市场中常见的方案是：老客户推荐新客户购买，新客户购买后，老客户拿一定提成。

这个方案在我看来并不完美，存在一个严重的漏洞，那就是没有考虑到人性的弱点。因为转介绍福利方案的设计不仅仅涉及营销手段，还关乎人情艺术。

试想，如果客户推荐产品给朋友后，假如拿提成的事情被朋友知道了，客户尴不尴尬？客户的初心也许只是想分享一款好产品给朋友，结果可能会被朋友误认为是想拿消费提成。所以，这种人性的尴尬会导致很多原本想分享产品的客户不敢分享了。

有品牌方也许会说，不让客户的朋友知道拿提成的事情不就可以了吗？如果拿提成是品牌方设计的转介绍福利方案，那这个方案会对所有客户开放。简单地理解，就是所有客户都会知道有这个方案的存在，方案本身是无法隐藏的。如果这个方案只针对个别人开放，那方案本身的裂变初衷就无法实现，方案的设计就没有太大的意义。

那有没有一种"推荐者既能获利，被推荐者也不介意"的转介绍福利方案？当然有，这个方案我把它定义为"双向受益方案"。所谓双向受益方案，是指推荐者和被推荐者都能获得利益。双向受益方案的玩法有很多，这里简单地介绍三种玩法：

第一，将提成变返现，新老客户平分。

新客户返现的钱可以拿来直接抵扣货款，也可以在全款购买产品后，由品牌方按照相关规定统一返现。要注意的是，这里新客户返现的钱一定要由品牌方操作，千万不要由老客户操作，否则又会陷入人性的弱点。如此操作，新客户获得了变相的消费优惠，老客户也获得了返利。

第二，将提成变积分，新老客户平分。

这个玩法和上面差不多，区别在于把赤裸裸的金钱换成了积分，缓和了人性的弱点，且积分的后续玩法更丰富。积分在品牌购物商城可兑换相应的权益，比如可以设计为用积分换优惠券、用积分换抽奖机会或用积分换礼品等。

第三，将提成变拼团，持续复购裂变。

拼团方案有很多种玩法，这里介绍常见的两种：

第一，两人拼团，一人免单。相当于半价优惠购买，至于两人中谁免单，可以自行协商。若担心双方协商不成变仇人，可直接设计为"两人拼团，半价购买"，即两个人都可以以半价购买产品。

第二，两人拼团，老客户享免单权，新客户获拼团权。这个玩法的拼团不是所有人都能发起，而是必须具备拼团权的人才能发起，算是给老客户的一个特权。如此一来，每一位新客户都可以在下一轮拼团中以老客户的名义免单，如此便可循环裂变。

双向受益方案的实施需要品牌方设计好产品的毛利润和定价，否则有可能裂变越快，亏损越惨。在方案设计中，某些玩法需要建立在品牌购物商城的基础上才能开展，这也是我建议品牌方开发品牌购物商城的原因之一。

在双向受益方案的对外宣传中，品牌方要尽量"强化新客户权益，弱化老客户权益"，老客户权益在内部强化宣传即可。只有这样，老客户才愿意去邀约新客户，新客户也更愿意接受邀约。

有些品牌方也许会问，新老客户的福利一定要平分吗？这个不一定，上面案例中的福利平分只是分配玩法之一。具体怎么分配，品牌方可根据自身需求而定。总之，只有科学合理地设计好转介绍福利方案，才能激发老客户持续不断的拉新裂变。

15.3.5　品牌方应尽职责

在这本书中，我讲了很多代理商层面的运营知识，很显然，这本书的受众更多来自品牌方，那些想起盘品牌的代理商或许也会购买。既然是为品牌方准备的书籍，为什么要讲这么多代理商层面的运营知识呢？答案很简单，为了让品牌方更好地了解代理商的日常运营。

我一直强调一个观念，品牌方的知识学习必须是全方位的，品牌顶层运营知识要学习，代理商基层运营知识也需要学习。有些品牌方可能只会学习品牌顶层设计知识，比如品牌模式制度设计等。其实这是远远不够的，因为如果你不懂代理商的运营知识，就无法真正地设计出完善的品牌模式和一系列有效的制度，以及各种接地气的品牌活动。

无论是设计模式制度，还是品牌活动，目的都是帮助代理商更好地运营，从而给品牌方创造更多的业绩。所以，只有品牌方充分了解了代理商的日常运营，才能设计出好的模式制度和品牌活动，才能有针对性地开发出好的培训课程。

有些品牌方也许会认为品牌运营很简单，只要把产品和模式做好就行，剩下的就交给代理商去做。至于代理商要如何运营，就靠代理商自己的本领了，还美其名曰要给代理商足够的自主灵活性。其实这是一种错误的认知，结局只会是大部分代理商由于探索不到运营门路而选择退出品牌。

事实上，很多事情是需要品牌方来牵头做的。例如，代理商日常活动方案和营销话术等细节设计，你不可能完全指望代理商去搞定，除非代理商都是商业奇才，否则很难做到面面俱到。话说回来，代理商要这么厉害，也不会去加盟你的品牌，应该早就自立门户了。

品牌方和代理商之间最健康的关系应该是，品牌方要给代理商尽可能地创造有利的运营条件和环境，包括但不限于设计出一系列完善的模式制度和品牌活动、搭建功能齐全的品牌购物商城、开发完善的培训课程和构建强有力的品牌背书等。

当品牌方把上面这些方方面面的事情做好，等代理商到位后，便能快速地让其启动运营，在短时间内产生业绩。如此这般，代理商才有积极性，才愿意和品牌方一起努力，品牌才能持久运营下去，这也是很多品牌能够快速起盘成功的秘诀。

作为品牌方，千万不要做甩手掌柜，要对代理商应尽职责。好的品牌方是万事俱备，只等代理商到位。万事俱备是一种品牌竞争力，也是一个品牌持续发展的基石。所以，在这本书中，我讲了很多代理商层面的运营知识，品牌方要去思考如何从品牌制度和活动策划等方面，帮助代理商更好地开展日常运营。